Reisebericht in der Reihe DuMont Dokumente

W0220018

In der vorderen Umschlagklappe: ›Reisekarte durch Centralamerica‹

In der hinteren Umschlagklappe: ›Karte von Yucatan‹

John Lloyd Stephens

John L. Stephens

In den Städten der Maya

Reisen und Entdeckungen in Mittelamerika und Mexiko 1839–1842
Mit 140 Zeichnungen von Frederick Catherwood

DuMont Buchverlag Köln

HERAUSGEGEBEN UND NACH ALTEN DEUTSCHEN ÜBERSETZUNGEN SPRACHLICH NEU GEFASST VON FRANK RAINER SCHECK

MIT EINEM NACHWORT VON WOLFGANG NEUMANN

CIP-Kurztitelaufnahme der Deutschen Bibliothek

Stephens, John L.:
In den Städten der Maya: Reisen u. Entdeckungen
in Mittelamerika u. Mexiko 1839–1842 / John L. Stephens.
Mit 150 Zeichn. von Frederick Catherwood.
[Hrsg. u. nach alten dt. Übers. sprachl.
neu gefaßt von Frank Rainer Scheck].
– Köln: DuMont, 1980.
(DuMont-Dokumente: Reiseberichte)
ISBN 3-7701-1215-6

© 1980 DuMont Buchverlag, Köln
Alle Rechte vorbehalten
Druck und buchbinderische Verarbeitung: Boss-Druck, Kleve

Printed in Germany ISBN 3-7701-1215-6

Inhalt

Die wichtigsten alten sowie spanische Maße

1 Zoll = 2,54 cm	1 Meile = 1,6 km	1 Legua = 5,57 km
1 Elle = hier ca. 60–70 cm	1 Seemeile = 1,85 km	1 Fanega = 15,5 l
1 Yard = 91,44 cm	1 League = 4,8 km	1 Arroba = 16,1 l

Vorbemerkung des Herausgebers

Bevor John Lloyd Stephens 1841 ›Incidents of Travel in Central America, Chiapas and Yucatan‹ und zwei Jahre später ›Incidents of Travel in Yucatan‹ in New York veröffentlichte, waren in der westlichen Welt phantastische Mutmaßungen über die vorspanische Kultur Mittelamerikas vorherrschend. Man schrieb die damals bekannten Ruinen von Copán, Palenque, Uxmal und Chichén Itzá wahlweise den ›verlorenen Stämmen Israels‹, den Tataren, den Hindus, den Ägyptern oder einer vorsintflutlichen Rasse zu (vgl. die S. 191ff. dieses Bandes). Es fehlte an verläßlichen Berichten und Bilddokumenten. *Nach* Stephens sah die Welt Mittelamerika mit anderen Augen: als selbständiges Kulturzentrum von hohem Rang, und nicht zu Unrecht stellt Victor W. von Hagen, in dem Stephens und sein Begleiter Catherwood ihren Biographen gefunden haben, die beiden Forscher in eine Reihe mit Botta, Schliemann und Evans: »Was diese Männer in Mittelamerika und Mexiko fanden, waren nicht nur vierundvierzig archäologische Stätten, sondern eine vollständige Kultur, und zwar eine, die vierhundert Jahre lang verschollen war.«

John Lloyd Stephens wird 1805 in Shrewsbury, New Jersey, geboren. Die wohlhabenden Eltern ziehen bald nach New York, wo der junge Stephens Unterricht in den ›klassischen Sprachen‹ erhält, Voraussetzung für den Besuch des Columbia College, an dem der Schüler von 1817 bis 1822 lernt. Von dem folgenden Studium an einer Law School in Connecticut kehrt Stephens als Teilhaber in ein New Yorker Anwaltsbüro zurück. 1827 Niederlassung als selbständiger Anwalt. 1834 begibt sich der beruflich erfolgreiche Stephens, wie es heißt, »aus Gesundheitsgründen«, auf seine ›Grand Tour‹ nach Europa. Die Kavaliersreise führt über die Bildungsländer Italien und Griechenland in die Türkei, wo der Amerikaner seinen ersten Reisebericht schreibt: ›Szenen aus der Levante‹. Es folgen Besuche in Ephesus und Stambul sowie eine Reise nach Rußland und Polen. 1835 hält Stephens sich in Paris auf. Er will nach New York zurückkehren, doch alle Schiffe sind auf absehbare Zeit mit europäischen Emigranten belegt. So entschließt er sich, seine Reisen noch einmal aufzunehmen. Das Ziel: Ägypten und das Heilige Land. Ende des Jahres 1835 trifft Stephens in Alexandria ein. Eine Bootsfahrt nilaufwärts bis Assuan erschließt ihm die ägyptischen Altertümer. Im Frühjahr bricht der Anwalt dann, als ägyptischer Kaufmann verkleidet, zu einer abenteuerlichen Reise durch den Sinai in die Nabatäerstadt Petra auf. Er bereist Palästina, besucht das Tote Meer sowie Jerusalem und begibt sich dann zum zweiten Mal auf die Heimreise, die wiederum Alexandria berührt und dann per Schiff nach London führt. Der kurze Londonaufenthalt von 1836 ist insofern bemerkenswert, als Stephens dort mit dem Architekten und Zeichner Catherwood zusammentrifft, der zu jener Zeit in einem sogenannten ›Panorama‹ großformatige Gemälde orientalischer Städte und Stätten ausstellt.

Dieser Frederick Catherwood, 1799 in London geboren, hat bereits eine bewegte Vergangenheit als Reisender und archäologischer Zeichner hinter sich. Nach einem kurzen Kunststudium 1820 an der Royal Academy in London hat er sich 1821 in Rom an den Denkmälern der Antike geschult, um danach Sizilien und Griechenland zu besuchen. Anschließend ist er für zehn Jahre nach Ägypten gegangen, den größten Teil dieser Zeit als einer von mehreren Künstlern der großen Ägypten-Expedition unter Robert Hay. Nach einer Zwischenepisode als Moscheenrestaurator und Architekt in Kairo hat Catherwood – wie Stephens – dann Petra,

Jerusalem sowie andere Kulturstätten des Vorderen Orients besucht, ehe er nach London zurückgekehrt ist.

1836 folgt Catherwood Stephens auf dessen Rat hin nach New York, arbeitet dort als Architekt und richtet ein eigenes ›Panorama‹ mit orientalischen Ansichten ein. Stephens selbst wendet sich in seiner Heimatstadt der Schriftstellerei zu. 1837 erscheint sein Reisebericht ›Incidents of Travel in Egypt, Arabia Petraea and the Holy Land‹, der u. a. von Edgar Allan Poe positiv rezensiert wird und ein so großes Publikumsecho findet, daß Stephens beschließt, sich ganz der Reiseschriftstellerei zuzuwenden. So läßt er 1838 die ›Incidents of Travel in Greece, Turkey, Russia and Poland‹ folgen. Im selben Jahr macht ihn der New Yorker Verlagsbuchhändler Bartlett auf die mittelamerikanischen Ruinenstätten aufmerksam, und schon die wenigen vorhandenen Reiseberichte (Del Rio) und Andeutungen reizen Stephens' Neugier und sicherlich auch seinen Geschäftssinn, denn er will die Ergebnisse seiner Forschungen für einen neuen Reisebericht verwerten. Am 17. September 1839 schließt er mit Frederick Catherwood einen Vertrag, in dem dieser sich verpflichtet, den New Yorker Anwalt auf der geplanten Reise zu begleiten und dabei, wie es im Kontrakt heißt, »sein Können als Künstler auszuüben«. Um sich den Zugang zu den mittelamerikanischen Altertümern zu erleichtern, bewirbt sich der auch politisch engagierte Stephens noch kurz vor Reiseantritt um das Amt eines Sonderbeauftragten der Vereinigten Staaten von Nordamerika. Seine diplomatische Mission besteht darin, einen Handelsvertrag mit den Vereinigten Staaten von Mittelamerika abzuschließen – sofern es ihm gelingt, deren Regierungssitz ausfindig zu machen, denn Mittelamerika wird zu jener Zeit von einem erbittert geführten Bürgerkrieg erschüttert, und die politische Lage ist verworren.

Alles weitere, der Verlauf der Entdeckungsreisen, ist den ausgewählten Textabschnitten und den ihnen jeweils vorangestellten kurzen Zusammenfassungen (›Anreise‹) zu entnehmen. Nachzutragen aber bleibt in dieser biographischen Übersicht der weitere Lebensweg der beiden Reisepioniere, der insgesamt wenig glücklich verlaufen ist.

Am 31. Juli 1842 brennt in New York Catherwoods ›Panorama‹-Rotunde mit den Ansichten von Jerusalem und Theben, aber auch – und viel wesentlicher – mit den gesamten, eben erst dort deponierten mittelamerikanischen Fundstücken nieder, darunter auch die unersetzlichen beschnitzten Holzbalken aus Uxmal, Kabah und Labná. Das Projekt, die Catherwood'schen Zeichnungen in Originalgröße zu lithographieren und innerhalb kostbar ausgestatteter Foliobände mit Beiträgen hervorragender Wissenschaftler wie Alexander von Humboldt und William Prescott zu veröffentlichen, scheitert ebenso wie eine geplante Reise von Stephens und Catherwood nach Peru, wo die ›antiquarischen‹ Forschungen fortgesetzt werden sollten.

Die Wege des Forschergespanns trennen sich nun. Während Catherwood nach 1845 für mehrere Jahre als Eisenbahningenieur nach Britisch-Guayana geht – eine glücklose Episode –, investiert Stephens die Erträge aus seinen Büchern, die ihn zum meistgelesenen amerikanischen Reiseschriftsteller gemacht haben, in der Ocean Steam Navigation Company, deren Gesellschafter und Präsident er wird. Ein weiteres Projekt der neuen Zeit, die in der technischen und industriellen Revolution der Jahrhundertmitte geboren wird, führt Stephens und Catherwood 1850 noch einmal zusammen. Stephens betreibt zu jener Zeit die Gründung einer Panama Railroad Company, die den amerikanischen Isthmus mit einer Eisenbahnstrecke überspannen will, und gewinnt den tropenerfahrenen Catherwood für eine Mitarbeit. »Herr C.« mißt die vorgesehene Strecke aus, wird aber – in einem der ungesündesten Klimaten der Welt – von schweren Malariaanfällen heimgesucht und verlängert seinen Zeitvertrag nicht, sondern kehrt nach einem Zwischenspiel als Eisenbahningenieur in Kalifornien ins heimatliche London zurück. Auch Stephens steckt die Malaria im Blut, aber er ist finanziell und vertraglich zu sehr an das Großprojekt gebunden, um sich zurückziehen zu können. Am 13. Oktober 1852 stirbt er in New York an den Spätfolgen der Malaria. Catherwood überlebt seinen Reisegefährten indes nur um zwei Jahre. Auf der Überfahrt von Liverpool nach New York findet er bei einer Dampfschiffkollision im September 1854 den Tod.

Während die Gestalt Catherwoods in den Stephens'schen Reiseberichten nie klare Konturen gewinnt und lediglich das – bei so enger Reisekameradschaft – bemerkenswert distanzierte Verhältnis zwischen den beiden Forschungspionieren, dem Schriftsteller und dem Künstler, deutlich wird, ist die Persönlichkeit John L. Stephens', so wie sie sich auf eineinhalbtausend Seiten darstellt und äußert, sehr viel faßbarer – und auf den ersten Blick nicht unbedingt sympathisch. Ein Gentleman seiner Zeit, zeigt er sich von Standesdünkel und ›weißem‹ Überlegenheitsbewußtsein geprägt. Solcher Art ›anstößige Stellen‹ sind auf den folgenden Seiten nicht zu überlesen. Da zeigt sich der Reiseschriftsteller pikiert, daß er einmal »selbst zugreifen« muß, da ereifert er sich darüber, daß er sich vor »einem solch armseligen Schlage von Menschen«, wie es ein kleiner Landpächter in Copán für ihn darstellt, zu legitimieren hat, da philosophiert er über ein angebliches Bedürfnis der Indios, »in Unterwürfigkeit gehalten zu werden«, »denn es sind unzuverlässige Menschen und durchaus bloße Geschöpfe des Augenblicks«, und wenn es für ihn etwas gibt, das noch unter einem Indianer steht, dann ist dies ein »Indianerfrauenzimmer«. Das – auch biographisch – Interessante ist nun, daß Stephens' Leistung als ›antiquarischer‹ Forscher gerade mit dem Durchbrechen solcher Vorurteile verknüpft ist. Der Herr aus New York kann sich durch »Zweifel und Ungewißheit« zu der bahnbrechenden Erkenntnis durchringen, daß die so eindrucksvolle Architektur und Skulptur jenen Volksstämmen zu verdanken ist, »welche das Land zur Zeit der spanischen Eroberung oder nicht sehr lange Zeit davor bewohnten«. Damit aber werden die ihm verächtlichen Indianer zu den Nachfahren einer untergegangenen großen Kulturnation, und man beobachtet, wie Stephens sie unter diesem neuen Blickwinkel betrachten lernt: Wohlwollend schildert er ein indianisches Dorfkollektiv, das offenbar nach dem egalitären Prinzip der Güterverteilung verfährt, und durch die Bekanntschaft mit einem vollblutindianischen Grundeigentümer von »sehr achtenswertem Aussehen und Benehmen« fühlt er sich in der Meinung bestärkt, daß »der Indianer auch heute noch den Pflichten einer höheren Stellung gewachsen wäre und nicht nur jener, in die das Verhängnis ihn hinabgedrückt hat«. Die neue und fundamentale Deutung der Maya-Stätten wird von Stephens aber nicht nur gegen die eigenen Vorbehalte, sondern zugleich gegen die herrschende Meinung seiner Zeit durchgesetzt, die im Sinne des sich entwickelnden Kolonialismus auf eine strenge Scheidung zwischen Kulturnationen und bedenkenlos auszupowernden ›barbarischen‹ Eingeborenenstämmen hinauslief. Hier erweist sich der Forscher als stringenter Denker, als wissenschaftlicher Rationalist, der die Wahrheit in den Tatsachen sucht und sich von blinder, ahistorischer Spekulationslust freizumachen versteht. Obwohl er an einer Stelle ausdrücklich formuliert, daß es ihm nicht darum zu tun sei, neue Theorien aufzustellen, zwingen ihm die in der Fülle des entdeckten Materials erkennbaren Strukturen immer wieder Verallgemeinerungen auf, und gerade in diesen vorsichtigen Verallgemeinerungen erweist sich seine Stärke zur logischen Beweisführung – in der vorliegenden Auswahl etwa in seinem ›Abschied von den Ruinen‹ oder in der Entmythologisierung des Cozumelkreuzes nachzulesen, mit dem seinerzeit ›dänikenhafte‹ Mutmaßungen über ein angebliches Altchristentum bei den Indios verbunden wurden. Mögen Stephens' weltanschauliche Urteile und seine weltmännische Pose den Leser auch gelegentlich irritieren, die logische Redlichkeit, das strenge, unprätentiöse Folgern, mit dem er zu seinen Urteilen findet, hebt ihn weit über den Reiseabenteurer, weit über den Reiseschriftsteller, der ein neues Thema sucht, hinaus und macht ihn zum Wegbereiter der wissenschaftlichen Maya-Forschung.

Was ist über den Schriftsteller Stephens zu sagen? Poe lobte an seinem Ägypten-Buch die Leichtigkeit der Darstellung, und vergleicht man die Mittelamerika-Bände mit zeitgleichen Reiseberichten, so ist dieses Urteil nur zu unterstreichen. Stephens verzichtet auf jene aufgeplusterte Gelehrsamkeit, auf jene schwerfälligen, fußnotenreichen Einschübe und Traktate, die für den kulturell orientierten Reisebericht der Jahrhundertmitte sonst charakteristisch sind. Ohne Zweifel ist dieser ihrer Lesbarkeit, dem Überwiegen des erzählerischen Moments auch der große Publikumserfolg der Bücher zu verdanken. Gewiß, die Bau- und Denkmalsbeschreibungen wirken trocken, doch ist in solchen Passagen auch dokumentarische Präzision angestrebt. Das Staunen Stephens' auf seinen Gängen durch die Maya-Städte teilt sich dem Leser vor allem in den Beschreibungen von Copán und Palenque mit, bei seinen ersten Begegnungen mit den »geheimnisvollen Denkmälern eines dahingesunkenen Volkes«, dann aber auch wieder in Kabah und Labná, wo Stephens »jungfräuliches Terrain« betritt. Erzählerische Qualitäten kommen freilich dort stärker zum Tragen, wo er Dorffeste, Urwaldabenteuer oder Auseinandersetzungen mit »murrköpfigen« Dorfbürgermeistern schildert, ferner in der ironischen Verarbeitung der eigenen großen und kleinen Leiden an »Regenfluten«, Zecken oder Mücken. Ironische Seitenhiebe muß übrigens auch die katholische Geistlichkeit Lateinamerikas hinnehmen, und der Auftritt der Padres in Palenque gehört zu den amüsantesten Passagen des gesamten Reiseberichts. Am beeindruckendsten aber ist der Erzähler immer dann, wenn er angesichts überwachsener und vergessener Bauten und Funde empfindsam den Untergang eines einst großen Kulturvolkes nachvollzieht: »Nichts im Drama der Weltgeschichte hat je einen gewaltigeren Eindruck gemacht als der Anblick dieser einst bedeutenden und prächtigen, jetzt aber verfallenen, verödeten, tief im Waldesdunkel schlummernden, ja sogar namenlos gewordenen Stadt – trauriges Zeugnis des Weltenwandels, der nichts verschont.« Es ist, als ob Stephens, der Vertreter des urbanen, geschäftstüchtigen, aufstrebenden Nordamerika, die eigene nationale Aufbauleistung hier relativiert sähe, und seine nüchterne Schilderung weicht in solchen Abschnitten melancholischer und poetischer Reflexion, die auch den heutigen Leser beeindrucken kann.

Die ›Incidents of Travel‹, die in den beiden New Yorker Originalausgaben von 1841 und 1843 zusammen mehr als 1500 Seiten umfassen, konnten nicht in ihrer Gesamtheit neu verlegt werden, und so mußte in der vorliegenden Auswahl manches erzählerische Glanzstück, manches Witzige, Abenteuerliche, historisch oder kulturell Relevante unberücksichtigt bleiben. Zugleich aber wird der Stephens'sche Reisebericht durch Kürzung und Auswahl auch entlastet. Aus der häufig weitschweifigen Schilderung der zerrissenen politischen Situation des Mittelamerika jener Tage und aus der peinlich genauen Rechenschaftslegung über das alltägliche, nebensächliche Reisegeschehen, in der kaum ein Kalendertag fehlt, versucht der vorliegende Band das herauszuschälen und zu bewahren, was die Leistung und den Ruhm des Forschergespanns ausmacht: die Entdeckung, Erkundung und deutende Einordnung der verschollenen Maya-Zentren. Vorgestellt werden mit Copán, Palenque, Uxmal, Kabah, Labná, Chichén Itzá und Tulum jene Stätten – touristische Zentren von heute –, in denen die Maya-Kultur ihren glanzvollsten Ausdruck findet. Auf Kürzungen innerhalb der ausgewählten Texte konnte dabei weitgehend verzichtet werden, so daß die Auswahl insgesamt – dies jedenfalls hofft der Herausgeber – einen kohärenten Eindruck vermittelt. Frederick Catherwoods Mittelamerika-Œuvre ist mit über 150 Stichen nach den Originalzeichnungen – das sind zwei Drittel des graphischen Werkes – repräsentiert; damit ist dieses kulturhistorisch so wichtige Anschauungsmaterial zum größeren Teil wieder verfügbar. Nähere Erläuterungen zur Text- und Bildauswahl sowie zur Übersetzung finden sich im Quellen- und Abbildungsverzeichnis.

Dank gilt der Universitätsbibliothek Köln und dem Rautenstrauch-Joest-Museum, Köln, die aus ihren Beständen die deutschen Erstausgaben von 1853 und 1854 sowie weitere Materialien zur Verfügung stellten, vor allem aber Herrn Detlev Arens, Bad Berleburg, für seine Unterstützung bei der Überprüfung und sprachlichen Neufassung der Textauswahl.

Köln, im November 1980 Frank Rainer Scheck

Copan

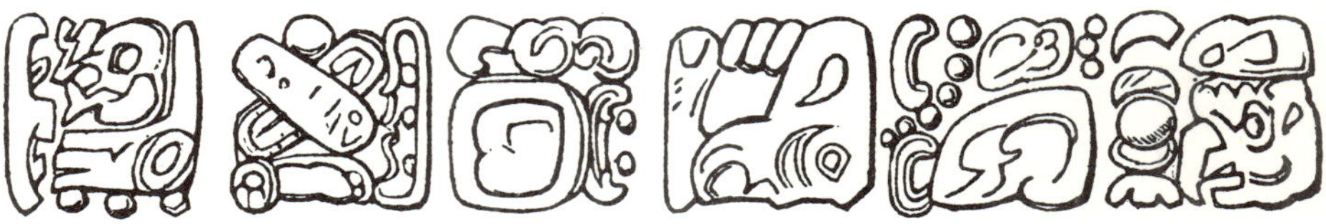

Anreise

Am 3. Oktober 1839 Abreise von New York an Bord der britischen Brigg ›Mary Ann‹. Am 29./30. Landung in St. George's Bay, zwanzig Meilen von Belize. ›Staatsbesuch‹ des nordamerikanischen Sonderbeauftragten Stephens bei Oberst MacDonald, dem Vertreter der britischen Krone in Belize. Unter Ehrensalut (vgl. S. 17) Weiterreise mit dem planmäßigen Dampfschiff zur Mündung des Rio Dulce und von dort zum Izabal-See. Aufbruch nach Copán. Die Reiseroute berührt die Dörfer Encuentros, Gualan, Chiquimula und das Städtchen Comatán, wo Stephens, Catherwood und ihr Begleiter Augustin von Truppen des Generals Cascara festgesetzt werden. Kurierschreiben an Cascara und bald darauf Freilassung. Mitte November Ankunft in Copán. Am 17. November 1839 beginnt die Erforschung des Ruinenfeldes.

Um zwei Uhr erreichten wir das Dorf Copan, das aus einem halben Dutzend mit Stroh gedeckter Hütten bestand. Unser Erscheinen erregte großes Aufsehen. Alle Männer und Frauen versammelten sich um uns und gafften und staunten uns an. Wir fragten sofort nach den Ruinen, aber keiner der Bewohner wußte uns den Weg zu weisen, und man gab uns den Rat, zur Hazienda des Don Gregorio zu gehen. Da wir keine Lust hatten, uns im Dorfe aufzuhalten, so hießen wir den Maultiertreiber weitergehen; allein, er weigerte sich mit der Begründung, sein Kontrakt laute dahin, uns nach Copan zu bringen. Nach langem Hin und Her konnten wir ihn endlich dazu bewegen. Wir ritten durch ein Stück Wald, setzten noch einmal über den Copan-Fluß und kamen auf eine gelichtete und bebaute Stelle heraus, an deren einer Seite eine Hazienda mit einem Ziegeldache, mit einer Küche und andern Nebengebäuden lag, die offenbar der Wohnsitz eines reichen Grundbesitzers war. Wir wurden von einem Haufen bellender Hunde begrüßt, und in allen Toren und Türen standen Frauen und Kinder, die über unsere Erscheinung in nicht geringem Grade erstaunt zu sein schienen. Es war kein einziger Mann zu sehen; indes empfingen uns die Weiber freundlich und sagten uns, Don Gregorio werde bald heimkehren und uns nach den Ruinen geleiten. Und im Nu ward in der Küche Feuer gemacht, der Laut klatschender Hände gab uns Kunde, daß man mit Tortillabacken beschäftigt war, und in einer halben Stunde war das Mittagessen fertig. Es ward auf einem massiven silbernen Teller mit Wasser in einem silbernen Kruge serviert, aber ohne Messer, Gabeln und Löffel; die Suppe oder *Caldo* ward in Bechern zum Trinken aufgetragen. Desungeachtet wünschten wir uns Glück dazu, in ein so gutes Quartier geraten zu sein.

Es währte nicht lange, so kam ein junger Mann angeritten, stattlich gekleidet – in gesticktem Hemd – und von mehreren Männern begleitet, die eine Herde Vieh trieben. Aus dieser Herde ward ein Ochse herausgelesen, ihm ein Strick um die Hörner geschlungen, das Tier zum Hause gezogen und mittels eines zweiten Stricks um die Beine niedergeworfen. Hierauf wurden die Füße zusammengebunden, der Kopf mit einem an den Hörnern und am Schwanze befestigten Strick nach hinten gezogen und mit einem einzigen Streich der Machete die große Pulsader durchschnitten. Die Rotte hungriger Hunde stand schon bereit und schlappte mit furchtbarem Zungengeklatsch das Blut auf. Die Weiber sahen sämtlich zu, und ein Mädchen nahm einen jungen Hund und rieb ihm die Nase in dem roten Strome, um ihm frühzeitig Geschmack am Blute beizubringen. Dann ward dem Ochsen die Haut abgezogen, das Fleisch von den Knochen gelöst, die einzelnen Stücke – die Beefsteaks, die Lenden, die Roaststücke – herausgeschnitten, und eine Stunde später hing das ganze Tier in einer langen Reihe von Streifen vor der Tür.

Während dieser Metzgerarbeit traf Don Gregorio ein, ein Mann von etwa fünfzig Jahren, mit einem großen schwarzen Knebelbarte. Aus dem Benehmen und der Haltung aller seiner Leute war leicht zu ersehen, daß er ein Haustyrann war. Der Blick, den er uns zuwarf, ehe er abstieg, schien sagen zu wollen: ›Wer seid denn *Ihr?*‹ Er ging aber ohne ein Wort ins Haus. Wir warteten, bis er mit dem Mittagessen fertig war; danach schien mir der rechte Augenblick einzutreten. Ich habe in meinem Verkehr mit der Welt mehr als einmal, wenn ich eine Bekanntschaft eröffnen wollte, mich kühl empfangen gesehen; einer *solchen* kalten Aufnahme aber, wie die des Don Gregorio es war, bin ich nie in meinem Leben begegnet. Ich sagte ihm, wir seien in der Absicht hierher gekommen, die Ruinen von Copan zu besuchen, wobei er sich auf eine Weise benahm, die zu sagen schien: ›Was geht *mich* das an?‹ Er erwiderte mir immerhin, daß diese Ruinen auf der anderen Seite des Flusses lägen. Als ich ihn fragte, ob wir hier einen Führer bekommen könnten, antwortete er, der einzige Mann, der von den Ruinen etwas wüßte, wohne auf der andern Seite des Flusses. Wir brachten freilich den heruntergekommenen Zustand des Landes und den Umstand, daß ein Mann, wenn er verdächtigen Personen Obdach gewährte, sich wohl einer Gefahr aussetzen konnte, noch nicht gebührend in Anschlag; allein, im Vertrauen auf den gastlichen Ruf des Landes, der sich uns bis jetzt auch bewahrheitet hatte, neigte ich langsam zu dem unangenehmen Schluß, daß wir nicht willkommen seien. Kurz, wir waren dem Don unserer äußeren Erscheinung nach wenig angenehme Leute. Ich befahl dem Maultiertreiber, seine Tiere zu satteln; der Schurke aber hatte seine Freude an unserer Verlegenheit und weigerte sich in entschiedener Weise, für heute weiterzugehen. Wir wandten uns an Don Gregorio selbst mit der Bitte um Maultiere, wofür wir ihm Bezahlung anboten, und erhielten – wie Augustin sagte, in der Hoffnung, uns los zu werden – zwei Stück von ihm geliehen, um auf ihnen nach Copan zurückzureiten. Leider war der Führer, den wir suchten, nicht zu Hause, weil soeben ein prächtiger Hahnenkampf im besten Gange war; und unser Gepäck hierher zurückzuschaffen, dazu ermunterte uns weder das Aussehen der Leute, noch auch empfingen wir von irgendwem eine Einladung in sein Haus. Auch hörten wir zu unserem großen Ärger, daß Don Gregorio der große Mann in Copan sei, der reichste Mann und der kleine Tyrann von Copan, und daß es das größte Unglück für uns sein würde, mit ihm zu brechen oder es selbst im Orte nur bekannt werden zu lassen, daß wir in seinem Hause eine schlechte Aufnahme gefunden hätten. So kehrten wir denn mit Widerstreben, aber in der Hoffnung, jetzt vielleicht einen günstigeren Eindruck zu machen, zur Hazienda zurück. Herr Catherwood stieg auf der Außentreppe ab und nahm Platz im Korridor. Ich stieg draußen vor der Hazienda ab und warf, bevor ich mich weiter bewegte, erst einen Blick auf die ganze Gesellschaft. Der Don saß auf einem Stuhle mit unserem abscheulichen Maultiertreiber zur Seite und sprach mit halbverborgenem höhnischen Lächeln und den Blick auf mich gerichtet von ›Götzenbildern‹. Außerdem standen noch acht bis zehn Menschen, des Don Söhne, Diener und von ihrer Tagarbeit heimgekehrte Feldarbeiter, umher, aber nicht einer erbot sich, mir mein Maultier abzunehmen oder irgendeinen jener Beweise von Höflichkeit zu geben, wie man sie stets einem willkommenen Gaste erweist. Die Frauen kehrten sich von uns ab, als hätten sie wegen unserer Aufnahme Verweise bekommen, und die Männer, die ihre Farbe von dem

Don empfingen, sahen alle so höhnisch und verächtlich aus, daß ich Herrn Catherwood sagte, wir würden besser unser Gepäck auf die Straße werfen und den ungastlichen Grobian zum Teufel wünschen; aber er warnte mich davor und wandte ein, daß wir, wenn es zum offenen Zwiste mit ihm käme, nach allen überstandenen Mühen und Unannehmlichkeiten vielleicht an dem Besuch der Ruinen gehindert würden. Da der Don wahrscheinlich unseres Disputs wegen Verdacht schöpfen und fürchten mochte, seinen Namen zu beflecken, wenn er die Sache zu weit triebe, so wies er jetzt auf einen Stuhl und lud mich ein, Platz zu nehmen. Mit großer Anstrengung beschloß ich, meine Entrüstung so lange zu beherrschen, bis ich ihr ungefährdet freien Lauf lassen könnte. Augustin war ganz empört über die Behandlung, die uns zuteil ward, und wenn er schon unterwegs manchmal sich dadurch wichtig machte, daß er von den aufgehißten Flaggen und den abgefeuerten Kanonen bei unserer Abfahrt von Belize erzählte, so hißte er *hier* mehr Flaggen auf und feuerte mehr Geschütze ab, als üblich war, indem er mit vierzig Schüssen begann und mit einer förmlichen Kanonade endete; aber das Ding wollte dennoch nicht wirken. Wir waren dem Don nun einmal ein Dorn im Auge, und wahrscheinlich war er bereit, so gut wie in Belize Flaggen aufzuhissen und Kanonen abzufeuern, sobald wir von seinem Gut abziehen würden.

Gegen Abend ward im Korridor eine Ochsenhaut ausgebreitet und Mais mitsamt den Kolben darauf geworfen, worauf alle Männer, mit dem Don an ihrer Spitze, sich setzten, um sie auszuhülsen. Die Kolben wurden in die Küche zum verfeuern getragen, die Körner aber in Körbe getan, und drei kleine Schweine, die in Erwartung des Festmahls draußen gegrunzt hatten, hereingelassen, um die verstreuten Körner aufzufressen. Während des Abends ward keine Notiz von uns genommen, nur daß die Frau des Don uns durch Augustin sagen ließ, das Abendessen sei angerichtet; und unser verwundeter Stolz ward etwas beruhigt, und unser Unwille legte sich ein wenig, als die neue Meldung kam, daß sie, da sie einen Backofen und Mehl hätten, uns etwas Brot backen wollten, wenn wir welches zu kaufen wünschten.

Nach dem Abendessen richtete sich alles zum Schlafen ein. Der Don und seine Familie belegten die Hinterseite des Hauses, wir die Vorderseite; aber wir hatten auch diese nicht für uns allein. Längs der ganzen Wand waren Gestelle von etwa zolldicken und mit Rindenband zusammengebundenen Ruten aufgerichtet, auf welche eine ungegerbte Ochsenhaut als Bett gebreitet ward. Außer unseren Hängematten waren noch drei andere im Zimmer, und ich hatte für die meinige so wenig Raum, daß mein Körper eine umgekehrte Parabel beschrieb, indem meine Füße in gleicher Höhe mit dem Kopfe waren. Es war dies ebenso lästig als komisch, oder nach den Worten des englischen Touristen in ›Fra Diavolo‹, es war »empörend, reinweg empörend«.

Am anderen Morgen war Don Gregorio noch in der nämlichen Laune. Wir achteten indessen gar nicht auf ihn, machten aber unsere Toilette mit aller möglichen Rücksichtnahme auf die beständig hin und her gehenden weiblichen Familienglieder. Da wir beschlossen hatten, auf unserem Vorhaben, die Ruinen zu besuchen, fest zu beharren, so war unsere Freude groß, als am Morgen einer der Söhne des rauhen Don, ein höflicher junger Mann, den Führer José, dessen wir eben bedurften, aus Copan herüberbrachte.

Wegen mancherlei ärgerlicher Verzögerungen, die eine Folge gewisser zwischen José und dem Maultiertreiber entstandener Streitereien waren, kamen wir nicht eher als um neun Uhr fort. Es währte nicht lange, so bogen wir von der Straße ab und schlugen den Weg auf ein großes Feld ein, das teilweise mit Mais bebaut war und Don Gregorio gehörte. Nachdem wir eine Strecke geritten waren, erreichten wir eine Hütte am Saume des Waldes, bei der sich einige Arbeitsleute ihr Frühstück bereiteten. Hier stiegen wir ab, banden unsere Maultiere an nahe Bäume an und betraten den Wald, durch den José mit einer Machete einen Weg für uns frei machte. Alsbald kamen wir zum Ufer eines Flusses und erblickten uns gerade gegenüber eine steinerne Mauer von vielleicht hundert Fuß Höhe, oben mit Stechginster bewachsen, in süd-nördlicher Richtung längs dem Flusse verlaufend, an manchen Stellen verfallen, an andern aber noch vollständig erhalten. Sie hatte mehr vom Charakter eines eigentlichen Mauerwerks an sich als irgendein andres der den Urbewohnern Amerikas zugeschriebenen Werke, die wir bis jetzt gesehen hatten, und bildete einen Teil der Mauer von Copan, einer alten Stadt, auf deren Geschichte die Bücher nur wenig Licht werfen.

Ich gehe hier sogleich auf ein neues Feld über. Bände ohne Zahl sind geschrieben worden, um zu erklären, wie Amerika bevölkert worden sei. Manche haben die Urbewohner dieses Kontinents als einen besonderen Menschenschlag betrachtet, der nicht von dem gemeinsamen Vater der übrigen Menschheit abstammt; andere haben ihren Ursprung einem Überreste der antediluvianischen Erdbewohner, welcher die Sündflut, die in den Tagen Noahs den größten Teil des Menschengeschlechts verschlang, überlebt habe, zugeschrieben und sie daher als den ältesten Volksstamm auf Erden angesehen. Auf der breiten Basis der Abstammung von den Söhnen Noahs ist den Juden, den Kanaanitern, den Phöniziern, den Karthaginensern, den Griechen, den Skythen in den alten Zeiten, dann den Chinesen, den Schweden, den Norwegern, den Walisern und den Spaniern in den modernen Zeiten – ist, sage ich, diesen allen die Ehre zugeschrieben worden, Amerika bevölkert zu haben. Da sind die beiden Kontinente miteinander verbunden gewesen und durch ein Erdbeben auseinandergerissen worden, da hat die fabelhafte Insel Atlantis sich aus dem Meere emporgehoben, und um nicht hinter der Alten Welt zurückzustehen, hat ein unternehmender Amerikaner das Ding umgedreht und die Arche Noahs in den Staat New York versetzt.

Die Denkmäler und baulichen Überreste der Ureingeborenen haben bisher einen nur kleinen Teil des Fundaments für diese Hypothesen gebildet. Robertson in seiner ›Geschichte Amerikas‹ stellt es als »festen Satz« auf, daß »Amerika von keiner Nation des alten Kontinents, die in der Zivilisation einen beträchtlichen Fortschritt gemacht hatte, bevölkert ward«. »Die Bewohner der neuen Welt«, sagt er, »befanden sich in einem gesellschaftlichen Zustande, der so äußerst roh war, daß er selbst jener Künste entbehrte, welche die ersten Versuche des menschlichen Scharfsinns auf seinem Wege zur Ausbildung sind.« Den glänzenden Erzählungen des Cortez und seiner Begleiter – Soldaten, Priester, Zivilbeamte – mißtrauend, die sich in ihren Darstellungen über die Pracht der mexikanischen Bauten doch alle einig sind, sagt er, daß »die Häuser des Volks bloße Hütten waren, erbaut von Torf oder Lehm oder den Zweigen von Bäumen, denen der rohesten Indianer gleich«. Der Tempel von Cholula war weiter nichts als »ein Erdhaufen ohne Stufen und ohne alle steinerne Verkleidung, mit Gras und Sträuchern bedeckt«; und gegen die Autorität von Personen, die lange in Neuspanien gewohnt hatten und jeden Teil des Landes besucht zu haben versicherten, sagt er, »daß es im ganzen Umfange dieses ungeheueren Reichs nicht ein einziges Denkmal oder die Spur von einem Gebäude gebe, das älter als die Conquista sei«. Zu jener Zeit, in der Robertson schrieb, war es für den Geschichtsforscher vielleicht sicherer, mißtrauisch zu sein; seitdem aber hat sich neues Licht in Strömen über die Welt ergossen, und das weite Feld der amerikanischen Altertümer ist erschlossen worden.

Verwundern muß man sich über die Unwissenheit, Sorglosigkeit und Gleichgültigkeit, die in diesem Punkte unter den Bewohnern des spanischen Amerika herrschen. In unserem Lande haben die Urbarmachung von Wäldern und die Entdeckung der Erdhügel und Befestigungen, die sich in langen Ketten von den Seen durch die Täler des Ohio und Mississippi erstrecken, die Mumien in einer Höhle in Kentucky, die Inschrift auf dem Felsen bei Dighton mit vermeintlich phönizischen Schriftzeichen und die Trümmer von Mauern und von einer großen Stadt im Arkansas- und Wisconsin-Gebiet – hat dies alles zu phantastischen und flattrigen Vorstellungen über die erste Bevölkerung dieses Landes Anlaß gegeben und den Glauben bestärkt, daß mächtige und volkreiche Nationen es einst innehatten und untergegangen sind, von deren Geschichte wir aller und jeder Kunde entbehren. Dieselben historischen Spuren setzen sich in Texas fort und nehmen in Mexiko eine noch bestimmtere Form an.

Das erste neue Licht ward auf diesen Gegenstand, was Mexiko betrifft, von dem großen Humboldt geworfen, der jenes Land zu einer Zeit besuchte, wo es durch die eifersüchtige Politik der Regierung den Ausländern fast ebenso versperrt war wie gegenwärtig China. Kein Mann hätte eines solchen Glücks würdiger sein können als er. In jener Zeit waren die Denkmäler des Landes kein Gegenstand der Untersuchung; aber Humboldt entnahm verschiedenen Quellen Belehrung und Zeichnungen, insbesondere von Mitla oder dem Tale der Toten, von Xochicalco, einem ausgehauenen und terrassierten Berge, ›Hügel der Blumen‹ geheißen, und von der großen Pyramide oder dem Tempel von Cholula, den er selbst besuchte. Von all diesen Stätten gibt seine eigene beredte Erzählung Kunde, die jedem Leser zugänglich ist. Leider vernahm Humboldt von den großen, in Urwäldern verschwundenen, in Trümmer zerfallenen, verödeten und namenlosen Städten jenseits des Tales von Mexiko nie etwas oder besuchte sie doch wenigstens niemals. Erst neuerdings sind Nachrichten von ihrer Existenz nach Europa und in unser Land gelangt. Diese Nachrichten, so unbestimmt und ungenügend sie auch waren, hatten unsre Wißbegierde geweckt, wiewohl ich gestehen muß, daß wir beide, Herr Catherwood und ich, ein bißchen zweifelsüchtig waren und uns Copan mehr mit der Hoffnung als mit der Erwartung, Wunder zu finden, nahten.

Seit der Entdeckung dieser Trümmerstädte ist es herrschende Regel geworden, sie einem Volksstamme zuzueignen, der demjenigen, welcher das Land zur Zeit der spanischen Eroberung bewohnte, zeitlich weit vorausging. Was nun Copan anbelangt, so erwähnen die frühen spanischen Geschichtsschreiber einen Ort dieses Namens, der in derselben Gegend lag, wo die Ruinen sich finden; es gab hier eine bewohnte Stadt, die den Waffen der Spanier einen furchtbaren Widerstand bot. Sie lag in der ehemaligen Provinz Chiquimula de Sierras, die von den Offizieren Don Pedros de Alvarado erobert ward, von welcher Eroberung aber nicht ein einziger spanischer Geschichtsschreiber irgendwelche nähere Nachrichten gegeben hat. Im Jahre 1530 empörten sich die Indianer der Provinz und machten den Versuch, das spanische Joch abzuschütteln. Hernandez de Chaves ward zu ihrer Unterwerfung ausgeschickt, und nach vielen blutigen Schlachten belagerte er Exquipulas, den Waffenplatz eines mächtigen Kaziken, der sich am vierten Tag »mehr«, um mich der Worte des Kaziken selbst zu bedienen, »mehr aus Rücksicht auf die allgemeine Ruhe als aus Furcht vor den spanischen Waffen zur Übergabe entschloß«, und mit der Hauptstadt unterwarf sich zugleich die ganze Provinz wieder der spanischen Botmäßigkeit.

Der Kazike von Copan, dessen Name Copan Calel war, hatte sich als Miturheber des Aufstandes und als Freund der Insurgenten erwiesen. Hernandez de Chaves beschloß daher, ihn zu strafen, und marschierte gegen Copan, welches damals einer der größten und reichsten und volkreichsten Orte des Königreichs war. Das Lager des Kaziken zählte mit Einschluß seiner Hilfstruppen dreißigtausend Mann, die wohldiszipliniert, kriegserfahren und mit hölzernen, durch steinerne Schneiden gefährlichen Schwertern, Pfeilen und Wurfschlingen bewaffnet waren. Dieses Lager, sagt der Geschichtsschreiber, ward auf der einen Seite durch die Gebirgszüge von Chiquimula und Gracias a Dios verteidigt, auf der andern von einem tiefen Graben und einer Verschanzung, bestehend aus starken Balken, deren Zwischenräume mit Erde ausgefüllt waren und welche Schießscharten und Spalten zum Abschießen der Pfeile hatte. Chaves ritt, von einigen wohlbewaffneten Reitern begleitet, zum Graben hin und gab ein Zeichen, daß er eine Unterredung wünsche. Die Antwort des Kaziken war ein Pfeil, worauf ein Hagel von Pfeilen, Steinen und Wurfspießen folgte, der die Spanier zum Rückzuge zwang. Am nächsten Tage unternahm Chaves einen Angriff auf die Verschanzung. Die Infanterie trug lose anliegende, mit Baumwolle gefütterte Röcke sowie Schwerter und Schilde; die Reiterei trug Brustharnische und Helme, und auch ihre Pferde waren geschützt. Die Copaner hielten jeder einen mit dem Felle des *Dante* (Tapir) überzogenen Schild am Arm, und der Kopf war durch Federbüsche geschützt. Der Angriff dauerte den ganzen Tag hindurch. Die Indianer mit ihren Pfeilen, Wurfspießen und Piken, deren Spitzen im Feuer gehärtet waren, hielten stand; die Spanier waren genötigt, sich zurückzuziehen. Chaves, der im dichtesten Schlachtgewühle gefochten hatte, ward angesichts der Schwierigkeiten des Unternehmens und der dem Ansehen der spanischen Waffen drohenden Gefahr aufmerksam, als ihm berichtet ward, daß an einer Stelle die Tiefe des Copan verteidigenden Grabens nur unbedeutend sei. Am folgenden Tage rückte er gegen diese Stelle vor, um von dort aus einen Angriff vorzutragen. Die Copaner hatten seine Bewegungen überwacht und die Schanze mit ihren tapfersten Soldaten besetzt. Die spanische Infanterie war nicht imstande, eine Angriffsschanze aufzubauen, worauf die Reiterei ihr zu Hilfe kam. Auch die Indianer zogen ihre ganze Streitmacht zusammen, und die Spanier standen fest wie Felsen, an denen Piken, Pfeile und Steine abprallten. Zu wiederholten Malen versuchten sie, die Verschanzung zu erklimmen, wurden aber jedes Mal in den Graben zurückgetrieben. Viele fielen auf beiden Seiten, aber die Schlacht setzte sich fort ohne Vorteil für den einen oder den anderen Teil, bis endlich ein tapferer Reiter mit einem Sprung in den Graben setzte; sein Roß prallte dabei mit der Brust so heftig gegen die Schanze, daß Erde und Schanzpfähle nachgaben und das scheu gewordene Tier sich mitten unter den Indianern aufbäumte. Andere Reiter folgten und verbreiteten solchen Schrecken unter den Copanern, daß ihre Linien durchbrochen wurden und sie die Flucht ergriffen.

So lautet die Erzählung, welche die spanischen Geschichtsschreiber von Copan gegeben haben, die, auf die Stadt angewandt, deren Mauer wir auf der anderen Seite des Flusses erblickten, uns äußerst dürr und ungenügend erschien; denn das vor uns liegende massive steinerne Mauerwerk sah wenig danach aus, als ob es einst zu einer Stadt gehört hätte, deren Verschanzung durch den Angriff eines einzigen Reiters niedergeworfen werden konnte.

An dieser Stelle war der Fluß nicht zu durchwaten, weshalb wir zu unseren Maultieren zurückgingen, aufsaßen und an eine andere Stelle des Ufers ein wenig flußaufwärts ritten. Der Strom war breit und stellenweise tief, reißend und mit ungleichem und steinigem Bette. Nachdem wir hinüber waren, ritten wir auf einem dick mit niedrigem Gesträuch überwachsenen Flußpfade, den José uns mit der Machete frei machte, längs dem Ufer hin, bis wir an den Fuß der Mauer kamen, wo wir wieder abstiegen und unsere Maultiere anbanden.

Die Mauer war aus gehauenen Steinen aufgeführt, gut gelegt und wohl erhalten. Wir erstiegen sie mittels großer steinerner Stufen, die teilweise unversehrt, teilweise von Bäumen, die in den Spalten wuchsen, hinuntergestürzt worden waren, und kamen auf eine Terrasse, deren Gestalt zu bestimmen uns bei der Dichte des Waldes, der sie ganz bedeckte, unmöglich war. Unser Führer hieb uns einen Weg frei, wir kamen an einem halb in den Boden versunkenen großen Stein mit sorgfältig gearbeiteten Skulpturen vorbei und erreichten den Winkel eines Bauwerks mit Stufen zu beiden Seiten, die in Form und Aussehen, soweit uns die Bäume darüber zu urteilen gestatteten, den Seiten einer Pyramide glichen. Als wir vom Flusse abbiegend uns einen Weg durch das Waldesdickicht hieben, trafen wir auf eine viereckige steinerne Säule von etwa vierzehn Fuß Höhe und einer Seitenlänge von jeweils drei Fuß, die auf allen vier Seiten von unten bis oben mit Skulpturen von stark erhabener Arbeit bedeckt war. Vorn war die Figur eines Mannes zu sehen, der sehr seltsam und reich bekleidet und dessen Gesicht, offenbar ein Porträt, feierlich, streng und schreckeneinflößend war. Ganz anders wirkten die Skulpturen der Rückseite; sie unterschieden sich von allem, was wir bisher gesehen hatten. Die Seiten waren mit Hieroglyphen bedeckt. Diese Säule nannte unser Führer ein ›Götzenbild‹. Vor demselben, in einer Entfernung von drei Fuß, lag ein Steinblock, gleichfalls mit Figuren und sinnbildlichen Zeichen bedeckt, den der Führer einen ›Altar‹ nannte. Der Anblick dieses unverhofft gefundenen Monuments beschwichtigte in uns sofort und für immer alle Zweifel und Ungewißheit über den Charakter der amerikanischen Antiquitäten und brachte uns zu der Überzeugung, daß die Gegenstände, nach denen wir suchten, interessant seien, nicht nur als die Überreste eines unbekannten Volks, sondern auch als Werke der Kunst, welche gleich neuentdeckten historischen Urkunden bewiesen, daß das Volk, das einst den Kontinent Amerikas bewohnte, nicht zu den Wilden gehörte. Mit einer Teilnahme, die vielleicht stärker war als wir sie je auf unseren Wanderungen durch die Ruinen Ägyptens empfunden hatten, folgten wir unserem Führer, der sich, wenn er bisweilen seinen Weg verfehlte, mit den beständigen und kräftigen Streichen seiner Machete durch den dichten Urwald Bahn machte und uns zu vierzehn weiteren Denkmälern inmitten halbversunkener Fragmente brachte, die den gleichen Charakter und das gleiche Aussehen hatten, von denen aber manche von noch geschmackvollerer Zeichnung waren, manche in ihrer Kunstfertigkeit den schönsten Monumenten der Ägypter gleichkamen. Eines war durch riesengroße Wurzeln von seinem Piedestal verrückt, ein anderes von Ästen fest umschlungen und fast aus der Erde gehoben; wieder ein anderes auf den Boden geworfen und von ungeheueren Reben und Schlingpflanzen auf ihm niedergehalten; eines endlich stand, mit seinem Altar vor sich, in einem Hain von Bäumen, die es rings umwuchsen, als wollten sie es beschatten und wie ein Heiligtum beschützen, und in des Waldes feierlicher Stille erschien es wie eine Gottheit, die über ein hingesunkenes Volk trauert. Die einzigen Laute, welche das tiefe Schweigen dieser untergegangenen Stadt störten, waren das Lärmen der Affen, die zwischen den Wipfeln der Bäume umherschwärmten, und das Knicken der durch ihr Gewicht gebrochenen dürren Zweige. Sie bewegten sich über unseren Köpfen in langen und raschen Zügen, vierzig bis fünfzig auf einmal und manche mit Jungen in ihren langen Armen, schritten auf den Ästen bis an deren Spitzen vor, hielten sich hier mit ihren Hinterfüßen oder dem herumgewickelten Schwanze fest, schnellten auf einen Ast des nächsten Baums und zogen weiter fort in die Tiefe des Waldes. Wir sahen diese Tiermenschen hier zum ersten Male, und umgeben von den wundersamen Denkmälern kamen sie uns vor wie ruhelose Geister des verschollenen Volksstamms, welche die Trümmer ihrer einstigen Wohnungen behüteten.

Wir kehrten zum Fuße des pyramidalischen Baus zurück und stiegen auf regelmäßigen steinernen Stufen hinan, von denen manche durch Sträucher und Schößlinge gewaltsam auseinandergetrieben, andere durch hochgewachsene Bäume hinabgeworfen, einige endlich noch unversehrt waren. Teilweise waren sie mit eingegrabenen Figuren und Reihen von Totenköpfen geschmückt. Wir kletterten über die zertrümmerte Spitze hinweg, erreichten eine mit Bäumen überwachsene Terrasse, überschritten diese und stiegen dann auf steinernen Stufen zu einem ebenen Platze hinab, so sehr mit Bäumen bedeckt, daß wir anfangs nicht imstande waren, seine Gestalt zu bestimmen. Erst nachdem wir uns mit der Machete einen Weg gebahnt hatten, stellte sich heraus, daß er viereckig war und auf allen Seiten Stufen hatte, fast so wohlerhalten wie im Kolosseum zu Rom. Die Stufen waren mit Skulpturarbeit verziert, und auf der südlichen Seite, etwa auf der Hälfte der Höhe, stand, von Wurzeln gewaltsam von seiner Stelle verrückt, ein kolossaler Kopf, offenbar ein Porträt. Als wir diese Stufen hinaufgingen, kamen wir auf eine breite, hundert Fuß hohe Terrasse, welche den Fluß überschaute und von der Mauer, die wir von dem gegenüberliegenden Ufer aus gesehen hatten, getragen ward. Die ganze Terrasse war mit Bäumen bewachsen, und von ihrem Fuße bis zu dieser Höhe ragten zwei gigantische Ceibas oder indische Baumwollbäume von mehr als zwanzig Fuß im Umfang herauf, die ihre halbnackten Wurzeln fünfzig bis hundert Fuß ringsum ausstreckten, die Trümmer an den Boden festbanden und sie mit ihrem breiten Dache überschatteten. Wir ließen uns hart am Rande des Gemäuers nieder und mühten uns vergeblich, in das Geheimnis, das uns hier umgab, einzudringen.

Welches Volk hat diese Stadt erbaut? In Ägyptens Trümmerstädten, selbst in dem lange vergessenen Petra, kennt der Fremdling die Geschichte des Volks, dessen Spuren ihn umgeben. Amerika, sagen die Geschichtsschreiber, ward von Wilden bevölkert – aber Wilde errichteten nimmermehr diese Bauten, Wilde meißelten nimmermehr diese Steine aus! Wir fragten die Indianer, wer dies alles geschaffen habe, doch ihre dumme Antwort war nur: *»Quien sabe?«* (Wer weiß?)

Keine Ideenverbindungen verknüpfen sich mit diesem Orte, keine jener begeisternden Erinnerungen, welche uns Rom, Athen und »der Welt große Königin auf Ägyptens Ebene« so heilig machen; und doch hatten einst in diesem wuchernden Walde Baukunst, Skulptur, Malerei, kurz all die Künste geblüht, welche das Leben verschönen; hatten Redner, Krieger und Staatsmänner, hatten Schönheit, Ehrgeiz und Ruhm ihre Zeit gehabt und waren dahingeschwunden, und niemand wußte, daß solche Dinge gewesen waren, und niemand vermochte ihre Vergangenheit zu entschleiern. Die Bücher, diese Bewahrer des Wissens, schweigen hierüber. Verlassen und öde liegt die Stadt da: Kein Überlebender dieses Volksstamms weilt in den Ruinen, keine Überlieferung ward vom Vater auf den Sohn, von Geschlecht zu Geschlecht vererbt. Die Trümmerstadt lag vor uns gleich einer inmitten des Meeres zerschellten Barke: Ihre Masten sind verloren, ihr Name verschwunden, ihre Bemannung untergegangen, und keiner weiß zu sagen, woher sie kam, wem sie gehörte, wie lange sie auf ihrer Reise war, was der Anlaß ihres Untergangs gewesen ist; wer ihre verschwundene Mannschaft war, läßt sich nur durch eine gefolgerte Ähnlichkeit im Bau des Fahrzeugs erraten und vielleicht nie mit Gewißheit erkunden. War der Ort, an dem wir saßen, einst eine Zitadelle, von deren Höhe ein unbekanntes Volk die Kriegsdrommete erschallen ließ? Oder ein Tempel zur Anbetung des Friedensgottes? Oder beteten die Bewohner zu den von ihren eigenen Händen geschaffenen Götzenbildern und brachten ihnen auf den davor stehenden Steinen Opfer dar? Alles war in geheimnisvolle Nacht gehüllt, in dunkle, undurchdringliche Nacht, und alles und jedes trug dazu bei, das Dunkel zu vermehren. In Ägypten stehen die gigantischen Tempelskelette nackt und verlassen in dem wasserlosen Sandmeer; hier dagegen hüllte die Ruinen eine ungeheure Waldung ein und verbarg sie vor der Menschen Blick, wodurch der Eindruck und die Wirkung noch erhöht und ihnen eine mächtige und fast wildromantische Anziehungskraft gegeben ward.

Spät am Nachmittage arbeiteten wir uns wieder zurück zu unseren Mauleseln, badeten am Fuße der Mauer im klaren Flusse und kehrten zur Hazienda zurück. Unser dankbarer Maultiertreiberbursche hatte den Leuten von seiner schrecklichen Krankheit und von der durch Herrn Catherwood bewirkten außerordentlichen Kur erzählt, was zur Folge hatte, daß wir bei unserer Ankunft auf der Hazienda einen totenbleichen, vom Fieber ganz erschöpften Mann antrafen, der uns um *Remedios* (Arznei) bat. Nicht minder harrte eine alte Dame unserer Ankunft, die auf Besuch in der Familie war und an diesem Tage eigentlich hatte heimreisen wollen, nun aber die Hoffnung hegte, von einer Krankheit, an der sie seit zwanzig Jahren litt, geheilt zu werden. So ward denn unsere Arzneikiste herbeigeholt, was auch die Frau des Don in eine Patientin verwandelte. Je mehr Arzneien Herr C. verabreichte, um so mehr verbreitete sich sein Ruf, so daß er während des Abends nicht weniger als vier oder fünf Weiber und ebenso viele Männer zu behandeln hatte. Wir wünschten sehr, auf den Don Eindruck zu machen und ihn zu gewinnen, allein er war auf seiner Hut. Die Zündhütchen unserer Pistolen zogen die Aufmerksamkeit der Männer auf sich; auch zeigten wir ihnen den Kompaß und andere Sachen, welche sie auf den Gedanken brachten, daß wir »sehr reich« sein müßten und »viele Ideen« hätten. So freundeten wir uns allgemach mit dem ganzen Hause an, nur mit des Hauses Herrn nicht, der in dem Maultiertreiber einen verwandten Geist fand. Er hatte nun einmal seinen Kopf aufgesetzt und war zum Nachgeben zu stolz und zu halsstarrig. Unsere neuen Freunde machten uns dagegen mehr Platz für unsere Hängematte, so daß wir uns in der Nacht bequemer schwingen konnten.

Am nächsten Morgen setzten wir die Leute von neuem durch unser seltsames Tun und Treiben in Erstaunen, ganz besonders durch das Bürsten unserer Zähne, eine

Operation, die sie wahrscheinlich jetzt zum ersten Male sahen. Während wir hiermit beschäftigt waren, tat die Haustür sich auf und Don Gregorio trat ein, wendete aber den Kopf von uns ab, um uns nicht mit einem *Buenos Dias* (Guten Morgen) begrüßen zu müssen. Wir beschlossen, keine Nacht länger unter seinem Dach zu bleiben, sondern unsere Hängematten in die Ruinen mitzunehmen und sie für den Fall, daß sich kein Gebäude zu unserem Obdach fände, unter einem Baume aufzuknüpfen. Mein Kontrakt mit dem Maultiertreiber lautete dahin, daß er drei Tage in Copan zu bleiben habe. Für die Benutzung seiner Tiere während dieser Zeit aber war kein Handel abgeschlossen worden, und er hoffte, die Ärgernisse auf der Hazienda würden uns veranlassen, ohne weiteres wieder abzureisen. Als er uns nun zum Bleiben entschlossen fand, schwor er, daß er die Hängematten nicht schleppen und nicht einen Tag länger verweilen werde; er willigte aber doch zuletzt noch ein, uns seine Maultiere für diesen Tag zu vermieten.

Bevor wir aufbrachen, trat nach einer kurzen Besprechung mit Don Gregorio ein neuer Gegenpart, ein Don José Maria Asebedo, an uns heran und sagte, er sei der Besitzer der ›Götzen‹. Niemand könne daher ohne seine Erlaubnis dorthin gehen, und er händigte mir dabei die Besitzesurkunde ein. So hatten wir es denn mit einer neuen Schwierigkeit zu tun. Ich war nicht willens, ihm seinen Rechtstitel streitig zu machen, sondern las seine Papiere aufmerksam durch, als ob es sich hier um einen gerichtlichen Räumungsbeschluß handelte; und er schien beruhigt, als ich ihm sagte, sein Besitztitel sei wohlbegründet, und ich wolle, wenn ich nicht gestört würde, ihm bei meiner Abreise meine Aufwartung machen und mich erkenntlich zeigen. Zu unserem Glück fügte es sich, daß er um eine Gunst zu bitten hatte. Unsere medizinische Reputation war bis ins Dorf Copan gedrungen, und er wünschte *Remedios* für seine kranke Frau. Da es für uns wichtig war, einen Freund in ihm zu gewinnen, so ward die Sache nach einer kurzen Besprechung dahin geordnet, daß Herr Catherwood mit mehreren gedungenen Arbeitsleuten zu den Ruinen gehen sollte, um daselbst, wie es unsere Absicht war, eine Hütte zu bauen, während ich für meine Person nach Copan gehen und die kranke Frau des Don besuchen wollte.

Unsere neue Bekanntschaft, der genannte Don José Maria Asebedo, war wohl ein Fünfziger, hochgewachsen und gut gekleidet, das heißt mit reinlichem Hemd und reinlichen Beinkleidern, gutmütig, aber unwissend, und einer der angesehensten Einwohner von Copan. Er bewohnte eine der besten Hütten im Orte, die aus Pfählen gebaut und mit Maisblättern gedeckt war, an der einen Seite ein hölzernes Bettgestell besaß und sogar mit einigem Kochgeschirr ausstaffiert war. Da es während der Nacht stark geregnet hatte, war der Boden in der Hütte naß. Die kranke Frau schien dem Don an Alter gleich zu sein und litt zum Glück an einem Rheumatismus von mehrjähriger Dauer. Wenn ich ›zum Glück‹ sage, so natürlich lediglich in bezug auf uns als Ärzte und zur Ehre der zufällig unseren Händen anvertrauten Kunst. Ich sagte ihr, ein frischer Anfall würde eher zu beheben sein, da aber das Übel nun seit langer Zeit bestehe, so verlange seine Heilung Zeit, Geschicklichkeit, Beobachtung der

Symptome und der täglichen Wirkung der Medizin. Immerhin gab ich ihr für den Augenblick den Rat, ihre Füße aus dem Wassertümpel zu entfernen, in welchem sie stand, und versprach, Herrn Catherwood, der ein noch besserer *Medico* als ich wäre, zu konsultieren und ihr ein Liniment zum Einreiben des Nackens zu schicken.

Als dies vorüber war, begleitete mich Don José Maria zu den Ruinen, wo ich Herrn Catherwood mit den indianischen Arbeitern antraf. Wir durchwanderten abermals das ganze Gelände, auf der Suche nach irgendeinem zerfallenen Gebäude, in dem wir uns einquartieren könnten, aber vergebens. Unsere Hängematten unter den Bäumen aufzuknüpfen wäre unvernünftig gewesen, da die Zweige noch naß, der Boden schlammig war und abermals Regen in Aussicht stand; doch wir waren entschlossen, nicht wieder zu Don Gregorio zurückzukehren. Don José sagte, es liege eine Hütte in der Nähe, und führte uns zu ihr. Als wir ihr nahe kamen, hörten wir das Wehgeschrei einer Frau drinnen und sahen diese, als wir eintraten, vor Fieber und Schmerz außer sich auf einem Kuhhautbette sich herumwälzen; als die Kranke mich erblickte, warf sie sich auf die Knie, preßte die Hände gegen ihre Schläfen und bat mich unter einem Tränenstrome um Gottes Willen um einige *Remedios.* Ihre Haut war heiß, ihr Puls ging sehr schnell; sie hatte ein heftiges Wechselfieber. Während ich sie noch nach den Symptomen befragte, trat ihr Mann in die Hütte, ein Weißer von etwa vierzig Jahren, in schmutzigen baumwollenen weiten Beinkleidern, herunterschlappenden Strümpfen, mit einem um den Kopf gebundenen Tuche und bloßen Füßen; sein Name war *Don* Miguel. Ich teilte ihm mit, daß wir einige Tage in den Ruinen zubringen wollten, und bat um Obdach in seiner Hütte. Die Frau, überglücklich, einen geschickten Arzt in ihrer Nähe zu haben, antwortete statt seiner, worauf ich zu Herrn Catherwood zurückkehrte, um ihm die tröstliche Nachricht von der gefundenen Unterkunft zu bringen und seiner Krankenliste einen neuen Patienten hinzuzufügen. Der ganze Troß eskortierte uns dann zu der Hütte, dabei auch das Maultier, das die Hängematten trug; und allein durch die Vermehrung des medizinischen Beistands um Herrn C. sowie durch das geheimnisvolle Auskramen von Zeichenmaterialien und Meßstangen schien das Fieber des armen Weibes mit unserer Ankunft verschwunden zu sein.

Die Hütte lag am Rande einer Lichtung, auf jenem Grund und Boden, den einst die Ruinenstadt bedeckt hatte, und das Bruchstück eines ausgehöhlten und als Tränktrog für das Vieh benutzten Steines stand dicht vor der Tür. Das Stück Land war mit Mais und Tabak bepflanzt und auf allen Seiten von Wald umgeben. Die Hütte maß gegen sechzehn Quadratfuß, hatte ein Giebeldach, war mit Maiskolben gedeckt und ruhte auf zwei im Boden versenkten aufrechtstehenden Pfählen mit Klammern, in denen ein anderer Pfahl lagerte, um den Dachfirst zu tragen, wie es auf allen vier Seiten auch noch weitere, ähnliche Stützen gab, aber von nur vier Fuß Höhe. Der Giebel bildete die Vorderseite, und deren eine Hälfte war mit Maisblättern abgedeckt, die andere aber offen, so wie in Abbildung 1 dargestellt. Die Rückwand bestand aus Stroh, und Maisgarben waren an ihr aufgeschichtet. In dem Win-

1 Don Miguels Hütte bei Copan

kel an der Vorderseite stand das Bett Don Miguels und seiner Frau, geschützt von einer am Kopfende und an der Seite befestigten Kuhhaut. Das Mobiliar bestand aus einer steinernen Walze zum Kornmahlen, einem *Comal* oder irdenem Rost zum Backen der Tortillas und zwei Schränkchen auf einem rohen Brette über dem Bett, welche die Garderobe und das gesamte Besitztum Don Miguels und seiner Frau enthielten – mit Ausnahme Bartolos, ihres Sohns und Erben, eines plumpen Riesen von zwanzig Jahren, dessen nackter Leib aus einem Paar Knabenhosen herausgeplatzt schien und von einem Hemd nichts wissen wollte; sein Bauch war infolge eines schmerzhaften Leberleidens angeschwollen, und der ganze Bursche und sein fahles Gesicht waren fleckig von Schmutz. Es war nur Raum für eine einzige Hängematte da, auch waren die Kreuzhölzer nicht stark genug, um zwei Menschen zu tragen. Daher wählte ich mit Zustimmung unserer Wirtsleute die Maisschicht an der Hinterwand, die gerade hoch und breit genug für ein Bett war, zu meiner Schlafstätte, während Herr Catherwood seine Hängematte aufhing; und wir waren so erfreut darüber, von der rohen Gastlichkeit Don Gregorios erlöst und den Ruinen nahe zu sein, daß uns alles recht traulich und bequem erschien.

Nach dem Mittagessen bestieg ich das Packmaultier, das bloß einen Halfter zum Halten hatte, und ritt, von Augustin zu Fuß begleitet, zu Don Gregorios Hazienda, in der Absicht, unser Reisegepäck herüberzuschaffen. Die heftigen Regengüsse hatten den Fluß anschwellen lassen, so daß Augustin genötigt war, sich auszuziehen, um ihn durchwaten zu können. Don Gregorio war nicht zu Hause, und der Maultiertreiber, wie gewöhnlich erfreut, mir eine Verlegenheit bereiten zu können, sagte, es wäre heute unmöglich, die Tiere gepäckbeladen über den Fluß zu bringen. Wie immer tat er, statt uns in unseren kleinen Verlegenheiten behilflich zu sein, sein bestes, sie zu vermehren. Er wußte, daß wir keine Maultiere in Copan bekommen konnten, wenn wir ihm den Abschied gaben; wir hätten zwei Tagereisen weit um neue Tiere schicken müssen. Es fehlte uns aber an einem verläßlichen Manne, den man mit einer solchen Aufgabe betrauen konnte, und dann würde der Zeitverlust auch mindestens eine Woche betragen haben. Da ich nicht wußte, zu welchem Zeitpunkt es ratsam sein mochte abzureisen, und da ich von ihm nicht ganz und gar im Stich gelassen werden wollte, so war ich gezwungen, ihn zum Bleiben zu dingen, und zwar zu einem Preise, der als so übermäßig hoch galt, daß ich dadurch in den Ruf kam, ich besäße *Mucha Plata* (viel Silber). Ein solcher Ruf hätte mir zu Hause wohl nützlich werden können, hier in Copan aber war er alles andere als wünschenswert; und hiermit noch nicht zufrieden, bestand der Schurke, aus Furcht, mir zu vertrauen und dabei zu kurz zu kommen, auf täglicher Zahlung. Ich war zu jener Zeit mit dem im Lande herrschenden Berechnungs- und Zahlungswesen noch nicht vertraut. Die Quälgeister sind nicht mit dem gewöhnlichen Satze zufrieden, sie verlangen auch noch Extrazahlung, und zudem muß die volle Summe oder doch ein bedeutender Teil derselben im voraus bezahlt werden.

Mittlerweile fing es wieder an zu regnen, und nachdem ich meine Rechnung bei der Señora beglichen, ihr für ihre Freundschaft gedankt und den Auftrag, uns für den nächsten Tag etwas zu backen, hinterlassen hatte, trat ich mit einem Regenschirm und einem blauen Mantelsack unbekannten Inhalts den Rückweg an. Dieser Mantelsack gehörte Herrn Catherwood, der mich eindringlich gebeten hatte, ihn von der Hazienda mitzubringen. Augustin folgte mit einer zinnernen Teekanne und einigen anderen Gerätschaften zum unmittelbaren Gebrauche. Als wir in den Wald kamen, stieß der Regenschirm an die Zweige und Äste der Bäume an und machte das Maultier scheu, und während ich den sperrigen Schutz noch zu schließen suchte, ging das Tier, das mit nur einem Halfter nicht zu halten war, mit mir durch, galoppierte stracks durch den Urwald, wobei es für mich manchen Kopfstoß setzte, sprang, die Furt verfehlend, in den Fluß und stand nicht eher still, als bis ihm das Wasser an die Brust reichte. Der Fluß war angeschwollen und reißend, und der Regen schoß in Strömen nieder. In geringer Entfernung flußabwärts schäumte ein wilder Strudel. Bei dem angestrengten Versuch, das Tier zu zügeln, verlor ich Herrn Catherwoods blauen Mantelsack, erfaßte ihn zwar mit dem Griffe des Regenschirms und würde ihn auch gerettet haben, wäre nur das Tier zum Stehen zu bringen gewesen; als ihm aber der Sack unter der Nase vorbeischwamm, prallte es schnaubend zurück. Während ich es zur anderen Seite hinübertrieb, zerbrach ich den Schirm, und in dem Augenblick, wo ich das Ufer berührte, sah ich, wie der Mantelsack dem besagten Strudel zuschwamm und wie Augustin, seine Kleider in der einen, die Teekanne in der anderen Hand über dem Kopfe haltend, ihm den Fluß hinab nachsteuerte. Weil ich meinte, er enthalte einige unumgänglich nötige Zeichenmaterialien, stürzte ich mich, in der Hoffnung, ihn aufzufangen, mitsamt dem Maultier in das Dickicht am Ufer, verfing mich aber dabei hoffnungslos in dem Gewirr der Zweige und Ranken. Ich stieg ab, band mein Tier an und bahnte mir einen Weg zum Ufer, wo ich wohl Augustins Kleider und Teekanne, keine Spur aber von ihm selbst erblickte, so daß mir angesichts der tobenden Strömung zu meinen Füßen die schlimmsten Befürchtungen kamen. Da es mir unmöglich ward, am Ufer weiter zu gehen, sprang ich mit einem gewaltigen Satze über eine reißende Stelle hinweg auf eine mit Zwerggebüsch bedeckte Sandinsel und rannte bis in ihr unteres Ende, von wo ich die ganze Fläche des Stroms und den Strudel überblicken konnte – von Augustin aber war nichts zu entdecken. Jetzt schrie ich aus Leibeskräften nach ihm, und zu meinem unaussprechlichen Troste bekam ich eine Antwort, die aber bei dem brausenden Lärmen des Wassers nur ganz schwach erklang; doch im gleichen Augenblicke erschien Augustin im Wasser, wo er sich um eine vorspringende Landspitze herumarbeitete, an den Gebüschen Halt fand und sich das Ufer hinaufzog. Um ihn beruhigt, sah ich nun mich selbst in großer Verlegenheit. Jetzt, wo sich die erste Aufregung gelegt hatte, fürchtete ich mich, den Sprung über den reißenden Strom hinweg zurück ans höhere Ufer zu wagen. Es hätte außerordentlich schlimm um mich gestanden, wäre Augustin tatsächlich ertrunken und hätte ich mir in dieser Lage selbst helfen sollen. So aber arbeitete er sich durch die Gebüsche am jenseitigen Ufer und schob einen Pfahl über den Strom; ich sprang auf den schwankenden Steg, glitt aus, fand aber Halt am Ufergesträuch und wurde von Augustin sogleich auf festen Boden gezogen. Während dieser ganzen Zeit trommelte der Regen mit großer Heftigkeit auf uns nieder, und da ich mich bei all der Aufregung nicht mehr erinnern konnte, wo ich mein Maultier angebunden hatte, mußten wir mehrere Minuten danach suchen. Dann aber stieg ich auf und verwünschte den alten Reisesack zum Kuckuck, und Augustin streifte seine Kleider wieder über, hauptsächlich aus dem Grunde, weil er das nasse Zeug auf seinem Leibe bequemer tragen konnte.

Als ich Copan erreichte, suchte ich in Don José Marias Hütte Schutz, während Augustin, der sich in jenem glücklichen Zustande befand, der nicht schlimmer werden kann, im Regen weiterzog. Da in der Hütte außer einem kleinen Mädchen niemand war, so folgte ich ihm, sobald der Regen nachließ. Ich mußte noch über einen weiteren Fluß setzen, der ebenfalls angeschwollen war. Aber auch die Straße, die durch dichten Wald führte, war überschwemmt, und die pechschwarzen Wolken verkündeten neuen Regen. Zur Linken lag eine Reihe kahler Berge, die ehemaligen Steinbrüche von Copan, an denen der Donner furchtbar hinrollte und über deren Flanken mit schrecklicher Zackenschrift Blitze fuhren. Englische Reisende in den Vereinigten Staaten zeigen sich gewöhnlich von unseren einheimischen Gewitterstürmen beeindruckt; allein, so sehr ich auch auf die Nationalehre halte, so sind die tropischen Gewitter doch unvergleichlich. Der Regen fiel in einer Weise, als ob man oben Fluttore geöffnet hätte, und während mein Maultier, immer wieder ausgleitend, durch den Schlamm stapfte, verlor ich meinen Weg. Ich ritt eine Strecke zurück und hatte gerade die Spur wiedergefunden, als ich einer Frau begegnete, die barfuß ging und ihr Kleid bis über die Knie geschürzt hielt; wie sich zeigte, war es meine rheumatische Patientin, Don José Marias Weib. Nachdem ich sie nach dem Wege gefragt hatte, gab ich ihr zu verstehen, daß sie durch solche Unvorsichtigkeit die Kunst des Arztes zunichte mache und – wovon ich auch völlig überzeugt war – nicht erwarten dürfe, unter unserer Behandlung Genesung zu finden. Nur ein kurzes Stück weiter kam ich dann abermals von meinem Wege ab. Ich mußte, soviel war gewiß, rechts in den Wald hinein. Herausgekommen war ich auf einem Fußpfade, den ich nicht genug beachtet hatte. Da nun Viehspuren nach allen Richtungen verliefen, so ritt ich fortwährend bald in den Wald hinein, bald wieder heraus, ohne auf den rechten Weg zu treffen. Mehrere Male stieß ich auf Augustins Fußspuren, aber sie verloren sich alsbald wieder in Wasserpfützen und machten mich nur noch wirrer, bis ich schließlich überhaupt nicht mehr weiter wußte. Es war inzwischen dunkel geworden, und gleich Henry Pelham, als er in Gefahr war, in einer der Gossen von Paris zu ertrinken, blieb ich stehen, um mit lauten Hallorufen auf mich aufmerksam zu machen. Zu meiner großen Freude gab Augustin, der noch länger als ich in die Irre gelaufen und in noch größerer Verlegenheit war, sogleich mit lautem Geschrei Antwort. Er trug die Teekanne in der Hand, hatte den Stummel einer kalten Zigarre im Mund, war von Kopf bis Fuß in Schlamm gebadet und bot in jeder Beziehung einen ganz jämmerlichen Anblick. Wir wählten nach gewissen Merkzeichen einen Pfad, marschierten unter ständigem Rufen weiter, und es währte tatsächlich nicht lange, da wurden unsere vereinten Stimmen von bellenden Hunden und Herrn Catherwood beantwortet, der sich, beunruhigt über unsere lange Abwesenheit und in Vorahnung dessen, was tatsächlich geschehen war, mit Don Miguel auf die Suche nach uns begeben hatte. Da ich keine Kleider zum Wechseln besaß, zog ich mich aus und wickelte mich nach Art der nordamerikanischen Indianer in eine wollene Decke ein. Den ganzen Abend krachten die Donnerschläge über unseren Häuptern, der Blitz erleuchtete den dunklen Wald und zuckte durch die offene Hütte herein, der Regen fiel in Strömen, und es war, wie Don Miguel sagte, zu erwarten, daß wir auf mehrere Tage von jeder Verbindung mit der gegenüberliegenden Seite des Flusses und unserem Gepäck abgeschnitten sein würden. Allein, wir verbrachten den Abend recht zufrieden und rauchten Zigarren von copanischem Tabak, dem berühmtesten in ganz Zentralamerika, der auf Don Miguels eigenem Grund und Boden gewachsen und von seiner Frau zu Zigarren verarbeitet worden war.

Don Miguel, an diesem Abend gleich mir nur dürftig bekleidet, war ein durchaus verständiger und gebildeter Mann, der lesen und schreiben, zur Ader lassen, Zähne ziehen und Verträge aufsetzen konnte, auch Sinn für Literatur hatte, denn er fragte

Augustin, ob wir Bücher hätten, und bemerkte dabei, es tue nichts zur Sache, wenn sie in englischer Sprache verfaßt seien – Bücher seien immer etwas Gutes; und es war uns eine wahre Freude, seine verächtlichen Bemerkungen über Don Gregorio und dessen Auffassungen zu hören. Als Unterpächter auf Gregorios Gut war er bei einem Zins von vier Pesos jährlich in der Regel mit seinen Zahlungen im Rückstand. Er entschuldigte sich, daß er uns nicht viel bieten könne, aber – was besser war als ein Himmelbett – wir fühlten, daß wir hier willkommene Gäste waren. Und in der Tat schienen alle zufrieden: Die Frau des Hausherrn hoffte, daß wir ihr das Fieber vertreiben, Bartolo, daß wir ihm die Bauchgeschwulst heilen würden, und Don Miguel wußte unsere Gesellschaft zu schätzen. Unter diesen glücklichen Umständen konnte das Toben der Elemente draußen uns nicht stören.

Den ganzen Tag hatte ich über den Rechtstiteln des Don José Maria gebrütet, und als ich abends meine Decke um mich zog, teilte ich Herrn Catherwood einen Plan mit, der – man höre und staune – in nichts Geringerem bestand als darin, Copan zu kaufen, die Denkmäler eines gewesenen Volkes aus der Einöde, in welcher sie vergraben liegen, nach New York, in dieses große Handelszentrum der Welt, zu schaffen und als Ausstellungsort ein Institut zu gründen, welches den Kern zu einem großartigen Nationalmuseum amerikanischer Altertümer bilden sollte! Die Frage war aber: Können die ›Götzen‹ überhaupt abtransportiert werden? Sie standen zwar an den Ufern eines Flusses, der sich in denselben Ozean ergießt, von dem die Docks von New York bespült werden, aber dieser Fluß besaß an seinem Unterlaufe Stromschnellen, und diese Stromschnellen waren unpassierbar, wie Don Miguel mir auf meine Frage zur Antwort gab. Doch sind Schwierigkeiten nicht dazu da, bestanden zu werden? Es blieb die Möglichkeit, einen ›Götzen‹ zu zerlegen, um ihn in Stücken fortzubringen und als Ausstellungsbeispiel wieder aufzurichten, von den anderen aber Abgüsse zu nehmen. Die Abgüsse vom Parthenon im Britischen Museum gelten als kostbare Denkmäler, und die gleiche Rolle würden die von Copan in New York spielen. Es mochten noch andere Ruinen entdeckt werden, vielleicht noch interessantere und zugänglichere. Bald würde ihre Existenz bekannt sein, ihr Wert gewürdigt werden, und die Freunde der Wissenschaft und Kunst in Europa würden sich in ihren Besitz setzen wollen. Aber dann könnten wir sie schon mit Fug und Recht unser Eigentum nennen; und obwohl wir von hier fortgetrieben werden mochten – vielleicht schon bald –, beschloß ich doch, daß sie die unsrigen werden sollten. Während in dieser Weise verworrene Bilder und Phantasien von Ruhm und Dank vor meinen Augen vorüberglitten, zog ich meine Decke um mich und sank in Schlaf.

Bei Tagesanbruch hingen die Wolken noch über dem Walde, lösten sich aber auf, als die Sonne heraufstieg; unsere Arbeiter stellten sich ein, und um neun Uhr verließen wir die Hütte. Die Zweige der Bäume triefen von Nässe, und der Boden war ein einziger Morast. Als wir noch einmal den Bezirk, der die wichtigsten Monumente in sich schloß, durchzogen, erschraken wir über den ungeheuren Umfang der vor uns liegenden Arbeit und kamen sehr bald zu dem Schluß, daß eine vollständige Erforschung der Ruinen unmöglich sein würde. Unsere Führer wußten nur von dieser einen Stätte; da wir aber auch jenseits des Dorfes in der Entfernung von einer *Legua* (fünf Kilometer) Stelen gesehen hatten, mutmaßten wir, daß noch weitere in den verschiedenen Richtungen verstreut lägen, tief im Walde vergraben und gänzlich unbekannt. Der Urwald war so dicht, daß wir die Hoffnung, weiter in sein Inneres vorzustoßen, fast aufgaben. Eine vollständige Durchforschung schien nur dann möglich, wenn man den ganzen Wald rodete und die Bäume niederbrannte. Dies paßte aber nicht zu unseren unmittelbaren Absichten, konnte als allzu große Rücksichtslosigkeit betrachtet werden und war auch nur in der trockenen Jahreszeit denkbar. Nach langem Hin- und Herberaten beschlossen wir, vor allem von den mit Skulpturen versehenen Stelen Zeichnungen aufzunehmen. Und selbst dabei ergaben sich noch große Schwierigkeiten. Die Linienführung war sehr verwickelt und wich von allem, was Herr Catherwood je gesehen hatte, dermaßen ab, daß ein Verständnis sich nicht einstellen wollte. Die Arbeiten waren in sehr hohem Relief ausgeführt und verlangten starke Beleuchtung, wenn die Figuren scharf hervortreten sollten; das Laubwerk aber war so dicht, und die Schatten hingen so tief, daß an ein Zeichnen nicht zu denken war.

Nach langer Beratschlagung wählten wir einen der ›Götzen‹ aus und beschlossen, die Bäume rings um ihn zu fällen und so der Sonne freien Zugang zu verschaffen. Eine Axt war nicht zur Hand, und das einzige Werkzeug, das die Indianer besaßen, war die Machete oder das Haumesser, dessen Form in den verschiedenen Gegenden des Landes unterschiedlich ist; mit einer Hand geschwungen, ist sie wohl nützlich beim Weghauen von Büschen und Zweigen, völlig unbrauchbar aber beim Fällen großer Bäume. Und dazu kam, daß die Indianer gerade noch so wie in den Tagen, als die Spanier sie entdeckten, ohne Eifer an die Arbeit gingen, wenig Ausdauer bewiesen und, Kindern gleich, sich bald und leicht wieder von ihrem Tagwerk entfernten. Hackte einer auf einen Baum ein und ward er, was sehr bald geschah, müde, so setzte er sich zum Ausruhen nieder, und ein anderer löste ihn ab. Während einer arbeitete, sahen ihm allemal mehrere zu. Da gedachte ich des Schalles der Waldmannsaxt in unseren heimischen Forsten und wünschte, einige der dortigen kräftigen Arbeiter zur Hand zu haben. Aber längst daran gewöhnt, uns in Geduld zu fügen, sahen wir den Indianern, während sie mit ihren Macheten dreinhieben, ruhig zu und staunten, daß sie überhaupt weiterkamen. Endlich waren die Bäume gefällt und beiseite geschleppt, der Boden um den Fuß des Steinidols freigeräumt und Herrn C.s Gerüst aufgerichtet. Das Zeichnen konnte beginnen.

Ich für meinen Teil brach jetzt zu einer neuen Entdeckungsreise auf, wobei ich zwei Mestizen, Bruno und Francisco, mit mir nahm, denen ich für jede neue Entdeckung eine Belohnung versprach. Keiner von beiden hatte bis zu dem Morgen unseres ersten Besuches, als sie sich unserem Zuge anschlossen, um sich über uns

Ingleses (Engländer) lustig zu machen, von den Götzen je etwas gesehen; aber sie zeigten sehr bald ein solches Interesse, daß ich ihre Dienste mietete. Bruno zog meine Aufmerksamkeit dadurch auf sich, daß er, wie ich vermeinte, meine Person verwundert betrachtete; indes galt diese Verwunderung, wie ich bald bemerkte, nicht mir, sondern meinem Rocke, einem Jagdrock mit vielen Taschen. Bruno behauptete, er verstünde es, einen ebensolchen Rock, nur die Schöße ausgenommen, anzufertigen. Er war nämlich von Profession ein Schneiderlein, arbeitete aber, wenn er gerade einmal nicht einen großen Auftrag, etwa eine ganze Jacke, hatte, auch mit der Machete. Dabei besaß er einen angeborenen Sinn für die Kunst. Während wir durch den Wald zogen, entging nichts seinem Auge; ganz besonders aufmerksam aber und mit Berufsinteresse tastete er die Bekleidung der skulptierten Figuren ab. Ich war erstaunt über die erste Entwicklung eines antiquarischen Geschmacks. Als Francisco die Füße und Beine einer Statue und Bruno einen Teil des zu ihnen gehörenden Rumpfes auffand, war die Wirkung auf beide elektrisch: Sie suchten und wühlten den Boden so lange mit ihren Macheten auf, bis sie die Schultern entdeckt und die ganze Figur, mit Ausnahme des Kopfes, zusammengesetzt hatten, und sie hätten nur zu gern Werkzeuge besessen, mit denen sie graben und dieses fehlende Bruchstück hätten auffinden können.

Es ist unmöglich, das Interesse zu schildern, mit welchem ich diese Ruinen durchforschte. Wir betraten völlig neuen Boden; es gab keine Reisebücher oder Führer; alles war jungfräuliches Terrain. Wir vermochten nicht einmal zehn Ellen weit zu sehen und wußten niemals, worauf wir als nächstes stoßen würden. Bei einer Gelegenheit hielten wir inne, um Zweige und Ranken zu durchhauen, die uns die Front eines Denkmals verbargen, dann wiederum, um zu graben und ein Bruchstück ans Licht zu bringen, dessen eine, plastisch gestaltete Ecke aus der Erde ragte. Mit atemloser Spannung beugte ich mich darüber, während die Indianer weiterarbeiteten und dem Grund ein steinernes Auge, ein Ohr, einen Fuß oder eine Hand entrissen. Und als die Machete gegen den gemeißelten Stein schlug, stieß ich die Indianer fort und scharrte die lose Erde mit den Händen heraus. Die Schönheit der Skulptur, des Waldes feierliche Stille, nur unterbrochen von dem Keckern der Affen und dem Geplapper der Papageien, die Einsamkeit der Stätte und das Geheimnis, das über ihr schwebte – alles dies zusammen ergab eine womöglich noch größere Anziehungskraft, als ich sie jemals vor den Ruinen der Alten Welt empfunden hatte. Nach mehrstündiger Abwesenheit kehrte ich zu Herrn Catherwood zurück und berichtete ihm von mehr als fünfzig zu kopierenden Gegenständen.

Ich fand ihn über diese Nachricht aber nicht so erfreut, wie ich erwartet hatte. Er stand mit den Füßen auf schlammigen Grund und zeichnete mit übergestreiften Handschuhen, um die Hände vor den Moskitos zu schützen. Wie befürchtet, gab es wegen der Verworrenheit und Verschlungenheit der Skulpturen und der völligen Neuheit und Unverständlichkeit der Gegenstände beim Zeichnen große Schwierigkeiten. Herr C. hatte mehrere Versuche sowohl mit als auch ohne Camera lucida unternommen, aber weder sich noch selbst mich, der ich ein weniger strenger Kritiker war, zu befriedigen vermocht. Es war, als ob der ›Götze‹ seiner Kunst trotzte, und auf einem Baume schienen zwei Affen über ihn zu lachen. Ich fühlte mich mutlos und verzweifelt und machte mich unter schmerzlichem Bedauern mit dem Gedanken vertraut, daß wir unseren Plan, einige Materialien als Grundlage für antiquarische Untersuchungen und Hypothesen mit uns fortzunehmen, würden aufgeben und uns damit begnügen müssen, sie mit eigenen Augen gesehen zu haben. *Diese* Genugtuung zumindest konnte uns nichts und niemand nehmen. Und so kehrten wir zwar mit ungeschwächtem Interesse, aber doch mit Trauer über den geringen Erfolg unserer Arbeiten zur Hütte zurück.

Unser Gepäck hatte noch nicht über den Fluß geschafft werden können, der blaue Reisesack aber, der uns so viel Not verursacht hatte, war wieder aufgetaucht. Ich hatte einen Dollar Belohnung ausgesetzt und Bartolo den ganzen Tag im Flusse zugebracht und ihn wirklich am Ufer, in einem Gebüsch verstrickt, gefunden. Sein nackter Leib schien sich seiner zufälligen Waschung zu freuen. Als nun der Sack, von dem wir vermeinten, daß er Herrn Catherwoods Zeichenmaterialien enthielte, ausgeschüttet ward, gab er von sich – ein Paar alte Stiefel, die freilich wasserdicht und gerade jetzt Gold wert waren und das gedrückte Gemüt Herrn C.s, der sich allein schon bei dem Gedanken an einen Fieber- oder Rheumatismusanfall krank fühlte, wieder stärkten und erquickten. Unsere Leute gingen nach Hause, und Francisco erhielt Anweisung, ehe er morgen früh zur Arbeit käme, zur Hazienda des Don Gregorio zu gehen und Brot, Milch, Kerzen, Speck und einiges Rindfleisch zu kaufen. Die Tür der Hütte lag gegen Westen, und die Sonne ging über dem dunklen Walde gerade vor uns mit einer Pracht unter, die ich niemals später übertroffen gesehen habe. In der Nacht hatten wir abermals Regen mit Blitz und Donner, aber von minderer Heftigkeit als die Nacht zuvor, und am Morgen war der Himmel wieder klar.

An diesem Tage war Herr C. mit seinen Zeichnungen viel erfolgreicher, teils weil das Licht gerade so fiel, wie er es wünschte, teils weil er sich besser vorbereitet hatte, indem er seine wasserdichten Stiefeln trug und auf einem Stück Wachsleinwand stand, das sonst zum Schutze unseres Gepäcks auf der Reise diente. Ich verbrachte den Morgen damit, daß ich ein anderes Monument aussuchte und durch Fällen der umstehenden Bäume Vorbereitungen zum Kopieren auch dieser Bildsäule traf. Um ein Uhr erschien Augustin, um uns zu Tisch zu rufen. Don Miguel hatte einen kleinen Fleck Boden mit Bohnen bepflanzt, von denen Augustin so viel pflücken durfte, wie er wollte, und mit diesen Bohnen, mit den in Copan zu ergatternden Eiern, einer stolzen Menge von drei bis vier Stück pro Tag, mit den Rindfleischstreifen, dem Brote und der Milch von der Hazienda befanden wir uns ganz *bene.* Im Laufe des Nachmittags wurden wir abermals von Augustin abgerufen, der die Meldung brachte, der Alkalde, der Dorfbürgermeister, sei gekommen, um uns einen Besuch abzustatten. Da es schon spät war, so machten wir für diesen Tag Feierabend und gingen zur

Hütte zurück. Wir schüttelten dem Herrn Alkalden die Hände, wir reichten ihm und seinen Begleitern Zigarren, wir waren so ganz in der rechten geselligen Stimmung, als wie leider bemerken mußten, daß der Herr Dignitarius dergestalt benebelt war, daß er kaum zu sprechen vermochte. Seine Begleiter saßen hockend auf dem Boden, schaukelten sich auf den Fersen und erinnerten uns, wenngleich ihre Stellungen anders waren, an die Araber. Nach wenigen Minuten sprang der Alkalde plötzlich auf, machte eine taumelnde Verbeugung und verließ uns, und alle folgten ihm, auch unser Don Miguel. Während wir beim Abendessen saßen, kehrte letzterer dann zurück, und wir bemerkten sehr bald, daß er, seine Frau und Bartolo in Unruhe waren, und wie wir fürchteten, ging die Sache uns an.

Mit unseren eigenen Angelegenheiten beschäftigt, dachten wir wenig daran, welches Aufsehen wir in Copan erregten. Nicht zufrieden damit, uns aus seinem Hause vertrieben zu haben, war es Don Gregorio schon zu viel, uns auch nur in der Nähe zu wissen. Abgesehen von seiner instinktmäßigen Abneigung gegen uns hatten wir ihm unglücklicherweise auch noch durch die hohen Löhne, die wir als Fremde zu zahlen genötigt waren, einige seiner Arbeiter abgeworben, und so fing er an, uns als Rivalen zu betrachten und überall auszusprengen, daß wir verdächtige Personen wären und daß wir die Schuld trügen, wenn der Friede in Copan gestört und die Gegend mit Militär und Krieg überzogen werden sollte. Um seine Anschuldigungen zu unterstreichen, zogen zwei Indianer durch das Dorf und verbreiteten das Gerücht, wir wären aus dem Gefängnis entwichen, ein Detachement von fünfundzwanzig Soldaten unter Landaveri hätte uns bis zur Grenze von Honduras verfolgt, und hätte man uns gefaßt, wir wären gewiß erschossen worden. Der Alkalde, der seit unserer Ankunft fortwährend betrunken gewesen war, beschloß, uns zu besuchen, um alle Zweifel auszuräumen und Maßregeln zu ergreifen, wie sie die Anwesenheit so gefährlicher Leute und die Sicherheit des Landes erheischen mochten. Doch ward dieser mannhafte Vorsatz durch einen spaßhaften Umstand vereitelt. Es war nämlich bei uns Regel, bei unseren Streifzügen in die Ruinen die Waffen mitzunehmen; als wir nun zur Hütte zurückkamen, um seinen Besuch zu empfangen, hatte wie gewöhnlich jeder von uns ein Paar Pistolen im Gürtel und eine Flinte in der Hand, welcher Anblick unserem Alkalden so furchtbar vorkam, daß er über seine Kühnheit, uns ins Verhör nehmen zu wollen, erschrak und in aller Stille davonschlich. Als er den Wald erreichte, machten ihm seine Begleiter Vorwürfe, daß er sich als Duckmäuser gezeigt habe, worauf er jedoch nur mürrisch erwiderte, er habe keine Lust, sich mit so schwerbewaffneten Leuten anzulegen, wie wir es seien. Da wir nun offenbar einmal so furchteinflößend wirkten, sagten wir Don Miguel, er möge doch dem Alkalden und den Leuten in Copan raten, uns lieber aus dem Wege zu gehen und uns allein zu lassen. Don Miguel lächelte verängstigt und meinte dann dazu, er für seine Person hege keinen Zweifel, daß wir gute Männer seien, aber wir stünden nun einmal in Verdacht; das Land sei in einem Zustande des Aufruhrs, und er sei gewarnt worden, uns nicht zu beherbergen, wenn er sich nicht Unannehmlichkeiten aussetzen wolle. Das arme Weib konnte ihren Kummer nicht verbergen. Ihr Kopf war voll von Mord und Totschlag, und obwohl um ihre eigene Sicherheit in Sorge, vergaß sie doch auch die unsrige nicht; rückten Soldaten im Dorfe ein, sagte sie, so werde man uns töten, und darum bitte sie uns, unserer Wege zu gehen.

Wir wurden durch diese Mitteilungen außerordentlich erbittert und beunruhigt, aber es stand zu viel auf dem Spiele, als daß wir uns durch Befürchtungen solcher Art hätten forttreiben lassen. Wir versicherten Don Miguel, daß ihm kein Leid geschehen werde, daß alles Lüge und Mißverständnis sei und daß wir über jeden Verdacht erhaben seien. Zugleich machte ich, um ihn zu überzeugen, meine Reisekiste auf und zeigte ihm ein ganzes Bündel Papiere, untersiegelte Beglaubigungsbriefe an die Regierung und spanische Privat-Empfehlungsschreiben an hervorragende Männer in Guatemala, in denen ich als *Encargado de los negocios de los Estados Unidos del Norte* (Geschäftsträger der nordamerikanischen Vereinigten Staaten) betitelt war, sowie ein sehr spezielles Schreiben von Don Antonio Aycinena, gegenwärtig in New York, früher Oberst in der Zentralarmee und von Morazan verbannt, an seinen Bruder, den Marquis Aycinena, den Führer der Zentralpartei, welcher in jenem Distrikte während des seinerzeit wütenden Bürgerkriegs eine führende Rolle gespielt hatte. In diesem Schreiben wurde ich sehr angelegentlich empfohlen, und es hieß, daß es meine Absicht sei, das Land zu bereisen. Dieser letzte Brief war von größerer Bedeutung als alles andere; wäre er freilich an ein Mitglied der politischen Gegenpartei gerichtet gewesen, hätte er uns nur zum Nachteile gereicht und den Verdacht bestärkt, daß wir *Enemigos* (Feinde) seien. Nie hat die Würde so tief im Schatten gestanden. Obwohl ärgerlich genug, war es doch wiederum fast belustigend, unseren ›Charakter‹ einem solch armseligen Schlage von Menschen, wie Don Miguel, seine Frau und Bartolo es waren, darlegen zu müssen; aber es war durchaus notwendig, sie von ihren Zweifeln und ihrer Angst zu erlösen, denn allein dadurch ward es uns möglich, in ihrer ärmlichen Hütte zu bleiben; und die Beruhigung, die sie darüber empfanden, und die Freude der Frau, als sie erfuhr, daß wir leidlich respektable Leute und keine Feinde waren, nicht in Gefahr, aufgeknüpft oder erschossen zu werden, besänftigten uns wieder.

Desungeachtet riet uns Don Miguel, nach Guatemala oder zu General Cascara zu gehen, uns einen Erlaubnisschein zum Besuche der Ruinen zu verschaffen und damit zurückzukommen. In einer Beziehung hatten wir nämlich falsch gehandelt: Wir hätten direkt nach Guatemala reisen und mit einem Passe und mit Empfehlungsbriefen der Regierung in Copan erscheinen sollen; da wir aber keine Zeit zu verlieren hatten und nicht wußten, was in Copan überhaupt zu finden war, so hätten wir unter solchen Umständen die Stätte wahrscheinlich gar nicht erst besucht. Auch hatten wir nicht geahnt, daß das Land so ganz und gar von der Welt abgeschieden lag und daß die Leute hier an den Anblick von Fremden weniger als die Araber rings um den Sinai gewöhnt und noch weit mißtrauischer als jene waren. Oberst Galindo war der einzige Fremde, der vor uns hier gewesen war, und er konnte eigentlich kaum ein Fremder genannt werden, da er als Oberst im zentralamerikanischen Dienst stand und die Ruinen im Auftrag der Regierung besuchte. Unser Aufenthalt hat vielleicht einigen Einfluß auf die Volksseele ausgeübt, zumindest aber hat er Don Gregorio gelehrt, daß man sich Fremde nicht so leicht vom Halse schafft; allein, ich rate jedem, der diese Ruinen in Frieden zu besuchen wünscht, zuerst nach Guatemala zu gehen und bei der Regierung um den ihr möglichen Schutz nachzusuchen. Was uns betrifft, so war es zu spät, daran zu denken, und alles, was wir tun konnten, war, unser Feld mit größtmöglicher Ruhe zu behaupten. Die Besorgnis, daß aus irgendeinem anderen Orte Soldaten hierher kommen würden, bloß in der Absicht, uns zu belästigen, teilten wir nicht. Don Miguel sagte uns – was wir auch schon zuvor wahrgenommen hatten –, es gebe in Copan selbst nicht eine Muskete. Die Beschaffenheit und Leistung unserer Waffen aber waren wohlbekannt; der Maultiertreiber hatte unter die Leute gebracht, daß wir Hitzköpfe wären und gedroht hätten, ihn zu erschießen, und der Alkalde war ein Hasenfuß sondergleichen. Wir schlossen mit Don Miguel, seiner Frau und Bartolo ein Offensiv- und Defensivbündnis ab und begaben uns zur Ruhe.

Am nächsten Tag in der Frühe wurden wir dann aus unseren Schwierigkeiten erlöst und in die Lage versetzt, unseren Verleumdern den Fehdehandschuh hinwerfen zu können. Während unsere Arbeiter sich vor der Hütte versammelten, kam ein indianischer Kurier durch das Maisfeld zur Hütte getrabt, der nach dem *»Señor Ministro«* fragte und aus seinem Felleisen einen Brief herauszog, den ihm, wie er sagte, General Cascara in die rechten Hände auszuliefern befohlen habe. Er war an *Señor Catherwood á Comotan ó donde se halle* (An Herrn C. zu Comotan oder wo sonst er sich aufhalten mag) gerichtet, sprach General Cascaras Bedauern über die zu Comotan erfolgte Verhaftung aus, die er der Unkenntnis oder einem Mißverständnisse des Alkalden und der Soldaten zuschrieb, und schloß außerdem noch einen besonderen Paß für Herrn C. ein. Ich empfand große Genugtuung über dieses Schreiben, bat Don Miguel, den Brief laut vorzulesen, trug dem Indianer unsere Empfehlungen an den General auf, ließ ihn in Copan ein Frühstück einnehmen und gab ihm obendrein noch ein Trinkgeld, das, wie ich überzeugt war, ihn veranlassen würde, die Geschichte mit gehörigem Nachdruck unter die Leute zu bringen. Don Miguel lächelte, seine Frau lachte dazu, und sogar über Bartolos ungewaschenes Gesicht zog ein freudiges Grinsen. So stiegen die Aktien, und ich beschloß, ins Dorf zu reiten, dort die Bande der Freundschaft mit Don José Maria zu verstärken, unsere Patienten zu besuchen, Don Gregorio Trotz zu bieten und die Leute in Copan für uns zu gewinnen.

Während Herr Catherwood wieder zu den Ruinen hinüberging, um weiter an seinen Zeichnungen zu arbeiten, ritt ich also ins Dorf. Ich nahm Augustin mit, um bei dieser Gelegenheit Lebensmittel zu kaufen, wobei man uns allerdings einen gehörigen Aufschlag berechnete, und auch um durch ihn von den Kanonen renommieren zu lassen, die man in Belize für uns abgefeuert hatte. Mein erster Besuch galt Don

José Maria. Nachdem ich ihn über unsere Mission aufgeklärt hatte, brachte ich den Ankauf der Ruinen aufs Tapet, wobei ich ihm sagte, daß ich wegen meiner öffentlichen Tätigkeit diesmal nicht so lange wie erwünscht in Copan verweilen könne, daß ich aber den Wunsch hätte, mit Spaten, Spitzäxten, Leitern, Brechstangen und Leuten zurückzukehren, ein Hütte zu bauen und die Ruinenstätte gründlich zu erforschen; die Unkosten könne ich freilich auf gut Glück und auf die Gefahr hin, daß mir schließlich die Erlaubnis dazu verweigert werde, nicht übernehmen, und kurzweg und geradeheraus fragte ich ihn: »Wie viel wollen Sie für die Ruinen haben?« Ich glaube, er wäre nicht überraschter und betretener gewesen, wenn ich sein armes altes Weib, unsere rheumatische Patientin, hätte kaufen wollen, um an ihr die medizinische Praxis zu erlernen, und schien nicht recht zu wissen, wer von uns beiden den Verstand verloren hätte. Das Besitztum war so ganz und gar wertlos, daß mein Wunsch ihm sehr verdächtig erschien. Bei genauer Einsicht in seine Besitzurkunde stellte sich dann heraus, daß er das Grundstück nicht zu eigen besaß, sondern es von einem Don Bernardo de Aguilar erpachtet hatte, daß aber die Pachtzeit erst in drei Jahren ablief. Das Gelände umfaßte insgesamt an die sechstausend Morgen, wofür er achtzig Dollar jährlich zahlte. Don José war unsicher, was er tun sollte, sagte mir aber, er wolle die Sache überdenken, seine Frau zu Rate ziehen und mir am nächsten Tag Antwort in die Hütte bringen. Hierauf besuchte ich den Alkalden, der aber wiederum toll und voll und daher für keinen Eindruck empfänglich war und verteilte dann Arznei an verschiedene Patienten; statt zu Don Gregorio zu gehen, ließ ich ihm durch Don José Maria die höfliche Bitte ausrichten, er möge sich um sich selbst kümmern und uns ungeschoren lassen, kehrte schließlich zurück und verbrachte den Rest des Tages in den Ruinen.

Während der Nacht regnete es, am Morgen aber klärte es sich wieder auf, und wir waren schon beizeiten bei der antiquarischen Arbeit. Mein Geschäft bestand darin, mit den Arbeitern umherzuziehen, Bäume und Büsche zu beseitigen, zu graben und überhaupt die Denkmäler in den Stand zu setzen, daß sie von Herrn C. aufgenommen werden konnten. Während ich damit beschäftigt war, ward ich von einem Besuche Don José Marias abgerufen, der noch immer unentschieden war, was er tun sollte, und dem ich, um nicht gar zu erpicht auf den Kauf zu erscheinen, sagte, er möge sich nur Zeit nehmen und am nächsten Morgen wiederkommen.

Er erschien auch prompt am anderen Morgen, und man sah ihm an, daß er in der Klemme steckte. Wohl war er begierig, ein unproduktives Besitztum in Geld zu verwandeln, aber gleichzeitig quälte ihn die Sorge, ich als Fremder könnte ihn in unangenehme Verwicklungen mit der Regierung bringen. Abermals mußte ich mich dazu herablassen, meine offizielle Mission unter Beweis zu stellen, und mich verbürgen, daß ihm kein Leid von Seiten der Regierung geschehen werde, und wenn doch, so wolle ich ihm helfen. Don Miguel las meine Empfehlungsbriefe und den Brief des Generals Cascara zum zweiten Male vor. Don José Maria ward nun zwar von meiner Stellung überzeugt, doch gaben ihm diese Papiere das Recht, sein Grundstück an mich zu verkaufen? Es schwebte noch immer ein Schatten des Mißtrauens auf seiner Seele – da machte ich zuletzt die Reisekiste auf und zog meinen diplomatischen Rock an, der von großen Knöpfen mit dem Adler strotzte. Dies wirkte. Zwar trug ich einen vom Regen aufgeweichten und mit Kot bespritzen Panamahut, ein kariertes Hemd, weiße Pantalons, die bis zu den Knien herauf vom Schutz gelb verfärbt waren, und machte ungefähr eine so merkwürdige Figur, wie jener Negerkönig, der eine Gesellschaft britischer Offiziere an der afrikanischen Küste in aufgestülptem Hute und Soldatenrocke, dabei aber ohne Hosen empfing, allein, Don José Maria konnte den Knöpfen auf meinem Rocke nicht widerstehen, dessen Tuch zudem das feinste war, das er je gesehen hatte. Auch Don Miguel, seine Frau und Bartolo erkannten nun die volle Wahrheit, daß sie nämlich ein großes Inkognito in ihrer Hütte hatten. Die einzige Frage war nun noch, wer das Papier für den Vertrag zur Verfügung stellen solle. Auf solche Kleinigkeiten kam mir's nicht an: Ich gab Don Miguel, der unsere beiderseitigen Instruktionen entgegennahm, ein Blatt Papier, und wir vereinbarten die Unterfertigung des Dokuments für den nächsten Tag.

Es wird den Leser vielleicht interessieren, wie man in Zentralamerika alte Städte kauft. Gleich anderen Handelsartikeln richten sie sich nach Angebot und Nachfrage, da sie aber keine Stapelartikel wie Baumwolle und Indigo sind, werden die Preise doch sehr willkürlich festgesetzt, und gerade damals waren sie spottbillig. So vernehme denn der Leser, daß ich für Copan fünfzig Dollar zahlte. Wegen des Preises gab es keine Schwierigkeit: Ich bot jene Summe, und Don José Maria hielt sie für so übermäßig hoch, daß ich in seinen Augen geradezu als Narr erschien; hätte ich mehr geboten, er würde mich wahrscheinlich für etwas noch Schlimmeres angesehen haben.

Mit der Hazienda Don Gregorios standen wir durch Francisco in regelmäßiger Verbindung, der jeden Morgen einen großen Krug Milch von dort herbrachte, wobei er die Last drei Meilen weit schleppen und zweimal den Fluß durchwaten mußte. Nachdem die Damen der Hazienda uns hatten ausrichten lassen, daß sie uns einen Besuch abzustatten wünschten, erschien an einem Morgen ganz richtig Don Gregorios Gattin an der Spitze einer Prozession, die aus allen Weibern des Hauses, Dienern, Kindern und zweien ihrer Söhne bestand. Wir empfingen sie inmitten der Ruinen, räumten ihnen Plätze ein, so gut es gehen wollte, und boten der gesamten Runde Zigarren an, wie es die Höflichkeit verlangte. Man kann es kaum glauben, aber nicht einer von ihnen, auch nicht Don Gregorios Söhne, hatte je zuvor die ›Götzenbilder‹ gesehen, und auch jetzt waren sie sehr viel mehr an Herrn Catherwoods Zeichnungen als an den Originalen selbst interessiert; in der Tat dürfte es der Ruf dieser Zeichnungen gewesen sein, der uns die Ehre ihres Besuchs verschaffte. Im Herzen war Herr C. über ihren Besuch nicht viel erfreuter als der alte Don über den unsrigen, da er dadurch in seiner Arbeit gestört ward, für die uns doch jeder Tag kostbar war. Weil ich mich gewissermaßen als den Besitzer der Trümmerstadt betrachten durfte, so war ich verpflichtet, die Honneurs zu machen: Ich bahnte unseren Gästen die Wege, führte sie überall umher und zeige ihnen alle Sehenswürdigkeiten wie ein

Cicerone im Vatikan oder im Palazzo Pitti, konnte aber nicht verhindern, daß sich zu Herrn C.s Verdruß alsbald alle wieder um ihn sammelten.

Genötigt, unsere Arbeit aufzugeben, luden wir sie denn in die Hütte ein, damit sie unsere häuslichen Einrichtungen in Augenschein nehmen könnten. Einige der Besucher gehörten zu unseren Patienten und mahnten uns, daß wir ihnen die versprochenen Arzneien nicht zugeschickt hätten. In der Tat vermieden wir es, wo wir nur konnten, ihnen Medizin zu geben, nicht zuletzt aus Furcht, daß man uns, wenn einer unter unseren Händen zufällig stürbe, dafür verantwortlich machen würde. Aber unser Ruf war nicht mehr zu ruinieren; es wurden uns Ehren aufgebürdet, und wir mußten sie tragen. Diese Damen hatten uns im Gegensatz zu Don Gregorio immer freundlich behandelt, und gern hätten wir ihnen unser dankbares Gefühl dafür auf andere Weise gezeigt als durch Verabreichung von Arznei; um sie aber auf *ihre* Weise zu erfreuen, verteilten wir Pulver und Pillen mit geschriebenen Gebrauchsanweisungen unter sie. Und als sie von dannen gingen, gaben wir ihnen eine Strecke weit das Geleit, wobei wir mit Genugtuung hörten, wie sie uns durch Lobreden auf unsere Galanterie und unsere Aufmerksamkeiten an Don Gregorio rächten.

Da wir diese Nacht einmal keinen Regen hatten und daher der Boden etwas trockener geworden war, so begannen wir am nächsten Tage mit einer systematischen Vermessung der Ruinen. Es war dies mein erster Versuch in dieser Technik. Unsere Meßapparatur bestand lediglich aus einem guten Feldkompaß und einer Bandwinde, die Herr C. schon bei der Vermessung der Ruinen von Theben und Jerusalem benutzt hatte. Ich ließ die Indianer gerade Schneisen durch den Wald aushauen und Bruno und Francisco ihre Hüte auf Stangen stecken, um die Stationen zu bezeichnen und danach die Messungen vorzunehmen. Am zweiten Tage waren wir in der Sache schon ganz und gar zu Hause, doch da weigerte sich Don José Maria plötzlich, den Vertrag zu unterfertigen. Natürlich steckte Don Gregorio dahinter. Er hatte zwar aufgehört, uns zu stören, aber bei dem Gedanken, daß wir nun in der Nähe festen Fuß faßten, konnte er nicht mehr an sich halten. So schwatzte er Don José Maria ein, er würde sich in Verlegenheiten bringen, wenn er sich mit uns einlasse; ja, er behauptete sogar, General Cascaras Paß wäre ungültig und der General selbst zu Morazan übergegangen. Damit erreichte er zwar für einen Augenblick seinen Zweck, zuletzt aber stachen wir ihn aus, und der Vertrag ward unterschrieben.

Nach dreitägiger sehr anstrengender, aber sehr interessanter Arbeit brachten wir die Ausmessung des Ruinengeländes zu Ende; bevor ich aber den Leser näher damit vertraut mache, will ich das wenige, das vor uns über diese Ruinen bekannt war, kurz zusammenfassen.

Huarros, der Chronist Guatemalas, berichtet folgendes: »Francisco de Fuentes, welcher die Chronik des Königreiches Guatemala schrieb, versichert uns, daß zu seiner Zeit, d. i. im Jahre 1700, der große Platz von Copan noch vollständig erhalten war. Es war dies ein runder Platz, umgeben von etwa sechs Ellen hohen, solid gebauten Steinpyramiden. Am Fuße dieser Pyramiden standen männliche und weibliche Figuren von ausgezeichneter Skulpturarbeit, welche damals noch Spuren der Farben zeigten, mit denen sie einst verziert gewesen waren, und was nicht weniger merkwürdig ist, die Figuren waren in kastilianischer Tracht dargestellt. In der Mitte der freien Fläche erhob sich auf einigen Stufen die Opferstätte. Derselbe Autor versichert, daß in geringer Entfernung von diesem Platz ein Steinportal stand, auf dessen Säulen die Figuren von Männern abgebildet waren, und zwar gleichfalls in spanischer Tracht, mit Hosen, Halskrause, Schwert, Kappe und kurzem Mantel. Schritt man durch das Eingangstor, so erblickte man zwei schöne steinerne Pyramiden von mäßiger Größe und Höhe, von denen eine Hängematte herabhing mit zwei darin sitzenden menschlichen Figuren beiderlei Geschlechtes und in indianischer Tracht. Unwillkürlich ward man von Staunen ergriffen, wenn man diesen Bau betrachtete, weil man, so groß er war, doch keine Baunähte zwischen den einzelnen Teilen zu erkennen vermochte, und obgleich die Konstruktion also offenbar aus einem einzigen Steine von ungeheurem Gewicht bestand, so konnte sie doch durch den leichtesten Stoß mit der Hand in Bewegung gesetzt werden.«

Seit dieser Zeit, also vom Jahre 1700 an, liegt kein weiterer Bericht über die Ruinen vor. Neue Mitteilungen verdanken wir erst wieder dem schon erwähnten Besuche des Obersten Galindo im Jahre 1836, der die Stätte im Auftrage der zentralamerikanischen Regierung untersuchte und dessen diesbezüglicher Bericht von der Königlichen Georaphischen Gesellschaft zu Paris und der Literary Gazette in London veröffentlicht wurde. Er ist der einzige Mann in diesem Lande, der den Altertümern jemals Aufmerksamkeit geschenkt und dafür gesorgt hat, daß Europa und unser Land von Copan erfuhren. Da er kein Künstler war, so ist sein Bericht notwendigerweise ungenügend und unvollkommen, aber er übertreibt doch nichts. So weicht er etwa weit ab von der wundersamen Erzählung, die Fuentes hundertundfünfunddreißig Jahre zuvor gab, und erwähnt auch nichts von der beweglichen steinernen Hängematte mit den zwei darin sitzenden Figuren, obgleich gerade sie es war, die uns zum Besuche der Ruinen verlockte. Niemals sind Pläne oder Zeichnungen von Copan erschienen oder irgend etwas, das auch nur eine Idee von jenem romantischen und märchenhaften Tale geben könnte, wo, wie man bemerkt hat, die dienstbaren Geister, welche König Salomo begleiteten, am Werk gewesen scheinen.

Copan liegt im heutigen Staat Honduras, ist eines der fruchtbarsten Täler Zentralamerikas und bis in unsere Tage für seinen vorzüglichen Tabak berühmt. Herr C. machte mehrere Versuche, die geographische Länge zu bestimmen, aber der künstliche Horizont, den wir eigens zu solchen Zwecken mitgenommen hatten, war verbogen und gleich dem Barometer nutzlos. Die Ruinen liegen vielleicht dreihundert Meilen vom Meere entfernt auf dem linken Ufer des Copan-Flusses, der sich in den Motagua ergießt und mit diesem Strom schließlich bei Omoa in die Bai von Honduras mündet. Der Copan ist selbst für Kanus unbefahrbar, ausgenommen eine kurze Zeit während der Regenperiode. Wasserfälle unterbrechen seinen Lauf, bevor er in

2 *Grundplan von Copan*

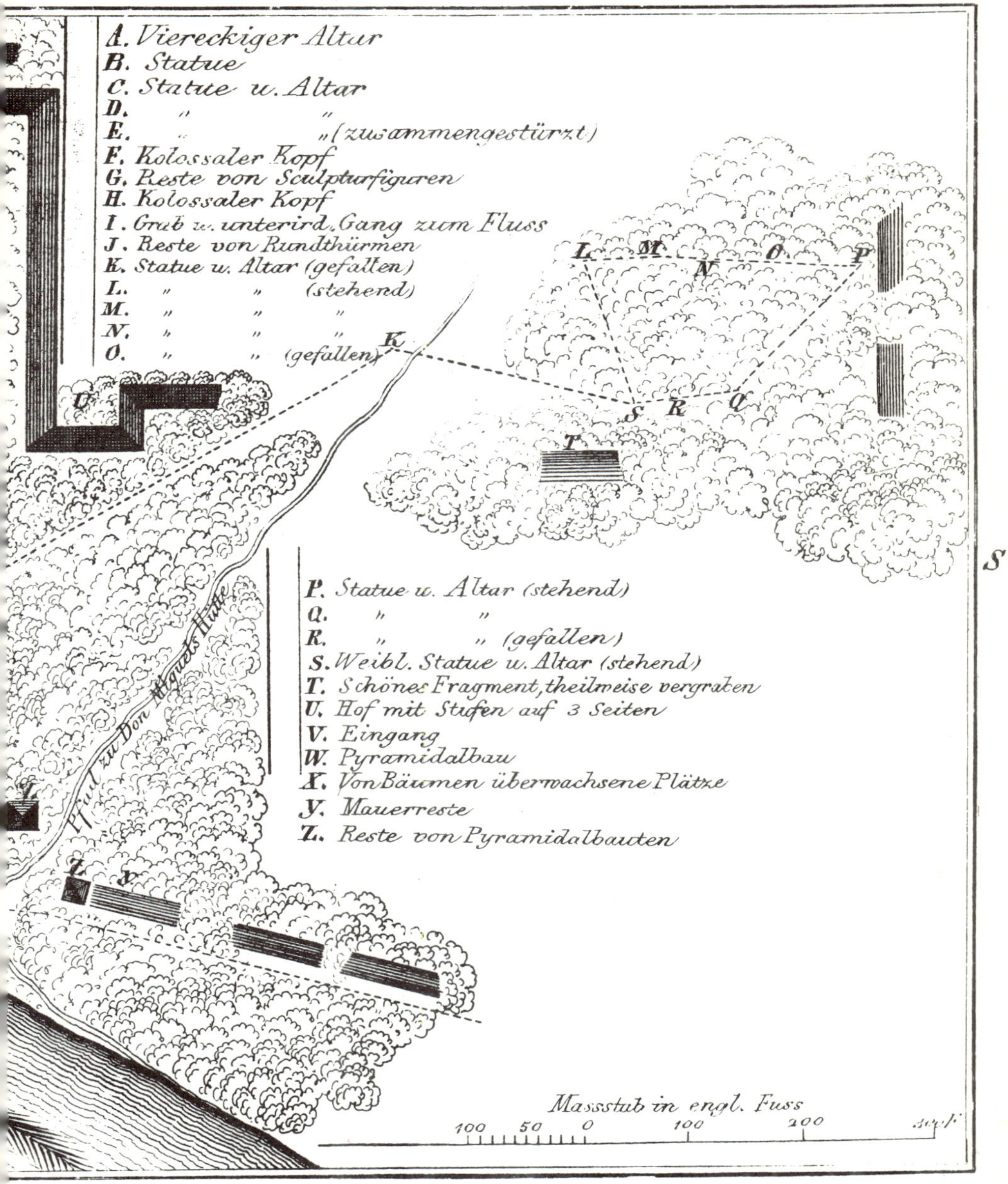
A. Viereckiger Altar
B. Statue
C. Statue u. Altar
D. " "
E. " "(zusammengestürzt)
F. Kolossaler Kopf
G. Reste von Sculpturfiguren
H. Kolossaler Kopf
I. Grab u. unterird. Gang zum Fluss
J. Reste von Rundthürmen
K. Statue u. Altar (gefallen)
L. " " (stehend)
M. " " "
N. " " "
O. " " (gefallen)
P. Statue u. Altar (stehend)
Q. " "
R. " " (gefallen)
S. Weibl. Statue u. Altar (stehend)
T. Schönes Fragment, theilweise vergraben
U. Hof mit Stufen auf 3 Seiten
V. Eingang
W. Pyramidalbau
X. Von Bäumen überwachsene Plätze
Y. Mauerreste
Z. Reste von Pyramidalbauten
Pfad zu Don Miguels Hütte
Massstab in engl. Fuss
100 50 0 100 200
S

den Motagua mündet. Cortez muß auf seinem furchtbaren Marsche von Mexiko nach Honduras, von dessen Mühsal und Gefahren man sich jetzt, wo das Land vergleichsweise zugänglich und frei von Feindesscharen ist, schwer eine Vorstellung machen kann, in einer Entfernung von zwei Tagemärschen an dieser Stadt vorübergezogen sein.

Die Ausdehnung der Stadt entlang des Flusses, soweit sie sich nach den erhaltenen Monumenten bestimmen läßt, beträgt über zwei Meilen. Ein Denkmal liegt auf der entgegengesetzten Seite des Flusses in einer Meile Entfernung auf der Spitze eines zweitausend Fuß hohen Berges. Es läßt sich unmöglich sagen, ob die Stadt einmal den Fluß überschritten und sich bis zu diesem Monumente erstreckt hat. Ich glaube jedoch nicht. Dahinter liegt allerdings unerforschter Urwald, in welchem sich noch weitere Ruinen finden mögen. Überreste von Palästen und Privatgebäuden gibt es nicht, und das am Ufer des Flusses liegende Zentrum der Stadt darf wohl mit Recht als Tempelbezirk angesehen werden.

Bei diesem Tempelbezirk (Abb. 2) handelt es sich um eine längliche umfriedete Fläche, deren Front- oder Flußmauer sich in gerader Linie nord-südlich sechshundertundvierundzwanzig Fuß weit ausdehnt und sechzig bis neunzig Fuß Höhe hat, aufgeführt mit behauenen, drei bis sechs Fuß langen und eineinhalb Fuß breiten Steinen. An vielen Stellen hat aus den Mauerfugen hervorwachsendes Gebüsch die Steine herausgebrochen, und an einer Stelle findet sich eine schmale Öffnung, derentwegen die Ruinen von den Indianern bisweilen *Las Ventanas* (Die Fenster) genannt werden. Die anderen drei Seiten bestehen aus Reihen von Stufen und pyramidalischen Bauten, die zwischen dreißig und hundertundvierzig Fuß in der Schräge ansteigen. Die Tempelfläche umfaßt insgesamt zweitausendachthundertundsechsundsechzig Quadratfuß, was für ein in Trümmern liegendes Bauwerk der Urbewohner gewiß gigantische und erstaunliche Maße sind. Doch damit des Lesers Phantasie ihn nicht irreleite, muß ich hinzufügen, daß der Tempelbezirk damit noch nicht so groß ist wie die Grundfläche der Cheopspyramide von Gizeh.

Nahe dem südwestlichen Winkel der Flußmauer und der südlichen Mauer fiel uns eine Vertiefung auf, die wahrscheinlich einst von einem kolossalen, zum Fluß hin gerichteten Monumente eingenommen ward, von dem aber jetzt nichts mehr zu sehen ist. Vermutlich ist es niedergestürzt und dabei auseinandergebrochen, und seine Bruchstücke sind in der Erde versunken oder von den Fluten der Regenzeit fortgespült worden. Weiter liegen hier die Überbleibsel von zwei kleinen Pyramidenbauten, an deren größeren sich eine entlang dem Westufer des Flusses laufende Mauer anschließt, einst offenbar einer der Hauptwälle der Stadt, und zwischen den beiden Pyramiden mag sich wohl ein Tor oder Haupteingang von der Wasserseite her befunden haben.

Die Südmauer läuft rechtwinklig auf den Fluß zu und beginnt mit einer Treppe von etwa dreißig Fuß Höhe, jede Stufe ungefähr achtzehn Zoll hoch und tief. An der südöstlichen Ecke liegt ein massiver pyramidalischer Bau von hundertundzwanzig Fuß schräger Höhe. Zur Rechten sieht man dort noch andere Reste von Terrassen und pyramidalischen Gebäuden, und wahrscheinlich war auch ein Eingang hier, durch welchem man, bei einer Weite von ungefähr zwanzig Fuß, auf einen viereckigen Platz von zweihundertundfünfzig Quadratfuß trat, den an zwei Seiten massive Pyramidenflanken von hundertundzwanzig Fuß schräger Höhe begrenzen.

Zu Füßen dieser Bauten und an verschiedenen Stellen des viereckigen Platzes sind zahlreiche Reste von Skulpturen zu sehen. An dem mit E bezeichneten Punkte liegen die Trümmer eines kolossalen, reich skulptierten Monuments. Dahinter sind Skulpturfragmente – durch wuchernden Baumwuchs von ihren Standplätzen verdrängt und herabgeworfen – auf der ganzen Flanke der Pyramide von unten bis oben verstreut, wobei unsere Aufmerksamkeit ganz besonders durch eine Reihe von Totenköpfen von gigantischen Proportionen gefesselt ward, die noch an ihren Stellen etwa auf der halben Höhe der Pyramide standen und höchst eindrucksvoll wirkten. Abbildung 3 gibt einen dieser Schädel wieder. Zur Zeit unseres Besuchs hatten

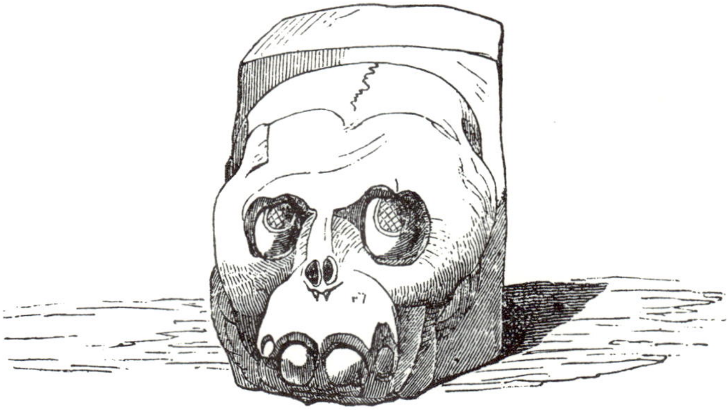

3 Totenhaupt oder Affenschädel

wir keinen Zweifel, daß es sich um Totenköpfe handle; allein, man hat mich darauf aufmerksam gemacht, daß die Zeichnung mehr dem Schädel eines Affen als dem eines Menschen gleiche. Im Zusammenhang mit dieser Bemerkung füge ich noch etwas hinzu, was unsere Aufmerksamkeit – wenn auch damals nicht in so starkem Grade – auf sich zog. Unter den Fragmenten auf dieser Seite des Platzes befanden sich nämlich die Überreste eines kolossalen Affen oder Pavians, der in Umriß und Aussehen eine auffallende Ähnlichkeit mit den vier monströsen Tieren hatte, die einst zu Füßen des Obelisken von Luxor (jetzt in Paris) standen und unter dem Namen der *Cynocephali* in Theben verehrt wurden. Unser Fragment war etwa sechs Fuß hoch. Der Kopf fehlte, der Rumpf lag auf der Flanke der Pyramide. Wir wälzten ihn mehrere Stufen hinab, wo er leider zwischen Bruchsteinen so eingeklemmt ward, daß wir ihn nicht mehr freibekommen konnen. Damals lagen solche Vorstellungen uns fern, aber es scheint nicht ungereimt anzunehmen, daß die gemeißelten Schädel Affenköpfe vorstellen sollten und daß diese Tiere von dem Volke, welches Copan erbaute, als Gottheiten verehrt wurden.

Unter den nahebei auf dem Boden liegenden Skulpturfragmenten befindet sich ein bemerkenswertes Porträt, das in Abbildung 4 wiedergegeben ist. Es handelt sich wahrscheinlich um die Darstellung eines Königs, Häuptlings oder Weisen. Der Mund ist beschädigt, wie auch ein Teil des Schmucks über dem krönenden Gewinde

4 Porträt eines Edlen

auf dem Kopfe. Der Ausdruck ist edel und streng, und das ganze Porträt scheint naturgetreu ausgeführt.

An dem mit D bezeichneten Punkte unseres Plans steht eine jener Stelen oder ›Götzenbilder‹, die den Ruinen von Copan ihren eigentümlichen Charakter geben.

5 ›Götzenbild‹ an Punkt D

Ihre Vorderansicht ist in Abbildung 5 wiedergegeben, und ich erbitte mir die ganz besondere Aufmerksamkeit des Lesers dafür. Das Idol steht, mit der Vorderseite nach Osten gerichtet, etwa sechs Fuß von der Basis des pyramidalischen Mauerwerks entfernt, ist dreizehn Fuß hoch, vorn vier Fuß breit und drei Fuß tief, auf allen vier Seiten von unten bis oben skulptiert und eines der am reichsten und am sorgfältigsten gearbeiteten Werkstücke des ganzen Ruinenbezirkes. Die Statue war ursprünglich bemalt, und Spuren von roter Farbe sind noch jetzt deutlich sichtbar. In einer Entfernung von etwa acht Fuß vor diesem eindrucksvollen Standbild liegt ein großer, mit Skulpturen überzogener Steinblock, den die Indianer als Altar bezeichnen. Auf der Vorderseite ist hier eine Figur in Lebensgröße dargestellt, mit bartlosem Gesicht und weiblichen Formen, wiewohl die Kleidung die eines Mannes zu sein scheint. Auf den beiden Seiten sieht man Reihen von Hieroglyphen, welche wahrscheinlich die Geschichte dieser geheimnisvollen Person erzählen.

Da die Denkmäler für sich selbst sprechen, so will ich mich einer detaillierten Beschreibung enthalten, und ich habe dem Leser so viele dieser Monumente vorzuführen, die in den Einzelheiten so sehr voneinander abweichen, daß es unmöglich sein würde, innerhalb vertretbarer Grenzen unsere Betrachtungen und Hypothesen über ihren Sinn und Zweck darzulegen. Ich will nur soviel bemerken, daß unser Bemühen von Anfang an hauptsächlich darauf abzielte, treue Kopien der Originale zu schaffen, ohne die malerische Wirkung künstlich zu steigern. Herr Catherwood nahm die Zeichnungen sämtlich mit der Camera lucida auf und unterteilte sein Papier in Flächenabschnitte, um die Größenverhältnisse mit der höchsten Genauigkeit wiedergeben zu können. Die Radierungen im vorliegenden Buche beruhen auf originalgetreuen Verkleinerungen, die von Herrn C. selbst angefertigt wurden, wobei auch noch die großen Originale in den Händen des Radierers verblieben, der mit der äußersten Sorgfalt und Gewissenhaftigkeit zu Werke ging. Meiner Meinung nach kann der Leser, mit Ausnahme der Steine selbst, keine besseren Materialien für weitere Untersuchungen und Studien bekommen als die beigegebenen getreuen Abbilder.

Doch widmen wir uns wieder den Ruinen. Folgt man der Pyramidenmauer, so stößt man bei Punkt C auf ein weiteres Monument oder ›Götzenbild‹ von derselben Größe und auch in anderer Beziehung dem eben beschriebenen gleich. Abbildung 6 zeigt die Vorderansicht. In seiner Stellung am Fuße der pyramidalischen Mauer, umgeben von Massen herabgestürzter und an seiner Basis ruhender Steine, ist dieses Bildwerk höchst eindrucksvoll, und der Reichtum der Verzierung und die Sorgfalt der Bildhauerarbeit scheinen schwerlich überbietbar. Auch dieses Idol war einst farbig bemalt; das Rot ist noch deutlich zu sehen.

Der ganze viereckige Platz ist mit Bäumen überwachsen und mit verstreut liegenden schönen Skulpturfragmenten bedeckt, namentlich auf der Ostseite. An der nordöstlichen Ecke befindet sich eine enge Passage, die einst wahrscheinlich zu einem dritten Tor gehörte.

6 *›Götzenbild‹ an Punkt C*

Zur Rechten, also nach Süden hin, erstreckt sich eine unübersichtliche Reihe von Stufenterrassen in den Wald hinein, verziert mit Totenköpfen, von denen sich manche noch an ihrem ursprünglichen Platz befinden, während andere umherliegen, wie sie eben gefallen oder niedergeworfen worden sind, und nach Norden hin zieht sich ein hoher, massiver Pyramidalbau, aus welchem bis zu seiner Spitze hinauf Bäume hervorwachsen. In geringer Entfernung davon steht einzeln für sich eine fast vollständig erhaltene Pyramide, die auf dem Plane mit Z bezeichnet ist, eine Grundfläche von etwa fünfzig Quadratfuß besitzt und sich dreißig Fuß emportürmt. Die terrassierte Mauer setzt sich dann noch auf eine Strecke von etwa vierhundert Fuß mit etwas abnehmender Höhe fort; am Fuße dieses Abschnitts finden sich nur noch spärliche Skulpturüberreste.

Die Reihe der Bauten wendet sich schließlich rechtwinklig nach Westen und läuft dem Flusse zu, wo sie das andere Ende der Mauer erreicht, mit der wir unsere Messung begannen. Das Ufer ragt etwa dreißig Fuß über den Fluß empor und war einst durch eine steinerne Mauer geschützt, die jedoch zum größten Teile eingestürzt ist. Unter den hier auf dem Boden liegenden Fragmenten fanden wir das in Abbildung 7 wiedergegebene Porträt.

7 *Steinernes Porträt*

Der Plan der Ruinenstätte war kompliziert und, da der ganze Bezirk von Bäumen überwachsen war, schwer auszumessen. Nirgends war eine ganze Pyramide zu sehen, sondern meist nur zwei oder drei pyramidalische Seiten, die sich mit Terrassen und anderen Bauten der nämlichen Art verbanden. Jenseits der Umfassungsmauer zogen

8 ›*Götzenbild*‹ *an Punkt B*

sich weitere Mauern, Terrassen und pyramidalische Aufbauten in den Wald hinein und verwirrten das Bild noch mehr. Vermutlich ward die Anlage nicht zu ein und derselben Zeit erbaut, sondern es wurden von verschiedenen Königen zur Erinnerung an wichtige Ereignisse in der Geschichte der Stadt Bauten hinzugefügt und neue Statuen errichtet. Überall ziehen sich Stufenreihen mit abgeschrägten Erhöhungen hin, die wahrscheinlich auf ihrer Spitze einst mit jetzt zerstörten Gebäuden oder Altären gekrönt waren. Alle diese Stufen und Pyramidenseiten waren bemalt, und der Leser mag sich vergegenwärtigen, welchen Eindruck es gemacht haben muß, wenn damals, als das ganze Land frei von Wald war, Priester und Volk zu den Terrassen und von da zu den heiligen Stätten hinanstiegen, um im Tempel ihren Göttern zu huldigen.

Innerhalb des umfriedeten Tempelbezirks finden sich zwei rechtwinklige Höfe mit zu Terrassen aufsteigenden Stufenreihen. Jede dieser Terrassen liegt etwa vierzig Fuß über dem Flusse. Die Treppen der größeren und vom Flusse entfernter liegenden sind sämtlich zusammengefallen und bilden bloße Steinhaufen. Auf einer Seite, am Fuße der pyramidalischen Mauer, steht das auf dem Plan mit B bezeichnete Monument oder ›Götzenbild‹, dessen Vorderseite in Abbildung 8 wiedergegeben ist. Es ist in etwa gleich hoch wie die übrigen, unterscheidet sich aber in seiner Gestalt, insofern es oben breiter als unten ist. In Darstellung und Ausdruck geschmackvoll und

9 Hieroglyphen an einem Altar

anmutig, ist die Skulptur in viel flacherem Relief ausgeführt; die Hände sind, wiewohl ein wenig steif gearbeitet, sprechend in ihrer Haltung. Daß es sich um die Figur eines Mannes handelt, zeigt die überdurchschnittliche Höhe. Rücken und Seiten sind mit Hieroglyphen bedeckt.

Nahebei, an dem mit A bezeichneten Punkte des Plans, steht ein merkwürdiger Altar, welcher der Phantasie vielleicht mehr Anreiz bietet als irgendein Monument sonst in Copan. Die Altäre von Copan sind wie die ›Götzenbilder‹ alle aus einem einzigen Steinblock gehauen, insgesamt aber nicht so reich an Ornamenten und auch verwaschener in ihrer Zeichnung oder mit Moos bedeckt. Manche fanden wir vollständig in die Erde versunken, und bei anderen war es schwer, mehr als die bloße Form auszumachen. Alle wichen in ihrer Gestalt voneinander ab, und ohne Zweifel hatten einige eine ganz bestimmte und besondere Beziehung zu den Idolen, vor denen sie errichtet waren. Der erwähnte Altar bei A steht auf vier aus demselben Steinblock gehauenen Halbkugeln; er ist in Basrelief skulptiert und in dieser Beziehung das einzige Exemplar, das man in Copan gefunden hat, da alles übrige in kühnem Hochrelief gearbeitet ist. Vier Fuß hoch und an den vier Seiten jeweils sechs Fuß breit, ist seine Oberfläche in sechsunddreißig Hieroglyphenfelder eingeteilt, die ohne Zweifel an eine Begebenheit in der Geschichte des geheimnisvollen Volkes erinnern, das einst die Stadt bewohnte. Die Zeichen sind noch deutlich sichtbar und in Abbildung 9 getreu kopiert.

Die vier folgenden Abbildungen (10–13) zeigen die vier Seiten des Altars. Auf jeder sind vier Personen dargestellt: auf der Westseite, ihre Gesichter einander zugekehrt, die beiden Hauptpersonen, Häuptlinge oder Krieger, anscheinend mit einer Streitfrage oder Verhandlung beschäftigt. Die anderen vierzehn Gestalten sind in zwei gleiche Gruppen geteilt und scheinen ihren Führern zu folgen. Jede der Figuren sitzt mit übereinandergeschlagenen Beinen nach orientalischer Weise da, und zwar auf einem Hieroglyphenstein, der vermutlich Namen, Amt oder Würde der betreffenden Person benennt. Auf dreien dieser Sitzsteine ist das Symbol der Schlange zu sehen. Zwischen den beiden Hauptpersonen ist eine bemerkenswerte Kartusche angebracht, die zwei wohlerhaltene Hieroglyphen enthält und uns stark an die ägyptische Manier erinnerte, die Namen der Könige oder Helden zu bezeichnen, zu deren Ehre die Monumente errichtet wurden. Der Kopfputz ist in allen Fällen von sonderbarer und verwickelter Form; sämtliche Figuren tragen Brustharnische, und eine der beiden Hauptpersonen hält einen Gegenstand in der Hand, den man vielleicht als Zepter ansehen könnte. Was die anderen Figuren umgriffen halten, bleibt vollends rätselhaft; es mag wohl eine Kriegswaffe sein, aber wenn dem so ist, so wäre es die einzige, die man in Copan abgebildet findet. In anderen Ländern bilden Schlachtszenen, Krieger und Kriegswaffen gerade die hervorragendsten Gegenstände der Skulptur; da sie hier nun gänzlich fehlen, so hat man Grund zu glauben, daß jenes Volk nicht kriegerisch, sondern friedlich gesinnt war und daher später auch ohne Mühe unterworfen ward.

10 *Westseite des Altars*

11 *Nordseite des Altars*

12 *Südseite des Altars*

13 *Ostseite des Altars*

Der zweite Hof liegt nahe dem Flusse. Als wir die Bäume im Umkreis rodeten, entdeckten wir, daß der Eingang auf der nördlichen Seite lag und daß eine Passage von dreißig Fuß Weite und gegen dreihundert Fuß Länge auf den Hof führte. Zur Rechten verläuft eine hohe, zur Terrasse der Flußmauer aufsteigende Stufenreihe, an deren Fuß wir sechs runde Steine zwischen achtzehn Zoll und drei Fuß Durchmesser fanden, einst vielleicht die Piedestale von jetzt niedergestürzten und im Boden versunkenen Stelen oder Monumenten. Auf der linken Seite des Durchgangs erhebt sich ein hundertundzweiundzwanzig Fuß hoher pyramidalischer Bau mit sechs Fuß hohen und neun Fuß breiten Stufen, einer der Pyramiden zu Sakkara gleich. Die Spitze der Pyramide ist verschwunden, und zwei ungeheure Ceibabäume, die aus den Trümmern hervorgewachsen sind, umklammern mit ihren Wurzeln, durch welche die Steine einst herabgestürzt wurden, nunmehr den oberen Aufbau der Pyramide und halten ihn zusammen. Am Ende der Eingangspassage gelangt man auf den freien Hofraum, wahrscheinlich der große Kreisplatz des Chronisten Fuentes, der aber nicht rund, sondern rechtwinklig, hundertundvierzig Fuß lang und neunzig Fuß breit ist und auf allen Seiten Treppen hat. Es handelt sich hier wahrscheinlich um den heiligsten Platz des gesamten Tempelbezirks, der ohne Zweifel Zeuge großer Ereignisse und eindrucksvoller religiöser Zeremonien gewesen ist; worin aber diese Zeremonien bestanden, wer in ihnen die Hauptrollen gespielt hat und warum heute alles so schauervoll darniederliegt, das sind Geheimnisse, die zu ergründen unmöglich ist. Es war hier kein ›Götzenbild‹, kein Altar, noch irgendeine Spur davon zu sehen. Zur Linken steht ziemlich oben auf den Stufen ganz allein für sich der in Abbildung 14 gezeigte gigantische Kopf. Er ist ein wenig von seiner Stelle verrückt, und ein Teil der Verzierung auf der einen Seite ist durch den Druck eines großen Baumstamms ein Stück verschoben worden, wie aus der Zeichnung ersichtlich. Der Kopf ist an die sechs Fuß hoch und stilvoll gearbeitet. Wie bei vielen anderen Stücken scheint man auch hier durch die weit aufgerissenen Augen dem Betrachter Schauer haben einflößen zu wollen. Zu beiden Seiten des Steinhauptes, dreißig bis vierzig Fuß entfernt und etwas tiefer gelegen, fanden wir andere Skulpturfragmente von kolossalen Dimensionen und eindrucksvollem Entwurf und ganz unten zwei umgestürzte und teilweise verschüttete Kolossalköpfe, die der Aufmerksamkeit künftiger Reisender und Künstler wohl wert sind. Der ganze Raum ist mit Bäumen überwachsen und mit vermoderten Pflanzenresten hoch bedeckt, und überall schauen seltsame Skulpturfragmente aus dem Boden hervor, die man wahrscheinlich mit vielen anderen völlig versunkenen durch Ausgrabung ans Tageslicht fördern könnte.

Auf der Westseite, parallel zum Flusse, führt eine Treppe von fünfzehn Stufen zu einer zwölf Fuß breiten Terrasse, von der man über weitere fünfzehn Stufen zu einer zweiten zwanzig Fuß breiten Terrasse gelangt, die sich bis zur Flußmauer ausdehnt. In der Mitte der Treppe liegt zu beiden Seiten ein Trümmerhaufen, anscheinend von einem runden Turme. Etwa auf halber Treppenhöhe stößt man auf eine siebzehn Fuß tiefe, mit Stein eingefaßte Grube, welche fünf Fuß im Geviert mißt und

14 *Gigantischer Kopf*

auf deren Grund eine zwei Fuß und vier Zoll hohe Öffnung innerhalb einer einen Fuß und neun Zoll dicken Mauer in eine zehn Fuß lange, fünf Fuß acht Zoll weite und vier Fuß hohe Kammer führt. An jedem Ende dieser Kammer befindet sich eine Nische von ein Fuß neun Zoll Höhe, ein Fuß acht Zoll Tiefe und zwei Fuß fünf Zoll Länge. Oberst Galindo war der erste, der in dieses Grabgewölbe eindrang, wobei er die Nischen und den ganzen Boden mit roten irdenen Schüsseln und Töpfen bedeckt fand, von denen mehr als fünfzig mit in Kalk gelegten Menschenknochen gefüllt waren. Auch entdeckte er mehrere scharfschneidige und zugespitzte Steinmesser und, in einen schönen grünen Stein geschnitten, einen kleinen Totenkopf mit beinahe geschlossenen Augen, die unteren Gesichtspartien verzerrt und der Hinterkopf symmetrisch mit Löchern durchbohrt, das Ganze von vorzüglicher Arbeit. Unmittelbar über der Grube, die den Eingang zu diesem Gewölbe bildet, befindet sich ein Gang, der durch die Terrasse zur Flußmauer führt, wo er als fensterartige Öffnung zu erkennen ist. Wie schon erwähnt, werden die Ruinen danach bisweilen *Las Ventanas* oder Die Fenster genannt. Der Gang mißt unten einen Fuß elf Zoll und oben einen Fuß, hat die hier skizzierte abgetreppte Form und ist gerade so weit, daß ein Mann auf dem Leibe liegend hindurchkriechen kann.

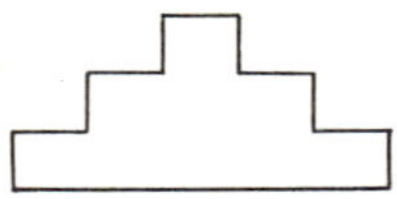

Überreste von Gebäuden waren nirgendwo zu finden. Was die von Fuentes erwähnte steinerne Hängematte anbelangt, so stellten wir zwar genaue Erkundigungen und Nachforschungen an, sahen aber nichts von ihr. Oberst Galindo erwähnt sie nicht. Möglich aber, daß sie dennoch existiert hat, ja vielleicht noch existiert, aber auseinandergebrochen und verschüttet. Der Pfarrer von Gualan erzählte uns, er habe sie gesehen, und bei unseren Nachfragen unter den Indianern trafen wir auf einen, welcher uns sagte, daß er von seinem Vater vernommen habe, *sein* Vater, zwei Generationen zurück, habe von einem solchen Monument gesprochen.

Unsere Messungen wurden sehr erschwert durch die Mühe, Schneisen durch den Wald zu schlagen, die Seiten der in Trümmern liegenden Pyramiden und ihre Stufen hinaufzuklettern, durch den Mangel an Materialien und an Unterstützung sowie durch unsere unvollkommene Kenntnis der Sprache. Die Leute in Copan konnten nicht begreifen, was wir vorhatten, und argwöhnten, wir trieben eine schwarze Kunst, um verborgene Schätze zu heben. Unseren Hauptgehilfen Bruno und Francisco war alles tiefes Geheimnis. Selbst die Affen, die nicht wenig zur Anziehungskraft des Ortes beitrugen, kamen uns verdutzt und betroffen vor; denn statt ihre Possen zu treiben, sahen sie ernst und feierlich drein, als ob sie hier als die Hüter eines Heiligtums wirkten. Des Morgens verhielten sie sich ruhig, nachmittags aber kamen sie zum Vorschein, um auf den Wipfeln der Bäume zu promenieren, und bisweilen, wenn sie lange und unverwandten Blicks auf uns herabsahen, war es fast, als ob sie uns fragen wollten, warum wir die Stille der Ruinen störten. Was unsere Beschwerlichkeiten und Unannehmlichkeiten noch vermehrte, war die Furcht vor Skorpionen sowie vor den Stichen der Moskitos und *Garrapatas* (Zecken), welchletztere trotz unserer Vorsichtsmaßregeln (lange, über den Stiefeln festgebundene Beinkleider und bis an den Hals zugeknöpfte Röcke) unter unsere Kleider zu gelangen wußten und sich ins Fleisch hineinfraßen; zu diesen Plagegeistern kamen des Nachts noch die Flöhe hinzu, von denen Don Miguels Hütte wimmelte und die uns dergestalt marterten, daß wir in der dritten Nacht nach unserer Ankunft die beiden Seiten und das eine Ende unserer Laken zunähten und uns wie in einen Sack betteten. Und da ich einmal im Zuge bin, unserer kleinen Leiden zu gedenken, so will ich auch noch hinzufügen, daß eben jetzt das Mehl in der Hazienda zur Neige ging und wir daher des Brotes entbehrten und mit Tortillas vorliebnehmen mußten.

Am Tage nach dem Abschluß unserer Meßarbeiten unternahmen wir zur Abwechslung einen Spaziergang zu den alten Steinbrüchen von Copan. Nicht lange, so verließen wir den Weg, der am Flusse hinführte, und bogen links ab. Das Gelände war uneben und so dicht bewaldet, daß auf dem ganzen Wege ein Indianer vor uns hergehen und mit seiner Machete die Zweige und Schößlinge niederhauen mußte. Der Bergzug mit den Steinbrüchen liegt etwa zwei Meilen nördlich des Flusses und verläuft in ost-westlicher Richtung. Kurz bevor man ihn erreicht, muß man einen wilden Strom überschreiten. Während die Hänge hier mit Gebüsch und Bäumen bewachsen sind, genießt man von der kahlen Spitze des höchsten Berges eine prachtvolle Aussicht über den dichten Wald, der nur durch die Windungen des Copan-Flusses und die Lichtungen für Don Gregorios und Don Miguels Haziendas unterbrochen ist. Die Ruinenstadt lag im Walde verborgen und war dem Blicke gänzlich entzogen. Unsere Phantasie aber bevölkerte die Steinbrüche mit Arbeitsleuten, denen die Stadt offen zu Füßen lag. Während der Bildhauer hier oben tätig war, wanderte sein Blick gewiß zum Schauplatz seines Ruhms hinüber, gleichwie das Auge des Griechen hin zu Athens Akropolis, und er träumte von unsterblicher Ehre. Da stieg wohl kaum der Gedanke in seiner Seele auf, daß einmal die Zeit kommen würde, wo sein Werk zerfallen, sein Volk dahingesunken, seine Stadt eine Einöde und Heimstatt nur für Reptilien wäre – ein Trümmerplatz, zu dem Fremdlinge gezogen kämen, um zu schauen und verwundert zu fragen, welches Menschengeschlecht wohl einst hier gewohnt habe.

Der Stein ist weicher Sandstein, und der Bergrücken zieht sich weit in die Ferne hinaus; er sah aber nicht danach aus, als ob man seinem Leibe Steinmassen zum Bau einer ganzen Stadt entnommen hätte. Wie man es bewerkstelligt haben mag, riesige Steinblöcke über den von uns begangenen Weg mit seinem unebenen und zerklüfteten Boden zu transportieren, namentlich aber einen dieser Blöcke auf der Spitze eines Berges von zweitausend Fuß Höhe aufzurichten, das zu erraten war uns unmöglich. An vielen Stellen lagen Blöcke, die aus dem Stein herausgebrochen, aber wegen irgendeines Mangels nicht benutzt worden waren; und an einem Punkte, in der Mitte einer zum Fluß hinabführenden Schlucht, stießen wir auf einen gigantischen Block, weit größer als alle in der Stadt selbst, der wahrscheinlich ebendahin hatte geschafft werden sollen, um vom Werkzeug des Künstlers bearbeitet und als Zierde aufgestellt zu werden, als die Arbeiten aus irgendeiner Ursache plötzlich ihr Ende fanden. Gleich den unvollendeten Blöcken in den Steinbrüchen zu Assuan und auf dem Pentelikon ruht er hier zum Gedächtnis vereitelter menschlicher Pläne.

Wir blieben den ganzen Tag auf der Höhe des Berges. Der dichte Wald, durch den wir uns mühsam einen Weg gebahnt hatten, machte uns für die Schönheit der ausgedehnten Fernsicht um so empfänglicher. Auf der höchsten Höhe des Berges lag ein Block aus den Steinbrüchen, auf den wir mit einem Kieselsteine, den wir in den Ruinen gefunden hatten und der nach unserer Vermutung das Werkzeug eines Bildhauers gewesen war, unsere Namen schrieben. Einsam stehen sie da, und nur wenige werden sie lesen. Spät am Nachmittag kehrten wir endlich zurück und erreichten den Fluß etwa eine Meile oberhalb der Ruinen, in der Nähe einer steinernen Mauer mit einem runden Gebäude und einer Vertiefung, die einst anscheinend als Zisterne gedient hatte.

Als wir in die Nähe unserer Hütte kamen, sahen wir dort zwei Pferde mit Quersätteln angebunden stehen und hörten das Schreien eines Kindes drinnen. Es war eine Gesellschaft angekommen, bestehend aus einer alten Frau, ihrer Tochter, ihrem Sohne sowie dessen Weibe und Kinde, und ihr Besuch galt den *Medicos*. Wir waren mit so vielen Bitten um Heilmittel angegangen worden, unsere Patientenliste hatte sich so schnell vermehrt, und wir hatten jeden Abend soviel Arbeit und lästige Mühe mit dem Abwiegen und Bemessen der Arzneien gehabt, daß wir – zusätzlich noch durch die früher erwähnten Befürchtungen veranlaßt – unsere Absicht, die Krankenbehandlung ganz aufzugeben, überall hatten bekanntmachen lassen; allein, unser Ruf hatte sich schon allzuweit verbreitet, und die nun eingetroffenen Besucher waren von jenseits San Antonio, aus einer Entfernung von mehr als dreißig Meilen, hierhergekommen, um Heilung zu finden; da war es denn doch hart, sie wieder fortzuschicken, ohne etwas für sie getan zu haben. Weil es Herr C. war, auf dessen ärztliche Kunst man das meiste Vertrauen setzte, so kümmerte ich mich kaum um die Leutchen, bemerkte indessen doch so viel, daß sie von weit anständigerer Kleidung und Erscheinung waren als alle unsere bisherigen Patienten, mit Ausnahme der Familienmitglieder des Don Gregorio; im Laufe des Abends ward ich dann durch den Ton, in welchem die Mutter von der Tochter sprach, angenehm berührt und aufmerksamer. Die junge Frau fiel mir dabei durch ihre ausnehmend zarte Gestalt und die niedlichen Füße auf, die in adretten Schuhen und reinlichen Strümpfen steckten. Sie hatte einen Shawl über den Kopf gezogen, und wenn man mit ihr sprach, schob sie diesen Shawl beiseite und schlug ein paar sanfte Taubenaugen auf, die sanftesten, in die ich je geschaut habe. Sie war die erste unter unseren Patienten, an der ich Interesse fand, und ich konnte mir das Vorrecht des Arztes nicht versagen, ihre Hand in die meine zu nehmen. Während sie meinte, wir berieten uns über ihren Krankheitszustand, unterhielten wir uns in Wahrheit über ihr reizendes Gesicht; aber das Interesse, das wir ihr schenkten, war ein melancholisches und schmerzliches, denn wir erkannten, daß sie eine zarte Blume war, geboren, um einen Frühling nur zu blühen und im Augenblicke der Entfaltung ihrer Schönheit dem Tode zu verfallen.

Ich verbrachte weitere zwei oder drei Tage mit der Rodung des Waldes und mit den nötigen Vorbereitungen für Herrn C., der nun auf mindestens einen Monat Beschäftigung hatte. Als wir unseren Abstecher zu diesen Ruinen machten, hatten wir mit nur zwei oder drei Tagen Arbeit gerechnet; so wie die Dinge jetzt lagen, schien es mir besser, nicht länger in Copan zu bleiben, denn der Zustand des Landes war kritisch, und ich fürchtete, daß mein diplomatisches Glück in den Ruinen Schiffbruch erleiden und ich meinen politischen Freunden Schande bereiten könnte. Ich hielt es deshalb für angemessener und sicherer, meine Reise rasch weiter fortzusetzen. Es ward hierüber am Fuße eines ›Götzenbildes‹ zwischen Herrn C. und mir eine Beratung abgehalten und später in Don Miguels Hütte fortgesetzt, wobei wir die Sache nach allen ihren Seiten hin besprachen. Alle Aufregung in Copan hatte sich gelegt; man ließ uns ungestört schalten und walten; Herrn C. standen Bruno und Francisco, Don Miguel, seine Frau und Bartolo zu Gebote. Wir trennten uns zwar mit großem Widerstreben, dennoch aber ward einstimmig beschlossen, daß ich nach Guatemala weiterreisen und Herr C. hier bleiben und seine Zeichnungen fertigstellen sollte. Herr C. blieb also, erkrankte aber nach den vielen Entbehrungen und Schwierigkeiten und sah sich genötigt, die Arbeit für einige Zeit einzustellen und Copan zu verlassen. Später kehrte er jedoch noch einmal zurück und vervollständigte die Zeichnungen, die ich im folgenden in ihrer Gesamtheit vorstellen will.

In geringer Entfernung vom Tempelbezirk stehen, noch im Bereiche der terrassierten Mauern und wahrscheinlich einst mit dem Hauptgebäude verbunden, jene ›Götzenbilder‹, die den Ruinen von Copan ihren besonderen Charakter geben. Wenn der Leser einen Blick auf den Ruinenplan wirft und der Linie folgt, die durch die Worte ›Pfad zu Don Miguels Hütte‹ bezeichnet ist, so findet er rechts oben die Stelle, die jene Idole einnehmen. Der Wald ist so dicht, daß, nahe wie die Stellen auch beieinander liegen, doch keine von der andern aus zu sehen ist. Um uns ihre genaue Position zu vergegenwärtigen, hieben wir wieder Schneisen durch die Baumwildnis, orientierten uns und nahmen die Entfernungen auf. Das erste Götzenbild fanden wir links vom Fußpfade bei dem mit K bezeichneten Punkt. Die Statue ist umgestürzt und ihr Kopf zerstört. Zwölf Fuß hoch, mißt sie drei Fuß drei Zoll in der Breite und vier Fuß in der Tiefe. Der Altar davor ist verschüttet.

15 ›Götzenbild‹ an Punkt S (Vorderansicht)

16 *›Götzenbild‹ an Punkt S (Rückansicht)*

Zweihundert Fuß davon entfernt steht die mit S bezeichnete Statue, eine klar herausgearbeitete, gut erhaltene Skulptur in Hochrelief. Sie ist elf Fuß acht Zoll hoch, mißt drei Fuß vier Zoll in Breite wie Tiefe und steht mit ihrer Vorderseite gegen Osten gerichtet auf einem Piedestal von sechs Fuß im Geviert, das seinerseits wiederum auf einer runden steinernen Unterlage von sechzehn Fuß Durchmesser ruht. Davor, in einer Entfernung von acht Fuß zehn Zoll, erhebt sich ein Altar, der jetzt aber nur noch drei Fuß drei Zoll aus dem Boden ragt. Er mißt sieben Fuß im Geviert und ist diagonal zu der Statue gestellt.

Die Abbildungen 15 und 16 stellen die Vorder- und Rückseite des Standbildes dar. Aus dem fehlenden Barthaar und aus der Kleidung schlossen wir, daß es die Figur eines Weibes sei; das Gesicht besitzt Züge von solcher Individualität, daß man in dem Werk ein Porträt vermuten darf.

Die Rückseite zeigt ein ganz anderes Bild. Der Kopf ist hier in der Mitte unter verwickelte Ornamente gesetzt, das Gesicht zerstört, und den unteren Teil des von einer geschmackvollen Einfassung gesäumten Stelenrückens nehmen Hieroglyphenfelder ein. Der Altar, in Abbildung 16 rechts zu erkennen, besteht aus vier großen Köpfen von so seltsamer Anordnung, daß es schwer hält, ein klares Bild von ihnen zu gewinnen.

Ein kleines Stück hinter Statue und Altar findet sich das mit T bezeichnete Monument (Abb. 17). Es ist eines der schönsten in Copan und kann sich in seiner künstlerischen Ausführung ohne weiteres mit den kostbarsten ägyptischen Skulpturen messen. Ja, es dürfte auch mit den besten Werkzeugen unserer neuen Zeit unmöglich sein, Steine auf vollkommenere Weise auszumeißeln. Das Denkmal steht am Fuße einer Stufenwand, und nur der Kopf und ein Teil der Brust ragen aus der Erde hervor. Alles übrige steckt im Boden, ist aber vermutlich ebenso vollkommen wie der jetzt freiliegende Teil. Als wir die Statue entdeckten, wurden wir sogleich durch die Schönheit der Skulptur und den feierlichen und melancholisch stimmenden Standort gefesselt und begannen sie auszugraben, wobei wir die Erde zuerst mit der Machete lockerten und dann mit den Händen fortschaufelten, bis es uns endlich durch das Wurzelwerk, das die Erde zusammenpreßte und das Monument umschlang, unmöglich ward, in der Arbeit fortzufahren. Es wäre nötig gewesen, die Erde zehn bis zwölf Fuß im Umkreis abzutragen, und da wir keine geeigneten Werkzeuge besaßen und die Indianer allzu sorglos mit der Machete hantierten, so daß wir die Skulptur zu beschädigen fürchteten, ließen wir sie einstweilen lieber ruhen; gewiß wird sie später einmal durch uns selbst oder durch nach uns kommende Reisende ausgegraben werden. Wem immer dieses Werk aber auch zufällt, fast könnte ich ihn um sein Glück beneiden.

Fünfzig Fuß weiter südlich fanden wir zahlreiche Bruchstücke von Skulpturen mit einem Altar, der auf dem Plane mit R bezeichnet ist; und nochmals neunzig Fuß weiter die mit Q bezeichnete Statue, deren Vorderseite nach Osten gerichtet ist. Zwölf Fuß hoch und im Grundriß ein Geviert von drei Fuß Breite und Tiefe, steht sie

17 *Verschüttetes ›Götzenbild‹ an Punkt T*

18 *›Götzenbild‹ an Punkt Q (Vorderansicht)*

19 ›Götzenbild‹ an Punkt Q (Rückansicht)

auf einem länglichen, vorn sieben Fuß und an den Seiten sechs Fuß zwei Zoll messenden Piedestal. Davor erhebt sich in einer Entfernung von acht Fuß drei Zoll ein Altar von fünf Fuß acht Zoll Länge, drei Fuß acht Zoll Breite und vier Fuß Höhe. Wir geben die Vorder- und Rückansicht dieser Statue hier in den Abbildungen 18 und 19 wieder.

Das Antlitz dieses ›Götzen‹ ist ganz offenbar ein männliches. Der Bart hat eine merkwürdige Form und verbindet sich mit Schnurrbart und Haar. Die Ohren sind übernatürlich groß; der Gesichtsausdruck ist vornehm, der Mund halboffen, und die Augäpfel scheinen förmlich aus ihren Höhlen zu quellen. Der Künstler hat offenbar Schrecken erregen wollen. Die Füße des Idols stecken in Schmucksandalen, die wahrscheinlich nach der Mode jener Zeit aus dem Felle eines wilden Tiers gefertigt sind.

Die Rückseite dieses Monuments kontrastiert auffällig mit dem abstoßenden Bildnis auf der Vorderseite. Hier fehlt der groteske und rohe indianische Einschlag, und man ist fasziniert durch die außergewöhnliche Anmut und Schönheit der Gestaltung. Bei unseren täglichen Spaziergängen blieben wir oft betrachtend vor dieser Skulptur stehen, und je länger wir sie musterten, desto mehr fesselte sie uns. Während andere anscheinend Schrecken einflößen wollen und mit den vor ihnen stehenden Altären an ein unwissendes, fanatisches und abergläubisches Volk, ja an Menschenopfer denken lassen, hinterließ *diese* Skulptur stets einen anmutigen Eindruck, und die Vorstellung, daß die Schöpfer jenes Denkmals in diesen Hieroglyphen-Medaillons einen Bericht über sich hinterlassen hatten, durch den wir vielleicht dereinst Bekanntschaft mit einem untergegangenen Volksstamme machen und das über der Stadt schwebende Geheimnis enthüllen können, erhöhte noch unser Interesse.

Geht man einhundertzweiundvierzig Fuß weiter in südöstliche Richtung, gelangt man zu dem mit P bezeichneten ›Götzenbild‹. Es steht am Fuße einer Mauer, die in Stufen bis zu einer Höhe von dreißig oder vierzig Fuß ansteigt und ursprünglich noch höher war, jetzt aber zerfallen ist und in Ruinen liegt. Das Gesicht der Statue ist gegen Norden gekehrt, ihre Höhe beträgt elf Fuß neun Zoll, die Breite an den Seiten drei Fuß, und das Piedestal mißt sieben Fuß im Geviert. Vor ihr, zwölf Fuß entfernt, steht ein kolossaler Altar. Er ist gekonnt gearbeitet und einst rot bemalt gewesen – wiewohl kaum noch eine Spur von der Farbe übrig und die Oberfläche im Laufe der Zeit stark verwittert ist. Die Abbildungen 20 und 21 zeigen Vorder- und Rückseite der Statue, wobei erstere das Porträt eines vielleicht zur Gottheit erhobenen Königs oder Helden darzustellen scheint. Daß es tatsächlich ein Porträt ist, läßt sich aus einer gewissen Individualität in den Gesichtszügen schließen, wie sie ja auch bei den meisten anderen Standbildern zu beobachten ist; das Geschlecht des Dargestellten aber wird, wie auf den ägyptischen Denkmälern, durch den Bart offenbar, wiewohl unser Porträt, was man bei den ägyptischen nicht findet, einen Schnurrbart besitzt.

Die Rückseite dieses Idols bietet wiederum einen ganz anderen Gegenstand dar und besteht aus Tafelfeldern mit jeweils zwei Figuren von häßlicher Form; manche

20 ›Götzenbild‹ an Punkt P (Vorderansicht)

21 ›Götzenbild‹ an Punkt P (Rückansicht)

besitzen scheußliche Köpfe, während bei anderen die natürliche Gesichtsbildung beibehalten ist. Die Verzierungen, Diademe und Gewänder ziehen die Aufmerksamkeit auf sich, was die abgebildeten Personen aber tun oder erleiden, bleibt unklar. Die betreffende Statue war im übrigen durch Zeit und Wetter so sehr mitgenommen, daß es nicht leicht fiel, den skulpturalen Entwurf nachzuzeichnen, zumal im Schatten der Bäume ungünstige Lichtverhältnisse uns die Arbeit sehr erschwerten.

Der Stein, aus welchem all diese Altäre und Statuen gearbeitet sind, ist ein weicher Sandstein aus den vorerwähnten Steinbrüchen. In diesen Steinbrüchen bemerkten wir viele Blöcke, denen harte Flintsteine eingesprengt und die eben darum von den Werkleuten verworfen worden waren. Die Rückseite unseres Monuments enthielt zwei solcher Steine, von denen man den einen zwischen der zweiten und dritten Tafel herausgeschlagen und dadurch die Skulptur beschädigt hatte, während der andere, in der vorletzten Reihe von unten, unberührt geblieben war. Hieraus läßt sich der Schluß ziehen, daß der Bildhauer kein Werkzeug besaß, um in so harten Stein zu meißeln, und daß folglich das Eisen unbekannt war. Wir hatten unsere Nachforschungen und Nachfragen besonders auf diesen Punkt gerichtet, fanden aber weder Stücke von Eisen oder anderem Metall, noch hörten wir, daß man jemals solche hier gefunden habe. Don Miguel besaß eine Sammlung von Flintsteinen, in der Gestalt von Pfeilspitzen zugeschnitten, die er – und Don Miguel war kein dummer Mann – für die bei der Bildhauerei verwendeten Werkzeuge hielt; sie waren in der Tag hart genug, um den Stein zu schneiden, und es könnte wohl möglich sein, daß mit ihrer Handhabung vertraute Bildhauer alle diese Basrelief-Verzierungen damit geschnitzt haben; die Flintsteine selbst aber sahen aus, als ob man sie mit Metall zugeschnitten habe.

In Abbildung 22 ist der vor der zuletzt besprochenen Statue stehende Altar zu sehen. Er mißt sieben Quadratfuß, ist vier Fuß hoch und auf allen Seiten reich mit Skulpturen bedeckt. Die Vorderseite zeigt einen Totenkopf. Auch die Oberseite ist mit dem Meißel bearbeitet und weist Rillen auf, die einst vielleicht dazu dienten, das Blut der hier dargebrachten Tier- oder Menschenopfer abzuleiten.

Abbildung 23 gibt das einhundertzwanzig Fuß weiter nördlich gelegene und auf dem Plane mit O bezeichnete Monument wieder, das heute leider umgestürzt und auseinandergebrochen ist. Die Skulpturarbeit erinnert deutlich an das früher besprochene schöne, halbversunkene Monument (Abb. 17), gleicht in seiner meisterlichen Ausführung also, wie ich hiermit wiederhole, den besten Kunstaltertümern Ägyptens. Den zu Boden gestürzten Teil der Statue hielten Weinranken und Schlingpflanzen derart umklammert und an den Grund gebunden, daß das Bildwerk nicht eher gezeichnet werden konnte, bis all die Fasern und Schlingen aus den Spalten gerissen waren. Der Farbauftrag hat sich bei dieser Statue ausgezeichnet erhalten und den Stein geschützt, so daß man es um so mehr bedauern muß, daß dieser zerbrochen ist. Von dem zugehörigen Altar ist lediglich noch die obere Fläche über dem

22 ›Götzenbild‹ und Altar

23 Zerbrochenes ›Götzenbild‹ an Punkt O

Erdboden sichtbar; wie wir durch Ausgrabung entdeckten, stellt sie den Rücken einer Schildkröte dar.

Die nächsten Abbildungen, die hier folgen, zeigen die Vorder- und die Rückansicht sowie eine der Seiten des Monuments N, das zwanzig Fuß von der zuletzt besprochenen Statue entfernt steht (Abb. 24–26). Es ist zwölf Fuß hoch, mißt vier Fuß auf der einen, drei Fuß vier Zoll auf der anderen Seite und steht auf einem Piedestal von sieben Fuß im Geviert, mit der Vorderseite nach Westen gerichtet. Ein Altar ist nicht sichtbar; wahrscheinlich sind seine Trümmer in der Erde begraben. Bei der Frontansicht scheint es sich um ein Porträt zu handeln, vermutlich um das eines vergöttlichten Königs oder Helden. Die beiden Verzierungen ganz oben erinnern an die Rüssel von Elefanten – ein Tier, das in diesem Lande freilich unbekannt ist. Sieben Fuß entfernt liegt ein Krokodilskopf, der aber in keiner Verbindung mit der Stele zu stehen scheint. Er ragt vier Fuß über den Boden und ist in den Abbildungen 25 und 26 als eines der vielen in den Ruinen gefundenen Bruchstücke dargestellt.

Einen ganz anderen Anblick als die Frontseite bietet der Revers der Stele (Abb. 25). Ganz oben sitzt eine Figur mit übereinandergeschlagenen Beinen, fast erdrückt von einem ungeheuren Kopfschmuck; einige der Felder darunter sind mit Hieroglyphen gefüllt.

Um die Zahl der Abbildungen nicht über Gebühr zu vermehren, haben wir bisher keine Seitenansichten wiedergegeben – zumal sie im allgemeinen von geringerem Interesse sind –, machen bei diesem Monument aber eine Ausnahme, weil die Aus-

24 *›Götzenbild‹ an Punkt N (Vorderansicht)*

25 ›*Götzenbild*‹ *an Punkt N (Rückansicht)*

26 ›*Götzenbild*‹ *an Punkt N (Seitenansicht)*

gestaltung hier von besonderer Schönheit ist. Auch sind die Hieroglyphenfelder auf dieser Seite ausnehmend gut zu erkennen.

In einer Entfernung von achtundzwanzig Fuß in nördlicher Richtung stößt man auf die mit M bezeichnete Statue, die umgestürzt ist und auf dem Rücken liegt, fast in ihrer ganzen Länge unter einem Baumstamm begraben, so daß nur die Umrisse, die Füße und die Sandalen sichtbar werden, die sehr gut gearbeitet sind (Abb. 27).

27 Füße eines ›Götzenbilds‹ an Punkt M

Ihr gegenüber erhebt sich ein eirunder Altar mit zwei Rillen in der Oberfläche, wie ihn Abbildung 28 darstellt. Er ist drei Fuß hoch und mißt fünf Fuß sechs Zoll im Durchmesser.

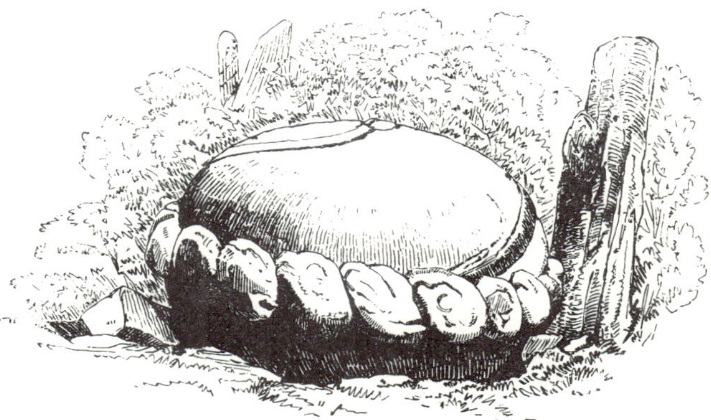

28 Eirunder Altar

Die drei folgenden Abbildungen geben die Front-, Rücken- und Seitenansicht des auf dem Plane mit L bezeichneten Monuments wieder, das von der zuletzt beschriebenen Statue zweiundsiebzig Fuß absteht, nach Westen sieht, zwölf Fuß hoch, drei Fuß breit und zwei Fuß acht Zoll tief ist und auf einem Sockel von sechs Quadratfuß Grundfläche steht; in einer Entfernung von elf Fuß davor fanden wir, von Erde bedeckt und stark zerstört, wiederum einen Altar.

Bei der in Abbildung 29 gezeigten Vorderansicht handelt es sich um ein Porträt. Die Rückseite (Abb. 30) besteht ausschließlich aus Hieroglyphen, wobei jede Reihe aus zwei miteinander verbundenen Bildzeichen gebildet wird – eine Anordnung, die wir später auch einmal in Palenque beobachteten. Die beiden Seitenflächen (Abb. 31) zeigen jeweils nur ein Band von Hieroglyphen, in Aufbau und Zusammenhang denen auf der Rückseite der Stele gleich. Die Felder erzählen wahrscheinlich die Geschichte des dargestellten Königs oder Helden und die besonderen Verhältnisse oder Taten, die seine einstige Größe begründeten.

Ich habe nun in Wort und Bild die interessantesten Denkmäler von Copan vorgestellt, und die Stiche sind, ich wiederhole es, genau und originalgetreu. Absichtlich habe ich mich aller Auslegung enthalten. Vermag der Leser nur einen kleinen Teil des Interesses, das wir an den Denkmälern gewannen, aus ihrer Darstellung zu ziehen, so wird er für alles Unbrauchbare und Wertlose, das er sonst in diesem Werk finden mag, entschädigt sein.

Von der erregenden Wirkung der Denkmäler selbst, wie sie so dastehen in der Tiefe eines tropischen Waldes, schweigend und feierlich, von fremdartigem, wundersamem Entwurf, prächtig gemeißelt, reich an Schmuck, abweichend von den Bildwerken aller anderen Völker, in tiefes Dunkel gehüllt, was ihren Sinn und Zweck und ihre ganze Geschichte betrifft, mit hieroglyphischen Zeichen bedeckt, die zwar alles erklären, uns aber gänzlich unverständlich sind – von dieser Wirkung, sage ich, werde ich mir nicht anmaßen, eine Vorstellung zu vermitteln. Oft kam die Phantasie bei ihrer Betrachtung nicht zur Ruhe. Die Stimmung, die uns in den Ruinen ergriff, war tiefernste Feierlichkeit. Ein phantasiereiches und schwärmerisches Gemüt könnte hier von abergläubischen Vorstellungen heimgesucht werden. In unserem Verkehr mit den Indianern beständig mit diesem Namen bezeichnet, betrachteten wir die hehren Denkmäler als ›Götzen‹, vergöttlichte Könige und Helden, Gegenstände der Anbetung und eines zeremoniellen Gottesdienstes. Wir fanden auf keinem der Monumente oder Skulpturfragmente Spuren und Darstellungen von menschlichen oder überhaupt irgendwelchen andern Opfern, zweifelten aber nicht, daß der große, kunstvoll bearbeitete Stein, der ohne Ausnahme vor jedem ›Götzen‹ zu finden war, als Opferaltar verwendet ward. Diejenige Form der Skulptur, auf die wir am häufigsten trafen, war die eines Totenkopfs, der manchmal den Haupt- manchmal nur einen Nebenzierat bildete; in ganzen Reihen an den Außenseiten der Mauern hinlaufend, fügten diese Häupter zu dem Geheimnisvollen, das den Ort umgab, noch das Schwermütige, hielten den Lebenden Tod und Grab vor Augen und beschworen

29 ›*Götzenbild*‹ *an Punkt L (Vorderansicht)*

30 *›Götzenbild‹ an Punkt L (Rückansicht)*

31 ›Götzenbild‹ an Punkt L (Seitenansicht)

die Vorstellung einer heiligen Stadt – des Mekka oder Jerusalem eines unbekannten Volkes.

Über das Alter dieser verödeten Stadt will ich hier und jetzt keine Mutmaßungen anstellen. Ein Schluß ließe sich vielleicht aus den hohen Erdschichten und aus den Riesenbäumen ziehen, die auf den in Trümmern zerfallenen Bauten wachsen; allein, er würde doch nur vage und ungenügend sein. Ebensowenig will ich mich an dieser Stelle in Vermutungen über das Volk ergehen, das diese Stadt baute, oder über die Zeit und über die Art und Weise, in der sie entvölkert und zu einer Einöde und einem Ruinenfelde ward, ob sie durch das Schwert fiel oder durch Hunger oder durch Pest. Die Bäume, mit denen sie überwachsen ist, mögen aus dem Blute der hingeschlachteten Einwohner entsprungen, die Stadt einst kläglich einer Hungersnot erlegen sein; oder die Pest kann, gleich der Cholera, ihre Straßen mit Leichenhügeln bedeckt und das dezimierte Volk für immer von seiner Heimatstätte vertrieben haben – all dies denkbare und furchtbare Unglücksfälle, wie sie nach authentischen Nachrichten andere Städte in Zeiten vor und nach der Entdeckung des Landes durch die Spanier betroffen haben. Eines aber glaube ich fest, daß nämlich Copans Geschichte auf seinen Monumenten eingegraben steht. Noch hat kein Champollion seinen durchdringenden Forscherblick auf sie gerichtet. Wer wird die Zeichen lesen und entziffern?

»*Ruinenchaos! Wer wird in deine Wüste eindringen,*
über die dunkeln Fragmente ein Mondeslicht werfen und sagen
›*hier* war *oder* ist‹, *wo heute zwiefache Nacht waltet?*«

Palenque

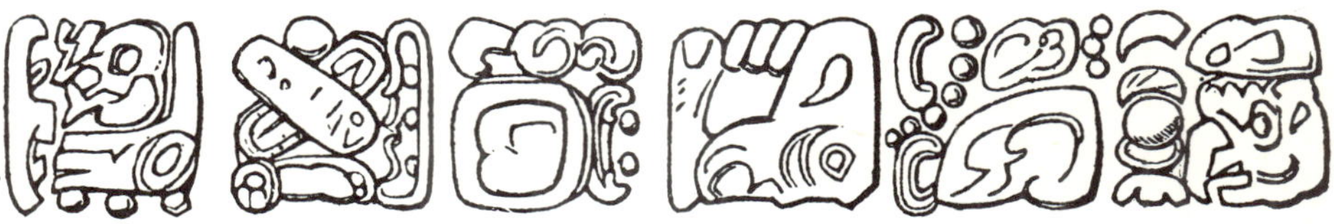

Anreise

Während Catherwood in Copán zurückbleibt, bricht Stephens mit seinem Diener Augustin am 30. November 1839 in diplomatischer Mission nach Guatemala auf, wo er den Sitz der mittelamerikanischen Regierung zu finden hofft. Die Konföderation Mittelamerikas ist jedoch zusammengebrochen, der liberale Reformpräsident Morazán aus der Stadt geflohen. Die politische Macht in Guatemala liegt in den Händen des konservativen Rafael Carrera. Unterredung mit Carrera und ›diplomatische Rundreise‹ durch das Land. Sicherstellung der Bücher und Akten der amerikanischen Gesandtschaft; Stephens läßt sie nach New York zurücksenden. Damit Ende der offiziellen Aufgabe. Versehen mit einem Paß Carreras und bischöflichem Empfehlungsschreiben an die Padres entlang der Route, reisen Stephens und Catherwood, der zwischenzeitlich die Ruinen von Quirigua erkundet hat, am 7. April 1840 nach Palenque ab. Über Santa Cruz de Quiché mit den Ruinen von Utatlán und Quetzaltenango erreicht man Huehuetenango, wo der Amerikaner Henry Pawling, zuletzt Leiter einer Koschenille-Fabrik in Guatemala, sich dem Forschergespann anschließt. Weiter über den mexikanischen Grenzfluß, den Rio Lagerto, nach Comitán, wo der örtliche Kommandeur den drei Reisenden den Befehl des mexikanischen Diktators Santa Ana mitteilt, kein Fremder dürfe Palenque besuchen. Trotz dieses Verbots am 1. Mai 1840 Abreise von Comitán nach Palenque.

Das Land, durch welches wir jetzt reisten, befand sich noch in demselben wilden Zustande wie vor der spanischen Eroberung, und bis Palenque trafen wir auf kein Haus und kein Dorf. Der Weg führte durch einen Wald, der bis zur Undurchdringlichkeit mit Gebüsch und Unterholz durchwachsen und dessen Gezweig nur so hoch gestutzt war, daß ein Wanderer zu Fuß gerade noch darunter hergehen konnte; entsprechend waren wir auf unseren Maultieren beständig genötigt, uns zu bücken oder sogar abzusteigen. An manchen Stellen schien in einem weiten Umkreise der Wald von der Hitze wie erstorben, das Laub war welk, die Blätter wirkten verdorrt und kraus, als wären sie von der Sonne verbrannt; auch war jüngst ein Orkan durch das Land gezogen.

Wir begegneten drei Indianern, welche Keulen in der Hand trugen und bis auf ein kleines Stück Zeug um die Lenden, das zwischen den Beinen hindurchging, nackt waren; der eine, ein junger, hochgewachsener Mann von wunderbar ebenmäßigen Formen, sah aus wie der freigeborene Herr der Wälder. Kurz danach kamen wir an einem Fluß vorüber, in dem nackte Indianer grob geknüpfte Fischnetze auswarfen, so wild und primitiv wie in der barbarischen Urzeit.

Zwanzig Minuten nach zehn Uhr begann bei großer Hitze der Aufstieg ins Gebirge. Die Mühen dabei sind kaum zu schildern. Unsere Maultiere konnten lediglich ihre Sättel tragen. Wir entledigten uns unsrer Degen, Sporen und alles unnützen Zubehörs bis auf Hemd und Hosen, so daß wir der notdürftigen Kleidung der Indianer sehr nahe kamen. Auf dem Broadway hätte unser Aufzug ein wahres Schauspiel abgegeben. Voran schritten vier Indianer, jeder ein rohe, mit Ochsenhaut überzogene, von einer eisernen Kette umschlungene und mit einem Vorlegeschloß versehene Kiste auf dem Rücken; hierauf folgte Juan, unbekleidet bis auf seinen Hut und dünne baumwollene weite Hosen, der zwei klapprige Maultiere vor sich hertrieb und auf seinen nackten Schultern eine doppelläufige Flinte trug; dann kamen wir, jeder sein Maultier vor sich hertreibend oder es führend; hiernach ein Indianer, der die *Silla,* den Tragesessel, schleppte, dann Reserveträger und mehrere Knaben mit kleinen Proviantsäcken. Der Indianer mit der *Silla* war sehr verwundert, daß wir uns ihrer trotz des Vertrages, der darüber geschlossen, und des Lohnes, der im voraus dafür bezahlt worden war, nicht bedienten. Es kam uns aber wie entwürdigend vor, uns auf den Schultern eines Mannes hinauftragen zu lassen, und wir hatten die *Silla* bloß aus Vorsicht mitgenommen; denn schon den Abend zuvor in San Pedro hatte ich mich ohne etwas genossen zu haben niedergelegt, was bei uns immer ein sicheres Zeichen für schlechtes Befinden war. Dieser Zustand hatte sich durch die übermäßige Anstrengung nun bedeutend verschlimmert, so daß mir beim bloßen Denken ans Steigen der Kopf beinahe zerspringen wollte. Und so nahm ich zum ersten Male zur *Silla* meine Zuflucht. Es war dies ein großer, plumper, mit Holznägeln und Bast zusammengehaltener Lehnstuhl. Der Indianer, der mich tragen sollte, war, wie die übrigen Eingeborenen, klein von Gestalt, nicht mehr als fünf Fuß sieben Zoll groß,

32 »Der Aufstieg war einer der steilsten auf der ganzen Strecke.«

sehr schmächtig, aber ebenmäßig gebaut. Es ward um die Arme des Stuhls ein Bastgurt gebunden, worauf der Mann sich mit dem Rücken gegen die Lehne des Stuhls niedersetzte, den Gurt befestigte und ihn mit einem kleinen Polster zur Milderung des Drucks glatt über die Stirn hinweg legte. Mit Hilfe zweier Indianer erhob er sich, stand einen Augenblick still, rückte mich ein oder zwei Mal auf seinen Schultern zurecht, und der Marsch ging, mit einem Mann an jeder Seite, fort (Abb. 32). Es war mir eine große Erleichterung, aber ich fühlte doch jede Bewegung meines Trägers, selbst das Heben seines Brustkastens. Der Aufstieg war einer der steilsten auf der ganzen Strecke. Nach wenigen Minuten blieb der Träger stehen und stieß, wie es die indianischen Träger immer wieder tun, einen Laut in der Mitte zwischen Pfeifen und Blasen aus, der meinen Ohren jederzeit, jetzt aber in besonderem Maße, schmerzhaft und unangenehm klang. Mein Gesicht war von ihm abgekehrt, und ich konnte daher nicht sehen, wie der Weg verlief, bemerkte aber, daß der Träger nach links hinüberwankte. Um ihm seine Last nicht noch zu vermehren, saß ich so still wie möglich. Als ich aber nach einigen Minuten über meine Schulter blickte, bemerkte ich, daß wir dem Rande eines Absturzes von mehr als tausend Fuß Tiefe nahe waren. Hier wollte ich durchaus absteigen; allein, ich vermochte mich nicht verständlich zu machen, und die Indianer konnten oder wollten meine Zeichen nicht verstehen. Mein Träger bewegte sich behutsam weiter, fühlte erst, ob der Stein, auf welchen er seinen Fuß setzen wollte, fest und sicher war, hob dann den anderen Fuß und stieg so allmählich und immer mit der äußersten Vorsicht den Bergpfad hinan, bis er auf einen halben Schritt dem Rande des Abgrundes nahe war. Hier blieb er stehen und stieß einen furchtbaren pfeifenden und blasenden Ton aus. Ich hob mich und sank mit jedem Atemzuge, fühlte seinen Leib unter mir erzittern, und es war mir, als ob der Mann in den Knien einknickte. Der Felsabsturz war grauenvoll, und die geringste ungewöhnliche Bewegung von meiner Seite hätte uns beide zusammen in die Tiefe stürzen können. Gern würde ich ihn für den Rest der Reise von aller Qual erlöst haben und von seinem Rücken herabgestiegen sein, aber er ging von neuem vorwärts und tat mit derselben Vorsicht einige weitere Schritte, und zwar so dicht am Rande, daß es einem selbst auf dem Rücken eines Maultiers sehr unbehaglich zu Mute geworden wäre. Ich litt die schrecklichste Angst, daß er stürzen oder straucheln könnte. Zu meiner großen Erleichterung nahm der Weg endlich eine andere Richtung; kaum aber hatte ich mir Glück gewünscht, der Gefahr entronnen zu sein, als der Mann einige Schritte abwärts tat. Dies war noch bei weitem schlimmer als das Aufwärtssteigen; fiel er, so mußte ich unweigerlich kopfüber niederstürzen; dennoch hielt ich aus, bis er mich endlich freiwillig niedersetzte. Der arme Mensch troff von Schweiß und zitterte an allen Gliedern. Schon stand ein andrer bereit, um mich auf seine Schultern zu nehmen; allein, ich hatte genug. Es war schon schlimm, einen Indianer mit einer toten Last auf seinem Rücken sich abmühen zu sehen, aber sein Zittern unter sich zu fühlen, seinen schweren Atem zu hören, den Schweiß an seinem Leibe herabströmen zu sehen und dabei die Unsicherheit der eigenen Lage zu empfinden, machte dies zu einer Reiseart, die nur angeborene Faulheit und Gefühllosigkeit ertragen können. Gehend oder vielmehr kletternd, dabei immer wieder zu Rastaufenthalten gezwungen, und reitend, wenn es eben möglich war, erreichten wir einen überdachten Unterstand, wo wir gern die Nacht verbracht hätten; leider aber war kein Wasser da.

Wir konnten nicht in Erfahrung bringen, wie weit es noch bis Nopa war, unserem vorgesehenen Rastplatz, den wir auf der Höhe des Gebirges vermuteten. Auf alle Fragen antworteten die Indianer nur *»Una Legua«*. In der Meinung, daß es demnach nicht mehr weit sein könne, setzten wir unseren Marsch fort. Wiederum mußten wir uns eine ganze Stunde lang schroff bergan mühen, worauf sich ein furchtbarer Abstieg anschloß. Die Sonne verbarg sich, dunkle Wolken hingen über dem Walde, und ein schwerer Donner rollte über das Gebirge. Während wir abwärts stiegen, durchbrauste ein Sturmwind den Wald: Trockene Blätter schossen durch die Luft, Zweige und Äste wurden abgerissen und zerknickt, Bäume niedergebeugt, und es hatte ganz den Anschein, als sei ein gewaltiger Orkan im Anzug. Zu Fuß den Bergpfad hinabzueilen schien angesichts unserer Erschöpfung schier unmöglich; aber die Sorge, daß ein Hurrikan und eine Regensündflut uns überraschen könnten, war so groß, daß wir unsere Tiere so geschwind als eben möglich den steinigen, sehr steil abfallenden und keine Rast gewährenden Abhang hinabspornten. Immer wieder scheuten die Maultiere, und einmal stürzten die beiden Tiere, die ohne Last gingen, seitlich in das Waldesdickicht hinein, um nur nicht vorwärts zu müssen. Es war dies unser letzter Berg und zugleich der schlimmste, den ich jemals in diesem oder in irgendeinem anderen Lande zu bewältigen hatte, und bei der Angst vor dem Unwetter, die uns hinabtrieb, wage ich zu behaupten, daß nie ein Reisender ihn in kürzerer Zeit hinabgestiegen ist. Um viertel vor fünf Uhr erreichten wir die Ebene. Der Berg war in Wolken gehüllt, und der Sturm raste jetzt über uns. Wir überschritten einen Fluß, marschierten an seinem Ufer entlang durch dichten Wald und erreichten endlich, endlich den Rancho von Nopa.

Der Rancho lag auf einer kreisrunden Lichtung von etwa hundert Fuß Durchmesser nahe dem Flusse. Der Wald ringsum war so dicht mit Gebüsch und Unterholz massiert, daß die Maultiere keinen weiteren Durchlaß fanden als den Weg, auf dem wir gekommen waren. Bei dem Gutshof selbst handelte es sich eigentlich um nicht mehr als ein mit Palmblättern bedecktes und von vier Baumstämmen getragenes Dach. Im Umkreis lagen ganze Haufen von Schneckengehäusen, und der Boden des Rancho war mehrere Zoll hoch mit Asche bedeckt, dem Rückstand der Feuer, auf denen jene Schnecken gekocht worden waren. Kaum hatten wir uns zu unserer Ankunft an einem so schönen Plätzchen Glück gewünscht, als wir einem solchen Sturmangriff von Moskitos standhalten mußten, wie wir noch keinen ähnlichen erlebt. Wir entfachten ein Feuer und ließen uns im Grase nieder, um mit einem durch die harte Tagesmühe verstärkten Appetite ein Huhn aus San Pedro zu verschmausen; allein, schon nach wenigen Bissen sahen wir uns genötigt, wieder aufzustehen und, während wir in der einen Hand das Essen hielten, mit der anderen die Quälgeister abzustreifen. Es war nur allzu deutlich, daß uns eine schlechte Nacht bevorstand; so zündeten wir rings um den Rancho Feuer an und schmauchten ohne Unterlaß. Auch hatten wir keine Eile, schlafen zu gehen; vielmehr saßen wir bis zu später Stunde auf, uns mit dem Gedanken tröstend, daß ohne die Moskitos unsere Freude und Zufriedenheit vielleicht alle Schranken überschreiten würden. Der finstere Saum der Waldschneise ward von Feuerfliegen von ungemeiner Größe und außerordentlichem Glanze erleuchtet, die zwischen den Bäumen hindurchschossen und deren Licht nicht nur Augenblicke lang aufblitzte und dann wieder verschwand, sondern stetig leuchtete, so daß sie Sternschnuppen glichen, nur freilich, daß ihre Bahn eine unruhige war. Manchmal schwebten ihrer zwei bewegungslos nebeneinander und strahlten ein mattes, aber schönes Licht aus, gleich zwei rivalisierenden Schönen auf einem Empfange.

Schließlich trafen wir unsere Anstalten zum Schlafengehen. Da uns Hängematten den schonungslosen Angriffen der Moskitos von allen Seiten preisgegeben hätten, breiteten wir unsere Matten auf dem Boden aus; auch entkleideten wir uns nicht. Pawling, einer meiner Begleiter, band seine Bettücher mit großer Mühe zu einem Mückenschutz zusammen, aber es war so heiß unter den Laken, daß er nach Luft rang, und so trieb er sich beinahe die ganze Nacht unstet umher oder kühlte sich im Flusse ab. Die Indianer, die sich erst Schnecken gefangen und zum Abendessen gekocht hatten, legten sich nun einfach am Flußufer zum Schlafen nieder; als sich aber um Mitternacht der Regen unter gewaltigem Blitzen und Donnern in eine wahre Sündflut verwandelte, kamen sie allesamt unter das Schutzdach geeilt, legten sich hier vollkommen nackend hin und schlugen sich mechanisch und anscheinend ohne darüber aufzuwachen ihre Leiber mit den Händen. Das ununterbrochene Gesumse und Beißen der Insekten hielt uns in einem beständigen Zustande des Wachens und der Gereiztheit. Unsere Leiber konnten wir schützen, aber mit einer Decke über dem Gesicht ward die Hitze unerträglich. Vor Tagesanbruch ging ich zum Flusse hinüber, der breit und seicht dahinströmte, und streckte mich in seinem Bette auf einem Sandstück aus, wo das Wasser gerade so tief war, daß es über meinen Körper hinweglief. Es war dies der erste behagliche Augenblick, den ich genoß. Mein erhitzter und von den Stichen brennender Leib ward abgekühlt, und so blieb ich hier bis zum Tagesanbruch liegen. Als ich mich schließlich erhob, um mich anzukleiden, überfielen mich die Quälgeister indessen mit einer, wie es schien, durch Rachsucht verdoppelten Gier. War unser Tag schon beschwerlich genug gewesen, so hatte sich die Nacht als noch schlimmer erwiesen. Doch war die Morgenluft frisch, und als der neue Tag heraufdämmerte, verschwanden unsere Peiniger. Herr Catherwood hatte noch am wenigsten gelitten, jedoch bei der nächtlichen Unruhe einen kostbaren Smaragdring verloren, den er seit vielen Jahren trug und als Andenken sehr hoch hielt. Nachdem wir einige Zeit vergeblich nach dem Schmuckstück gesucht hatten, saßen wir endlich auf und brachen zu unserem letzten Tagesmarsch nach Palenque auf.

Der Weg war jetzt eben, der Wald jedoch noch ebenso dicht wie im Gebirge. Ein Viertel vor elf Uhr stießen wir auf einen Pfad, der, wie wir hofften, zu den Ruinen führte. Genaueres war indessen nicht zu erfahren, denn mit unseren Indianern vermochten wir uns nicht zu verständigen, und vermutlich wußten diese auch gar nicht, wo die Ruinen lagen. Endlich kamen wir auf eine freie Ebene hinaus und blickten zurück auf die überwundene Gebirgskette, welche sich nach Peten und ins Land der heidnischen Indianer hinzog.

Etwas später erreichten wir dann eine Gegend mit schönen Triften, auf denen Viehherden weideten. Dem Gras hatten die Regenfälle wohlgetan, und das malerische Aussehen des Landes erinnerte mich an daheim. Ein Baum von einziger Schönheit jedoch war mir fremd: Über einem hohen, nackten Stamme spannte sich weit eine Krone mit Blättern von lebhaftem Grün, übersät mit gelben Blüten. Heiter gestimmt zogen wir weiter, und wenn wir von Zeit zu Zeit stehen blieben, um uns an der freundlichen Aussicht ringsum zu laben, wurde uns so recht gewärtig, daß wir den finsteren Gebirgen hinter uns zu guter Letzt doch entkommen waren. So gelangten wir endlich auf ein etwas höher gelegenes Plateau und erblickten vor uns Palenque.

Das Städtlein bestand aus einer grasüberwachsenen Straße mit ein paar verstreuten weißen Häusern zu beiden Seiten, an deren jenseitigem Ende auf einer kleinen Anhöhe die strohbedachte Kirche mit einem rohen Kreuz und einem Glockenturm davor stand. Ein Knabe konnte sich von der Kirchtür bis zur Stadt hinaus im Grase wälzen, das nicht einmal ein Maultierpfad durchzog. Es war in der Tat der ödeste bewohnte Ort, den ich jemals sah; da aber von wilden Indianern wimmelnde Ortschaften hinter uns lagen, so erschien uns seine Stille eher wohltuend. Vor der Stadt lagen da und dort indianische Hütten, und als wir an der Straße anlangten, traten acht bis zehn Weiße, Männer und Weiber, aus den Häusern heraus, mehr als wir seit Comitan gesehen hatten. Diese Häuser waren im übrigen von stattlichem und recht gepflegtem Aussehen.

Wir gingen zum Alkalden, einem Weißen von etwa sechzig Jahren, bekleidet mit weiten weißen Baumwollhosen und einem Hemd darüber, trotz einem Höcker zwischen den Schultern ein Mann von respektabler Erscheinung, der uns indessen mit schiefer Miene anblickte. Ich reichte ihm meinen Paß hin als dasjenige Mittelchen, womit ich ihn am ehesten zu gewinnen meinte; aber wir hatten ihn unglücklicherweise in seiner Siesta gestört, und er war mit der unrechten Seite zuerst aufgestanden. Er sah mir lange und fest ins Gesicht und frug mich dann, was ihn denn mein Paß anginge; worauf ich freilich nichts antworten konnte. Er erklärte danach noch einmal, er habe nichts damit zu schaffen und wolle auch nichts damit zu schaffen haben; das sei Sache des Präfekten. Hiernach drehte er ein oder zwei Runden im

Raum, um uns zu zeigen, daß es ihn nicht im geringsten kümmere, was wir von ihm dächten, und als ob er wüßte, was in unserer Seele vorging, setzte er aus freien Stücken hinzu, man habe schon Klagen wider ihn erhoben, aber sie nützten nichts; sie könnten ihn nicht von seinem Platz fortbringen, und bewirkten sie doch etwas, so sei es ihm auch gleichgültig.

Dieses Willkommen am Ende einer schweren Tagesreise war allerdings nicht erbaulich. Es war uns aber von Wichtigkeit, mit diesem Murrkopf nicht aneinanderzugeraten; und in unserem Bemühen, einen Ansatzpunkt bei ihm zu finden, erklärten wir, daß wir einige Tage hier bleiben und ausruhen wollten und daß wir genötigt seien, mancherlei zu kaufen. Wir fragten, ob es Brot im Orte gebe, worauf er mit einem *»No hay«* (Das gibt es nicht) antwortete. Korn? *»No hay.«* Kaffee? *»No hay.«* Kakao? *»No hay.«* Seine innere Freude schien sich zu vermehren, solange er imstande war, uns mit diesem *»No hay«* zu antworten. Aber unsere unglückseligen Fragen nach Brot hatten zugleich seinen Zorn erweckt. In aller Unschuld und ohne damit eine Beleidigung zu beabsichtigen, verrieten wir unsere enttäuschte Erwartung und unseren Ärger; und Juan sagte für sich hin: »So können wir keine Tortillas essen.« Dies griff er auf, wiederholte es verschiedene Male für sich und rief auch jedem Neueintretenden mit besonderem Nachdrucke zu, sie könnten keine Tortillas essen. Daran anknüpfend, meinte er dann weiter, einen Backofen gebe es wohl, aber kein Mehl, und der Bäcker sei vor sieben Jahren fortgezogen; die Leute hier könnten auch ohne Brot bestehen. Um von diesem Gesprächsgegenstand endlich abzukommen und entschlossen, mich nicht zu beklagen, warf ich die versöhnende Bemerkung hin, daß wir auf alle Fälle froh seien, dem Regen im Gebirge entkommen zu sein; worauf er aber fragend erwiderte, ob wir denn in Palenque etwas Besseres erwarteten? Und mit großer Befriedigung wiederholte er eine Redensart der Palenqueaner: *»Tres meses de agua, tres meses de aguaceros y seis meses de nortes«* (Drei Monate Wasser, drei Monate heftige Platzregen und sechs Monate Nordwinde), wobei letztere in diesem Lande Kälte und Regen bringen.

Da es unmöglich schien, am Alkalden einen schwachen Punkt zu entdecken, ritt ich, während die Leute das Gepäck aufstapelten, zum Präfekten, dessen Empfang in diesem kritischen Momente sehr tröstend und erfreulich war. Mit zur Gewohnheit gewordener Höflichkeit bot er mir einen Stuhl und eine Zigarre an und kam bald darauf zu sprechen, daß erst unlängst zwei Landsleute zwei Wochen in den Ruinen von Palenque geweilt hätten. Dies war eine höchst erfreuliche Nachricht, denn ich durfte daraus den Schluß ziehen, daß unserem Besuche der Trümmerstätte nichts hindernd entgegentreten werde. Die Besorgnis, am Ende unserer mühseligen Reise entschieden abgewiesen zu werden, hatte uns ständig mehr oder weniger unruhig gemacht und manchmal wie Blei auf uns gelastet. Wir hatten beschlossen, nicht eher auf die Ruinen zu sprechen zu kommen, als bis wir festen Grund und Boden gewonnen hätten, und bis zu diesem Augenblicke waren ja alle unsere Bemühungen gescheitert. Wie um meine Freude noch zu erhöhen, fügte der Präfekt hinzu, der Ort sei vollkommen ruhig; er liege in einem abgeschiedenen Winkel, wohin die Revolutionen und politischen Erschütterungen niemals drängen. Er selbst hatte seine Stelle seit zwanzig Jahren inne und in dieser Zeit ebensoviele verschiedene Regierungen anerkannt.

Ich kehrte zurück, um Bericht zu erstatten, und war, was den alten Alkalden betraf, entschlossen, nichts zu fordern, als was mir mit Recht gebührte, und mich nichts Ungebührlichem zu unterwerfen. In diesem Sinne stellten wir abermals keck die Forderung nach etwas Mais. Des Alkalden »*No hay*« war aber leider nur zu wahr; die Kornernte war mißraten, und es herrschte daher eine regelrechte Hungersnot im Orte. Die Indianer hatten mit ihrer gewohnten Sorglosigkeit um die Zukunft bloß so viel ausgesät, wie sie gerade brauchten, und sahen sich nun infolge der Mißernte auf Früchte, vor allem Bananen, und Wurzeln anstatt der Tortillas beschränkt. Jede weiße Familie hatte nur gerade soviel, wie sie zu eigenem Gebrauche benötigte, und konnte nichts davon abgeben. Die ausgefallene Maisernte erzeugte gleichzeitig in allem übrigen Mangel, weil die Leute genötigt waren, ihr Geflügel und ihre Schweine zu schlachten, denn es fehlte an Futter. Der Alkalde, welcher zusätzlich zu seinen anderen Fehlern auch noch reich und der einzige Mann im Orte war, der etwas zu erübrigen hatte, hielt damit zurück, bis die Not noch größer würde. In Tumbala hatten wir dreißig Kolben guten Mais für einen Sixpence gekauft, hier nun vermochten wir den Alkalden nur mit großer Mühe zu überreden, uns acht lächerliche Kolben zu einem Shilling abzulassen, und dieser Mais war dazu so dumpfig und von Würmern zerfressen, daß die Maultiere ihn kaum berühren mochten. Auf den ersten Blick kam es uns befremdlich vor, daß sich kein unternehmungslustiger Kapitalist fand, der für ein paar Dollar Getreide aus Tumbala einführte; als wir aber die Sache genauer durchdachten, wurde uns klar, daß die Transportkosten nicht viel Gewinn übrig lassen würden, wozu noch kam, daß der Wechselkurs gegen Palenque stand. Außerdem hätten schon wenige Rückenladungen den Markt überlastet, denn da jede weiße Familie bis zur Einbringung der nächsten Ernte versorgt war, so waren nur die Indianer wirklich bedürftig, und diesen fehlte es an Geld, um etwas zu kaufen. So traf die Geißel der Hungersnot uns und insbesondere unsere armen Maultiere. Zum Glück indessen fand sich gute Weide, und zwar nicht weitab – nämlich auf der Straße. Wir nahmen den Tieren an der Tür die Zügel ab und ließen sie frei umherstreifen. Nachdem sie aber die Runde gemacht, kamen sie *in corpore* zurückgetrabt, streckten die Köpfe zur Tür herein und baten mit flehendem Blick um Mais.

Unsere Aussichten waren somit nicht gerade die besten; wir hatten indessen doch Palenque erreicht, und als gegen Abend Sturm und Unwetter unter schrecklichem Blitzen und Donnern herangezogen kamen, da fühlten wir uns sehr glücklich, daß unsere Reise überstanden war. Das uns vom Alkalden angewiesene Haus mitsamt seiner angebauten Küche grenzte an das seinige und war sein Eigentum. Bewohnt war es von zwei indianischen Frauenzimmern, die ohne des Alkalden Erlaubnis uns nicht einmal anzusehen wagten. Den Boden bildete die bloße Erde, und die drei

Betten von Schilfrohr schützte ein Strohdach, das an sich ganz gut war – nur daß es über zweien der Betten durchregnete. Unter dem Giebeldach bildeten quer über die Lehmmauern gelegte Stangen eine Tenne, die als Speicher für des Alkalden schimmeliges Korn diente und von betriebsamen Mäusen bewohnt ward, welche die ganze Nacht hindurch über unseren Köpfen scharrten und knabberten und quiekten und Staubwölkchen über uns ausstreuten. Indes – wir hatten ja nun Palenque erreicht und schliefen daher gut.

Der nächste Tag war ein Sonntag, und wir begrüßten ihn als einen Tag der Ruhe. Hatte ich ihn auch auf allen meinen früheren Reisen als solchen gewahrt, so war mir das in diesem Lande bislang ganz unmöglich gewesen. Palenque indes schien so friedlich und still, daß wir dem alten Alkalden, als er an unserer Tür vorüberging, einen guten Morgen zu wünschen wagten. Er war jedoch wiederum verkehrt aufgestanden, und ohne unseren Gruß zu erwidern, blieb er stehen, um uns zu sagen, daß unsere Maultiere vermißt würden; und als uns dies in unserer Ruhe noch nicht genug zu stören schien, fügte er hinzu, sie wären wahrscheinlich gestohlen. Erst als er uns so aus dem Bett herausgetrieben hatte und wir eben im Begriffe waren, auf die Suche zu gehen, fügte er gnädig hinzu, es bestehe keine Gefahr, sie seien bloß zur Tränke gegangen und würden schon von selbst zurückkommen.

Die Stadt Palenque war, wie wir vom Präfekten hörten, in früherer Zeit ein Ort von ziemlicher Bedeutung gewesen, da alle eingeführten und für Guatemala bestimmten Güter hier durchkamen, doch hatte nun Belize diesen Speditionshandel an sich gezogen und Palenques Geschäftsverkehr gestört; dazu war erst wenige Jahre zuvor mehr als die Hälfte der Bevölkerung von der Cholera dahingerafft worden. Ganze Familien, deren Häuser nun verlassen standen und zerfielen, waren dabei zugrunde gegangen. Die Kirche lag am oberen Ende der Straße in der Mitte eines grasbewachsenen Platzes, ringsum umstanden von Häusern, an die unmittelbar der Wald grenzte. Der größte unter diesen Bauten war verlassen und eingestürzt, während ein Dutzend andere Häuser von weißen Familien bewohnt waren, mit denen ich auf meinem einstündigen Gange durch die Stadt Bekanntschaft machte. Ich brauchte nur vor einer Türe stehen zu bleiben, so erhielt ich sogleich die freundliche Einladung: *»Pase adelante, capitan«* (Treten Sie ein, Hauptmann); den ehrenvollen Titel hatte ich im übrigen dem Adler auf meinem Hute zu verdanken. Jede Familie besaß eine Hazienda in der Nähe, und innerhalb einer Stunde wußte ich über alles, was in Palenque vor sich ging, Bescheid, das heißt, ich wußte, daß nichts vor sich ging.

Am oberen Ende des Platzes lag das Haus eines Amerikaners namens William Brown. Es war dies fürwahr ein seltsamer Aufenthaltsort für einen Amerikaner, zumal für einen solchen Brausekopf, wie Herr Brown es war. In der großen Lebenslotterie war ihm ein palenqueanisches Weibchen zugefallen, das ihn wahrscheinlich davor bewahrte, daß er an diesem stillen Örtchen vor Langweile starb. Was ihn ursprünglich einmal ins Land geführt hatte, weiß ich nicht. Brown besaß aber das ausschließliche Vorrecht, den Fluß Tabasco mit einem Dampfboot zu befahren, und würde auch sein Glück dabei gemacht haben, wenn dieses Dampfboot nicht schon auf seiner zweiten Fahrt aufgelaufen wäre. Er fing dann an, Campecheholz nach einem neuen System zu fällen, und war zum zweiten Male nahe daran, sein Glück zu machen, als irgend etwas fehlging. Zur Zeit unseres Besuches war er damit beschäftigt, zwei Flüsse nahe bei seiner Hazienda miteinander zu verbinden und einen Kanal bis zum Meere vorzutreiben. Zum Erstaunen der Palenqueaner war er allezeit rührig, während er doch im Sommer ruhig auf seiner Hazienda hätte leben und den Winter in der Stadt verbringen können. Leider hielt er sich gerade nicht in Palenque auf, als wir zugegen waren. Es wäre interessant gewesen, mit einem Landsmann von seinem Gepräge in diesem stillen Winkel der Welt zusammenzutreffen.

Nach den Mitteilungen des in der Geschichte von Palenque wohlbewanderten Präfekten verblieb der Ort, der in der Provinz Tzendales liegt, noch ein ganzes Jahrhundert nach der Eroberung von Chiapas im Besitze der Indianer. Vor zwei Jahrhunderten hatte Lorenzo Mugil, der auf geradem Wege von Rom als Missionar gekommen war, das Kreuz unter ihnen aufgerichtet. Die Indianer bewahren noch immer sein Gewand als eine heilige Reliquie auf; ich konnte es aber nicht zu Gesicht bekommen – ebensowenig wie irgendein Fremder vor mir –, weil sie eifersüchtig darüber wachen. Auch die Kirchenglocke war einst aus der heiligen Stadt hergeschickt worden. Die Indianer blieben der Herrschaft der Spanier bis zum Jahre 1700 unterworfen, als die ganze Provinz sich empörte und in Chillon, Tumbala und Palenque alle vom Christentum abfielen, die Priester ermordeten, die Kirchen schändeten, einem indianischen Weibe gottlose Anbetung erwiesen, die weißen Männer niedermetzelten und die weißen Frauen zu ihren Weibern nahmen. Sobald aber die Kunde hiervon Guatemala erreichte, ward eine starke Streitmacht wider sie gesandt und die Ruhe wiederhergestellt; die aufständischen Städte wurden niedergezwungen und dem katholischen Glauben zurückgegeben. Das Besitzrecht der Indianer an Grund und Boden ward indessen noch immer anerkannt, und bis zur Zeit der mexikanischen Unabhängigkeitserklärung erhielten sie Grundzins in den Städten und für die *Milpas* (kleine Maisfelder) auf dem Lande.

Nicht weit von Palenque bildet der Fluß Chacama die Grenze zum Lande der ungetauften Indianer, welche hier Kariben heißen. Vor fünfzig Jahren geschah es, daß der Padre Calderon, ein Onkel von des Präfekten Gattin, in Begleitung seines indianischen Sakristans im Flusse badete, als plötzlich letzterer aufschrie, daß einige Kariben sie beobachteten, und in seiner Angst zu fliehen versuchte, wohingegen der Padre seinen Stock nahm und zu ihnen hinüberging. Und siehe da, die Kariben fielen vor ihm nieder, geleiteten ihn zu ihren Hütten und luden ihn zur Wiederkehr und zu einem Besuche an einem bestimmten Tage ein. Der Padre ging mit seinem Mesner am festgesetzten Tage hin und fand eine Versammlung von Kariben, die ein großes Festmahl für ihn bereitet hatten. Er blieb einige Zeit bei ihnen und lud sie seinerseits auf den Namenstag des hl. Dominicus nach Palenque ein. Es erschien auch tatsächlich eine große Zahl dieser wilden Indianer, welche Tigerfleisch, Affenfleisch und Kakao als Geschenke mit sich brachten. Sie hörten die Messe und erlebten die kirchlichen Zeremonien. Daraufhin baten sie den Padre, zu ihnen zu kommen und sie zu belehren, und sie errichteten an der Stelle, wo sie ihn zum ersten Mal gesehen hatten, eine Hütte, welche der Padre zur Kirche weihte. Seinen Sakristan aber lehrte er, den Indianern allsonntäglich die Messe zu lesen. Wahrscheinlich würden, meinte der Präfekt, viele von ihnen getauft worden sein, wäre der Padre länger am Leben geblieben; leider aber sei er allzubald darauf gestorben. Die Kariben hätten sich dann in die Wildnis zurückgezogen, und nicht einen von ihnen hatte man seitdem in Palenque wieder gesehen.

Die Ruinen liegen etwa acht Meilen vom Städtchen entfernt in vollkommener Abgeschiedenheit, und der Weg dorthin ist so schlecht, daß wir uns für einen längeren Aufenthalt einrichten, will heißen zunächst im Orte bleiben und uns die nötigen Vorräte verschaffen mußten. Es gab drei kleine Läden in Palenque, deren ganzes Lager zusammengenommen aber nicht einmal fünfundsiebzig Dollar wert war. Immerhin stöberten wir in einem dieser Geschäfte anderthalb Pfund Kaffee auf, den wir auf der Stelle erstanden. Juan brachte die erfreuliche Nachricht, daß am nächsten Morgen ein Schwein geschlachtet werden solle und daß er sich einen Teil des Specks ausbedungen habe; überdies habe sich im Dorf eine Kuh mit einem Kalbe vorgefunden, und es werde sich wohl einrichten lassen, sie zum Melken zu mieten. Dies ward auch sofort vereinbart und alles Nötige geordnet, um am nächsten Tage die Ruinen besuchen zu können. Die Indianer kannten zwar alle den Weg zu diesen Ruinen, aber es fand sich nur ein einziger Mann in der Stadt, der imstande war, uns als Führer an Ort und Stelle zu dienen. Gerade diesem aber oblag das Schlachten und der Verkauf des Schweins, weshalb er nicht sogleich mit uns aufbrechen konnte. Doch versprach er, uns zu folgen.

Gegen Abend ward die Stille des Orts durch Lärm und Gepolter gestört, und als wir auf die Straße traten, sahen wir, daß ein Haus zusammengestürzt war. Eine Wolke von Staub stieg auf, und die Trümmer liegen vermutlich noch heute so da, wie sie fielen. Die Cholera hatte die Bewohner dahingerafft und das Haus seit mehreren Jahren verödet gestanden.

Am nächsten Morgen in der Frühe rüsteten wir uns für unseren Marsch zu den Ruinen. Wir mußten dabei einen umfangreichen Haushalt übersiedeln; unser Küchengerät war rohes Töpferzeug, und als Tassen dienten uns einige harte runde Fruchtschalen – alles in allem vielleicht einen Dollar wert. Einen Wasserkrug konnten wir im Orte nicht erstehen, allein, der Alkalde lieh uns einen unentgeltlich – natürlich dürften wir ihn nicht zerbrechen. Da er nun aber bereits einen Sprung hatte, so betrachtete er ihn wahrscheinlich schon als verkauft. Nebenbei gesagt, erzwangen wir uns des Alkalden Zuneigung dadurch, daß wir unser Geld in seinem sicheren Gewahrsam zurückließen. Wir taten dies in aller Öffentlichkeit, denn es sollte im Orte nur ja bekannt werden, daß in den Ruinen keine *Plata* (Geld) zu finden war; der Alkalde aber sah die Geste als Zeichen ganz besonderen Vertrauens an. Und allerdings hätten wir ihm kein größeres erweisen können. Er war ein argwöhnischer alter Knicker, der sein Geld in einem Koffer in einem inneren Zimmer aufbewahrte und nie das Haus verließ, ohne die Straßentür abzuschließen und den Schlüssel mit sich zu nehmen. Er ließ sich alles, was wir brauchten, *pränumerando* zahlen und würde uns selbst nie und nimmer auch nur einen halben Dollar anvertraut haben.

Da wir alles, was zu unserem Wohlbefinden beitragen konnte, aus der Stadt mitnehmen mußten, so benötigten wir natürlich auch eine Haushälterin, aber keine der Frauen von Palenque wollte sich uns allein anvertrauen. Es war dies für uns eine große Enttäuschung, denn eine Frau war durchaus wünschenswert, nicht etwa, wie der Leser vielleicht denken mag, zur Verschönerung unseres Lebens, sondern zum Backen der Tortillas. Sollen diese genießbar sein, so müssen sie frisch vom Feuer weg gegessen werden. So sahen wir uns denn genötigt, mit dem Alkalden ein Übereinkommen dahingehend zu treffen, daß er uns täglich eine Köchin zusammen mit dem Ertrage unserer Kuh hinausschicken solle.

Unser Abmarsch glich allen anderen unserer Reise. Ein Indianer schritt voran mit einer von einem Bastriemen gehaltenen Ochsenhautkiste auf dem Rücken, von der an jeder Seite ein in Pisangblätter eingeschlagenes Huhn herabhing; nur Kopf und Schwanz waren zu sehen. Ein anderer trug oben auf seiner Kiste einen lebenden Truthahn mit festgebundenen Beinen und ausgespannten Flügeln, der einem gespreizten Adler glich. Wieder ein anderer hatte zu beiden Seiten seiner Ladung eine Reihe Eier hängen, jedes Ei sorgfältig in eine Maishülse eingewickelt und alle wie Zwiebeln an einem Bastriemen befestigt. Die Kochgerätschaften und der Wasserkrug wurden anderen Indianern aufgebürdet, und unsere Vorräte umfaßten unter anderem Reis, Bohnen, Zucker und Schokolade; daneben hingen Speckseiten und Pisangbündel herab. Juan endlich trug unsere dünne blecherne Reise-Kaffeebüchse unter dem Arm, nicht mit Kaffee, sondern mit Speck gefüllt, der in diesem Lande stets in flüssigem Zustande ist.

Um halb acht Uhr verließen wir Palenque. Eine kleine Strecke war die Straße frei, sehr bald aber kamen wir in den Wald, der sich ununterbrochen bis zu den Ruinen hinzog und wahrscheinlich noch viele Meilen weiter. Die Straße war nicht mehr als ein indianischer Fußpfad, auf welchen die Äste und Zweige der Bäume, vom Regen niedergedrückt und belastet, so tief herabhingen, daß wir uns ständig bücken mußten und unsere Hüte und Röcke im Nu vollkommen durchnäßt wurden. Das Laub war überdies so dicht, daß die Morgensonne die Regennässe der Nacht nicht aufzutrocknen vermochte. Entsprechend tief war der Boden, von Rinnsalen durchschnitten, welche die ersten Regen hatten anschwellen lassen, und voller Schlammlöcher, in welchen die Maultiere einsanken und steckenblieben und über die an manchen

Stellen nur schwer hinwegzukommen war. Nie ist mir die Vergänglichkeit menschlichen Wirkens deutlicher geworden als in diesem ungeheuren Walde, der eine einst große Stadt in sich barg. Vor langer Zeit hatte den Wald einmal eine stattliche Hauptstraße durchzogen, mit Menschen, die von den gleichen Leidenschaften getrieben wurden, die auch heute das menschliche Tun regieren. Sie sind alle dahin, ihre Wohnungen im Boden versunken und keine Spuren ihres Erdenwallens zurückgeblieben.

Nach zwei Stunden erreichten wir den Fluß Micol und nach einer weiteren halben Stunde den Otula, der tief im Schatten des Waldes malerisch durch ein steiniges Flußbett gurgelte. Nachdem wir ihn durchritten hatten, stießen wir bald auf eine Vielzahl von Steinblöcken und dann auf einen runden, ausgemeißelten Stein. Wir spornten unsere Maultiere einen steilen, von ihnen kaum zu erklimmenden Trümmerabhang hinauf, zu einer Terrasse, die gleich der ganzen Straße derart mit Bäumen überwachsen war, daß es uns unmöglich ward, ihre genaue Anlage zu bestimmen. Auf dieser Terrasse weiterreitend, machten wir am Fuße einer zweiten Halt, wo unsere Führer uns zuriefen: *»El Palacio«* (Der Palast)! Und als wir durch die Bäume sahen, erblickten wir die Front eines großen Gebäudes, in Stil und Wirkung einzigartig und von einer fesselnden, düsteren Schönheit, reich verziert mit ebenso sorgfältig wie feingliedrig gearbeiteten Stuckfiguren und dicht mit Bäumen umwachsen, deren Äste sich in die Türen schoben. Wir banden unsere Maultiere an, stiegen eine Reihe steinerner, von den Bäumen mit Gewalt beiseite gedrückter und herabgestürzter Stufen hinauf, traten in jenen Palast ein, gingen mit großen Schritten einen Korridor entlang und in einen Hof, um unsere erste brennende Neugier zu befriedigen, und kehrten dann zum Eingang zurück, wo wir einen Freudensalut, jeder vier Schüsse, abfeuerten, die letzte Ladung unserer Feuerwaffen. Zwar hätten wir besser das Gewölbe des altersgrauen Palastes von einem Hurra widerhallen lassen, um unserer Freude Ausdruck zu geben, allein, es war zugleich unsere Absicht, auf die Indianer Eindruck zu machen, die wahrscheinlich nie zuvor in ihrem Leben eine solche Kanonade gehört hatten, gleich ihren Altvordern zu Cortez' Zeit unsere Waffen als blitzspeiende Werkzeuge betrachten mochten und daher, wie sich denken ließ, in der Stadt ein solches Aufhebens davon machen würden, daß es ihre weniger respektablen Freunde wohl von einem nächtlichen Besuche bei uns abhalten mochte.

So hatten wir denn das Ziel unserer langen und mühevollen Reise erreicht, und schon der erste Blick gewährte uns Entschädigung für alle ausgestandenen Anstrengungen. Zum ersten Male betraten wir ein von den ureingeborenen Bewohnern des Landes errichtetes Gebäude, welches bereits stand, als sich die Europäer von der Existenz dieses Kontinents noch nichts träumen ließen. Wir trafen Anstalten, unter dem Dache des Palastes unsere Wohnung aufzuschlagen, und wählten den vorderen Korridor dazu. Den Truthahn und die Hühner ließen wir im Hofe frei, welcher derart mit Bäumen überwachsen war, daß wir kaum quer über ihn hinwegsehen konnten; und da für die Maultiere außer den Blättern der Bäume kein Futter vorhanden war und wir sie doch nicht in den Wald laufen lassen konnten, so führten wir sie die Treppe hinauf und durch den Palast ebenfalls in den Hof, wo wir ihnen freien Auslauf vergönnten. An dem einen Ende des Ganges richtete Juan eine Küche ein, indem er drei Steine mit den Ecken so aneinanderlegte, daß das entstandene offene Rechteck als Feuerstätte dienen konnte. Unser Gepäck ward an der Seite aufgestapelt oder auch an Stangen aufgehängt, die quer über den Korridor gelegt wurden. Pawling richtete einen Tisch her, wobei eine Steinplatte von etwa vier Fuß Länge auf steinerne Beine gesetzt ward, und schuf uns Betten aus einer Anzahl von Stangen, welche die Indianer zuschnitten, mit Bast zusammenbanden und mit beiden Enden auf Steine legten. Nachdem wir die in den Palast hineingreifenden Äste und Zweige abgehauen und auf der Terrasse eine Anzahl Bäume gefällt hatten, bot sich uns von der Ebene des Palastes der Ausblick auf einen unermeßlichen Wald, der sich bis hin zum Golfe von Mexiko erstreckte.

Da die Indianer eine abergläubische Furcht hatten, die Nacht über in den Ruinen zu bleiben, so waren wir, wenn es dunkelte, die einzigen Bewohner dieses Palastes unbekannter Könige, dessen Erbauer wohl nicht geahnt hatten, daß ihr Königsgeschlecht und ihr Volk so bald schon aussterben und ihre Stadt in Ruinen liegen würde. Auch andere Fremdlinge waren hier gewesen, wißbegierige Leute gleich uns. Ihre Namen waren an die Mauern geschrieben, mitsamt Gedichten und Zeichnungen; und auch hier verrieten sich jene gemeinen, niedrigen Seelen, die an der Entweihung heiliger Orte ihre Lust finden. Unter den Namen – aber nicht etwa aus der letzten Klasse – lasen wir im übrigen einige uns bekannte: Kapitän Caddy, Herr Walker und ein New Yorker Landsmann namens Noah O. Platt tauchten auf. Hoch oben an einer Seite des Korridors fand sich der Name eines gewissen William Beanham und darunter eine mit Bleistift geschriebene Strophe. Auf einem Baum mit eingeschnittenen Kerben als Treppe klomm ich hinauf und las die Zeilen. Reim und Orthographie waren gleichermaßen mangelhaft, doch atmete aus den Zeilen ein tiefes Gefühl für die Erhabenheit dieser unbekannten Ruinen. Ihr Verfasser war mir dem Namen nach bekannt, denn ich hatte seine Geschichte im Städtchen erzählen hören. Es handelte sich um einen Irländer, der von einem Kaufmann in Tabasco mit Kleinhandel betraut und ins Landesinnere geschickt worden war; er hatte so auch einige Zeit in Palenque und Umgebung verbracht. Sein lebhaftes Interesse an den Indianern gipfelte endlich in dem Entschluß, ins Land der Kariben vorzudringen. Freunde bemühten sich, ihn von diesem Plane abzubringen, und der Präfekt sagte zu ihm: »Sie haben rotes Haar, eine blühende Gesichtsfarbe und weiße Haut, und so werden diese Menschen entweder einen Gott aus Ihnen machen und Sie bei sich behalten oder sie werden Sie schlachten und verzehren.« Vergebens. Er brach ganz allein und zu Fuß auf, überschritt den Fluß Chacama, kehrte aber nach fast einjähriger Abwesenheit wirklich unversehrt zurück, freilich erschöpft und abgemagert, mit langem Haar und langen Nägeln, nachdem er acht Tage lang mit einem Kariben als Begleiter an den Ufern eines tosenden Flusses nach einer Furt gesucht und von Wurzeln und Gräsern gelebt hatte. Er baute eine Hütte am Chacama, lebte hier mit einem karibischen Diener und bereitete sich auf eine zweite, noch ausgedehntere Reise durchs Land der Kariben vor, als ihn eines Tages einige Bootsleute, die mit ihm Handel treiben wollten, mit zerspaltenem Schädel tot in seiner Hängematte fanden. Er war den Gefahren einer Reise entkommen, wie sie kein Mann in diesem Lande zu unternehmen gewagt hatte, um in einem Augenblicke geträumter Sicherheit durch eines Meuchlers Hand zu sterben. Sein Arm hing nach außen, und auf dem Boden lag ein Buch; wahrscheinlich war er beim Lesen erschlagen worden. Die Mörder, darunter sein Diener, wurden ergriffen und saßen eben jetzt zu Tabasco im Gefängnis. Es ist zu bedauern, daß man in Palenque nur an der außerordentlichen Tatsache seines Besuches bei den Kariben und seiner glücklichen Rückkehr Anteil genommen, allem sonstigen aber wenig Interesse entgegengebracht hat. So ist es gekommen, daß alle Papiere Beanhams und seine Sammlung von Denkwürdigkeiten verzettelt und vernichtet worden und alle Früchte seiner Mühen mit seinem Tode verlorengegangen sind. Lebte er noch, er würde vor allen anderen der Mann sein, die Erkundung jener geheimnisvollen Stadt, die unsere Phantasie so stark beschäftigt hatte, in Angriff zu nehmen.

Da die Ruinen von Palenque die ersten gewesen sind, welche die Aufmerksamkeit auf die Existenz alter und unbekannter Städte in Amerika lenkten, und da sie darum vielleicht ein besonderes Interesse für das Publikum haben, so dürfte es nicht unangebracht sein, die Umstände ihrer ersten Entdeckung hier mitzuteilen.

Es wird berichtet, daß im Jahre 1750 eine Gruppe von Spaniern, die das Innere von Mexiko bereisten, in die nördlich des Distrikts Carmen gelegene Provinz Chiapas vorgedrungen seien, wo sie ganz unerwartet inmitten einer weiten Einöde alte steinerne Bauten entdeckten, die Überreste einer Stadt, die noch immer achtzehn bis vierundzwanzig Meilen an Umfang einnahmen und von den Indianern *Casas de Piedras* (Steinerne Gebäude) genannt wurden. Die Existenz einer solchen Stadt war bis dahin vollständig unbekannt gewesen – kein Buch, das sie erwähnte, und keine alte Tradition, die von ihr berichtete. Bis auf den heutigen Tag weiß man nicht, mit welchem Namen sie einst bezeichnet ward, und nur um ihr einen Namen zu geben, hat man sie nach der Stadt, in deren Nähe die Ruinen liegen, Palenque geheißen.

Die Nachricht von ihrer Entdeckung ging von Mund zu Mund, verbreitete sich in den verschiedenen Städten der Provinz und erreichte endlich auch den Regierungssitz. Die Regierung schenkte der Sache jedoch wenig Aufmerksamkeit und tat, sei es aus Unwissenheit, sei es aus Trägheit oder auch, weil es wirklich unmöglich war, sich außerhalb der öffentlichen Angelegenheiten mit etwas anderem zu beschäftigen, keinerlei Schritte zur Erforschung der Ruinen. So dauerte es noch bis zum Jahre 1786, dreißig Jahre nach der Entdeckung, daß der König von Spanien eine Untersuchung befahl. Daraufhin traf am dritten Mai 1787 im Auftrage der Regierung von Guatemala der Kapitän Antonio del Rio in der Stadt Palenque ein, von wo er zwei

Tage später zu den Ruinen aufbrach. In seinem offiziellen Bericht heißt es, daß bei seiner Ankunft dichter Nebel und ein undurchdringlicher Wald es den Leuten unmöglich gemacht habe, sich auch nur auf eine Entfernung von fünf Schritten noch zu erkennen; das Hauptgebäude sei dem Blicke vollständig verborgen gewesen.

Del Rio kehrte in die Stadt zurück und rekrutierte, nachdem er mit dem Statthalter des Distrikts die nötigen Maßnahmen besprochen hatte, etwa hundert Indianer mit Äxten und Hacken unter den Einwohnern von Tumbala. Am siebzehnten Mai trafen neunundsiebzig Mann, mit achtundzwanzig Äxten versehen, in den Ruinen ein, wozu noch weitere zwanzig Leute aus Palenque kamen; mit letzteren zog del Rio selbst zu den Ruinen zurück. Er begann sofort mit dem Fällen und dann mit dem allgemeinen Abbrennen der Bäume.

Der Bericht des Kapitän Del Rio nebst dem Kommentar des Dr. Pablo Feliz Cabrera aus Neuguatemala, welcher den verschollenen Erbauern der Stadt einen ägyptischen Ursprung zuschrieb, ward durch die Saumseligkeit oder die Geheimniskrämerei der spanischen Regierung in den Archiven Guatemalas verschlossen und blieb hier bis zur Zeit der Revolution, als im Zuge einer Liberalisierung die Originalmanuskripte in die Hände eines Engländers gelangten, der lange Zeit im Lande gewohnt hatte, und 1822 in London eine englische Übersetzung erschien. Dies war für Europa die erste Kunde von der Entdeckung der Ruinen; statt aber allgemein zu elektrisieren, ward die Sache, sei es aus Mangel an Interesse, aus Mißtrauen oder aus einem anderen Grunde, nur wenig beachtet. Wäre eine gleiche Entdeckung in Italien, in Griechenland, in Ägypten oder in Asien, überhaupt innerhalb des Bereichs der europäischen Reisen, gemacht worden, sie hätte kein geringeres Interesse erweckt als jene von Herculaneum und Pompeji oder der Ruinen von Paestum.

Während Del Rios Bericht und Zeichnungen noch in den Archiven Guatemalas schlummerten, ordnete Karl IV. von Spanien eine neue Forschungsmission mit Kapitän Dupaix an der Spitze an, der in Begleitung eines Sekretärs und Zeichners und eskortiert durch ein Detachement Dragoner aufbrach. Seine drei Reisen fielen in die Jahre 1805, 1806 und 1807, wobei die letzere ihn nach Palenque führte.

Dupaix' Manuskripte und die Zeichnungen seines Künstlers Castenada sollten eben nach Madrid geschickt werden, das damals von der französischen Armee besetzt gehalten ward, als in Mexiko die Revolution ausbrach, wodurch die Aufzeichnungen für den Augenblick an Bedeutung verloren. Während der Unabhängigkeitskriege verblieben sie unter der Aufsicht Castenadas, der sie im Naturhistorischen Kabinett von Mexiko aufbewahrte. Hier zog sie ein Herr Baradere im Jahre 1828 eher zufällig aus den Mappen des Museums ans Tageslicht; vielleicht wären sie sonst dort unberührt liegen geblieben und unsere Kenntnisse über die Existenz dieser Stadt wiederum verlorengegangen. Der mexikanische Kongreß hatte inzwischen zwar ein Gesetz verabschiedet, welches jedem nicht offiziell dazu ermächtigten Fremden verbot, Nachforschungen im Lande anzustellen und Kunstgegenstände außer Landes zu schaffen, doch erhielt Herr Baradere trotz dieses Verbots die Vollmacht, im Inneren der Republik antiquarische Reisen zu unternehmen, sowie darüber hinaus die Bewilligung, daß die Hälfte aller Fundstücke nach vorheriger Prüfung in der Stadt Mexiko ihm ausgehändigt und ihr Transport nach Europa gestattet werden solle. Später erhielt er auch Castenadas Originalzeichnungen, und es ward ihm eine authentische Abschrift von Kapitän Dupaix' Reisetagebuch und Schilderungen innerhalb von drei Monaten versprochen. Aus verschiedenen Gründen gelangte diese Kopie jedoch erst lange nach Herrn Baraderes Rückkehr nach Frankreich in seine Hände, und Dupaix' Werk erschien erst 1834/35, also achtundzwanzig Jahre nach der unternommenen Reise, und zwar in Paris in vier Foliobänden zum Preise von achthundert Franc, ausgestattet mit Erläuterungen und Kommentaren von den Herren Alexandre Lenoir, Warden, Charles Farcy, Baradere selbst und De St. Priest.

Lord Kingsboroughs dickleibige Bände sind, was Palenque betrifft, ein bloßer Wiederabdruck von Dupaix und kosten vierhundert Dollar das Exemplar. Oberst Galindos Mitteilungen an die Geographische Gesellschaft zu Paris sind in Dupaix' Werke mit enthalten. Nach ihm hat Herr Waldeck, mit Geldern einer Gesellschaft in Mexiko, zwei Jahre in den Ruinen zugebracht. Seine Zeichnungen wurden ihm, wie er in einem anderen Werke mitteilt, von der mexikanischen Regierung beschlagnahmt; indes hatte er Kopien zurückbehalten, und noch vor unserer Abreise nach Mittelamerika ward sein Werk über Palenque in Paris angekündigt; da es aber bisher nicht erschienen ist, bleiben einstweilen Dupaix' Bände unser Leitfaden.

Ich kehre damit zu unserem eigenen Forschungsunternehmen und also in den Palast zurück. Während wir Erkundungsgänge unternahmen, war Juan in ein Geschäft vertieft, das er mit ganzer Seele liebte. Wie alle jungen Burschen dieses Landes legte er seinen Stolz und Ehrgeiz darein, häuslichen Dienst zu tun. Während er über die männliche Beschäftigung eines Maultiertreibers spöttelte, war sein Sinn auf Hausarbeit gerichtet. Er wäre zwar lieber in der Stadt zurückgeblieben und konnte sich zunächst nicht mit dem Gedanken anfreunden, längere Zeit in den Ruinen zu weilen, söhnte sich aber damit aus, als ihm gestattet ward, sich ausschließlich der Küche zu widmen. Um vier Uhr setzten wir uns zum ersten warmen Mahle nieder. Als Tischtuch dienten zwei breite Blätter, jedes gegen zwei Fuß lang, die wir von einem Baume auf der Terrasse vor dem Eingang gepflückt hatten. Unser Salzgefäß stand gleich einer Pyramide da; es war aus der Länge nach zusammengestellten Maiskolben gebildet und enthielt vier bis fünf Pfund, in Stücken von der Größe einer Erbse bis zu der eines Hühnereies. Juan war so selig, als hätte er das Essen ganz allein für seinen eigenen Magen zubereitet, und es ging so lustig her wie auf einem Hochzeitsschmause. Mit einem Male aber überzog sich der Himmel, und ein heftiger Donnerschlag kündigte den Nachmittagssturm an. Von der Höhe der Terrasse aus blickten wir hinaus über des Waldes Wipfel und konnten sehen, wie die Bäume von der Gewalt des Sturmes niedergebeugt wurden; nicht lange, so fuhr ein grimmiger Windstoß durch die offenen Türen, dem augenblicklich schwerer Regen folgte. Unser Tisch ward vom Winde aufgeräumt und war, ehe wir noch flüchten konnten, schon vom Regen überschwemmt. Wir rissen unsere Schüsseln weg und beendeten unser Mahl, so gut wir konnten.

Der Regen hielt, von schwerem Gewitter begleitet, den ganzen Nachmittag an. Bei der absoluten Notwendigkeit, unsere Wohnung in den Ruinen zu nehmen, hatten wir bisher kaum daran gedacht, daß wir hier den Elementen preisgegeben waren. Des Nachts konnten wir nicht einmal ein Talglicht anzünden, dafür aber ward der finstere Palast von Feuerfliegen von außerordentlicher Größe und ungemeinem Glanze erhellt, die teils durch die Korridore schossen, teils unbewegt vor den Mauern schwebten und ein schönes und wundersames Schauspiel boten. Sie werden schon von den frühen Spaniern unter die Rätsel einer Welt gezählt, in der ihnen alles neu erschien, und »Leuchtende Käfer« oder »Wegweiser für diejenigen, welche zur Nachtzeit reisen« genannt. Ein Geschichtsschreiber schildert sie »als etwas kleiner denn Spatzen, mit zwei Sternen dicht bei ihren Augen und zwei weiteren unter ihren Flügeln, welche ein so helles Licht verbreiteten, daß die Leute dabei spinnen, weben, schreiben und malen konnten. Und wenn die Spanier bei Nacht auf Jagd nach *Utios* (den kleinen Kaninchen jenes Landes) und zum Fischfang gingen, führten sie jene Tierchen mit sich, an ihre große Zehe oder den Daumen gebunden, und sie nannten sie *Cocuyos* und bedienten sich ihrer auch, um sich vor den Mücken zu schützen, die allda eine große Plage sind. Da sie vom Lichte angelockt werden, konnte man sie des Nachts am Lagerfeuer fangen; sie kamen aber auch, wenn sie beim Namen gerufen wurden, und sie sind so unbeholfen, daß sie sich nicht wieder aufrichten können, wenn sie einmal auf den Rücken gefallen sind. Und wenn sich die Leute mit der Flüssigkeit, die in jenen Sternen enthalten ist, Gesicht und Hände bestrichen, sah es aus, als ob sie brenneten.«

Es war uns immer ein großer Genuß, wenn wir die romantischen und anscheinend halb fabelhaften Erzählungen der Chronisten der Conquista durch die Wirklichkeit bestätigt fanden. Gar oft wirkten ihre hübschen Schilderungen so lebendig und glaubwürdig, daß man von der Atmosphäre ergriffen ward, die durch ihre Schriften weht. So fingen wir denn auch verschiedene jener Leuchtkäfer, freilich nicht durch Rufen bei ihrem Namen, sondern mit dem Hute, wie bei uns daheim die Schulknaben die Feuerfliegen oder – wie sie dort minder poetisch heißen – die Leuchtwanzen zu fangen pflegen. Sie sind über einen halben Zoll lang und haben ein spitzes und bewegliches Fühlhorn am Kopfe; werden sie auf den Rücken gelegt, so können sie sich nur dadurch wieder aufhelfen, daß sie dieses Fühlhorn gegen ein Häutchen am Kopfe drücken. Hinter den Augen sitzten zwei runde durchscheinende Membranen voll leuchtender Substanz, etwa von der Größe eines Stecknadelkopfes, und am Bauch des Käfers findet sich eine dritte, größere Membrane mit derselben Leuchtsubstanz. Vier dieser Tierchen zusammen strahlten auf mehrere Ellen im Umkreise ein helles Licht aus, und bei dem Lichte eines einzigen konnten wir den feinen Druck einer amerikanischen Zeitung deutlich lesen. Diese Zeitung war im übrigen voll von Berichten über Kongreßdebatten, und es kam mir seltsamer als sonst irgendein Erlebnis meiner Reise vor, als ich beim Scheine von Leuchtkäfern in den Palasttrümmern von Palenque von den Reden und Taten der großen Männer meiner Heimat las. Als mir nun aber gar Herr Catherwood ein Omnibusbilett vom Broadway in die Hand drückte, das er beim Ausleeren der geräumigen Taschen einer Jagdjacke gefunden hatte, da erwachten die Erinnerungen an das Heimatland in aller Lebendigkeit, und zu den vertrauten Bildern gehörten auch die guten Betten, in welche unsere Freunde sich eben jetzt wohl legten. Die unsrigen waren im hinteren Korridor aufgeschlagen, der den Hof entlanglief und eigentlich nur aus offenen Eingängen und Wandpfeilern bestand. Der Wind sauste hindurch, und der Regen schlug hinein, und zum Unglück blieben unsere Lager von diesen natürlichen Unbilden nicht verschont. Die Betten waren mit einiger Mühe auf einer Steinunterlage errichtet worden, und wir waren im Augenblicke nicht imstande, sie anderswo aufzubauen. Wir hatten auch keine überflüssigen Gegenstände, die wir als Schutz hätten aufstellen können; zum Glücke aber waren zwei Regenschirme, mit Meßstäben zusammengebunden und mit einem Stück Matte umwickelt, der Zerstörung auf den wilden Gebirgsstraßen entgangen, und diese Schirme befestigten Herr Catherwood und ich am Kopfende unserer Betten. Pawling lag so hoch in einer Hängematte im Korridor, daß er vom Regen nur am Fuße gestreift ward. Auf diese Weise verbrachten wir unsere erste Nacht in Palenque. Am Morgen zeigte sich, daß Regenschirme, Bettücher, Kleidungsstücke und Hängematten durch und durch naß waren und daß es keinen trockenen Fleck im ganzen Korridor gab. Der Rheumatismus schien uns sicher. So brachte uns diese Nacht eine recht unerfreuliche Enttäuschung, hatten wir doch erwartet, in Palenque nach den Mühen der Reise gut und behaglich unterzukommen. Alles, was wir tun konnten, war, unsere Betten für die nächste Nacht in eine geschütztere Position zu bringen.

Ein gutes Frühstück hätte unser inneres Gleichgewicht wieder herstellen können, doch zu unserem Leidwesen stellte sich heraus, daß die Tortillas, die wir am Tage zuvor mitgebracht hatten, teils infolge des halbvermoderten Mais, den man vermutlich dazu genommen hatte, teils infolge der außerordentlichen Feuchtigkeit zusammengekleistert, sauer und verdorben waren. Wir verzehrten unsere Bohnen, Eier und Schokolade der Reihe nach ohne Brot und ohne eine Beilage, und wie schon so oft in schlimmen Zeiten war es schließlich eine Zigarre, die uns Gleichmut und Zufriedenheit wiedergab. Gesegnet sei der Mann, welcher den Tabak erfand, diesen Besänftiger und Tröster einer bekümmerten Seele, diesen Schlichter des Zorns und der Leidenschaft, diesen hilfreichen Beistand beim Ausfall eines Frühstücks, diesen Begleiter des Urwaldwanderers, des einsamen Wallers durchs Leben, dem er »Weib, Kinder und Freunde ersetzt«.

Gegen zehn Uhr trafen die Indianer mit frischen Tortillas und Milch ein. Auch unser Führer, der mit dem Zerlegen und dem Verkauf des Schweins fertig war, kam mit ihnen. Es war derselbe, der von Herrn Waldeck wie auch von Herrn Walker und

Kapitän Caddy bei ihren Besuchen in Dienst genommen worden war; zudem hatte ihn uns der Präfekt als den einzigen Mann empfohlen, der die Ruinen kenne. Von ihm geleitet, brachen wir alsbald zu einer vorläufigen Besichtigung auf. Uns selbst überlassen, hätten wir den Palast blindlings in irgendeiner Richtung verlassen müssen, ohne zu wissen, welcher Weg der richtige wäre.

Zuerst ein Wort über die Ausdehnung dieser Ruinen. Selbst in unserem nüchternen Jahrhundert hat die Phantasie des Menschen an Wundern ihre Lust. Will man den Indianern und den Einwohnern von Palenque glauben, bedecken die Ruinen einen Raum von sechzig Quadratmeilen; in einer Reihe wohlgeschriebener Artikel in unserem eigenen Lande werden sie als zehnmal größer denn New York bezeichnet, und jüngst las ich einen Zeitungsartikel über unsere Reise, in dem es hieß, eine der von uns entdeckten Städte sei dreimal so groß wie London. Es liegt nicht in meiner Natur, eine Wundergeschichte in Mißkredit zu bringen. Ich neige auch nicht schnell zur Skepsis und würde gern all diese Dichtungen in Schutz nehmen, aber es ist mein unglückliches Los, Wunder zerfließen zu sehen, sobald ich ihnen nahe komme, verlor doch selbst das Tote Meer seinen geheimnisvollen Zauber für mich; und im übrigen weiß ich ja als Reisender und Schriftsteller, daß diejenigen, die nach mir kommen, nicht säumen werden, meine Irrtümer zu berichtigen. Geben wir also der schlichten Wahrheit die Ehre, und hier muß allerdings sogleich gesagt werden, daß die Indianer und die Einwohner von Palenque überhaupt keine persönliche Kenntnis der Ruinen besitzen; auch die übrigen Nachrichten, die man liest, sind aus der Luft gegriffen. Das ganze Land meilenweit umher ist mit einem dichten Walde von gigantischen Bäumen bedeckt, die aus fast undurchdringlichem Gebüsch und Unterholz aufragen, wie es in den Waldeswildnissen unseres Landes unbekannt ist; will man hier vorwärts kommen, muß man sich mit der Machete einen Weg bahnen, und ohne einen Führer hätten wir an allen Gebäuden in einer Entfernung von hundert Fuß vorübergehen können, ohne auch nur eines zu entdecken.

Kapitän Del Rio, der erste, der nach Palenque kam und dem Menschen und Mittel dabei zu Gebote standen, erwähnt in seinem Berichte, daß er, um seinen Auftrag zu erfüllen, den ganzen Wald gerodet und niedergebrannt habe; er sagte zwar nicht, wie weit, wenn man aber nach den Breschen im Walde zwischen den Gebäuden und den Spuren von Ausgrabungen urteilen darf, wahrscheinlich meilenweit im Umkreis. Kapitän Dupaix, der in königlichem Auftrage handelte und mit all den Hilfsmitteln ausgestattet war, die ein solcher Auftrag zu gewähren pflegt, entdeckte keine weiteren Gebäude als die von Del Rio erwähnten, und auch wir sahen keine anderen; da wir aber den Vorteil hatten, auf den Vorarbeiten der genannten Männer aufbauen zu können (dies gilt wenigstens für Del Rio, während wir Dupaix' Werke damals noch nicht zu Gesicht bekommen hatten), so sahen wir natürlich Dinge, die ihrer Beobachtung entgangen waren, so wie diejenigen, die nach uns kommen, wiederum uns Entgangenes sehen werden. Die Ruinen von Palenque waren das eigentliche Ziel unserer Reise, und es war entsprechend unser Wunsch und unsere Pflicht, sie möglichst gründlich zu erkunden. Der allgemeine Respekt vor meiner offiziellen Mission, der spezielle Wortlaut meines Passes und verschiedene Schreiben von mexikanischen Behörden gewährten mir jedwede Erleichterung. Der Präfekt nahm an, daß ich von meiner Regierung eigens dazu hergesandt worden sei, die Ruinen zu erforschen, und ein jeder in Palenque, mit Ausnahme unseres Freundes, des Alkalden – und selbst dieser, wenn es seine üble Laune und sein Gemüt erlaubten –, war geneigt, uns behilflich zu sein. Aber es traten immer wieder unerwartete Schwierigkeiten auf, die unüberwindlich waren. Erstens standen wir in der Regenzeit, wodurch unsere Arbeit an sich schon schwierig genug wurde; da aber die Regenfälle im allgemeinen erst nachmittags um drei oder vier Uhr begannen und der Himmel sich morgens durchweg aufgeklärt zeigte, so hätten sie allein unser Vorhaben nicht behindern können. Daneben aber gab es noch andere Beschwerlichkeiten, die uns von Anfang an hart trafen und während unseres gesamten Aufenthalts in den Ruinen andauerten. Es gab keine Axt und keinen Spaten am Orte, und das einzige Werkzeug war, wie gewöhnlich, eine Machete, die in dieser Gegend einem kurzen und breiten Schwerte glich. Ferner war die Schwierigkeit, Indianer für die Arbeit zu dingen, hier größer als an irgendeinem anderen Orte, den wir bisher besucht hatten, denn es war gerade die Zeit, in der man den Mais anpflanzte, und die Indianer, von unmittelbarer Hungersnot bedrängt, waren alle auf ihren *Milpas* beschäftigt. Der Preis eines indianischen Arbeiters betrug achtzehn Cents den Tag, und der Alkalde, dem die Überwachung solcher Geschäfte oblag, wollte mich nicht mehr als fünfundzwanzig Cents bieten lassen; so konnte ich nie mehr als vier bis sechs Arbeiter den Tag in Dienst nehmen. Diese Leute wollten nicht in den Ruinen schlafen, kamen spät und gingen frühzeitig wieder fort; manchmal erschienen ihrer auch nur zwei oder drei, und selten kamen dieselben Leute zweimal wieder, so daß während unseres Aufenthalts die gesamten Indianer der Stadt die Runde bei uns machten. Dies war ein schwerer Nachteil für unsere Aufgabe und unsere Bemühungen, weil ständig einer von uns bei ihnen stehen und ihre Arbeit leiten und beaufsichtigen mußte und weil wir, wenn eine Riege von Leuten eben zu begreifen anfing, was und wie wir es wünschten, schon wieder neue Indianer einzuweisen hatten. Dabei will ich noch bemerken, daß ihre Arbeit trotz des auf den ersten Blick niedrig wirkenden Lohns doch im Verhältnis zu ihren Leistungen teuer war.

Damit aber wieder zurück zu unserem ersten Erkundungsgang. Unter der Leitung unseres Führers hatten wir einen zwar anstrengenden, aber höchst interessanten Tag. Was wir sahen, bedarf keiner Übertreibung. Es erweckte unsere Bewunderung, unser Staunen. Am Nachmittag setzte dann der übliche Regen ein. Wir hatten indes unsere Betten auf einem anderen Platze im Gang im Schutze der äußeren Mauer des Palastes aufgestellt und waren nunmehr besser abgeschirmt, hatten aber dafür furchtbar unter den Moskitos zu leiden, deren Sumsen und deren Stiche kaum an Schlaf denken ließen. Mitten in der Nacht nahm ich meine Matte, um diesen Ruhemördern zu entfliehen. Der Regen hatte aufgehört, und der Mond, durch die schweren Wolken brechend, goß ein bleiches Licht in den verfallenen Korridor. Ich kletterte über einen Steinhaufen an seinem einen Ende, wo die Mauer eingestürzt war, stolperte an der Außenseite des Palastes entlang, trat in ein Seitengebäude am Fuße des Turms, tappte durch einen niedrigen, feuchten Gang und breitete meine Matte vor einer tiefliegenden Tür am innersten Ende dieses Korridors aus. Zwar flatterten und schwirrten Fledermäuse schaurig durch den Gang, doch vertrieben die häßlichen Geschöpfe immerhin die Moskitos. Die dumpfige Feuchtigkeit wirkte kühlend und erfrischend, und trotz einiger unbehaglicher und besorgter Gedanken an Schlangen und ekliges Gewürm, Eidechsen und Skorpione, welche in diesen Ruinen hausen, schlief ich bald ein.

Mit Tagesanbruch kehrte ich von meiner Schlafstätte zurück und fand Herrn C. und Pawling halb angekleidet und verdrießlich auf den Steinen sitzen. Sie hatten die Nacht schlechter als ich verbracht. Unsere Lage und unsere Aussichten waren äußerst trübe. Der Regen, die schwere Arbeit, das schlechte Essen – das alles ließ sich ertragen, aber ohne Schlaf, ohne Schlaf konnten wir nicht länger bestehen. In der folgenden Nacht war es mit den Moskitos nicht auszuhalten; die kleinste freie Körperfläche, ja die bloße Spitze eines Fingers ward von ihnen sogleich zerstochen. Zogen wir die Laken über den Kopf, so war die Hitze zum Ersticken, und des Morgens waren unsere Gesichter mit Hitzbläschen bedeckt. Fanden wir kein Gegenmittel, so waren wir verloren. Aber in solchen Notlagen entfaltet sich ja die schöpferische Macht des Genius. Unsere Betten bestanden, wie man sich erinnern wird, aus nebeneinandergelegten und auf vier Unterlagen von aufgeschichteten Steinen ruhenden Stangen. Darüber legten wir nun unsere Pelerinen sowie die landesüblichen ledernen Schutzmäntel gegen den Regen und auf diese wiederum unsere Strohmatten. Dies verhinderte, daß unsere Feinde uns von unten, durch die Zwischenräume der Stangen, angriffen. Unsere Bettücher waren bereits zu Säcken zusammengenäht. Nun trennten wir die eine Seite auf, schnitten Ruten ab und krümmten sie zu Bogen, die etwa zwei Fuß Höhe über der Lagerstatt hatten. Über die gekrümmten Ruten wurden dann die Bettücher gespannt und mit Ausnahme eines kleinen Stücks am Kopfe, welches offen blieb, ringsum zugenäht, so daß das Ganze einer Totenlade nicht unähnlich war. In diese wunderlichen Säcke krochen wir des Nachts hinein. Schon lauerten die Feindesscharen drinnen auf diesen Augenblick. Wir aber schlossen, mit einem brennenden Licht bewaffnet, von innen die Einstiegsöffnung, jagten und erschlugen unsere Peiniger in der Lakenhöhle und legten uns nach getaner Arbeit mit dem stolzen Gefühl des Stärkeren zum Schlafen nieder. Es war dies eine neue Art, unter den Decken zu schlafen; aber abgesehen davon, daß sie uns zum Sieg über die Moskitos verhalf, hatte sie auch noch einen anderen Vorteil; die Hitze war nämlich so arg, daß wir angekleidet nicht schlafen konnten; es war ferner unmöglich, unsere Betten so zu stellen, daß der Regen sie nicht mehr erreichen konnte. Durch die ein oder zwei Fuß hohe Spannung der Bettdecke und dadurch, daß sie naß gehalten ward, konnte sich die erhitzte Luft nun inwendig abkühlen.

Auf solche Weise lebten wir hier. Dabei kamen die Indianer täglich des Morgens mit Proviant heraus, freilich aber selten eher als nach genossenem Frühstück, weil die Tortillas in des Alkalden eigener Küche gebacken wurden und seine Hausordnung nicht gestört werden durfte.

Mittlerweile schritt unsere Arbeit voran. Wie in Copan, so war es auch hier meine Aufgabe, die verschiedenen Gegenstände für Herrn Catherwood zum Zeichnen vorzubereiten. Viele Steine mußten abgeschabt und gereinigt werden, und da unsere Zeichnungen höchstmögliche Genauigkeit erreichen sollten, so mußten an vielen Stellen Gerüste für die Camera lucida errichtet werden. Pawling nahm mir zum Glück einen großen Teil dieser Arbeit ab.

Damit der Leser einen ersten Eindruck von den uns umgebenden Ruinen erhält, will ich im folgenden eine Beschreibung jenes Gebäudes geben, in welchem wir wohnten, des sogenannten ›Palastes‹. In Abbildung 33 ist eine Frontansicht dieses Bauwerks zu sehen. Sie konnte freilich nicht mit der gleichen Genauigkeit ausgeführt werden wie die anderen Zeichnungen, denn diese Vorderseite befand sich in einem sehr zerfallenen Zustand. Der Bau steht auf einer künstlichen Erhebung von länglicher Form, welche vierzig Fuß hoch und dreihundertundzehn Fuß breit ist; auf jeder der Seiten mißt sie zweihundertundsechzig Fuß. Diese Erhebung war ehedem

33 Der Palast von Palenque (Frontansicht)

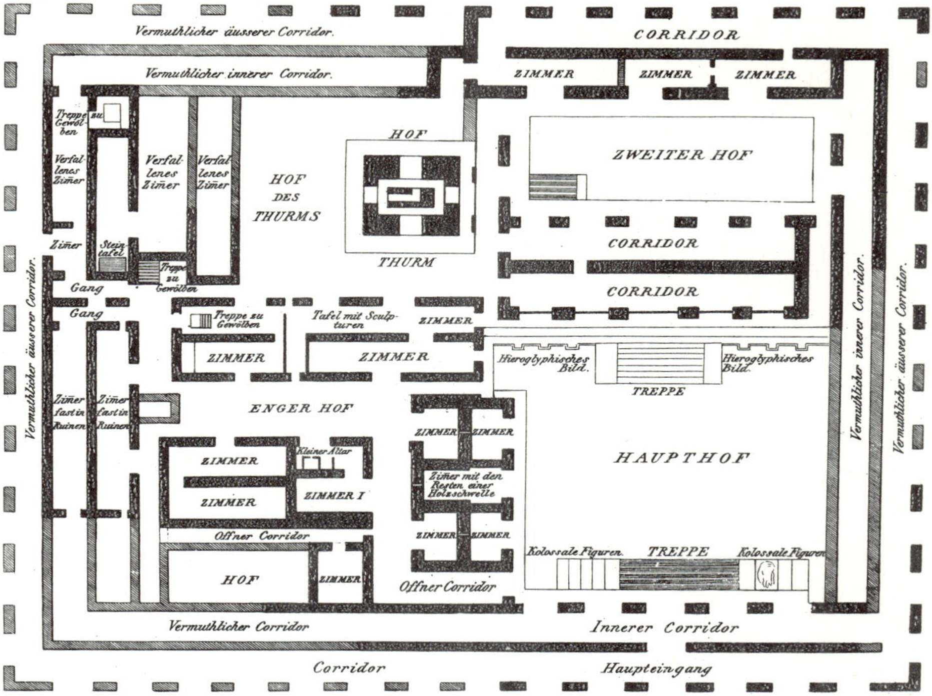

34 Grundriß des Palastes

mit Stein verkleidet, den aber der Baumwuchs längst herabgeworfen hatte, so daß die ursprüngliche Gestalt kaum noch zu erkennen war.

Das Gebäude selbst ist mit der Front nach Osten gerichtet und mißt zweihundertundachtundzwanzig Fuß in der Länge und hundertundachtzig Fuß in der Tiefe. Seine Höhe beträgt nur fünfundzwanzig Fuß; ringsum läuft ein breiter vorstehender Steinsims. Vierzehn Eingänge, jeder etwa neun Fuß breit, gliedern die Front; die zwischen ihnen stehenden Mauerpfeiler haben jeweils eine Breite von sechs bis sieben Fuß. Auf der linken Seite (wenn man auf den Palast zugeht) sind acht dieser Pfeiler eingestürzt, ebenso die rechte Ecke des Baus; die Terrasse darunter ist mit den Trümmern übersät. Sechs Pfeiler aber sind noch unversehrt, und der übrige Teil der Frontseite liegt offen. Abbildung 34 gibt den Grundriß des gesamten Bauwerks wieder. Die schwarzen Linien auf dem Plane bezeichnen die gegenwärtig noch stehenden Mauern, die matten Linien eingestürzte Mauerzüge, die für uns aber im allgemeinen ohne Schwierigkeiten in ihrem baulichen Zusammenhang bestimmbar waren.

35 *Figur an einem Pfeiler*

Das steinerne Mauerwerk ist mit einem Mörtel aus Kalk und Sand zusammengefügt und die ganze Frontmauer mit Stuck verkleidet und bemalt. Die Pfeiler tragen als Zierat ausdrucksvolle Figuren in Basrelief, von denen wir in Abbildung 35 eine wiedergeben. Während über dem Bild drei Hieroglyphen in den Stuck eingefügt sind, erkennt man unten die Reste eines ursprünglich zehn Fuß hohen und sechs Fuß breiten Rahmens. Die Hauptperson ist aufrechtstehend und im Profil dargestellt und zeigt einen auffallenden Gesichtswinkel von ungefähr fünfundvierzig Grad. Der obere Teil des Kopfes scheint künstlich verlängert zu sein und erinnert darin an die Schädelform der Choctaw und der Flachkopfindianer unseres Landes. Der Kopf weist auf eine Menschenspezies hin, die von der heutigen Bevölkerung dieses Landstriches deutlich abweicht; und wenn es sich hier um Bildnisse lebender Personen oder Schöpfungen der Künstler nach ihren Idealen handelt, so müssen sie einem Volksstamm zugeordnet werden, der seither untergegangen und heute unbekannt ist. Der Kopfschmuck läßt sich eindeutig als Federbusch ausmachen. Über den Schultern liegt ein kurzer, mit Nägelköpfchen verzierter Umhang, zu dem eine Brustplatte gehört; ein Teil des Gürtelschmucks ist abgebrochen, und bei der Tunika handelt es sich wahrscheinlich um ein Leopardenfell. Was man hier sieht, ist ohne Zweifel die charakteristische Tracht dieses unbekannten Volks gewesen. Die zentrale Gestalt hält einen Stab oder ein Zepter in der Hand, und links kann man Spuren von drei Hieroglyphen erkennen, die verwittert oder abgebrochen sind. Zu Füßen des Stabträgers sitzen zwei nackte Figuren mit untergeschlagenen Beinen und, wie es scheint, in flehender Haltung. Mit einiger Phantasie könnte man vielerlei Erklärungen für diese seltsamen Gestalten finden, doch kam ich selbst zu keinem befriedigenden Urteil. Die Hieroglyphen erzählen ohne Zweifel die Geschichte der Hauptperson. Der Stuck ist von bemerkenswerter Qualität und hart wie Stein. Er war einst bemalt, und wir entdeckten an verschiedenen Stellen Spuren von Rot, Blau, Gelb, Schwarz und Weiß.

Die noch erhaltenen Mauerpfeiler sind mit gleichartigen Figuren geschmückt, leider aber in einem sehr viel schlechteren Erhaltungszustand; auch war es bei der Abschüssigkeit der Terrasse schwierig, die Camera lucida in die für die Anfertigung von Zeichnungen erforderliche Stellung zu bringen. Die jetzt zertrümmerten Pfeiler besaßen einst wohl einen ebensolchen Bildschmuck. Jedes der Bilder hatte dabei eine spezielle Bedeutung, und das Ganze stellte wahrscheinlich eine Allegorie oder ein geschichtliches Ereignis dar. Als die Bilder noch unversehrt waren und in Farben prangten, müssen sie beim Ersteigen der Terrasse sehr imposant gewirkt haben.

Der Haupteingang zeichnet sich weder durch besondere Größe noch durch außergewöhnliche Verzierungen aus, ist aber durch eine Reihe breiter, steinerner Stufen ausgewiesen, die von der Terrasse zu ihm hinaufführen. Die Eingänge haben keine Türen, auch sind keine Spuren solcher Türen zu sehen. Innen sind jedoch zu beiden Seiten drei etwa acht bis zehn Quadratzoll große Vertiefungen in die Mauern eingelassen und in sie zylindrische Steine von etwa zwei Zoll Durchmesser aufrecht eingefügt, durch welche die Türen vielleicht einst gesichert wurden. Längs des Gesimses an der Außenseite, das etwa einen Fuß über die Frontwand aufragt, sind in bestimmten Abständen Löcher durch den Stein gebohrt, die den Gedanken nahelegen, daß einst, an diesem Vorsprung befestigt und vielleicht so bemalt, daß es der Ornamentik des Steins entsprach, ein riesiges Stück Stoff an der ganzen Länge des Gebäudes hinlief und gleich einem Theatervorhange aufgezogen und niedergelassen werden konnte, wie es Sonnenschein oder Regen gerade erfordern mochten. Man kann solche Vorhänge noch heute in Yukatan vor den Korridoren mancher Haziendas sehen.

Die Türstürze waren an allen Eingängen verschwunden, doch ließ sich aus der Form der großen Vertiefungen in den Seitenmauern schließen, daß hier einst rechteckige Balken eingefügt waren, und zwar solche aus *Holz*, da in dem Gesteinsschutt vor den Eingängen keine Reste irgendwelcher Oberschwellen zu finden waren, wie man es bei steinernen Türstürzen hätte erwarten müssen. Mit dieser Annahme begaben wir uns freilich auf den Boden der Spekulation, denn weder Del Rio noch Kapitän Dupaix hatten sich je in diesem Sinne geäußert, und wir würden den Schluß wohl auch nicht gewagt haben ohne die hölzerne Schwelle, die wir über dem Eingange in Ocosingo gesehen hatten; unsere Hypothese ward aber später außer allen Zweifel gesetzt durch weitere Beobachtungen in Yukatan. Ich meine indessen nicht, daß damit bereits ein bündiger Schluß über das Alter der Gebäude möglich ist. War es Holz, wie wir es an anderen Orten dieses Landes sahen, das heißt Holz großer Dauerhaftigkeit, welches äußerst langsam verwittert, so können allerdings bereits Jahrhunderte seit der Aufgabe der Bauten vergangen sein, da die Balken gänzlich zerstört und verschwunden waren.

Das Gebäude wird auf allen vier Seiten von zwei parallelen Korridoren umzogen, deren vorderer in Abbildung 36 dargestellt ist. An der Vorderfront sind diese Korridore an die neun Fuß breit und sie erstrecken sich über die ganze Länge des Gebäudes, also über zweihundert Fuß hin. In der langen Mauer, welche die zwei Korridore voneinander scheidet, befindet sich nur eine Tür, und zwar der Haupteingangstür gegenüber. Sie hat ihre Entsprechung in einer zweiten Türe auf der anderen Seite, die in einen Hof im hinteren Teil des Gebäudes führt. Die Fußböden bestehen aus Kalkmörtel, der ebenso hart ist wie der beste, den man in den Ruinen römischer Bäder und Zisternen gefunden hat. Die Wände sind um die zehn Fuß hoch, berappt und auf beiden Seiten des Haupteingangs mit Medaillons geschmückt, von denen allerdings nur noch die Ränder geblieben sind; vielleicht enthielten diese Medaillons einst die Büsten einer königlichen Familie. Die Scheidemauer hat etwa einen Fuß große Öffnungen, die zu Ventilationszwecken gedient haben mögen. Einige besitzen die Form eines ✛, andere die eines T, und man hat dies als griechisches Kreuz und als ägyptisches Tau gedeutet und zum Gegenstand gelehrter Deutungsversuche gemacht.

Die Erbauer des Palastes wußten offenbar noch nichts von der Technik des Bogengewölbes, denn der Korridor ist mit einem falschen Gewölbe aus treppenartig vor-

36 Frontkorridor des Palastes

kragenden Steinlagen gedeckt, wie es etwa auch in Ocosingo und in den zyklopischen Ruinen Griechenlands und Italiens zu sehen ist. Den oberen Abschluß bildet dabei eine Lage flacher Steinplatten, und auch die vergipsten Seitenwände bieten eine glatte Oberfläche dar. Die langen, nicht unterbrochenen Korridore vor dem Palaste waren vermutlich für wartende Herrschaften und Edle bestimmt; bei der prächtigen Lage und der weiten Aussicht über eine bebaute und bevölkerte Ebene mag aber auch der König selbst hier gesessen haben, um die Berichte seiner Beamten entgegenzunehmen und um Recht zu sprechen. Jetzt, wo *wir* hier herrschten, benutzte Juan den Frontkorridor als Küche, während der innere Gang unser Schlafgemach war.

Von der Mitteltür dieses zweiten, inneren Korridors führte eine dreißig Fuß lange Steintreppe auf einen rechteckigen, achtzig Fuß langen und siebzig Fuß breiten Hof. Auf beiden Treppenseiten waren grimmig aussehende, neun bis zehn Fuß hohe Kolossalfiguren aus Stein in einer von den untersten Stufen zum Flur des Korridors hin ein wenig rückwärts geneigten Stellung eingehauen, und zwar in Basrelief. Die beigegebene Abbildung 37 stellt diese Seite des Hofs dar, die Abbildungen 38 und 39

37 *Hofseite mit Basreliefs*

38 *Basrelief rechts des Treppenaufgangs*

39 *Basrelief links des Treppenaufgangs*

zeigen die Figuren allein und in größerem Maßstabe. Sie tragen reichen Kopfschmuck und Halsketten, ihre Haltung aber verrät Schmerz und Unruhe. Der Entwurf und die anatomischen Proportionen der Figuren sind fehlerhaft, doch sie besitzen eine Kraft des Ausdrucks, in der sich die handwerkliche Meisterschaft und die Phantasie des Künstlers erweist. Als wir den Palast zu unserem Domizil machten, war dieser Hof so sehr mit Bäumen überwachsen, daß wir kaum über ihn hinwegsehen konnten, und derart mit Schutt bedeckt, daß die Figuren erst gezeichnet werden konnten, nachdem wir die mehrere Fuß hohen Trümmermassen abgetragen hatten.

Auf der Südseite des Hofs ist der Palast in einzelne Räume abgeteilt, einst wahrscheinlich Schlafgemächer. Während auf der rechten, nördlichen Seite die Mauer zum Korridor eingestürzt ist, stehen auf der linken Seite noch die Mauerpfeiler, mit Stuckfiguren verziert. Im südlichen Mittelzimmer fanden wir die Überreste eines etwa ein Fuß langen hölzernen Balkens, der einst wohl quer über dem Raum gelegen haben mußte – das einzige Stück Holz, auf das wir in Palenque stießen, und wir entdeckten es erst, nachdem wir uns schon für die Hypothese von Holzschwellen über den Türen entschieden hatten. Der Balken war äußerst wurmstichig, und wahrscheinlich wird in wenigen Jahren keine Spur mehr davon vorhanden sein.

Auf der rückwärtigen Seite des Hofs, also nach Westen hin, war eine zweite Flucht steinerner Stufen zu sehen, entsprechend der östlichen Treppe; beiderseits der Stufen fanden wir wiederum Figuren eingehauen, und auf der glatten Fläche zwischen ihnen hieroglyphische Kartuschen. Abbildung 40 stellt diese westliche Seite dar.

Der ganze Hof war, wie bereits gesagt, dicht mit Bäumen bestanden und mehrere Fuß hoch mit Schutt und Trümmern bedeckt, so daß die architektonische Anlage im einzelnen nicht genau bestimmt werden konnte. Da wir unsere Betten im anstoßenden Korridor aufgeschlagen hatten, so lag der Hof des Abends, wenn wir unsere Tagesarbeit beendet hatten, und des Morgens, wenn wir aufwachten, vor unseren Augen. Sooft wir die Stufen hinabstiegen, starrten uns die grimmigen und geheimnisvollen Figuren ins Gesicht und fesselten immer wieder aufs neue unsere Aufmerksamkeit. Es war unser sehnlicher Wunsch, Nachgrabungen vorzunehmen, die Schuttmassen wegzuschaffen und den ganzen Hofraum freizulegen, doch erwies sich das als unmöglich. Wahrscheinlich ist der Boden des Hofs mit Steinplatten belegt oder mit Mörtel geglättet, und angesichts der verschwenderischen Fülle von Ornamenten an anderen Bauteilen ist anzunehmen, daß hier noch viele bemerkenswerte und interessante Kunstgebilde zu Tage gefördert werden könnten. Diese lohnende Arbeit erwartet den künftigen Reisenden, der besser versehen mit Menschen und Materialien als wir und mit vollständigerer Kenntnis dessen, was er dort vorfinden wird, hingehen möge; und sollte er auch nichts Neues entdecken, so wird ihn, wie ich meine, der bloße Anblick des vollständig freiliegenden Hofs für die Mühe und Kosten seiner Reinigung entschädigen.

Auch an der Westseite des Hofs ziehen sich oberhalb der Treppe zwei Korridore hin, die ganz den vorderen gleichen und gepflastert, berappt und mit Stuckarbeiten

40 *Westliche Innenseite des Hofes*

geschmückt sind. Der Boden des dem Hofe zugekehrten Korridors klang an einer Stelle hohl, und es schien hier eine Öffnung in eine unterirdische Kammer zu führen; als wir aber an einem eingekerbten Baume und ausgerüstet mit Licht hinabstiegen, fanden wir, daß es sich bei dieser unterirdischen Anlage um eine bloße Grube ohne gemauerte Einfassung handelte.

Im zweiten Korridor war die Mauer an einigen Stellen eingestürzt, wobei mehrere gesonderte Gips- und Farbenschichten sichtbar wurden. Wir zählten an einer Stelle sechs solcher Schichten, und auf jeder waren noch Reste von Farben zu finden. Anderswo glaubten wir eine Zeile mit schwarzer Tinte geschriebener Schriftzeichen zu erkennen und bemühten uns, sie freizulegen; als wir aber eine dünne Oberschicht zu entfernen suchten, fielen sie zusammen mit ihr herunter, und wir gaben unseren Plan auf.

Dieser hintere Korridor öffnet sich auf einen zweiten Hof von wiederum achtzig Fuß Länge, aber nur dreißig Fuß Breite. Der Boden des Korridors liegt zehn Fuß über dem Niveau des Hofs; in der Mauer der inneren Längsseite fanden wir Quadersteine mit eingegrabenen Hieroglyphen und an den Pfeilern Stuckfiguren, wenngleich in einem sehr beschädigten Zustand.

Auf der anderen Seite dieses zweiten Hofs begrenzen zwei Korridore das Gebäude. Der erste davon ist in drei Gemächer abgeteilt, mit Türen, die sich rechts und links auf den westlichen Korridor öffnen. Alle Mauerpfeiler, mit Ausnahme desjenigen an der nordwestlichen Ecke, stehen noch, und alle sind sie mit Stuckverzierungen bedeckt, einer mit Hieroglyphen. Die übrigen zeigen Bilder in Basrelief, von denen drei, und zwar die am wenigsten zerstörten, in den Abbildungen 41, 42 und 43 dargestellt sind.

Das erste Bildnis besitzt einen unten sehr breiten, teilweise zerstörten Rahmen und zeigt zwei Figuren mit Gesichtswinkeln, die denen in Abbildung 35 gleichen; ausgestattet sind sie mit Federstutz und anderem Zierat als Kopfschmuck sowie mit Halsbändern, Gürteln und Sandalen; jede hält auch wieder den gleichen merkwürdigen Stab in der Hand, von dem ein Teil zerbrochen ist, und in Höhe der Hände sieht man Hieroglyphen, die wahrscheinlich die Geschichte dieser rätselhaften Personen erzählen. Die anderen Reliefs sind stärker beschädigt, und man hat keinen Versuch gemacht, sie wiederherzustellen. Immerhin gewinnt man den Eindruck, als solle der eine der dort Dargestellten eine Ehrung, der andere hingegen einen Schlag empfangen.

Bis hierhin ist der Plan des Palastes einfach und verständlich; im linken Flügel aber liegen, wie aus dem Grundrisse ersichtlich, verschiedene gesonderte Gebäude, auf deren detaillierte Schilderung nach meinem Dafürhalten verzichtet werden kann. Am auffälligsten ist noch der Turm am Südende des zweiten Hofs. Er springt sogleich durch seine Höhe und seine Proportionen ins Auge; untersucht man ihn aber genauer, so findet man ihn enttäuschend und uninteressant. Auf einer Basis von dreißig Quadratfuß erheben sich drei Stockwerke. Nachdem wir über einen

41 *Bildnis an einem Mauerpfeiler*

42 *Bildnis an einem Mauerpfeiler*

43 *Bildnis an einem Mauerpfeiler*

Schutthaufen gestiegen und eingetreten waren, fanden wir im Inneren einen zweiten, mit dem äußeren unverbundenen Turm und eine steinerne Treppe, die so eng ist, daß ein breitschultriger Mann nicht imstande wäre hinaufzusteigen. Die Treppe endet urplötzlich vor einer steinernen Decke, die jedem weiteren Vordringen ein Ende macht; die letzte Stufe ist nur sechs bis acht Zoll von dieser Decke entfernt. Wozu eine Treppe, die so zwecklos endet, einst angelegt ward, vermochten wir nicht zu erraten. Der ganze Turm ist aus Stein massiv aufgemauert, in seinen Einrichtungen und Zwecken aber ebenso rätselhaft wie die beschriebenen Bildertafeln.

Östlich des Turms liegt ein weiteres Gebäude mit zwei Korridoren, von denen der eine reich mit Stuckgemälden geschmückt ist und in der Mitte die in Abbildung 44 dargestellte elliptische Tafel enthält. Letztere ist vier Fuß lang, drei Fuß breit und als Basrelief in hartem, in die Mauer eingelassenem Stein ausgeführt; rings um die Platte sieht man Reste eines Rahmens mit reichem Stuckdekor. Die Hauptfigur sitzt mit übereinandergeschlagenen Beinen auf einem Ruhebett, das mit zwei Leopardenköpfen geschmückt ist; die Stellung ist bequem, das Gesicht gleicht demjenigen der anderen Personen, und der Ausdruck ist ruhig und wohlwollend. Um den Hals trägt die Figur eine Kette, an der ein kleines Medaillon mit einem eingearbeiteten Gesicht hängt, vielleicht ein Bild der Sonne. Darüber hinaus ist sie mit Ohrringen, Armbändern am Handgelenk und einem Gürtel um die Lenden geziert. Der Kopfschmuck unterscheidet sich von den meisten anderen in Palenque dadurch, daß ihm der Federbusch fehlt. Rechts neben dem Kopfe finden sich drei Hieroglyphen.

44 Elliptische Steintafel

Die andere Figur auf der ovalen Tafel scheint weiblichen Geschlechts zu sein, sitzt mit untergeschlagenen Beinen auf dem Boden, ist reich gekleidet und anscheinend eben im Begriff, ein Opfer darzubringen. Bei dieser mutmaßlichen Opfergabe handelt es sich um einen Federbusch, wie er dem Kopfschmucke der Hauptperson fehlt. Über dem Haupte der opfernden Person sind weitere vier Hieroglyphen ausgehauen. Es ist dies, sieht man von den Reliefs im großen Hofe ab, der einzige mit Skulpturen versehene Stein im ganzen Palast. Darunter muß ehedem ein Tisch gestanden haben; die entsprechenden Abdrücke waren für uns jedenfalls in der Mauer noch gut zu erkennen. Nach dem Vorbild an anderen Orten noch existierender Steintische ist sein mutmaßlicher Aufbau in der hier folgenden Abbildung 45 in schwachen Linien dargestellt.

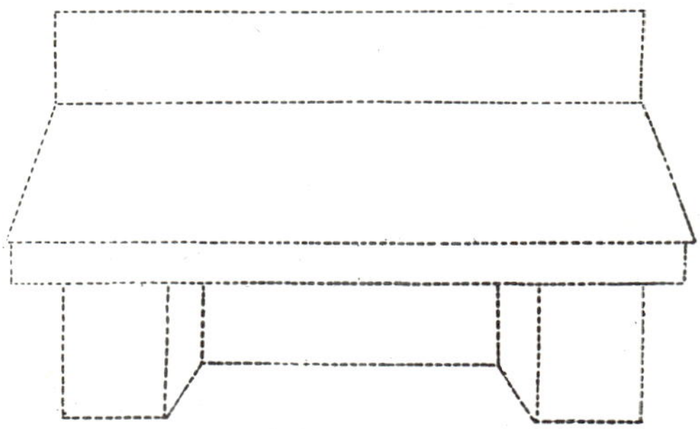

45 Mutmaßliche Form des Steintisches

Am äußeren Ende dieses Korridors gähnt im steinernen Fußboden eine Öffnung, durch die man über einige Stufen abwärts auf eine Plattform gelangt und durch eine Tür mit Stuckverzierungen an der Oberschwelle weiter auf eine zweite Treppe und in einen schmalen, dunklen Gang, der in andere, quer dazu verlaufende Korridore mündet. Diese Korridore wurden von uns als unterirdische Zimmer bezeichnet, besitzen aber oben Fenster; es handelt sich also eigentlich um Räume eines Souterrain-Geschosses. Indes sind sie größtenteils so dunkel, daß man sie mit Lichtern besuchen muß. Basreliefs oder Stuckverzierungen sind hier unten keine zu sehen, und die einzigen Gegenstände, die uns unser Führer zeigte und die unsere Aufmerksamkeit auf sich zogen, waren verschiedene Steintische, von denen einer etwa acht Fuß lang, vier Fuß breit und drei Fuß hoch war und den Korridor, in dem er stand, versperrte. Einer dieser unteren Korridore besaß eine Tür, die sich auf den hinteren Teil der Terrasse hin öffnete und die wir im allgemeinen – natürlich mit einer Kerze ausgestattet – benutzten, um zu den anderen Gebäuden der Ruinenstadt zu gelangen. An zwei weiteren Stellen führten Treppen zu den oberen Korridoren, die wahrscheinlich einmal als Schlafgemächer gedient haben.

In dem auf dem Grundriß (Abb. 34) mit ›Zimmer 1‹ bezeichneten Raum zeigten sich die Wände reicher mit Stuckarbeiten verziert als in irgendeinem anderen des Palastes; leider aber war diese Ornamentik sehr beschädigt. An jeder Seite des Eingangs fand sich eine Figur in Stuck, deren besser erhaltene in Abbildung 46 dargestellt ist. Ein Nebengemach, das auf unserem Plan mit dem Zusatz ›Kleiner Altar‹ eingetragen ist, war reich verziert, und nach dem Aussehen seiner Rückwand vermuteten wir, daß sie ursprünglich mit steinernen Tafeln ausgestattet war. Angesichts unserer völligen Unkenntnis der Sitten und Gewohnheiten des Volks, das einst dieses Gebäude bewohnte, war es unmöglich, Mutmaßungen darüber aufzustellen, welchen Zwecken die verschiedenen Gemächer einst gedient haben mochten; nennen wir den Bau aber zu Recht einen Palast – ein Name, den die Indianer ihm geben –, so dürfte der die Hofräume umgebende Palastbezirk zu öffentlichen und glanzvollen Auftritten bestimmt gewesen sein, während die übrigen Gemächer der königlichen Familie wohl als Residenz dienten. Das Zimmer mit dem kleinen Altar mag in diesem Sinne vielleicht als das zu deuten sein, was wir heute eine Palastkapelle nennen würden.

46 Stuckfigur in Zimmer 1

Mit Hilfe dieser Angaben und des Grundplans wird der Leser nun imstande sein, seinen Weg durch die Palastruine von Palenque zu finden; er wird sich eine Vorstellung machen können von der verschwenderischen Fülle ihrer Ornamente, von ihrer einzigartigen und erstaunlichen Anlage und von dem melancholischen Eindruck, den sie im Waldesdunkel auf den Besucher macht; und vielleicht wird seine Phantasie ihm vergegenwärtigen, wie es einst hier aussah, als die Zerstörung noch nicht ihr trauriges Werk begonnen hatte und als der Königspalast in seiner ganzen Pracht und in seinem reichen Schmucke dastand, bewohnt von jenem unbekannten Volke, dessen Porträts und Figuren bis heute die Wände schmücken.

Der Leser wird nicht überrascht sein, wenn wir, mit solchen Gegenständen beschäftigt, über manche Unannehmlichkeiten unserer fürstlichen Residenz hinwegsahen. Wir hatten geglaubt, hier von Wild leben zu können, sahen uns aber getäuscht. Wilden Truthahn konnten wir zwar zu jeder Zeit vom Portale des Palastes aus schießen; nachdem wir es aber mit einem versucht, wagten wir nicht, unsere Zähne an einem zweiten zu verderben. Darüber hinaus gab es nichts als Papageien, Affen und Eidechsen – durchweg ein nahrhaftes Mahl, das wir uns aber doch lieber für dringende Notzeiten vorbehalten wollten. Im übrigen würden der dichte Wald und die schweren Regenfälle die Jagd auf größeres Wild unmöglich gemacht haben.

Einmal – es sollte das letzte Mal sein – brach ich ganz allein zu einem Kundgang auf. Neben der Tür des Palastes erhebt sich ein hoher, steiler Berg, von dem aus sich, wie wir glaubten, ein Überblick über die alte Stadt in ihrem ganzen Umfange bieten müßte; dazu mochten sich dort droben auch noch weitere Ruinen finden. Mit dem Kompaß in der Hand peilte ich die Aufstiegsroute an, während ein Indianer mit seiner Machete vor mir herging, um in ost-nordöstlicher Richtung einen geraden Pfad zum Gipfel hinauf auszuhauen. Der Hang war so steil, daß ich mich an den Zweigen hinaufziehen mußte. Auf der Spitze des Berges fand ich einen hohen Steinhügel nebst einer Grundmauer vor. Vermutlich hatte hier einst ein Turm oder ein Tempel gestanden; aber der Wald war oben so dicht wie unten, und von der Ruinenstadt war nichts, nicht einmal der Palast zu sehen. Ich kletterte auf einen der Bäume, die sich auf der Spitze des Steinhügels erhoben, konnte aber auch von hier aus weder den Palast noch irgendein anderes Gebäude gewahren. Nichts als Wald in der einen Richtung, während wir vor uns durch eine Lichtung in diesem Baummeer auf eine große bewaldete Ebene blickten, die sich bis Tabasco und bis zum Golf von Mexiko ausdehnte. Der Indianer stand am Fuße des Baumes, und wie er durch die Zweige guckte, wandte er plötzlich sein freudestrahlendes Gesicht zu mir herauf, zeigte mir ein Fleckchen auf der Ebene, das ihm die Welt bedeutete, und rief: *»Alli esta el pueblo«* (Dort liegt mein Pueblo).

Noch ein weiteres Mal ging ich auf Erkundung aus, diesmal jedoch in Begleitung von Pawling. Unser Ziel dabei war die Untersuchung einer Wasserleitung, die von einem Bach am Fuße der Terrasse, auf welcher der Palast steht, gespeist wird. Bei unserer Ankunft in den Ruinen floß das ganze Wasser durch diesen Aquädukt. Jetzt waren die Fluten indessen angeschwollen und strömten auch über die Leitung und an ihren Seiten hin. An der Öffnung des Aquädukts hatten wir große Mühe, das reißende Wasser abzuleiten. Inwendig war er vollkommen finster, und wir konnten ohne Licht nicht vorwärts. Die Wandungen bestanden aus glattem Stein und waren gegen vier Fuß hoch, und die Decke ward aus übereinander vorkragenden Steinlagen gebildet, wie in den Korridoren der Gebäude. Eine kurze Strecke vom Eingang wandte sich der Kanal nach links; nach hundertsechzig Fuß war er dann durch die Trümmer der eingestürzten Decke vollständig versperrt, so daß es uns unmöglich ward, seine weitere Richtung zu bestimmen; indessen lief er sicherlich nicht unter dem Palast hinweg, wie man vermutet hat.

Nachts ließen uns zuckende Blitze und krachender Donner immer wieder hochfahren. Einmal aber alarmierte uns ein Geräusch, das wie das Knacken eines trockenen Zweigs unter einem festen Tritte klang. Ich hielt den Tritt für den eines wilden Tieres, Herr Catherwood aber, dessen Bett näher stand, meinte, es müsse der Tritt eines Menschen gewesen sein. Wir kletterten auf einen hohen Haufen loser Steine am Ende dieses Korridors, aber es lag alles in dichter Finsternis. Pawling gab zwei Schüsse ab, um zu zeigen, daß wir wach waren, und wir legten Stangen quer über den Korridor als Falle, so daß selbst ein Indianer von dieser Seite her nicht eindringen konnte, ohne mit einigem Lärm zu stürzen und Schaden zu nehmen.

Neben Moskitos und *Garrapatas* (Zecken) quälte uns noch ein anderes, schlimmeres Insekt, von den Eingeborenen *Nigua* genannt. Diese *Niguas* oder Sandflöhe sollen schon für die Spanier bei ihrem ersten Einzug ins Land eine große Plage gewesen sein. Ein spanischer Geschichtsschreiber sagt von ihnen, »daß sie sich unter den Nägeln der Zehen einfraßen, daselbst unter der Haut ihre Eier legten und sich in solcher Weise vermehrten, daß man sich ihrer nicht anders entledigen konnte als durch Ätzmittel, wodurch manche ihre Zehen, manche gar ihre Füße verloren, während sie gleich anfangs hätten herausgezogen werden müssen; da die Männer aber mit diesem Übel noch nicht vertraut waren, so wußten sie das rechte Mittel nicht anzuwenden.«

Diese Schilderung entspricht in jedem Punkte der Wahrheit. Wir waren diesen *Niguas* bis zu unserer Ankunft in Palenque glücklich entgangen, und da wir keine Erfahrung besaßen, so wußten auch wir nicht das rechte Mittel anzuwenden, als das Übel uns befiel. Mehrere Tage lang hielt sich einer dieser Sandflöhe in meinem Fuße eingegraben, und wenn ich auch empfand, daß etwas nicht in Ordnung war, so wußte ich doch nicht zu sagen, was, bis die Eier gelegt waren und die Beschwerden sich vermehrten. Pawling machte sich daran, die Nissen mit einem Federmesser herauszuholen, was nicht ohne eine große Wunde im Fleisch abging, und teils dadurch, teils durch die Stiche verschiedener anderer Insekten entzündete sich mein Fuß derart, daß ich keinen Schuh und keinen Strumpf mehr anziehen konnte und genötigt war, zu ruhen und einen ganzen Tag lang meinen Fuß in horizontaler Lage zu halten, wo er nun, unbedeckt wie er war, zu allem Überdruß auch noch von kleinen schwarzen Fliegen angegriffen ward, deren Bisse ich zwar im Augenblicke nicht fühlte, die aber Spuren gleich Stichen von hundert Nadeln zurückließen. Die Entzündung war so fortgeschritten, und die Schwellung nahm in solchem Grade zu, daß ich besorgt ward und in die Stadt zurückzukehren beschloß. Das Unternehmen erwies sich jedoch als wahrer Golgathaweg für mich. Der Fuß war viel zu dick, um in einen Steigbügel zu passen, und wenn ich ihn nur einige wenige Augenblicke herabhängen ließ, war es mir, als ob das Pochen des Bluts die Haut zersprengen wollte; der Gedanke gar, mit diesem Fuß an einem Busch entlangzustreifen, machte mich – und macht mich selbst heute noch – vollends schaudernd. Es war indessen unumgänglich, die Trümmerstätte zu verlassen. Ich schickte in die Stadt nach einem Maultier, und am zehnten Tage nach meiner Ankunft in den Ruinen hinkte ich die Terrassen hinab und saß auf, wobei mein unglückliches Glied auf einem über den Sattelknopf gelegten Kissen ruhte. Dieser Reitsitz bot auf dem schlammigen Weg natürlich nur sehr geringen Halt. Zwar ritt ein Mann vor mir her, der die herunterhängenden Zweige abhieb, aber dennoch ward mir der Hut drei- oder viermal vom Kopf gestoßen, und zweimal mußte ich von meinem Maultier absteigen; zu meinem großen Trost kamen wir denn noch zur rechten Zeit aus dem Walde heraus. Tagelang eingeschlossen von dichtem Urwald, ward das Hinausreiten auf offenes Gelände zu einem Erlebnis, das den Puls schneller klopfen ließ.

Als es zu dem Plateau, auf dem das Städtchen Palenque liegt, hinaufging, bemerkte ich ein ungewöhnliches Getriebe und viele Menschen auf der grasüberwachsenen Straße, wohl fünfzehn bis zwanzig an der Zahl, die bei meinem Anblick in Bewegung gerieten; drei oder vier Männer kamen auf mich zugeritten. Nachdem ich schon mancherlei verschiedene Rollen in diesem Lande hatte spielen müssen, ward ich nebst meinen Gefährten diesmal mit drei Padres verwechselt, die an diesem Morgen aus Tumbala erwartet wurden. Hätte das Mißverständnis länger fortgedauert, so wäre ich in den Genuß eines Mahles gekommen, das für mindestens sechs Personen ausgereicht hätte, leider aber ward der Irrtum bald entdeckt, und so ritt ich weiter zu unserem alten Hause. Sogleich erschien der Alkade mit den Schlüsseln in der Hand und vollständig angekleidet, will heißen, sein Hemd steckte in den Hosen; und ich lachte innerlich, als ich sah, daß er über das Kommen der Padres in noch üblerer Laune war als über unsere Ankunft; ja, er schien jetzt sogar ein bißchen Neigung zu mir zu entwickeln, als vermute er bei mir Verständnis für seinen Ärger über die Dummheit der Leute, die da um diese Padres so viel Aufhebens machten. Als er nun gar meinen Fuß sah, legte er wirklich einiges Mitgefühl an den Tag und war bemüht, es mir so bequem wie möglich einzurichten. Die Schwellung hatte stark zugenommen, doch ließen vollkommen ruhiges Liegen, Medizin aus unserer Arzneikiste, eine Hungerkur und das Fernhalten jeglicher Reizung die Entzündung innerhalb von zwei Tagen und zwei Nächten in sehr merklichem Grade zurückgehen.

An meinem dritten Tage in Palenque erreichte mich ein Jammerbrief aus den Ruinen. Juan hatte den flüssigen Speck umgeworfen, und dieser war dabei bis auf den letzten Tropfen ausgeflossen. Der klägliche Ton des Schreibens erregte meine ganze Teilnahme, und da ein Notfall alle unsere Bedenken zerstreut, eilte ich zum Alkalden und sagte ihm, es müsse ein Schwein sterben. Der Alkalde machte jedoch Schwierigkeiten, und ich kann es mir bis heute nicht erklären, warum er vor mir geheim hielt, daß gerade in der letzten Nacht ein Ferkel geschlachtet worden war. Früh am nächsten Morgen sah ich dann zufällig einen Knaben mit einigen Streifen frischen Schweinefleisches vorübergehen. Ich rief ihn zu mir, und er geleitete mich zu einer Hütte vor der Stadt, die noch gestern die Wohnung des unglücklichen Vierfüßlers gewesen war. Ich erkaufte mir hier einen Teil vom Geschlachteten, der eigentlich für einen ehrlichen Palenqueaner bestimmt gewesen war, und eilte damit nach Hause, glücklich in dem Bewußtsein, andere glücklich machen zu können. Überhaupt war dies ein glücklicher Tag. Es traf nämlich auch noch ein Kurier aus Ciudad Real mit Depeschen für Tabasco und einer Rückenladung Brot ein. Sowie ich davon Nachricht erhielt, schickte ich einen Boten hin, der über den Kauf des gesamten Vorrats verhandeln sollte. Leider war das Brot übersüßt und in Rauten, Ringeln und anderen phantastischen Formen gebacken, um zur Schokolade verzehrt zu werden, wozu noch kam, daß ein abscheulicher Schmalz aus der Kruste drang. Allein, es war doch Brot, und nachdem ich es vorsichtig auf einen Tisch gelegt und noch einen frischen Käse, das Produkt unserer Kuh, hinzugetan hatte, ging ich mit dem Gedanken an die Freude zu Bett, die der Morgen über die Ruinen von Palenque ausschütten würde. Aber ach, alle menschlichen Pläne sind eitel! In meinem ersten Schlafe ward ich von einem heftigen Donnerschlag aufgeweckt und entdeckte bei dieser Gelegenheit auf dem Tisch ein Ungeheuer von einer Katze. Zwar schleuderte ich meinen Stiefel wider sie, aber sie war mit einem Satze auf der Mauer und verschwand unter dem Dachvorsprung. Ich schlief wieder ein; die Katze kehrte zurück – und traurig waren die Folgen.

Die Padres ließen sich wahrscheinlich viel Zeit; nachdem sie die Stadt drei Tage lang in Aufregung versetzt hatten, hielten sie endlich am Morgen des vierten Tages ihren Triumpheinzug, von Bürgern eskortiert und mit einem Gefolge von mehr als hundert Indianern, die *Hamacas* (Hängematten), *Sillas* (Tragesesseln) und das Reisegepäck trugen. Die Städte Tumbala und San Piedro waren zwei- bis dreihundert Mann stark ausgerückt und hatten die genannten Gegenstände auf ihren Rücken und Schultern bis nach Nopa geschleppt, wo sie von einer Deputation aus Palenque in Empfang genommen und bis zu unserem Städtchen transportiert worden waren.

Es ist ein prächtig Ding in diesem Lande um einen Padre, und wer schon selbst kein Padre ist, der sollte um seines eigenen Vorteils willen zumindest Freund eines Padre sein. Ich besuchte die geistlichen Herren im Laufe des Nachmittags, aber nach den ermüdenden Anstrengungen der Reise hielten sie alle ihr Schläfchen, und die Indianer saßen vor der Tür und sprachen nur im Flüsterton miteinander, um sie nicht zu stören. Im Inneren waren Unmengen Gepäck aufgehäuft, woraus man ersehen konnte, wie umsichtig die guten Väter für sich zu sorgen wußten. Nach der Siesta erschienen sie dann einer nach dem anderen in einem schwer zu beschreibenden, sicherlich aber nicht geistlichen Kleide, denn keiner von ihnen hatte Rock oder Jacke an. Zwei von ihnen, die Pfarrer von Tumbala und Ayalon, hatte ich auf unserer Reise schon kennengelernt, und der dritte war ein Dominikanermönch aus Ciudad Real. Erklärtes Ziel ihrer Reise war der Besuch der Ruinen. Sie hatten unterwegs schwer zu leiden gehabt. Der Pfarrer von Ayalon war zugleich Deputierter im Kongreß und hatte in Mexiko mancherlei Nachforschungen über die Ruinen angestellt, in der falschen Voraussetzung, daß sie in seiner Nachbarschaft lägen. Der Padre von Tumbala, ein vielversprechender junger Mann von achtundzwanzig Jahren, wog bereits zweihundertundvierzig Pfund: eine schwere Last, wenn man sie auf solchen Straßen mit sich herumschleppen soll. Am schwersten aber hatte die Reise den Dominikanermönch mitgenommen, der jetzt zur Seite hin in einer Hängematte saß, das Wams offen hatte und sich beständig den Schweiß von der Brust wischte. Alle drei waren kenntnisreiche Männer, wie sie denn schon der Umstand, daß sie die Reise eigens unternommen hatten, um die Ruinen zu sehen, über den Durchschnitt hob. Der Kongreßdeputierte hatte uns schon bei unserer ersten Begegnung in Ayalon durch sein umfassendes Wissen und insbesondere durch die Kraft seiner Persönlichkeit beeindruckt. Er hatte an allen politischen Ereignissen im Lande tätigen Anteil genommen, namentlich seit der Zeit der Revolution gegen Spanien, zu deren Anstiftern er gehörte, und stand seitdem zum Ärger der Kirche immer als Liberaler im Vordergrund; er hatte sowohl den Soldaten als den Priester gespielt, der, wenn er sein blutbeflecktes Schwert nach der Schlacht niedergelegt, den Verwundeten und Sterbenden die Beichte abnimmt, ward zweimal verwundet, einmal unter den Gefallenen mit aufgeführt, lebte als Verbannter in Guatemala und ward mit der schrittweisen Rückkehr der liberalen Partei zur Macht wieder in seine Stelle eingesetzt und als Deputierter in den Kongreß gesandt, wo er bald schon an neuen Unruhen beteiligt war. Die drei Padres zeigten sich entsetzt über die Geschichten, die sie von Moskitos, Insekten und Reptilien in den Ruinen vernehmen mußten, und insbesondere über das, was sie vom Zustande meines Fußes erfuhren.

Während wir bei einer Tasse Schokolade saßen, trat der Pfarrer von Palenque ein, den ich noch gar nicht kennengelernt hatte, weil er, als wir im Städtchen eintrafen, gerade auswärts in einer zu seinem Sprengel gehörenden Ortschaft weilte. Er war unter allen Anwesenden die auffallendste Erscheinung, ein hochgewachsener Mann mit langem schwarzen Haar, indianischen Gesichtszügen und entsprechender Hautfarbe, ganz gewiß mit vier Fünfteln indianischem Blut in den Adern. Ja, hätte ich ihn in indianischer Tracht gesehen, ich würde ihn für einen *Puro,* einen reinrassigen Indianer, gehalten haben. Seine Kleidung war so ungeistlich wie seine Person und bestand zuoberst aus einem alten Strohhute, einem viereckigen Gebilde mit vorn, hinten und an den Seiten aufgeschlagenem Rande, umwunden mit einem breiten blauen Sammetbande, Hut wie Hutband von Wind und Regen hart mitgenommen; weiter aus einem karierten Hemd, einem alten blauseidenen, gelbgestreiften Halstuch, einer gestreiften Jacke, einer schwarzen Weste, langen, aus einem Bettbezug geschneiderten Beinkleidern, die nicht ganz bis an die Weste heraufreichten, und endlich gelben Buckskinschuhen. Aber unter dieser verwegenen Hülle verbarg sich eine bezaubernde Herzenseinfalt und Feinheit des Wesens, und wenn der Pfarrer sprach, leuchtete sein Gesicht von Güte; auch bewies der Empfang, der ihm von seiten der Padres zuteil ward, wie sehr sie ihn schätzten. Nachdem wir uns eine Weile allgemein unterhalten hatten, wurden die Schokoladentassen abgeräumt, und einer der Padres kramte aus seinem Reisekoffer ein Kartenspiel hervor und legte es auf den Tisch. Er führe – ließ er sich vernehmen – stets Karten bei sich, und es sei recht angenehm, in Gesellschaft zu reisen, weil man dann in jedem Nachtquartier des Abends ein Spielchen machen könne. Man sah dem Blatt denn auch deutlich an, daß es schon lange Zeit Dienst getan hatte, und es lag in dem ganzen Spiele etwas Geordnetes und Systematisches, welches auf eine reiche Übung der Padres schließen ließ. Eine alte Dienerin legte eine Handvoll Maiskörner, von denen jedes einen *Medio* zählte, und ein neues Paket Zigarren auf den Tisch. Da ich selbst nicht mitspielen wollte, so verzichtete einer der ehrwürdigen Väter ebenfalls auf das Spiel und unterhielt mich, während die anderen drei sich zu einer Partie *Monte* niedersetzten, dabei aber gleichwohl zunächst munter an der Unterhaltung teilnahmen. Bald freilich vertieften sie sich in ihre Karten, und als ich mich verabschiedete, spielten sie mit einem Ernst und Eifer, als ob es sich dabei um die Seelen unbekehrter Indianer handelte. Ich hatte oft von Ausländern die hämische Bemerkung gehört, daß in diesem Lande keine zwei Padres zusammenkommen könnten, ohne Karten zu spielen, und wenn ich sie hier das erste Mal bestätigt fand, dann vielleicht nur, weil es, öffentliche Anlässe ausgenommen, das erste Mal war, daß ich zwei Padres beisammen sah. Bevor ich sie verließ, luden sie mich zum Mittagessen des nächsten Tags ein, und als ich nach Hause kam, hörte ich, daß Don Santiago, der Herr, welcher ihnen zu Ehren jenes Mahl gab und nächst dem Präfekten der vornehmste Mann im Orte war, mir bereits eine gleichlautende Einladung zurückgelassen hatte. Es muß nicht weiter ausgeführt werden, daß ich sie annahm.

Der nächste Tag war ein Sonntag; das Gewitter der Nacht war abgezogen, die Luft mild und balsamisch, das Gras prangte in frischem Grün, und da ich zu meinem Glück noch nicht abreisen mußte, fand ich das bestätigt, was die Eingeborenen behaupten, daß die Morgen der Regenzeit die schönsten im Jahre sind. Es war ein großer Tag für die kleine Kirche von Palenque. Alle vier Padres waren anwesend, alle in ihren Priestergewändern und Chorhemden, und alle vier zelebrierten sie gemeinsam das Hochamt; natürlich strömten da die Indianer aus sämtlichen Hütten des Ortes zur Messe. Als sie vorüber war, zog dann alles wieder nach Hause, und in wenigen Minuten war es so still im Städtchen wie je zuvor.

Um zwölf Uhr ging es zu Don Santiago zum Festmahl. Die meisten Gäste, darunter auch die drei Padres, waren schon versammelt. Don Santiago, der reichste Mann und der bedeutendste Kaufmann von Palenque, empfing uns in seiner *Tienda,* in seinem Laden, der lediglich einige Fächer mit einem Ladentische davor umfaßte und dessen gesamter Warenvorrat vielleicht zwanzig bis dreißig Dollar wert war. Aber Don Santiago war von ganz anderer Art als ein solcher kleiner Mann bei uns oder in Europa; er war höflich und fein in seinen Manieren und für hiesige Verhältnisse auch ein gebildeter Mann. Bekleidet war er mit weißen Pantalons, roten Pantoffeln, einem reinlichen, auf der Brust bestickten Hemde und Hosenträgern, die wahrscheinlich mehr als seine ganze übrige Kleidung gekostet hatten und entsprechend nicht unter Rock und Wams versteckt werden durften. An diesem Orte, der mir zuerst wie das Ende der Welt erschienen war, kam ich in engere Berührung mit der Heimat als an irgendeinem anderen, den ich zuvor besucht hatte. So stammte der Stuhl, auf dem ich saß, ebenso aus New York wie zwei kleine Spiegel, zwei Stück amerikanische ›Cottons‹ und der Rest einer Schachtel Fadennudeln, von deren Vorhandensein am Orte ich mir nichts hätte träumen lassen. In der Tat bestanden aber über den Hafen von Tabasco einige Handelsbeziehungen mit New York; es gab im Städtchen sogar einen Mann, der leibhaftig in New York gewesen war, und irgendwann hatte auch ein Faß Mehl aus meiner Heimat den Ort erreicht. Überhaupt war New York hier bekannter als irgendein anderer Teil der Welt, die eigene Hauptstadt ausgenommen. Don Santiago besaß Zavalas ›Reise in die Vereinigten Staaten‹ und kannte sie fast auswendig, ebenso wie einige Lebensbeschreibungen von Heiligen, die seine Bibliothek vervollständigten. Auch waren die Leute hier mit unserer politischen Geschichte wohlvertraut und wußten, daß nicht General Washington, sondern General Jackson Präsident der Vereinigten Staaten ist.

Der Padre von Tumbala, jener Mann mit der Wucht von zweihundertundvierzig Pfund und einer für dieses Land etwas geckenhaften Kleidung, hatte seine Violine mitgebracht. Er wollte von mir etwas über den Zustand der Musikwissenschaft und Tonkunst in meiner Heimat erfahren und ob unsere Regierung gute Operngesellschaften unterstütze, bedauerte, daß ich nicht einige Nationalweisen spielen könnte, und unterhielt sich und die Gesellschaft mit mehreren Liedern.

Der Padre von Palenque war unterdessen noch immer nicht eingetroffen und erschien auch erst, nachdem man zweimal nach ihm geschickt hatte. Eigentlich war er es, der das Diner veranstaltete; weil es aber im Konvent bei seiner nachlässigen Wirtschaft an Komfort gebrach, so ward es in seinem Namen von seinem Freunde Don Santiago gegeben. Der Laufjunge, den man zum Padre geschickt hatte, überbrachte uns die Nachricht, daß dieser die ganze Sache vergessen habe. Und in der Tat besaß der Padre viel von dem zerstreuten und exzentrischen Wesen eines Genies, obwohl er gewiß keinen Wert darauf legte, als solches zu erscheinen. Don Santiago erzählte uns, er sei einmal zu dem Padre gekommen und habe in seiner Wohnung eine Kuh mit ihrem Kalbe vorgefunden; der Pfarrer habe sich in seiner großen Verlegenheit damit entschuldigt, daß er sich nicht zu helfen wisse, sie hätten durchaus herein gewollt, und er habe es als eine großartige Idee betrachtet, als Don Santiago ihm den Rat gab, er solle sie doch einfach wieder hinaustreiben.

Als er endlich eintrat, fingen die anderen Padres an, ihn mit seiner Vergeßlichkeit aufzuziehen, deren Echtheit sie in Zweifel stellten; sie hätten ihm den Abend zuvor sechzehn Dollar abgewonnen, und deshalb habe er sich wohl gefürchtet zu kommen. Er ging auf ihren Ton ein und antwortete, ein ruinierter Mann stehe vor ihnen. Daraufhin boten sie ihm Revanche an, und sofort ward der Tisch herbeigerückt, Karten und Maiskörner darauf ausgebreitet und von drei der Padres das Blatt für eine Partie *Monte* gemischt, während der Pfarrer von Tumbala die Violine dazu spielte. Vielerorts hätte man an einem solchen Kartenspiel am Sonntag Anstoß genommen, zumal bei offenen Türen gespielt ward und man ein schlechtes Beispiel für Kinder und Dienstleute befürchten mußte; da ich inzwischen auf ziemlich gutem Fuße mit den geistlichen Herren zu stehen meinte, so brauchte ich nicht mit der Meinung hinter dem Berg zu halten, daß sie in meinem Lande bei einem solchen Treiben von der Kanzel herab und aus der Kirche gestoßen würden. Der Kongreßdeputierte hatte in Mexiko einen Engländer getroffen, der ihm Gleiches gesagt und ihm auch erzählt hatte, in welcher Weise der Sonntag in England geheiligt würde. Die Padres aber meinten alle, mit einem solchen Blödsinn hätten sie, Gott sei Dank, nichts zu schaffen.

Damit aber kein falsches Bild entsteht und das Vorurteil, bei der ganzen spanisch-amerikanischen Geistlichkeit handle es sich um eine saubere Gesellschaft gewissenloser Spieler, hier nicht weiter genährt wird, so will ich feststellen, daß alle vier kenntnisreiche und gutherzige Männer waren. Sie wollten Gutes und kein Unrecht tun, zeigten sich in Fragen des Glaubens höchst ehrfürchtig, waren fleißig in ihren Ämtern und standen in ihren Gemeinden ohne Fehl und Tadel da. Es war eine Folge von Gewohnheit und Erziehung, wenn sie das, was sie taten, nicht für unrecht hielten. Immerhin muß ich sagen, daß das Mahl aufgeschoben ward und die ganze Gesellschaft warten mußte, bis die drei ihr Kartenspiel beendet hatten.

Das Gastmahl war in einem unbewohnten Nachbarhause ausgerichtet worden, und mit zwei Ausnahmen fehlte kein Weißer im Ort; die Ausnahmen waren der Präfekt und der Alkalde, ersterer, weil er auf seiner Hazienda weilte, letzterer, weil er wohl nicht eingeladen worden war, wie ich aus den stichelnden Bemerkungen schloß, die er später darüber machte. *In summa* waren fünfzehn oder sechzehn Personen anwesend. Ich selbst ward zum Ehrensitze am oberen Ende der Tafel geführt, machte dagegen zwar Einwendungen, ward aber von den Padres mit sanftem Zwange niedergesetzt. Nachdem alle Herren Platz genommen hatten, bemerkte man, daß durch engeres Zusammenrücken auch noch Platz für einige Damen war, und nachdem man eine neue Tafelordnung festgelegt hatte, bat man denn drei Frauenzimmer zu Tische, die sämtlich zu meiner Linken Platz nahmen. Schon nach wenigen Minuten begann ich zu begreifen, daß man das ganze Diner wohl eigentlich für mich ausgerichtet hatte. Es war lange her, daß ich eine solche Tafel gesehen hatte, und ich bedauerte es im stillen, daß ich Herrn Catherwood nicht benachrichtigt und gebeten hatte, wie zufällig und noch zur rechten Zeit für eine Einladung in die Stadt zu kommen. Jetzt freilich war es zu spät und für solchen Tiefsinn keine Zeit, denn das Essen war im vollen Gange. Anderswo hätte ich mich auf Grund meiner Stellung meinen Nachbarn zu beiden Seiten widmen müssen, in Palenque aber widmeten diese sich mir. Hielt ich einen Augenblick im Essen inne, husch! war mein Teller weg und ein neuer, mit einer anderen Speise ward gebracht. Es mag unmanierlich scheinen, aber ich überwachte das Schicksal gewisser Gerichte, vor allem der Süßigkeiten, in der stillen Hoffnung, man würde ihnen nicht den Garaus machen, denn es war meine Absicht, alle etwaigen Reste in meine Tasche zu praktizieren und in die Ruinen zu schaffen. Auch Wein stand auf der Tafel und ward mir als gut, weil aus New York kommend, empfohlen, was mich aber nicht eben verlocken konnte, von ihm zu kosten. Wasser gab es nicht, wie es denn überhaupt hierzulande niemals auf den Tisch kommt und stets erst nach den Süßigkeiten, die man als letztes Gericht reicht, getrunken wird; dabei macht dann ein großer Stürzbecher die Runde, an dem jeder nippt. Hingegen ist es wider alle Ordnung und unmanierlich, während der Mahlzeit um Wasser zu bitten.

Jeder Gast machte, sowie er vom Tische aufstand, vor Don Santiago seine Verbeugung und sagte *»Muchas Gracias«* (Schönen Dank), was mir als eine Unsitte und keineswegs im Einklang mit jener feinen spanischen Höflichkeit zu stehen schien, derzufolge der Wirt seinen Gästen für ihre Gesellschaft danken muß und nicht diese ihm für das genossene Essen. Da ich indessen mehr Grund als irgendeiner hatte, Dank abzustatten, so folgte ich dem allgemeinen Beispiele. Nach Tisch wurden meine Freunde schläfrig und zogen sich zu einer Siesta zurück, während ich mich mit den Damen unterhielt, die Reste der Desserts an mich brachte und Don Santiagos gesamten Fadennudelvorrat aufkaufte.

Am nächsten Morgen war mein Fuß wieder leidlich hergestellt, und so ritt ich zum Hause der Padres, um sie zu den Ruinen zu begleiten. Sie hatten den Abend recht gesellig beim Kartenspiele verbracht. Wer fehlte, war wiederum der Padre von Palenque. Als wir zu ihm hinüberritten, setzte er gerade ein Knäblein auf ein hochkruppiges Pferd, einen kleinen Jungen, der ihm so wunderbar ähnlich sah, daß die Leute aus zarter Rücksicht auf seine Verpflichtung zum Zölibat nicht fragten, wessen Sohn er sei. Hernach band er ein Reservepaar Schuhe hinter seinen Sattel, und wir zogen unter dem *a Dios* des ganzen Städtchens ab. Da die Padres die Nacht in den Ruinen zubringen wollten, folgte ihnen ein Troß von fünfzig bis sechzig Indianern, beladen mit Betten, Bettzeug, Lebensmitteln, Futter für die Maultiere und den verschiedensten Gegenständen, darunter einem weißen irdenen Waschbecken; außerdem hatten die geistlichen Herrn auch noch, begünstigter als wir, vier oder fünf Frauen dabei, die ihnen den Haushalt führen sollten.

Als wir in den Wald kamen, fanden wir die bei meinem Ritt nach Palenque gestutzten Zweige durch die Wucht des Regens aufs neue niedergedrückt, und die Bäche führten Hochwasser. Die Padres saßen zwar auf guten Pferden, waren aber schlechte Reiter und wurden mehrmals abgeworfen, auch kamen wir einmal, meiner Führung zum Trotz, vom Wege ab, bis endlich um elf Uhr zu unser aller großen Freude unser seltsam langer Zug die Ruinen erreichte. So füllte sich denn der alte Palast von neuem mit Leben.

Während meiner Abwesenheit hatte sich eine merkliche Veränderung vollzogen: Die Wände waren feucht, die Korridore naß; der ununterbrochene Regen drang durch alle Risse und Spalten hindurch und fand auch im Dache Öffnungen; Sättel, Zäume, Stiefeln, Schuhe, alles sah grün und schimmlig aus, und Flinten und Pistolen zeigten Rostflecken. Vor allem aber Catherwoods Anblick erschreckte mich: Er wirkte siech und verfallen und hinkte infolge von Insektenstichen; sein Gesicht war geschwollen und sein linker Arm von Rheumatismus wie gelähmt.

Wir schickten die Indianer über den Hof in den gegenüberliegenden Korridor, damit unser unbewacht herumliegendes Gepäck sie nicht in Versuchung führe; sie wählten dort einen geeigneten Platz aus und richteten alles so ein, daß sich die Padres mit aller häuslichen Bequemlichkeit zu einer einstündigen Ruhe niederlegen konnten. Da ich den Padres ehrlich zugetan war und auch nicht gegen die Gepflogenheiten unserer Wohnstatt, des Palastes, verstoßen wollte, lud ich die ehrenwerten Herren ein, mit uns zu speisen. Catherwood und Pawling machten zwar Einwendungen, und die Padres wären gewiß besser weggekommen, wenn sie für sich gegessen hätten, allein sie verstanden den Sinn der Einladung und sagten uns in verbindlicher Weise ihre *Muchas Gracias.* Nachdem sie ihre Siesta gehalten hatten, geleitete ich sie durch den Palast und zurück bis in ihr Gemach. Seltsamerweise fiel an diesem Abend kein Regen, so daß wir mit einer Kerze, die ein Hut vor dem Verlöschen schützte, den Hof überquerten, um den Padres unsere Aufwartung zu machen. Wir fanden die drei ehrwürdigen Herren, wie nicht anders zu erwarten, bei einem gemütlichen Kartenspiele, mit dem sie den Tag beschlossen, während die Indianer ringsum schon im Schlafe lagen.

Am nächsten Morgen führte ich sie, unterstützt von Pawling und den Indianern, die ihnen behilflichen sein sollten, zu den anderen Gebäuden, wo ich sie manche wunderliche Hypothese äußern hörte; um zwei Uhr dann kehrten sie unter vielen Dankesbekundungen und dringenden Einladungen, sie in ihren verschiedenen Konventen zu besuchen, in das Städtchen zurück.

Spät am Nachmittage des gleichen Tages setzte ein furchtbarer Gewitterregen ein, der sich des Nachts mit heftigem Donnergrollen an dem alten Gemäuer brach, während feurige Blitze die Korridore durchzuckten. Die Padres hatten über uns gelacht und sich eines größeren Scharfblicks bei der Auswahl einer geeigneten Schlafstätte gerühmt, in dieser Nacht aber ward auch ihr altes Zimmer überschwemmt. Aus der folgenden Zeit enthält mein Tagebuch nur noch Bemerkungen über die Ankunft von Indianern, wenn Stürme hereinbrachen, über die Gewalt und Dauer der Unwetter, über die Regenfluten und die immer neuen Plätze, an die wir unsere Lager auf der Suche nach Ruhe und Trockenheit schaffen mußten. Von Tag zu Tag ward unsre ›Königswohnung‹ nasser und unbehaglicher. Am Donnerstag, den dreißigsten Mai, brach das Unwetter gar mit einem Wirbelsturm herein, und des Nachts scholl das Krachen fallender Bäume durch den Wald, Regen fiel in Strömen, und unaufhörlich grollte ein schrecklicher Donner. Von unseren Nachtlagern aus erschien uns der zerfallene Palast, erhellt von blendenden Blitzen, wie ich sie nie zuvor in diesem Lande sah, großartig und schauerlich zugleich. Ja, der Orkan bedrohte sogar das Gebäude selbst, und da wir den unsicheren Zustand der Mauern kannten, so waren wir in einiger Sorge, ob nicht alles zusammenbrechen und uns begraben könnte. Am nächsten Morgen standen der Hof und das Gelände unterhalb des Palastes unter Wasser, und die gesamte Gebäudefront war derart von Regengüssen verheert, daß wir auf die andere Seite des Korridors umziehen mußten. Aber auch hier waren wir nicht viel besser daran; immerhin hielten wir so lange aus, bis Herr Catherwood mit seiner letzten Zeichnung fertig war, worauf wir am Sonnabend, den ersten Juni, gleich Ratten, die ein sinkendes Schiff verlassen, aufbrachen und den Ruinen von Palenque Lebewohl sagten.

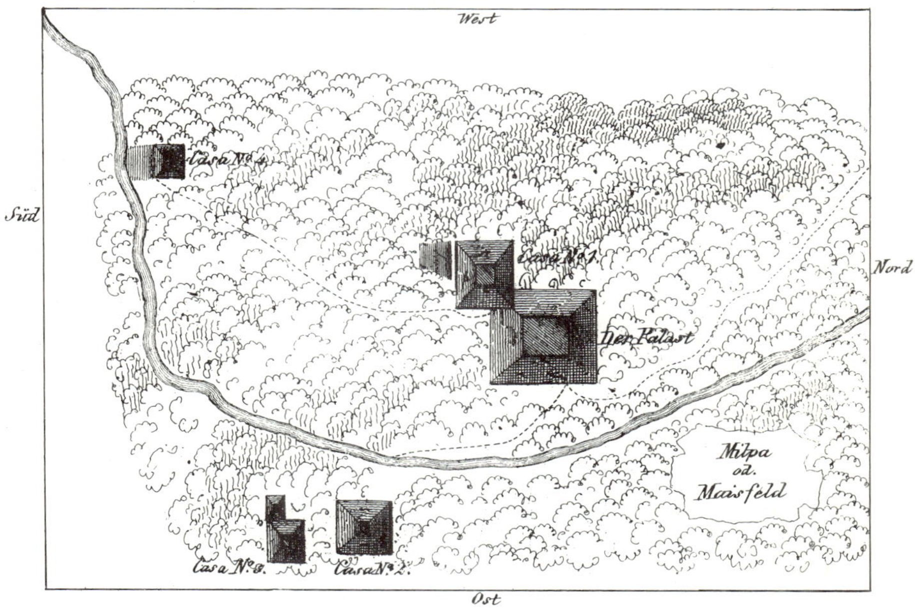

47 Lageplan der Bauten von Palenque

48 *Gesamtansicht von Palenque*

Bevor ich mich indessen von ihnen trenne, will ich eine Schilderung der übrigen, bisher noch nicht beschriebenen Gebäude geben. Abbildung 48 verschafft dem Leser dabei, soweit das in dem unübersichtlichen Gelände möglich ist, einen Gesamtüberblick über die Trümmerstätte, und der Lageplan in Abbildung 47 gibt in groben Zügen die Lage aller in Palenque entdeckten Gebäude an, wobei die gestrichelten Linien die Pfade zu den verschiedenen Monumenten bezeichnen. Es sind zwar Überreste noch anderer Bauten im Umkreis vorhanden, doch so gänzlich verfallen, daß wir es der Mühe nicht wert hielten, sie zu beschreiben oder auch nur ihre Position auf dem Plane einzuzeichnen.

Vom Palast aus ist kein anderes Gebäude sichtbar. Tritt man durch den oben erwähnten unterirdischen Gang hinaus und steigt die südwestliche Flanke der Terrasse hinab, so stößt man unmittelbar an deren Fuß auf einen zerfallenen pyramidalischen Bau, zu dem wohl einstmals auf allen Seiten Treppen hinaufführten. Die Stufen sind inzwischen von wuchernden Bäumen hinabgestürzt worden, so daß man über Steine klettern und sich an Zweigen in die Höhe ziehen muß. Der Aufweg ist so steil, daß, wenn der Vordermann einen Stein von seiner Stelle verrückt, er den Abhang der Pyramide hinabpoltert – und wehe dann denen, die hinter ihm gehen. Etwa mittwegs sieht man durch eine Waldlichtung am Hang das in Abbildung 49

49 Casa No. 1 im gegenwärtigen Zustand

dargestellte Gebäude. Die Zeichnung stellt den gegenwärtigen Zustand des Gebäudes dar, umgeben und überwachsen von Bäumen; aber von dem tiefen, erhabenen Eindruck, den es auf uns machte, vermag keine Schilderung und keine Zeichnung eine Vorstellung zu vermitteln. Allein, es war unser Ziel, das Gebäude so wiederzugeben, wie es einst in unversehrtem Zustande ausgesehen haben mochte, um es der gelehrten Betrachtung und dem Vergleich mit der Architektur anderer Länder und Zeiten zur Verfüngung zu stellen. Die vorgeschlagene Rekonstruktion wurde hier wie auch bei den weiteren Gebäuden erst nach sorgfältiger, gewissenhafter Prüfung vorgenommen, und der Leser wird in jedem einzelnen Falle genau sehen, wovon wir uns dabei leiten ließen. Ich muß indes bemerken, daß nur die Gebäude selbst in rekonstruierter Form wiedergegeben sind, während die Skulpturen und Stuckornamente getreu so gezeichnet wurden, wie wir sie vorfanden.

Abbildung 50 stellt also das betreffende Gebäude – auf dem Grundplan mit ›Casa No. 1‹ bezeichnet – ohne den dichten Wald ringsum dar. Von unten nach oben sind zu sehen: der Grundriß, der Aufriß, ein Längsschnitt, der die Lage der Hieroglyphentafeln im Innern angibt, und ein zweiter Aufriß in kleinerem Maßstabe, der auch die Stufenpyramide einbezieht, auf der das Gebäude steht. Die Casa ist sechsundsiebzig Fuß breit, fünfundzwanzig Fuß tief und besitzt fünf Türen zwischen sechs Mauerpfeilern, welche sämtlich noch stehen. Die ganze Fassade weist reiche Stuckverzierungen auf. Während die Eckpfeiler mit Hieroglyphen bedeckt sind, die sich jeweils auf sechsundneunzig Felder verteilen, sind die vier anderen Pfeiler mit Menschenfiguren verziert, zwei auf jeder Seite des Mitteleingangs, die gegeneinander gekehrt und in den folgenden Abbildungen (Abb. 51–54) in der Ordnung, wie sie auf den Pfeilern erscheinen, dargestellt sind.

Die erste Figur zeigt eine Frau mit einem Kind in den Armen; wir schlossen zumindest aus der Kleidung, daß es sich um eine Frau handle. Das Bildnis ist von einem sorgfältig gearbeiteten Rahmen umschlossen, und die Figur selbst steht auf einem schönen Ornamentsockel. Der Kopf ist zerstört. Über dem Rahmen sind drei Hieroglyphen zu sehen, und auch in der rechten oberen Ecke erkennt man Spuren von herausgebrochenen Hieroglyphen. Die drei anderen Figuren sind insgesamt ähnlich dargestellt; wahrscheinlich hatte jede ein Kind in den Armen, und in allen Fällen sind über dem Schmuckrahmen Hieroglyphen zu sehen.

Unterhalb der beiden Mittelpfeiler stehen zwei Steintafeln mit anscheinend interessanten Figuren auf den Stufen (vgl. Abb. 50); sie sind aber so tief in Trümmermassen vergraben, daß es unmöglich war, sie zu zeichnen.

Das Innere des Gebäudes fanden wir in zwei parallel laufende Korridore geteilt, deren Decken wie im Palast als falsche Spitzgewölbe ausgeführt sind, während den Boden große Quadersteine bedecken. Der Frontkorridor ist sieben Fuß breit, die Scheidemauer sehr massiv und mit drei Türen ausgestattet, eine große in der Mitte und eine kleinere an jeder Seite. In diesem vorderen Korridor findet sich an jeder Seite der Haupttür eine große Hieroglyphentafel, jede dreizehn Fuß lang, acht Fuß

50 Rekonstruktion der Casa No. 1

51 *Stuckfigur an einem Mauerpfeiler*

52 *Stuckfigur an einem Mauerpfeiler*

53 *Stuckfigur an einem Mauerpfeiler*

54 Stuckfigur an einem Mauerpfeiler

hoch und in zweihundertundvierzig Felder mit Figuren oder Symbolen gegliedert, jede Tafel etwa drei bis vier Zoll über die Mauer, in die sie eingefügt ist, hervorstehend. An einer Stelle hatte man dicht neben einer der Platten ein Loch in die Mauer geschlagen, offenbar in der Absicht, sie aus ihrem Lager herauszuheben; dadurch ward sichtbar, daß der Hieroglyphenstein selbst etwa einen Fuß stark ist. Es handelt sich um Arbeiten in Basrelief, die aus einem großen Steine an jeder Seite und aus kleineren in der Mitte bestehen, was in den Abbildungen 55 und 56 durch die dunklen Linien angezeigt ist.

Auf der ersten Tafel (Abb. 55) ist eine Hieroglyphenreihe von Tropfwasser verwischt, das, Gott weiß wie lange, herabgesickert ist und eine tropfsteinartige Substanz abgesetzt hat, die auf der Platte so festsaß, daß wir sie nicht zu entfernen vermochten; vielleicht, daß dies einmal auf chemischem Wege möglich sein wird. Auf der zweiten Tafel ist sogar fast die Hälfte der Hieroglyphen durch Wassereinwirkung verschwunden (Abb. 56). Als wir sie zum ersten Male sahen, waren beide Tafeln zudem mit einer dicken grünen Moosschicht überdeckt, und wir mußten sie zunächst einmal abwaschen und abkratzen, die Linien mit einem Stückchen Holz reinigen und alles vollständig überbürsten, wobei ein Paar Stiefelwichsbürsten, die Juan aus meiner Wohnung in Guatemala mitgenommen und unterwegs gegen meine Anweisung nicht weggeworfen hatte, gerade das Geeignete waren. Wegen der Dunkelheit des Korridors, einer Folge der vor dem Eingange stehenden dichtschattigen Bäume, mußten außerdem Lichter oder Fackeln brennen und ein starkes Licht auf die Steine werfen, während Herr C. sie abzeichnete.

Der rückwärtige Korridor, dunkel und dumpf, ist in drei Gemächer unterteilt. Jedes der Seitengemächer hat dabei zwei schmale Öffnungen von etwa drei Zoll Weite und einem Fuß Höhe. Überreste von Skulpturen, Malereien oder Stuckverzierungen sind hier nicht zu sehen. Im Mittelgemach aber ist in die hintere Wand, der Haupteingangstür gegenüber, eine weitere Hieroglyphentafel von vier Fuß sechs Zoll Breite und drei Fuß sechs Zoll Höhe eingefügt (Abb. 57). Da die Decke darüber stark und dicht ist, hat die Tafel durch die Elemente nicht gelitten, und entsprechend sind die Hieroglyphen vollständig erhalten, obwohl der Stein in der Mitte einen durchgehenden Sprung aufweist.

Den Eindruck, den diese sprechenden, uns aber unverständlichen Tafeln auf uns machten, will ich gar nicht erst zu schildern versuchen. Unerklärlicherweise sind sie aber dem Lesepublikum bisher nie vorgestellt worden. Die Kapitäne Del Rio und Dupaix erwähnen sie zwar beide, aber nur in einigen wenigen Worten, und keine einzige Zeichnung gibt sie uns in den betreffenden Werken wieder. In königlichem Auftrage unterwegs und ohne Zweifel die geeigneten Männer für die ihnen anvertraute Mission, können sie unmöglich den Wert dieser Hieroglyphentafeln verkannt haben. So glaube ich eher, daß in beiden Fällen die Künstler der Expeditionen der mühevollen Arbeit nicht gewachsen waren, nämlich nicht jene energische Ausdauer aufzubieten vermochten, die beim Kopieren so verwickelter, unverständlicher und

55 *Hieroglyphenstein in Casa No. 1*

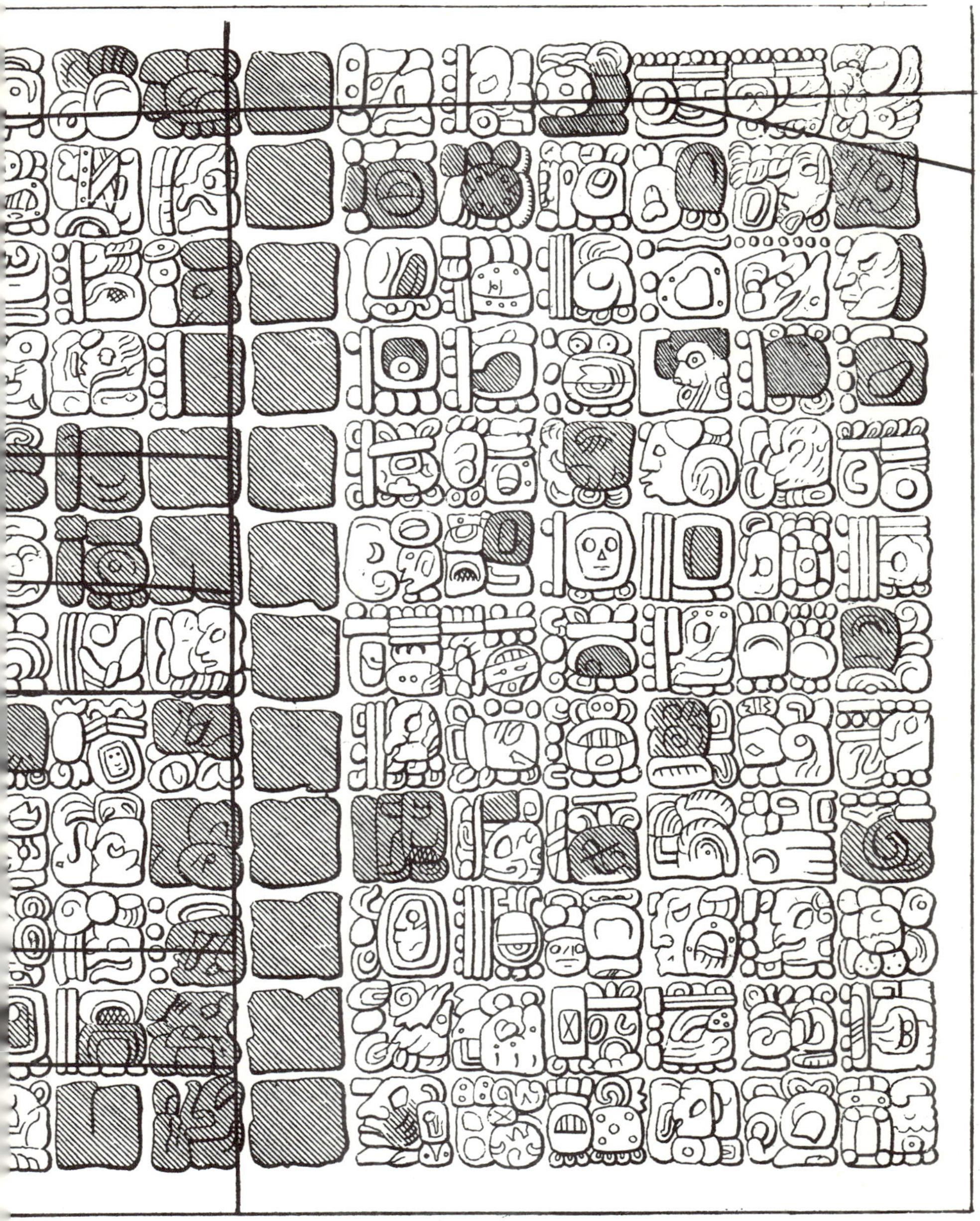

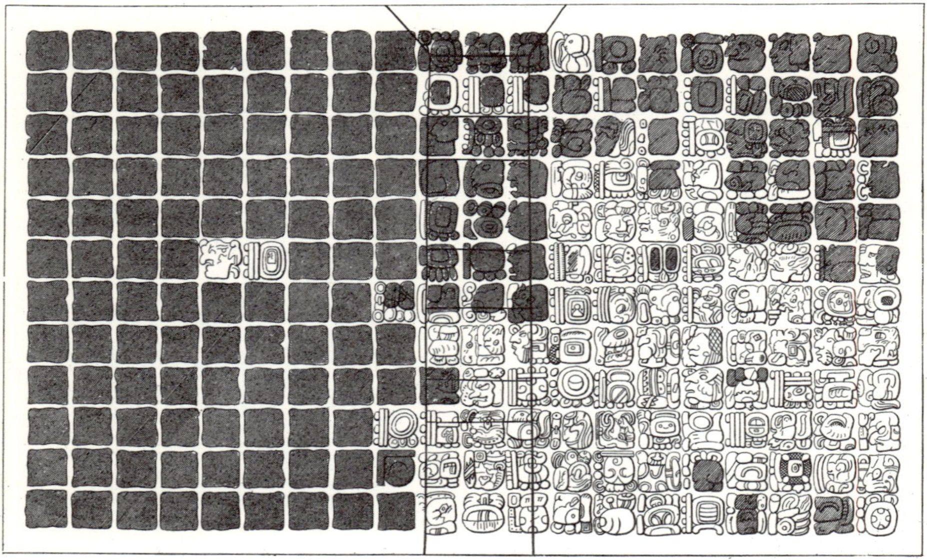

56 *Ein zweiter Hieroglyphenstein*

57 *Ein dritter Hieroglyphenstein*

ungewohnter Gegenstände unbedingt notwendig ist. Wie in Copan, so teilte auch hier Herr Catherwood sein Papier in quadratische Felder ein; die Originalzeichnungen wurden später verkleinert und die Stiche von ihm selbst korrigiert, und ich glaube, daß sie so getreue Kopien sind, wie sie der Zeichenstift eben zu schaffen vermag: authentische Urkunden eines untergegangenen Volks. Die Indianer nennen dieses Gebäude *Escuela* (Schule), unsere Freunde, die Padres, hingegen wollten einen Justizhof in ihm sehen, wobei die Steine, wie sie meinten, die Gesetzestafeln darstellten.

Ein wichtiger Umstand ist noch der Beachtung wert: Die Hieroglyphen von Palenque sind von gleicher Art wie die in Copan und Quirigua. Das Land dazwischen wird zwar gegenwärtig von Indianerstämmen mit vielen voneinander abweichenden Sprachen bewohnt, aber es ist Grund zu der Annahme, daß das ganze Land einst von ein und demselben Stamme bewohnt war, welcher dieselbe Sprache redete oder doch wenigstens dieselben Schriftzeichen hatte.

Wir konnten zwischen den unteren und oberen Teilen des Gebäudes keine Treppe oder irgendeine andere sichtbare Verbindung entdecken und das obere Stockwerk nur dadurch erreichen, daß wir an einem Baum hinaufkletterten, der sich dicht an der Mauer erhob und dessen Gezweig sich über das Dach ausbreitete. Das Dach ist geneigt, und die Seiten sind mit Stuckverzierungen bedeckt, welche aber den Elementen und den Angriffen der Bäume und Zweige ausgesetzt gewesen und in einem solchen Maße abgeschliffen und zerstört sind, daß sie nicht kopiert werden konnten; immerhin waren noch Reste genug vorhanden, um uns zu überzeugen, daß die Ornamentik in ihrem ursprünglichen, unversehrten Zustande und in ihrer Farbenpracht reich und imposant gewesen sein muß. Auf dem First erhebt sich eine Reihe Pfeiler von jeweils achtzehn Zoll Höhe und zwölf Zoll Abstand zueinander, bestehend aus kleinen, in Mörtel gelegten Steinen mit einem Gipsüberzug, auf denen eine weitere Schicht flacher, vorspringender Steine aufliegt, so daß das ganze in etwa das Aussehen einer niedrigen, durchbrochenen Balustrade hat.

Vor diesem Gebäude, am Fuße des pyramidalischen Unterbaus, fließt ein kleines Gewässer, das teilweise den zuvor geschilderten Aquädukt speist. Am anderen Ufer stießen wir auf eine in Trümmern liegende Steinterrasse von etwa sechzig Fuß Höhe in der Schrägung, mit einer ebenen Fläche von hundertundzehn Fuß Breite auf der Spitze, auf der sich ein zweiter, jetzt zerstörter und von Bäumen überwachsener Pyramidenbau erhebt; er mißt hundertundvierunddreißig Fuß in der Schrägung, und auf seiner Spitze steht das auf dem Plane mit ›Casa No. 2‹ bezeichnete Gebäude, das gleich dem ersten hinter Bäumen verborgen, in Abbildung 58 aber in restaurierter Form dargestellt ist, wobei wir dem Leser wiederum den Grundriß, den Aufriß, zwei Schnitte durch das Gebäude und einen zweiten Aufriß in kleinerem Maßstab mitsamt dem pyramidalen Unterbau zeigen.

Die Fassade dieser zweiten Casa ist bei einunddreißig Fuß Tiefe fünfzig Fuß breit und hat drei Eingänge. Die ganze Vorderseite ist mit Stuckverzierungen bedeckt.

58 Rekonstruktion von Casa No. 2

Die zwei äußeren Pfeiler zeigen wieder Hieroglyphen; einer der beiden inneren Pfeiler ist umgestürzt, während den anderen eine Figur in Basrelief ziert, leider in ihren Konturen abgerieben und beschädigt.

Das Innere ist auch hier in zwei parallele Korridore unterteilt und weist auch die gleiche Deckenarchitektur und den gleichen Fußboden aus großen Quadersteinen wie Casa I auf, wobei in diesem Gebäude jedoch in die Pflasterung, wahrscheinlich von Kapitän Del Rio, gewaltsam Öffnungen gebrochen und im Boden darunter Suchgrabungen angestellt worden sind. Der hintere Korridor besitzt drei Abteile; der Haupteingangstür gegenüber öffnet sich ein rechteckiger Raum mit einem schweren Stucksims an der Außenmauer und einer Tür mit reicher, jetzt leider verwischter Ornamentik auf dem Sturz; zu beiden Seiten der Tür haben sich ursprünglich skulptierte Steintafeln befunden, die aber entfernt worden sind. Im Inneren mißt diese Kammer dreizehn Fuß in der Breite und sieben Fuß in der Tiefe. Licht fällt nur durch die Tür ein. Während die Seitenwände ohne allen Schmuck sind, fanden wir an der hinteren Wand und ursprünglich deren ganze Breite einnehmend, die in Abbildung 59 wiedergegebene Tafel, die zehn Fuß acht Zoll breit und sechs Fuß vier Zoll hoch ist und aus drei verschiedenen Steinen besteht. Davon befindet sich der – vom Betrachter aus – linke Stein noch an seinem Platze. Der mittlere ist aus der Wand gehoben und die Stufenpyramide hinuntergeschleppt worden; er liegt jetzt am Ufer des schon erwähnten Baches. Vor vielen Jahren hat ihn ein Bewohner des Städtchens zu sich nach Hause schaffen wollen. Nachdem er ihn aber unter großen Mühen und mit keinen anderen Werkzeugen als den Armen und Händen von Indianern und aus Bäumen zugeschnittenen Balken bis zur besagten Stelle gebracht hatte, mußte er ihn auf einen Regierungsbefehl hin, in dem untersagt ward, irgend etwas aus den Ruinen zu entfernen, hier liegen lassen. So fanden wir die Tafel am Bachufer, von den Fluten vieler Regenzeiten überspült und mit einer dicken Schicht von Schlamm und Moos bedeckt. Wir kratzten den Überzug ab und stützten den Reliefstein mit Balken ab, und wahrscheinlich wird der nächste Reisende ihn noch auf denselben Stützen ruhend finden. In Abbildung 59 ist er an seinem ursprünglichen Platze in der Mauer dargestellt. Der Stein zur Rechten ist leider herausgebrochen und völlig zerstört, und auch die meisten seiner Bruchstücke sind verschwunden; nach den wenigen aber, die wir in dem Trümmerhaufen vor dem Gebäude noch fanden, kann es keinem Zweifel unterliegen, daß er Reihen von Hieroglyphen enthielt, die alles in allem denen auf dem Steine links entsprachen.

Der Hauptgegenstand der Tafeln, die auf unserer Abbildung also nur in ihren linken zwei Dritteln wiedergegeben werden können, ist ein Kreuz, auf dem ein seltsamer Vogel mit nicht zu beschreibendem Schmucke sitzt. In den beiden Figuren rechts und links darf man zwei bedeutsame Persönlichkeiten vermuten. Sie sind trefflich gezeichnet und kommen in der Ausgewogenheit der Proportionen vielleicht sogar jenen Relieffiguren gleich, die in die Wände der zerfallenen Tempel Ägyptens eingegraben sind. Ihre Tracht weicht von allem bisher Vorgestellten ab, und der Fal-

59
Reliefstein in Casa No. 2

tenwurf der Gewänder könnte auf ein weiches, nachgiebiges Gewebe, etwa Baumwolle, hindeuten. Beide blicken zum Kreuze hin, und die rechte Figur scheint im Begriffe, ein Opfer, vielleicht ein Kind, darzubringen. Wir bewegen uns hier zwar ganz auf dem Boden der Spekulation, vielleicht aber ist es nicht unrichtig, in den beiden Personen Priester zu sehen. Die Hieroglyphenreihen links (und rechts) erklären ohne Zweifel alles. Jene Hieroglyphen, die direkt neben den Figuren in den Stein gemeißelt sind, rufen in Erinnerung, daß ähnliche Zeichen auf ägyptischen Denkmälern den Namen, die Geschichte, das Amt oder die Würde der dargestellten Personen dem Gedächtnis bewahren. Das Kreuz im Zentrum hat natürlich in höherem Maße zu gelehrten Spekulationen Anlaß gegeben als irgend etwas sonst in Palenque. Dupaix und seine Kommentatoren datieren das Gebäude in eine weit zurückliegende Epoche, zumindest aber in eine der christlichen Ära vorausgehende Periode und erklären sich die Erscheinung des Kreuzes so, daß es schon lange, bevor es als Emblem des christlichen Glaubens eingeführt ward, unter den alten Nationen bekannt war und symbolische Bedeutung besaß. Unsere Freunde, die Padres, waren freilich angesichts des Kreuzes sofort davon überzeugt, daß die alten Bewohner von Palenque Christen gewesen seien, und versetzten in ihrer willkürlichen Logik die Gebäude ins dritte Jahrhundert nach Christo.

Es ist anzunehmen, daß der Bau einst als Tempel gedient hat und daß die umschlossene innere Kammer eine Art Betkapelle oder ein Altarraum war. Worin aber die heiligen Riten und Zeremonien bestanden haben, vermag niemand zu sagen.

Der obere Teil des Gemäuers unterscheidet sich deutlich vom unteren. Eine Treppe oder sonst irgendeine Verbindung war nicht zu sehen, weder innen noch außen, auch nicht in verfallenem Zustand, so daß wir, um hinaufzugelangen, wie bei der ersten Casa auf einen Baum steigen mußten, dessen Zweige sich über das Dach ausbreiteten. Dieses Dach fällt nach beiden Seiten ab, und die Seitenmauern sind reich verziert mit Figuren, Pflanzen und Blumen in Stuck, zeigen aber auch die Fragmente eines schönen Kopfes und zweier Leiber, die an Ebenmaß und Ausgewogenheit der Proportionen griechischen Beispielen nahekommen. Leider ist vieles zerstört. Den Abschluß des Daches bildet eine schmale Plattform, die einen zweistöckigen Aufbau, um ihn einmal so zu nennen, trägt. Diese Plattform ist nur zwei Fuß zehn Zoll breit, das erste der beiden Stockwerke sieben Fuß fünf Zoll, das zweite acht Fuß fünf Zoll hoch, bei jeweils gleicher Breite.

Mit Hilfe vorspringender Quadersteine war es uns möglich, vom ersten zum zweiten Obergeschoß aufzusteigen. Die Decke des oberen Stockwerks besteht aus flachen, querüber gelegten und über die Wandung hinausragenden Steinen. Die Breitseiten des Bauwerks sind mit durchbrochenen Stuckarbeiten geschmückt, wunderlichen, unbeschreiblichen Phantasiegebilden, die als menschliche Figuren mit gespreizten Beinen und Armen erscheinen, durch Öffnungen im Mauerwerk voneinander getrennt; reiche und geschmackvolle Stuckornamentik, die sich aus der Ferne gesehen wie ein hohes, phantastisches Gitterwerk ausgenommen haben muß, überzieht den gesamten Oberbau. Kurzum, wie die ganze übrige Architektur und deren Ornamentik ist auch dieses Gebäude vollkommen einzig in seiner Art, abweichend von den Werken aller anderen Völker, die uns bekannt sind, gänzlich rätselhaft in Bedeutung und Bestimmung. Vielleicht diente es als Aussichtswarte. Vom obersten Geschoß aus hat man nämlich durch einige Lichtungen einen Blick über schier grenzenlose Wälder bis hin zur Laguna de Terminos und zum Golf von Mexiko.

In der Nähe dieses Gebäudes entdeckten wir ein weiteres interessantes Monument, das von denen, die vor uns Palenque besucht hatten, völlig übersehen worden war. (Ich erwähne dies in der Hoffnung, daß auf uns folgende Besucher wiederum vieles auch von uns Übersehenes entdecken mögen.) Das angesprochene Monument, eine Statue, liegt vor dem Tempel, und zwar vierzig bis fünfzig Fuß tief unten an der Seite des Pyramidalbaus. Als wir das erste Mal mit unserem Führer daran vorüberkamen, lag sie mit dem Kopfe nach unten und unter Erd- und Steinmassen halb begraben da. Die uns zugekehrte Rückseite war roh und unbearbeitet, und so zog das Monument unsere Aufmerksamkeit zuerst nur durch seine Größe auf sich. Unser Führer sagte uns, auch die andere Seite sei nicht skulptiert; nachdem er uns aber alles, was er in den Ruinen an Sehenswürdigkeiten kannte, gezeigt und wir ihn aus unseren Diensten entlassen hatten, blieben wir, als wir zum zweiten Male vorüberkamen, vor dem Idol stehen, hoben ringsum eine Grube aus und entdeckten, daß die untere Fläche doch bearbeitet war. Die Indianer schnitten einige Hebestangen aus jungen Bäumen zurecht und wälzten die Statue, die in Abbildung 60 wiedergegeben ist, auf den Rücken. Es ist die einzige Statue, die je in Palenque gefunden ward. Wir waren sogleich gefesselt durch den Ausdruck ernster Ruhe und durch die auffallende Ähnlichkeit mit ägyptischen Statuen, wiewohl das Denkmal an Größe keinem Vergleich mit den gigantischen Überresten Ägyptens standhält. Seine Höhe beträgt zehn Fuß sechs Zoll, wovon zwei Fuß sechs Zoll unter der Erde lagen. In den hohen und weit ausladenden Kopfschmuck sind an der Stelle der Ohren Löcher in den Stein gebohrt, die einst vielleicht mit Ohrringen aus Gold und Perlen geschmückt waren. Um den Hals trägt die Figur ein breites Band, und mit der rechten Hand drückt sie irgendeinen, offenbar mit Zähnen versehenen Gegenstand an die Brust. Die linke Hand ruht auf einer Hieroglyphe, von der ein symbolisches Schmuckband herabhängt. Der untere Teil des Gewandes hat eine unglückliche Ähnlichkeit mit unseren modernen Pantalons. Die Figur steht auf einem Sockel, dessen Zeichnung wir stets als Hieroglyphe gedeutet haben, so wie man ja auch in Ägypten den Namen und das Amt des Dargestellten unter seinem Fuße anzuführen pflegte. Die Seiten der Statue sind gerundet, während der Rückenteil, wie gesagt, aus dem rohen Stein besteht. Wahrscheinlich hat sie einmal in eine Mauer eingebettet gestanden.

Unmittelbar neben der Erhebung, auf welcher das zuletzt vorgestellte Gebäude steht, ragt ein weiterer Pyramidalbau von etwa gleicher Höhe empor, auf seiner Spitze das mit ›Casa No. 3‹ bezeichnete Gebäude. Der Wald ist selbst an den Seiten

60 *»Die einzige Statue, die je in Palenque gefunden ward«*

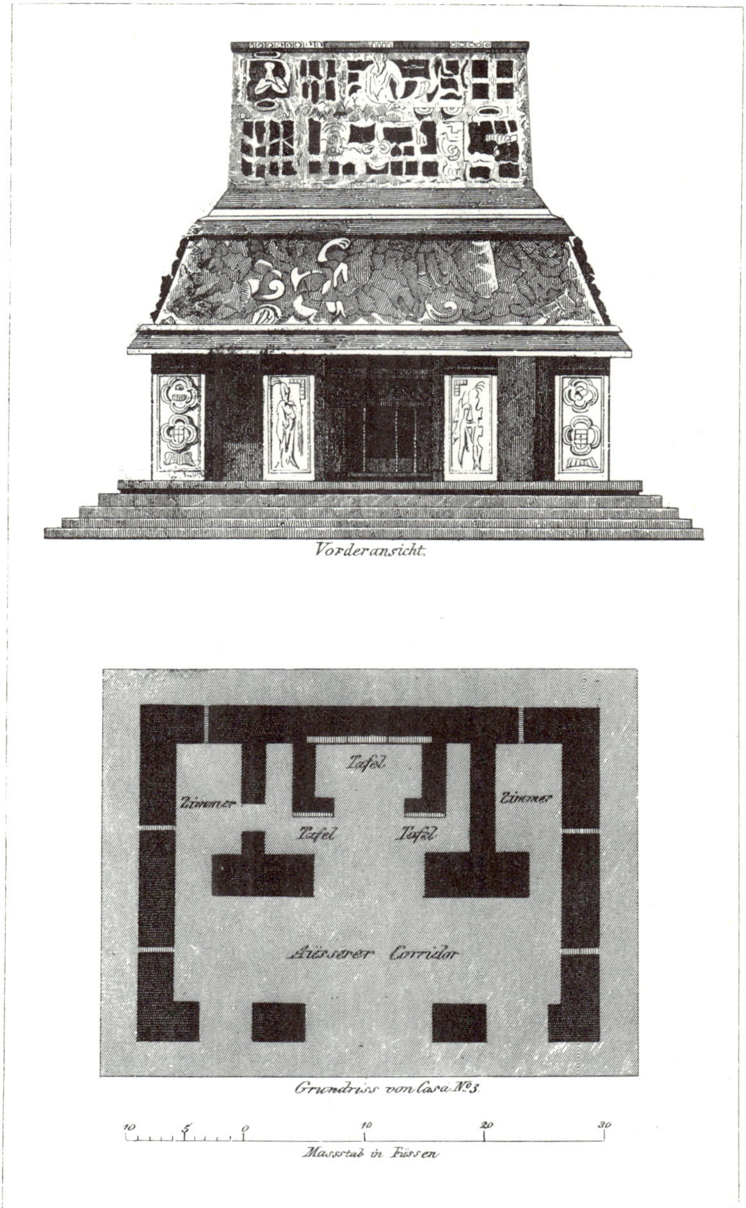

61 *Rekonstruktion der Casa No. 3*

des Pyramidalbaus so dicht, daß man keines dieser Gebäude vom anderen aus sehen kann, obwohl sie in gerader Linie und in nur geringer Entfernung voneinander stehen.

Abbildung 61 stellt das Gebäude in restauriertem Zustande dar, nicht aber etwa nach dem Diktat unserer Phantasie und nach vagen Vermutungen, sondern auf Grund eindeutiger Überreste und Kennzeichen, die es unmöglich machen, etwas anderes als eben die hier wiedergegebene Gestalt aus den Trümmern erstehen zu lassen. Achtunddreißig Fuß breit und achtundzwanzig Fuß tief, besitzt der Bau drei Türen. Die äußeren Eckpfeiler sind mit Stuckhieroglyphen verziert und in zwei großen, schön eingefaßten Medaillons plaziert, die beiden mittleren Mauerpfeiler mit Basreliefs, gleichfalls in Stuck, geschmückt, die im wesentlichen den früher dargestellten (Abb. 51–54) gleichen, so daß ich hier nicht weiter auf sie einzugehen brauche.

Das Innere ist wiederum in zwei Korridore unterteilt, jeder neun Fuß breit und steingepflastert. Abbildung 62 stellt den vorderen Korridor dar, dessen Decke beinahe spitz zuläuft und obenauf mit einer Lage flacher Steine abgedeckt ist. Auf beiden Seiten befinden sich hier, wie auch in allen anderen Korridoren, an verschiedenen Stellen der Wand Löcher, die wahrscheinlich zur Aufnahme der Rüstbäume

62 Vorderer Korridor

beim Bau dienten und später nicht wieder ausgefüllt worden sind. An einem Ende des Korridors ist eines jener schon bei anderer Gelegenheit beschriebenen Fenster in die Mauer gehauen, die wegen der Ähnlichkeit mit dem griechischen Buchstaben Tau zum Gegenstand gelehrter Hypothesen geworden sind.

Der hintere Korridor ist wiederum in drei Räume unterteilt, wobei der mittlere, der Haupteingangstür gegenüber, eine abgeschlossene Kammer bildet, derjenigen gleich, die wir im letzten Gebäude eine Betkapelle oder einen Altarraum nannten (vgl. Abb. 58). Der Türsturz über dem Eingang zu diesem inneren Gemach weist prachtvolle Stuckverzierungen auf, während die Mauerpfeiler zu beiden Seiten mit Steinbildern in Basrelief geschmückt sind. Das Innere der Kammer, vier Fuß sieben Zoll tief und neun Fuß breit, ist ganz ohne Stuckverzierungen oder Malereien, besitzt aber wiederum eine die hintere Wand in ihrer ganzen Breite einnehmende Steintafel von acht Fuß Höhe.

Diese Tafel ist in Abbildung 63 dargestellt, und ich bitte den Leser, ihr seine ganz besondere Aufmerksamkeit zuzuwenden, weil sie das vollkommenste und interessanteste Überbleibsel in Palenque ist. Weder Del Rio noch Dupaix haben eine Zeichnung dieser Tafel gegeben, und so wird sie dem Publikum hiermit zum ersten Male dargeboten. Sie ist aus drei verschiedenen Steinen zusammengesetzt, deren Fugen durch die matten Linien in unserer Abbildung angezeigt sind. Die Skulpturarbeit ist vollständig erhalten, und die Schriftzeichen und Figuren heben sich scharf und deutlich aus dem Stein. Auf beiden Seiten schließen Hieroglyphenreihen die Bildtafel ab. In den Hauptpersonen wird man ohne Zögern die nämlichen wiedererkennen, die auf der Tafel mit dem Kreuze dargestellt sind. Sie tragen dieselbe Kleidung, scheinen aber hier beide Opfergaben darzubringen. Beide Personen stehen auf den Rücken menschlicher Wesen, deren eines sich auf Hände und Knie stützt, während das andere offenbar durch die Last gänzlich zu Boden gedrückt wird. Zwischen ihnen, am unteren Ende der Tafel, sitzen zwei Figuren mit übereinandergeschlagenen Beinen, beide in Leopardenfelle gewandet, von denen die eine sich mit der rechten Hand auf den Boden stützt und mit der linken eine viereckige Tafel hält, während bei der zweiten Figur Stellung und Bewegung gleich sind, alles aber spiegelbildlich zur ersten wiedergegeben ist. Auch auf ihren gebeugten Nacken ruht die Tafel, und die verzerrten Gesichter sollen vielleicht Schmerz und Qual ausdrücken. Über der Tafel erheben sich zwei gekreuzte Stäbe, deren obere Enden reich verziert sind und die eine greuliche Maske, um sie einmal als solche zu bezeichnen, mit weitaufgerissenen Augen und heraushängender Zunge tragen. Eben dieser Maske scheinen die beiden Hauptpersonen ihre Opfergaben darzubringen.

Die Pfeiler beiderseits des Eingangs zum innersten Gemach waren ursprünglich mit Steinfiguren in Basrelief geschmückt, die in Abbildung 64 und 65 wiedergegeben sind. Die Relieftafeln waren aber vor einiger Zeit ins Städtchen geschafft worden, wo man sie als Schmuck in die Mauer eines Hauses eingefügt hatte. Sie waren die ersten antiquarischen Gegenstände, die wir am Orte sahen, und die letzten, die

63 *Große Steintafel*

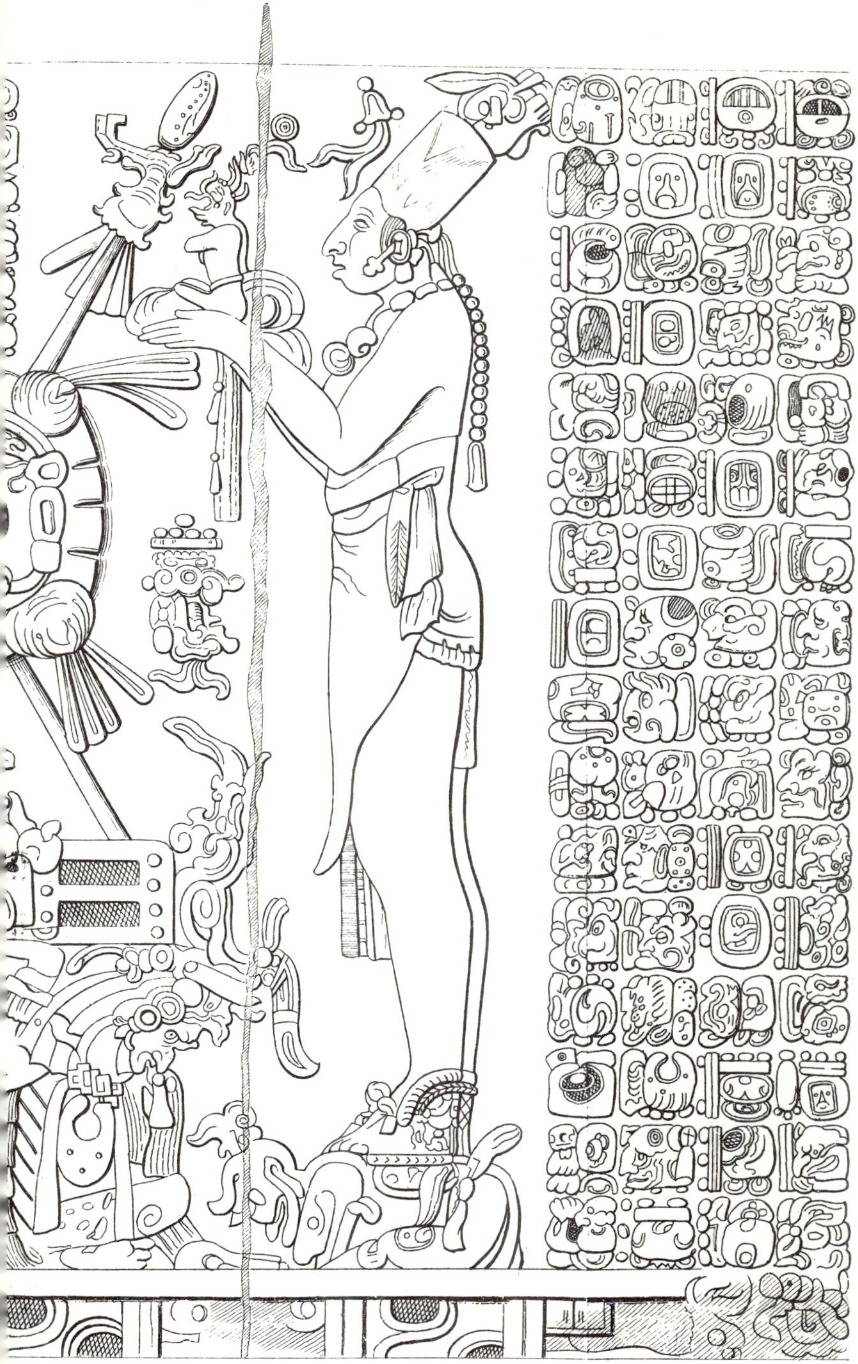

64 *Figur in Basrelief*

65 *Figur in Basrelief*

Herr C. zeichnete. Jenes Haus gehörte zwei Schwestern, die sich übertriebene Vorstellungen vom Werte dieser Tafeln machten; obwohl stets erfreut, wenn wir sie betrachten kamen, hatten sie doch allerlei Einwände, als sie kopiert werden sollten, und wir erwirkten die Erlaubnis schließlich nur auf das Versprechen hin, daß auch sie eine Kopie erhalten sollten, die indes Herr C., von ununterbrochener Arbeit erschöpft, nicht mehr fertigstellen konnte. Ich schnitt daher aus Del Rios Werk die Zeichnungen dieser beiden Tafeln in der Meinung heraus, daß sie den Schwestern noch besser gefallen würden als unsere Originale, nicht zuletzt, weil sie bereits gedruckt waren; aber sie hatten Herrn C. während der Arbeit zugesehen und waren mit dem Ersatze ganz und gar nicht zufrieden. Schon als ich diese Tafeln zum ersten Male sah, hatte ich den Plan gefaßt, sie käuflich zu erwerben und als ein Musterstück aus Palenque mit in die Heimat zurückzunehmen; aber es währte einige Zeit, ehe ich mich getraute, den Vorschlag zur Sprache zu bringen. Wie sich heraustellte, konnten die Tafeln nicht ohne das ganze Haus gekauft werden, was indessen kein Hindernis gewesen wäre, da mir auch das Haus gefiel. Als ich Palenque verließ, war diese wie auch andere Verhandlungen über Ankäufe jedoch noch nicht entschieden.

Die beiden Figuren stehen einander gegenüber. Sprechen wir zuerst von der – vom Betrachter aus – rechten Gestalt (Abb. 64). Nase und Augen sind stark betont, die Züge im ganzen aber nicht so fremdartig, daß sie auf einen gänzlich unbekannten Volksstamm hindeuten würden. Der Kopfschmuck, seltsam und verwickelt, besteht im wesentlichen aus Pflanzenblättern mit einer herabhängenden großen Blume, innerhalb der Ornamentik erkennt man Schnabel und Augen eines Vogels sowie eine Schildkröte. Ein Leopardenfell dient als Mantel oder Umhang, und um die Handgelenke und Knöchel trägt die Figur schmückende Krausen.

Die zweite Figur, vom Betrachter aus links, besitzt wieder jenen Gesichtsschnitt, der auch alle anderen Figuren in Palenque charakterisiert (Abb. 65). Ihr Kopfschmuck besteht aus einem Federbusch mit einem Vogel, der einen Fisch im Schnabel hält, und an drei verschiedenen Stellen des Kopfschmucks sind noch drei weitere Fische zu sehen. Die Figur trägt einen reichgestickten Überwurf und einen breiten Gürtel mit vorspringendem Tierkopf, außerdem Sandalen und Wadenbänder; die rechte Hand ist wie zum Beten oder in flehender Abwehr mit auswärtsgekehrter Fläche vorgestreckt. Über den Köpfen dieser beiden geheimnisvollen Personen finden sich große kabbalistische Hieroglyphen.

Der Gebets- oder Altarraum dieser Casa erschien uns als der interessanteste Teil der Ruinen von Palenque überhaupt, und damit sich der Leser dieses Gemach in all seinen Einzelheiten vergegenwärtigen kann, geben wir es in Abbildung 66 wieder; die gesamte Komposition der Eingangstür mit den teilweise zerstörten Ornamenten und den Relieftafeln zu beiden Seiten ist ebenso dargestellt wie die große Tafelrückwand im Inneren.

Der Leser wird daraus nicht nur ein Gesamtbild gewinnen, sondern auch die starke Wirkung auf den Fremdling begreifen, dem sich, nachdem er den zertrümmerten

66 Eingangstür und Tafelrückwand in Casa No. 3

Pyramidalbau erklommen hat, auf der Schwelle der Tür dieser Anblick bietet. Es schien uns unzweifelhaft, daß es sich hier um eine den Göttern geweihte und durch die religiösen Gebräuche eines untergegangenen und unbekannten Volks geheiligte Stätte handle. Die zerstörende Hand der Zeit hat zum Glück vieles verschont, und die große Tafel, welche den Elementen entgangen ist, steht noch vollkommen und unversehrt da. Einsam, verlassen und ohne Andächtige, wie der Schrein sich darbietet, sind die Figuren und Schriftzeichen doch so scharf und deutlich ausgeprägt, als könne das Volk, das dieses heilige Gebäude errichtete, jederzeit zurückkehren, um seine Andacht davor zu verrichten. Wir standen vor einem Geheimnis, das auch dem prüfendsten Blicke und aller Schärfe des Geistes Trotz bot.

Kehrt man zur ersten Casa jenseits des kleinen Flusses zurück und wendet man sich von dort südwärts, so stößt man nach einer Wegstrecke von eintausendundfünfhundert Fuß auf einen Pyramidalbau von hundert Fuß Höhe, mit einem Gebäude, das auf dem Plan (Abb. 48) als ›Casa No. 4‹ bezeichnet ist. Zwanzig Fuß breit und achtzehn Fuß tief, befindet es sich leider in einem sehr zerstörten Zustande. Die ganze Frontmauer ist eingestürzt, so daß der äußere Korridor völlig offen daliegt. Der Tür gegenüber an der hinteren Innenwand fanden wir eine große Stuckarbeit, welche eine auf einem Ruhebett sitzende Figur darstellt; ein großer Teil der Komposition ist aber zerstört oder abgenommen und fortgeschleppt worden, und das Gestell des Ruhebetts mit Tigerpranken, die Umrisse von zwei Tigerköpfen und die

Reste der sitzenden Person sind alles, was sich noch erhalten hat. Der Verlust oder die Zerstörung dieser Bildtafel ist um so mehr zu bedauern, als sie nach dem, was noch verblieben ist, in der Ausführung alle anderen Stuckreliefs von Palenque übertroffen haben dürfte. Das Gestell des Ruhelagers ist unversehrt, und das zur Seite niederhängende Bein wie auch der Fuß sind wahre Kunstwerke und treffliche Studienobjekte. Die beigegebene Abbildung 67 gibt dieses Relief, dazu einen Grundriß, einen Querschnitt sowie eine Gesamtansicht des Gebäudes wieder.

Ich habe nun, ohne mich auf Spekulationen oder Erklärungsversuche einzulassen, eine vollständige Schilderung der Ruinen von Palenque gegeben und wiederhole hier, was ich zu Anfang sagte: Es mag noch mehr Bauwerke geben, aber nach genauer Prüfung der im Dorf umlaufenden vagen Gerüchte sind wir zu der Überzeugung gelangt, daß keine weiteren jemals entdeckt worden sind; und nach wiederholten Nachfragen bei Indianern, welche den Wald während der trockenen Jahreszeit nach allen Richtungen hin durchstreift haben, sind wir geneigt zu glauben, daß auch keine weiteren existieren. Das gesamte Ruinengebiet ist nicht größer als unser ›Park‹ oder die ›Battery‹ in New York. Wenn ich dies erwähne, so will ich damit keineswegs die Bedeutung oder die Anziehungskraft der Stätte herabsetzen. Ich gebe nur unsere Meinung nebst ihren Gründen wieder, und der Leser mag selbst urteilen, inwieweit diese der Beachtung wert sind. Indessen will ich folgendes hinzufügen: Wenn man den gegenwärtig von den Ruinen der einstigen Paläste, Tempel und öffentlichen Gebäude eingenommenen Raum ins Auge faßt und annimmt, daß die Häuser der einstigen Bewohner gleich denen der Ägypter und des jetzt hier lebenden Indianerstammes aus wenig haltbarem, leicht vergänglichem Material bestanden haben und wie in Memphis und Theben samt und sonders verschwunden sind, so mag die alte Stadt in ihrer Blüte immerhin eine riesige Fläche bedeckt haben. Und wenn sich der Leser vielleicht in seinen Erwartungen getäuscht sieht, *wir* waren es nicht. Ist es denn notwendig, der Ruinenstadt einen gewaltigen Umfang oder das gleiche Alter wie den Antiquitäten der Ägypter oder eines anderen bekannten Volkes der alten Zeit zuzuschreiben? Was vor unsren Augen lag, war großartig, interessant und bemerkenswert genug. Wir hatten die Überreste einer eigenständigen Zivilisation, eines eigenständigen Kulturvolks vor uns, das alle Stadien eines Völkerschicksals, Aufstieg und Niedergang, durchlaufen hatte, das irgendwann sein goldenes Zeitalter erreichte und schließlich wieder im Dunkel der Geschichte versank. Die Kettenglieder, die es einst mit dem übrigen Menschengeschlechte verknüpften, waren zerrissen und verlorengegangen und jene Überreste die einzigen Denkmäler seines irdischen Wirkens. Wir weilten in dem Trümmerpalaste seiner Könige, wir stiegen hinauf zu seinen verödeten Tempeln und umgestürzten Altären, und wo wir nur gingen und standen, überall erblickten wir Beweise seiner Feinsinnigkeit und seiner Kunstfertigkeit, seines Reichtums und seiner Macht. Inmitten der Verödung und Zerstörung schauten wir zurück in die Vergangenheit, dachten uns den düsteren Wald fort und

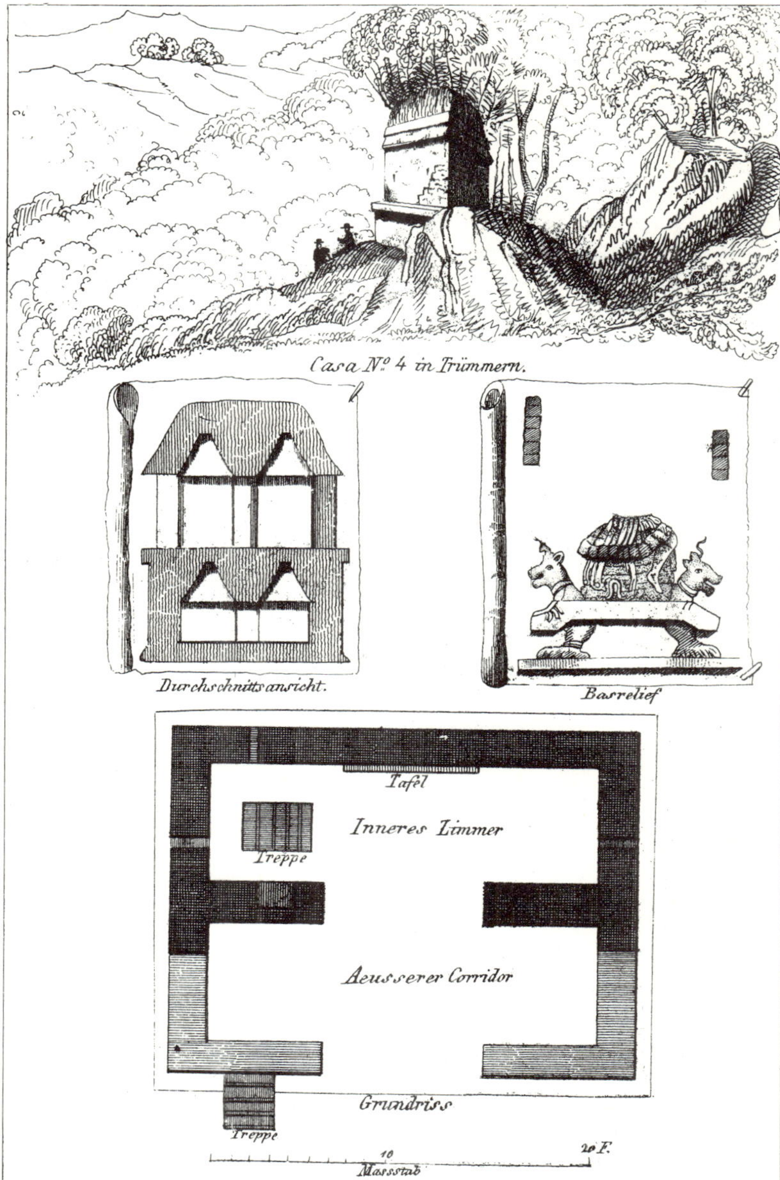

67 *Casa No. 4 und Stuckkomposition*

vergegenwärtigten uns jedes Gebäude in seinem ursprünglichen, unversehrten Zustande, mitsamt seinen Terrassen und Pyramiden, seinem Skupltur- und Malereischmucke, wie es in seiner ganzen Größe und Erhabenheit eine riesige bevölkerte Ebene beherrschte, riefen uns das fremde, seltsame Volk ins Leben zurück, das melancholisch von den Wänden auf uns herabsah, malten uns diese Menschen in ihren phantastischen Kostümen und ihren Federschmucke aus, wie sie die Terrassen des Palastes und die Stufen zu den Tempeln hinaufstiegen, und sahen vor uns ein Schauspiel von einzigartiger und glanzvoller Schönheit und Herrlichkeit, das die phantastischen Schöpfungen orientalischer Dichtung verwirklichte. Nichts im Drama der Weltgeschichte hat je einen gewaltigeren Eindruck auf mich gemacht als der Anblick dieser einst bedeutenden und prächtigen, jetzt aber verfallenen, verödeten, tief im Waldesdunkel schlummernden, ja sogar namenlos gewordenen Stadt – trauriges Zeugnis des Weltenwandels, der nichts verschont.

»Nationen sinken,
wenn sie eine Weile den Sonnenschein genossen,
vom hohen Gipfel der Macht ins Vergessen zurück.«

Wie für Copan, so will ich auch für Palenque auf alle Mutmaßungen über das Alter der Stadt verzichten und lediglich bemerken, daß in einer Entfernung von etwa zehn Meilen ein Ort mit Namen *Las Tres Cruces* (Die drei Kreuze) liegt, so genannt, weil Cortez an dieser Stelle drei Kreuze errichtet haben soll, als er auf seinem Eroberungszuge von Mexiko nach Honduras den See von Peten passierte. Cortez muß damals zwanzig bis dreißig Meilen an dem Orte, welcher jetzt Palenque heißt, vorübergezogen sein. War er damals noch eine lebende Stadt, so müßte ihm sein Ruf zu Ohren gedrungen sein, und er würde dann wahrscheinlich zu Palenques Unterjochung und Plünderung seine Marschroute geändert haben. So dürfte die Stadt also bereits zu jener Zeit verlassen und verfallen, ja schon vergessen gewesen sein.

Uxmal: Erster Besuch

Anreise

Am 1. Juni 1840 Abreise aus Palenque. Bootsfahrt durch die Ebene von Tabasco bis Palizada und weiter zum Golf von Mexiko, wo die Forscher jenseits der Laguna de Terminos im Dorf Carmen auf der gleichnamigen Insel unterkommen. Mit einem Handelsschiff zur Hafenstadt Sisal, die zu Mérida, der Hauptstadt von Yucatán, gehört. Achtzig Kilometer entfernt liegen die Ruinen von Uxmal, doch ist Catherwood, immer wieder von schweren Malariaanfällen niedergeworfen, kaum noch in der Lage, die Ruinenstadt zu besuchen und in Zeichnungen festzuhalten.

Am nächsten Morgen mit Tagesanbruch setzten wir unsere Reise mit neuen Indianern und einem berittenen Führer von der Hazienda aus in Richtung Uxmal fort. Der Boden des Landes blieb der nämliche, Kalkstein, bewachsen mit Zwergbäumen. Es lag nicht einmal so viel Erdkrume auf, um das Wasser aufzusaugen, das in den Vertiefungen des Gesteins Tümpel bildete. Um neun Uhr erreichten wir eine andere Hazienda, zwar kleiner als die letzte, aber doch immer noch von fürstlichem Aussehen, wo wiederum die Frauen das Wasser mittels eines Drehrades heraufzogen. Der Mayordomo sprach von der Ehre, die ihm durch unseren Besuch erwiesen würde, und seine dienstfertige Besorgtheit verschaffte uns nicht nur ein Frühstück, bestehend aus Milch, Tortillas und wildem Honig, sondern versah uns auch mit weiteren Indianern und einem Führer. Wir saßen wieder auf; die Sonne ward bald brennend heiß, und da keine Bäume Schatten boten, litten wir außerordentlich. Um halb ein Uhr kamen wir an einigen Ruinenfeldern vorbei, die ein wenig abseits der Straße lagen; aber die Sonne brannte so sengend, daß wir zu ihrer genauen Besichtigung nicht haltmachen konnten. Um zwei Uhr langten wir dann endlich in Uxmal (sprich: Uschmal) ein, bedingt durch die Sonnenglut und unsere plumpen Sättel aber nicht wie am Ende eines Triumphzugs, sondern in einem schrecklich derangierten Zustande; ja, vielleicht waren wir noch nie so zermürbt und todmatt abgestiegen.

Die Hazienda Uxmal war aus dunkelgrauem Stein erbaut und nahm sich in ihrer ganzen Erscheinung ungefüger und altertümlicher als die bisher von uns besuchten Landgüter aus; von weitem glich sie fast einem alten Baronialsitz. Der Viehhof lag vor dem Hause, und rundum sah man Wasserbehälter, von denen manche oben mit Moos bewachsen waren, wie sich überhaupt eine ungesunde Feuchtigkeit bemerkbar machte. Der Landsitz hatte auch seine Kirche mit einem Bilde unseres Herrn, welch letzteres von den Indianern aller Haziendas im Umkreis verehrt ward. Die ganze Hazienda stand ohne weiteres zu unserer Verfügung, und vor Hitze und Anstrengung ganz erschöpft, begaben wir uns sogleich in unsere Hängematten.

Die Hazienda Uxmal besaß zwei Mayordomos oder Aufseher. Der eine war ein Mestize, er verstand die indianische Sprache und sein Geschäft, im anderen hingegen fanden wir überraschenderweise einen Bekannten, denn der Betreffende war um die Zeit, als wir New York verließen, Kellner bei Delmonico gewesen. Es berührte seltsam, an diesem von der Welt abgeschiedenen Orte in so enge Verbindung mit dem wohlbekannten Speisehaus zu geraten. Jener Aufseher war ein junger Spanier aus Katalonien. Nach einem niedergeworfenen Aufstand im Heimatland, an welchem er teilgenommen hatte, war er mit einem Freunde nach Cuba geflüchtet. Von dort entkamen beide mit knapper Not und ohne einen Cent in der Tasche gerade in dem Moment, als ihre Identität offenbar wurde, nach New York. Der Sprache unkundig und ohne Mittel, sich einen Unterhalt zu verschaffen, wurden beide von Delmonico als Kellner in seinem Speisehaus aufgenommen, wo der Freund sich zum Oberschokoladenmacher emporarbeitete, unser Mann aber als bloßer Kellner mißmutig sein Dasein fristete, bis Don Simon ihm bei einem Besuche den Vorschlag machte, nach Uxmal zu kommen. Ohne Kenntnis der Lage dieses Ortes – er wußte bloß, daß er zum spanischen Amerika gehöre – und der Arbeit, die auf ihn wartete, nahm er den Vorschlag an. Nun aber fühlte er sich sehr verlassen auf diesem einsamen Flecken Erde, umgeben von Indianern, deren Sprache er nicht verstand, und ohne einen Menschen in seiner Nähe zu haben, mit dem er ein Wort wechseln konnte, den anderen Mayordomo ausgenommen. Diese Mayordomos bilden in Yukatan eine Klasse von Leuten, denen man scharf auf die Finger sehen muß, da sie es weniger auf Lohn abgesehen haben, als darauf, sich im Hause etwas zu erkapern. Angesichts dieses Charakters der meisten Standesgenossen bot seine Stellung dem jungen Spanier als einem weißen, klugen und ehrlichen Manne in diesem Lande viele Vorteile, und es war Don Simons Absicht, ihm, sobald er sich auf das Geschäft verstünde, die Oberaufsicht über die Mayordomos von drei oder vier Haziendas zu übertragen. Leider aber fehlte es dem Katalanen dazu an Energie; er fühlte drückend den Mangel an Gesellschaft sowie die Trostlosigkeit seiner Lage und gedachte der heiteren Tage und Vergnügungen mit seinem Freunde und den anderen Kellnern, und als er beim Mittagstische ein rührendes Gemälde von Delmonicos Salon entwarf, schlugen unsere Herzen für ihn.

Am Nachmittag brachen wir dann, ausgeruht und gestärkt, zu den Ruinen auf. Der Weg führte durch ein prächtiges Gehölz, in dem sich unser indianischer Führer angesichts einer Vielzahl von Pfaden prompt verirrte. Herr C., welcher unwohl war, kehrte daraufhin zur Hazienda zurück. Wir schlugen einen anderen Weg ein und gelangten, plötzlich aus dem Walde tretend, zu meinem Erstaunen sogleich auf ein weites, vollständig freies Feld, bedeckt mit Ruinenhügeln, gewaltigen Gebäuden auf Terrassen und pyramidalischen Bauten, alle großartig, wohlerhalten und reich geschmückt, in ihrer malerischen Wirkung fast den Ruinen von Theben gleich; ja diese, die in dem Flachtale des Nils liegen und sich zu beiden Seiten des Flusses hin erstrecken, bieten sich dem Blicke nirgends derart unvermittelt in ihrer gesamten Ausdehnung dar wie die Ruinen von Uxmal. So lautete denn auch der Bericht, den ich Herrn Catherwood erstattete, indes, mein Begleiter, der siech und niedergeschlagen in seiner Hängematte lag, hieß mich nur einen Phantasten; doch als wir am nächsten Morgen zusammen an Ort und Stelle waren, schwenkte seine Stimmung um und er meinte, daß die Wirklichkeit meine Schilderung noch übertreffe.

Die Stätte, von welcher ich jetzt spreche, war einst ohne allen Zweifel eine große, volkreiche, hoch zivilisierte Stadt, doch weiß uns die Geschichtsschreibung nichts von ihr zu berichten, und kein Mensch kann sagen, wer sie baute, warum sie gerade *hier* erbaut ward – hier, weitab vom Wasser und all jener natürlichen Vorzüge bar, welche für die Gründung von Städten mit uns bekannter Geschichte entscheidend waren –, und endlich, warum sie verlassen ward und was ihre Zerstörung herbeiführte. Der einzige Name, der sich mit ihr in Beziehung setzen läßt, ist der der Hazienda, auf deren Grund und Boden sie liegt. Die älteste Urkunde, jetzt im Besitze der Familie Peon befindlich und vor einhundertundvierzig Jahren ausgefertigt, erwähnt die Gebäude innerhalb der Grenzen des Guts unter der Bezeichnung *Las casas de piedra* (Die steinernen Häuser). Dies ist das einzige vorhandene alte Dokument, worin des Ortes überhaupt gedacht wird, und es gibt auch keine mündlichen Überlieferungen, mit Ausnahme jener phantastischen und abergläubischen Vorstellungen der Indianer, die sich an einzelne Gebäude knüpfen. Die Ruinen waren sämtlich ausgegraben, und im letzten Jahre hatte man auch die Bäume ringsum gefällt und verbrannt, so daß sich jetzt das ganze Ruinenfeld, vom Walde umschlossen und mit Mais bepflanzt, frei dem Blicke darbot.

Nachdem wir hier einen höchst interessanten und anstrengenden Tag verbracht hatten, kehrten wir am Abend zur Hazienda zurück, um unsere Pläne einer gründlichen Erforschung der Stätte nach allen Seiten hin zu überdenken; leider aber bekam Herr Catherwood während der Nacht – fast glaube ich wegen der quälenden Gedanken an den ungeheuren Umfang der Arbeit – einen heftigen Fieberanfall, der auch am Morgen noch anhielt und eine ernste Krankheit befürchten ließ.

Da gerade Montag war, stellten sich pflichtgemäß alle Indianer der Hazienda ein, um vom Mayordomo Anweisungen für ihr Tagewerk zu erhalten, und so fand ich Gelegenheit, etwas über die Wesensart der Indianer und die auf der Hazienda geübte Disziplin zu erfahren.

Die Hazienda Uxmal besitzt zehn *Leguas* oder dreißig Quadratmeilen an Grund und Boden, aber nur ein kleiner Teil davon ist bewirtschaftet, alles übrige bloße Trift fürs Vieh. Die Indianer gliedern sich in zwei Klassen: in *Vaqueros* oder Besorger des Viehs und der Pferde, die zwölf Dollar jährlich und fünf *Almudes* Mais (ein *Almud* ist der zwölfte Teil einer *Fanega*) wöchentlich erhalten, und in *Labradores* oder Arbeiter, auch *Luneros* genannt, weil sie für den Nießbrauch am haziendaeigenen Wasser verpflichtet sind, den *Lunes* oder Montag über unentgeltlich für ihren Gutsherrn zu arbeiten. Diese *Luneros* stellten die große Masse der Indianer. Wenn sie verheiratet sind, Familie haben und somit natürlich mehr Wasser verbrauchen, müssen sie über ihre Montagsarbeit hinaus auch noch ein Stück Land roden, dort aussäen und zwanzig *Micates* (zu je vierundzwanzig Quadratellen) Mais für den Herrn einbringen. Schlägt die Glocke der Kirche fünfmal, ist jeder Indianer verpflichtet, sofort zur Hazienda zu kommen und für einen Real pro Tag und eine Ration Mais im Werte von drei Cent jede Arbeit zu verrichten, die ihm der Herr oder sein Stellvertreter, der Mayordomo, anweist. Die Gewalt des Herrn oder des Verwalters über die Arbeiter ist unumschränkt. Er schlichtet alle Zwistigkeiten der Indianer untereinander und straft für begangene Vergehen, wobei er Legislative wie Exekutive zugleich in seiner Hand hält. Straft der Mayordomo einen Indianer unvernünftig hart, so kann letzterer bei seinem Herrn klagen; widerruft der Herr das Urteil nicht oder diktiert er selbst einem Indianer eine ungerechte Strafe zu, so kann der Indianer sich von seinem Dienst befreien lassen. Es besteht offiziell keine Verpflichtung für ihn, auf der Hazienda zu bleiben, sofern er nicht beim Herrn verschuldet ist; allein in der Praxis hat ihn dieser ganz in seiner Gewalt. Die Indianer sind durchweg unbekümmert um die Zukunft, lassen sich ihren Lohn im voraus bezahlen, haben kaum je auf zwei Tage Vorrat an Lebensmitteln im Haus und niemals irgendwelche Ersparnisse. Ein unredlicher Dienstherr kann sie so leicht zu seinen Schuldnern machen, und in der Regel sind sie auch wirklich verschuldet. Ist der Indianer imstande, seine Schuld abzuzahlen, so kann er auf eine sofortige Beendigung des Dienstverhältnisses pochen; wo nicht, muß der Herr ihm ein Schreiben folgenden Inhalts ausstellen: »Welcher Señor den Indianer N. N. zu übernehmen wünscht, kann ihn haben, vorausgesetzt daß er die Summe, die dieser mir schuldet, abzahlt.« Schlägt ihm der Herr dieses Papier aus, so kann der Indianer seine Klage Justitia anvertrauen. Erhält er es, so sucht er auf den verschiedenen Haziendas nach einem Grundbesitzer, der bereit ist, die Schuld gegen eine Pfandverschreibung auf seinen Namen, deren Wert der Indianer dann abarbeiten muß, zu tilgen. Die Rechnung wird daraufhin beim vorigen Herrn beglichen, und der gibt dem Indianer ein Schreiben folgenden Inhalts: »Hiermit bescheinige ich, daß die Rechnung meines früheren Dieners N. N., welche zwanzig Dollar betrug, in Ordnung gebracht ist und er mir die besagte Schuld bezahlt hat.« Damit tritt der Indianer in den Dienst eines neuen Herrn ein. Es besteht jedoch nur wenig Aussicht, daß er je auch nur den kleinsten Schuldenbetrag abzahlt. Er will niemals bloß für seine Schuldentilgung arbeiten, sieht alles, was er mit seiner Hände Arbeit schafft, als seinen reinen Verdienst an und bleibt eigentlich von der Zeit an, wo man ihm den ersten Dollar in die Hand drückt, sein Leben lang in Leibeigenschaft, in die bloß ein gelegentlicher Wechsel der Herren Veränderung bringt. Im allgemeinen sind die Indianer sanfte, freundliche und sehr gefügige Menschen. Sie wissen nichts von Groll, und wenn einer ausgepeitscht wird, ja unter den Streichen die schrecklichsten Schmerzen leidet, wünscht er zuweilen doch mit tränenden Augen und unter Verbeugungen dem Mayordomo noch einen guten Abend. Aber sie verlangen auch nach Strenge und wollen in Unterwürfigkeit gehalten werden, denn es sind unzuverlässige Menschen und durchaus bloße Geschöpfe des Augenblicks, und ein schlechter Indianer oder ein schlechter Mestize kann eine ganze Hazienda ruinieren. Sie haben die ganze Indolenz ihrer Vorväter ererbt, hängen zäh am alten Schlendrian und zeigen keine Lust, etwas Neues zu lernen. Don Simon etwa hat versucht, einige landwirtschaftliche Verbesserungen einzuführen – erfolglos; die Indianer können nicht anders als nach ihren hergebrachten Gewohnheiten arbeiten. So brachte ihr Herr aus den Vereinigten Staaten ein ganz einfaches Butterfaß mit, um die Bereitung von Butter und Käse einzuführen, aber die Indianer konnten mit den Geräten nicht umgehen und warfen die Butterfässer beiseite, so daß weiterhin Hunderte von Kühen ungemolken in den Wäldern umherschweifen. Der Herr muß einen Indianer nicht behalten, wenn dieser erkrankt, wiewohl es in seinem Interesse liegt, eine Arbeitskraft zu erhalten, denn auf großen Gütern werden immer viele Werkleute gebraucht. Es liegt deshalb auch im wohlverstandenen Interesse des Eigentümers, unter den Indianern im Rufe eines guten Herrn zu stehen.

Im Laufe des Morgens besuchte ich viele Hütten der Indianer. Die Behausungen waren von länglicher Form und ruhten auf runden, im Boden verankerten Pfählen, über denen sich ein Strohdach ausbreitete; manche hatten durchaus ein reinliches und einladendes Aussehen. Die Männer waren alle auf der Arbeit und die weißgekleideten Frauen ständig zwischen Tür und Brunnen unterwegs, um Wasser zu holen. Erfreulicherweise sah man hier auf dem Landgut in der Ehe einen sicheren Weg zu wohlgeordneten Verhältnissen und einen erfolgversprechenden Weg zu persönlichem Glück. In diesem Sinne förderte und ermunterte Don Simon seine Untergebenen zur Zweisamkeit; er mochte nicht gern unverheiratete Männer auf seinem Gute haben und drängte jeden jungen Indianer in entsprechendem Alter zur Heirat. Wenn, was oft geschah, der Indianer dann wie um Verzeihung bittend sagte, er habe noch kein Weib gefunden, dann wählte ihm Don Simon auf der Hazienda eines aus. Während seines letzten Besuches hatte er so nicht weniger als vier Ehen gestiftet, und am Tag vor unserer Ankunft war der junge katalanische Mayordomo mit den Paaren zum nächsten Orte gezogen und hatte beim Padre die Gebühren für die Trauung – dreizehn Shilling je Paar – erlegt; denn den Verlobten selbst die Gelder anzuvertrauen hatte er nicht gewagt, aus Furcht, sie könnten die Summe verprassen und auf eine Trauung verzichten.

Dem alten Mayordomo, der die Absichten seines Herrn in diesem wichtigen Punkte mit Entschiedenheit in die Tat umsetzte, ward an diesem Tage ein delikater Fall vorgetragen. Ein junges indianisches Mädchen reichte eine Verleumdungsklage wider eine verheiratete Frau ein. Sie sagte, sie sei einem jungen Manne versprochen, den sie liebte und von dem sie wiedergeliebt werde, die fragliche Frau habe aber ihren unbescholtenen Ruf durch die Verbreitung des Gerüchts beschmutzt, sie befände sich bereits in Umständen. Des weiteren habe sie auch dem jungen Manne davon erzählt, ihm gesagt, alle Frauen auf der Hazienda sähen es ja deutlich, und ihn damit aufgezogen, daß er solch ein Mädchen zu heiraten gedächte; und infolgedessen wolle der junge Mann sie nun nicht mehr zum Weibe nehmen. Die verheiratete Frau ward von vielen Zeugen unterstützt, und es muß tatsächlich eingeräumt werden, daß der Schein sehr gegen die Klägerin sprach. Der alte Mayordomo aber entschied, ohne sich im mindesten auf die Fakten einzulassen, nach weitsichtigeren Grundsätzen zugunsten der Beklagten. Entrüstet über den Versuch, eine Eheschließung zu hintertreiben, wandte er sich an die verheiratete Frau mit der Frage, was sie denn überhaupt mit dieser Angelegenheit zu schaffen habe und mit welchem Recht sie sich einmische. Und wenn ihre Behauptung auch wahr wäre, so ginge es sie doch nichts an. Vielleicht habe es der junge Mann gewußt, sei selbst daran nicht unbeteiligt und ursprünglich durchaus willens gewesen, die Verlobte zu ehelichen. Dann könnten beide jetzt ohne ihre geschwätzige Zunge glücklich leben. Der Mayordomo zückte jetzt ohne viel Federlesens eine lederne Peitsche, ließ sie mit großem Nachdruck auf den Rücken der indiskreten Verbreiterin unliebsamer Nachrichten niedergehen und schloß mit einer zornigen Strafpredigt über die Klatschgevatterinnen im besonderen und die Frauenzimmer im allgemeinen, die für alle Schwierigkeiten und Unannehmlichkeiten auf der Hazienda verantwortlich wären und ohne die die Männer ganz ruhig und zufrieden leben würden. Die Matronen der Hazienda standen angesichts dieser unerwarteten Wendung der Dinge völlig entgeistert da, und als der Fall erledigt war, drängten sie sich sämtlich um das Opfer, zogen mit der Abgestraften fort und sprachen ihr alle möglichen Trostworte zu. Das junge Mädchen aber ging einsam von dannen; die Herzen ihrer Geschlechtsgenossinnen waren wider sie aufgebracht, denn im wilden wie im zivilisierten Leben

»kann jedes Leid auf eine mitfühlende Träne rechnen,
nur nicht die Schande einer irrenden Schwester«.

Am Nachmittag war Herr Catherwood fieberfrei, aber in sehr gedrückter Stimmung. Die Hazienda war in dieser Jahreszeit in der Tat ein ungesunder Aufenthaltsort; die großen Tröge und Wasserbehälter, die das Haus umgaben, waren grün infolge der allgemeinen Feuchtigkeit und riefen zusammen mit den regelmäßigen Nachmittagsregen bösartige Fieber hervor. Herrn Catherwoods Konstitution war bereits ernstlich erschüttert, und ich ward in der Tat sehr besorgt um ihn und hielt es für dringend geboten, daß er die Hazienda und womöglich das Land überhaupt verließ. Doch wollten wir, um unsere Pläne auszuführen, auf alle Fälle noch einmal nach Uxmal zurückkehren. Dann rechneten wir uns aus, wir könnten, wenn unsere Abreise schon am nächsten Morgen erfolgte, die spanische Brigg mit Kurs auf Havanna noch zur rechten Zeit erreichen, und nach zehnminütiger Beratung entschlossen wir uns, aufzubrechen und heimzureisen. Sofort teilten wir unsere Absicht dem Mayordomo mit, der auf den Glockenturm der Kirche stieg und seinen Arbeitern bedeutete, um zwei Uhr am nächsten Morgen eine Kutsche für uns bereitzustellen.

Derweil nahm ich eine zweite Besichtigung der Ruinen vor. Herrn Waldecks Werk über die Altertümer von Uxmal war erschienen, ehe wir nach Zentralamerika abreisten. Es kam in Paris im Großbuchformat heraus, mit geschmackvollen und schön gemalten Illustrationen ausgestattet, und zieht die Summe eines einjährigen Aufenthalts in Merida und eines achttägigen in Uxmal. Zur Zeit seines Besuchs sah er die Ruinen ganz mit Bäumen überwachsen, die aber im Laufe des letzten Jahres stark gelichtet worden waren, so daß der ganze Raum nun frei vor unseren Augen lag. Die Beschreibung dieser Ruinen stellt eine so gewaltige Aufgabe dar, daß ich kaum weiß, wo ich beginnen soll. Sozusagen auf der Schwelle unserer Arbeiten festgehalten, kann ich keinen übersichtlichen Lageplan geben, wenigstens aber war das ganze Feld eben, baumfrei und mit einem Blick zu überschauen. Der erste Anblick prägte sich meiner Seele unauslöschlich ein, und Herrn Catherwoods einziger Tag in den Ruinen ward gut genutzt.

Sobald man aus dem Walde tritt, fesselt als erstes jenes Gebäude das Auge, das in Abbildung 68 rechts wiedergegeben ist, und kurzfristig abgelenkt durch andere Ruinenmassen und gigantische Gebäudereste, kehrt der Blick doch immer und immer

68 Haus des Zwerges und Nonnenkloster

wieder zu diesem hochragenden Bau zurück. Ihn betrat ich zuerst. Von seiner vorderen Eingangstür aus zählte ich in der Ebene sechzehn Ruinenhügel, bedeckt mit zerfallenen Mauern und Steinhaufen sowie ungeheuren Prachtgebäuden, die, jedenfalls aus dieser Entfernung, von der Zeit unberührt geblieben und dem Verfall getrotzt zu haben schienen. Ich stand im Eingangstor, als eben sie Sonne unterging. Die Bauten warfen einen gewaltigen und düsteren Schatten auf ihre Terrassen, und es bot sich mir ein Bild dar, das in seiner Fremdheit und Seltsamkeit einer Trugwelt entstiegen schien.

Das Gebäude ist achtundsechzig Fuß lang, die Erhebung, auf welcher es steht, künstlich und aus der Ebene herauf massiv aufgeführt. Von seiner Form her nicht pyramidalisch, sondern oblong und rundlich, ist der Unterbau an der Grundfläche zweihundertundvierzig Fuß lang und hundertundzwanzig Fuß breit, der Hügel aber auf allen Seiten bis zur Spitze hinauf durch eine Lage aus Quadersteinen abgedeckt. Vielleicht hatten die verfallenen Hochbauten in Palenque, die wir pyramidalisch genannt haben und welche derart zerfallen waren, daß wir ihre Form nicht genau zu bestimmen vermochten, ursprünglich die gleiche Gestalt. Auf der Ostseite des Hochbaues führt eine breite Flucht steinerner Stufen nach oben, jede Stufe acht bis neun Zoll hoch und so steil, daß man beim Hinauf- und Hinabgehen sehr vorsichtig sein muß. Wir zählten hundertundeine Stufe, die meisten davon noch gut erhalten, am oberen Ende fehlten allerdings neun Stück, und am Fuße der Erhebung waren vielleicht zwanzig Stufen mit Schutt bedeckt. Die Stufen führen auf eine steinerne Plattform von viereinhalb Fuß Breite, die sich an der ganzen Rückseite des Gebäudes hinzieht. In der Mitte fehlt eine Tür, dafür befindet sich eine an jedem Ende; diese beiden Türen öffnen sich jeweils in ein achtzehn Fuß langes und neun Fuß breites Gemach. Zwischen beiden liegt eine dritte Kammer von gleicher Breite, aber vierunddreißig Fuß Länge. Das Gebäude ist ganz aus Stein aufgeführt; innen sind die Wände glatt und poliert; außen bestehen sie bis zur Höhe der Tür aus unbehauenen Quadern. Über dieser Linie aber läuft eine reiche, als erhabener Fries gearbeitete Kranzleiste hin, an die sich bis hinauf zum Gesims des Gebäudes auf allen Seiten reiche, gleich Arabesken sorgfältig und kunstvoll gestaltete Ornamente flächendeckend anschließen. Stil und Charakter dieser Ornamente wichen völlig von allem ab, was wir bis dahin in diesem oder in irgendeinem anderen Lande gesehen hatten. Sie besaßen nicht die entfernteste Ähnlichkeit mit den Schmuckformen von Copan oder Palenque und standen ganz einzig, ja ureigen in ihrer Art da. Die Umrisse der sehr sorgfältig gearbeiteten Zeichnung waren fremdartig und uns völlig unverständlich, ja bisweilen grotesk, oft aber auch einfach, geschmackvoll und schön. Unter den für uns faßlichen Details befanden sich Vierecke und Rauten mit Brustbildern menschlicher Wesen, Leopardenköpfe, Arrangements von Blättern und Blumen sowie die überall ›griechisch‹ (grècques) genannten Verzierungen. Die aufeinanderfolgenden Schmuckformen sind alle verschieden, und die ganze Ornamentik ist außerordentlich reich und verwickelt, dabei von ebenso wundersamer wie großartiger Wirkung. Nicht weniger einzigartig und überraschend als die Gesamtwirkung zeigt sich die Gruppierung der einzelnen Elemente. Keineswegs stellten nämlich Tafeln oder einzelne Steine für sich getrennt ein vollständiges Bild dar, vielmehr hatte man jede Figur aus mehreren Steinen zusammengesetzt, auf jedem einen Teil der Darstellung eingemeißelt und ihn dann in die entsprechende Stelle der Mauer eingefügt. Jeder Stein war für sich allein ein Bruchstück ohne Bedeutung, aber neben die anderen gefügt half er ein Ganzes bilden, das wiederum ohne ihn unvollständig bleiben mußte. Man nennt die Sache vielleicht beim rechten Namen, wenn man von einer Art Skulptur-Mosaik spricht.

Von der Vordertür dieses außerordentlichen Gebäudes aus führte eine mörtelbedeckte Bahn, zweiundzwanzig Fuß lang und fünfzehn Fuß breit, auf das Dach eines weiter unten auf der Anhöhe gelegenen Gebäudes, wie es Abbildung 68 zeigt. Man sieht keine Treppe oder sonstige Verbindung zwischen beiden; als wir aber über einen Haufen Schutt an der Seite des unteren Bauwerks hinabstiegen und uns um eine Ecke herumtasteten, stießen wir auf eine vier Fuß breite Tür und fanden dahinter eine Kammer von zwölf Fuß Höhe, mit zwei Korridoren, die über die gesamte Breite des Gebäudes hinliefen, der vordere sieben Fuß drei Zoll, der andere drei Fuß neun Zoll tief. Die inneren Mauern zeigten wiederum glattpolierte Quadersteine, und es gab keine innere Tür oder irgendeine Verbindung mit einer anderen Baulichkeit. Außen war die Eingangstür mit Verzierungen überladen, wie das ganze Äußere überhaupt dem oben beschriebenen Gebäude glich. Die von der Tür zum Fuß des künstlichen Aufbaus hinunterführenden Stufen waren hier allerdings völlig zerstört.

Die Indianer betrachten diese Ruinen mit abergläubischer Ehrfurcht. Sie scheuen den nächtlichen Aufenthalt dort und erzählen sich die alte Geschichte, daß ungeheure Schätze in ihnen verborgen seien. Jedem Gebäude haben sie einen Namen gegeben. Das oben beschriebene heißt bei ihnen ›Casa del Enano‹ oder ›Haus des Zwerges‹ und wird mit einer wildromantischen Legende ausgeschmückt, die mir, während ich in der Tür der Casa saß, ein Indianer wie folgt erzählte:

Es war einmal ein altes Weib, das eben dort, wo jetzt auf künstlicher Anhöhe die Casa del Enano ins Land blickt, eine Hütte bewohnte und traurig darüber war, daß sie keine Kinder hatte. In ihrem Kummer nahm sie eines Tags ein Ei, bedeckte es mit einem Tuche und legte es sorgfältig in einem Winkel ihrer Hütte nieder. Tag für Tag sah sie danach, bis sie eines Morgens das Ei ausgebrütet und eine *Criatura,* ein Kindlein also, geboren fand. Die alte Frau war entzückt, sorgte für eine Amme und ließ dem Neugeborenen gute Pflege angedeihen, so daß es innerhalb eines Jahres gehen und sprechen konnte wie ein Mann, aber von da an zu wachsen aufhörte. Die Alte war jedenfalls außer sich vor Freude und meinte, ihr Söhnchen werde einmal ein großer Herr oder König werden. Eines Tages sprach sie zu dem Kleinen, er solle nach dem (gegenüberliegenden) Hause des Gouverneurs gehen und seine Kräfte mit ihm messen. Der Zwerg suchte durch Bitten die Sache abzuwenden, allein die Alte bestand darauf, und so ging er denn hinüber. Die Wache ließ ihn ein, und er rief seine Herausforderung zum Ohr des Gouverneurs hinauf. Der lächelte und stellte ihm die Aufgabe, einen Stein von drei *Arrobas* (fünfundsiebzig Pfund) aufzuheben, woraufhin der kleine Mensch aufschrie und flugs zu seiner Mutter zurücklief. Die schickte ihn aber sofort wieder zurück und hieß ihn sagen, daß er es dem Gouverneur nachtun wolle, wenn dieser den Stein zuerst aufhöbe. Der Gouverneur hob ihn, und siehe, der Zwerg tat sofort das nämliche. Der Gouverneur stellte ihn daraufhin mit anderen Kraftstückchen auf die Probe, aber der Zwerg vollbrachte in jedem Falle das, was der Gouverneur vor ihm ausführte. Empört darüber, daß ein Zwerg ihm gleichstehen sollte, befahl ihm der Gouverneur endlich, in einer Nacht ein Haus zu bauen, höher als jedes andere im Orte; bestehe er aber diese Probe nicht, wolle er ihn töten lassen. Wiederum lief der arme Kleine weinend zu seiner Mutter, die ihm aber zuredete, nicht den Mut zu verlieren. Und wirklich, als er am nächsten Morgen erwachte, fand er sich in einem hochaufragendem Gebäude, eben dem Haus des Zwerges. Der Gouverneur erblickte den Bau vom Eingang seines Palastes aus, war starr vor Staunen, schickte nach dem Zwerg und sagte ihm, nun solle er zwei Bund *Coyol*-Holz – eine sehr harte Holzart – zusammenlesen, mit deren einem er ihn (den Zwerg) über den Kopf schlagen wolle, während ihn dieser *nachher* mit dem anderen zurückschlagen möge. Da lief der Zwerg zum dritten Mal weinend zur Mutter zurück, die jedoch sagte, er solle unbesorgt sein; und sie legte ihm eine kleine Tortilla aus Weizen auf den Kopf. Die Probe ward vor den Augen aller Großen der Stadt ausgetragen. Der Gouverneur zerschlug sein ganzes Bündel auf dem Kopf des Zwerges, ohne den Kleinen im mindesten zu verletzen. Darauf wäre er gern vom

Probestück seines Gegners verschont geblieben; allein, er hatte sein Wort in Gegenwart seiner Bekannten gegeben und mußte sich daher fügen. Schon der zweite Schlag des Zwerges zerschmetterte ihm den Schädel, woraufhin alle Zuschauer den Sieger als ihren neuen Gouverneur begrüßten. Das alte Weib starb bald darauf, aber in dem siebzehn *Leguas* entfernten, indianischen Dorfe Mani befindet sich ein tiefer Brunnen, von dem aus eine Höhle bis nach Merida unter der Erde fortlaufen soll. In dieser Höhle sitzt, so erzählt man sich, ein betagtes Weib mit einer Schlange neben sich. Sie verkauft Wasser in kleinen Mengen, nicht für Geld, sondern bloß für ein Kindlein, das sie nach ihren Worten der Schlange zum Fressen geben will; dieses Weib aber ist die Mutter des Zwerges.

So lautet die wunderliche Legende, die mit diesem Gebäude verknüpft ist; sie erschien mir freilich kaum phantastischer als der Bau selbst.

Der Name des zweiten in Abbildung 68 dargestellten Gebäudes bezog sich wohl ursprünglich auf die in Mexiko zur Wache über das Feuer geweihten Priesterinnen. Obwohl der Bau den Indianern Uxmals nur unter diesem Namen bekannt ist, wurzelt die Bezeichnung, wie ich glaube, nicht in der einheimischen Tradition, Geschichte oder Mythenbildung, sondern ist vielmehr von den spanischen Eroberern übernommen. Die ›Casa de las Monjas‹ (Haus der Nonnen oder Kloster) liegt auf einem künstlich angelegten Hügel von etwa fünfzehn Fuß Höhe. Sein Grundriß hat die Form eines Vierecks, dessen eine Seite nach meiner Berechnung fünfundneunzig Schritt Länge mißt. Weil der Grund an manchen Stellen von herabgefallenen Steinen übersät war, konnte ich nicht rings um das Gebäude gehen, mit Sicherheit wird sein Umfang aber zweihundertundfünfzig Fuß betragen haben. Wie das Haus des Zwerges ist es ganz aus behauenem Stein erbaut, und sämtliche Außenseiten bedeckt der gleiche reiche, kunstvolle und unverständliche skulpturale Schmuck.

Den Haupteingang bildet ein großes Portal, das in einen schönen *Patio* oder Innenhof führt. Er ist mit Gras überwachsen, aber baumlos, und die ganze innere Fassade ist noch reicher und kunstvoller verziert als das Äußere, dazu auch noch vollkommener erhalten. Auf der einen Seite findet sich ein sehr schlichtes und geschmackvolles Rautenmuster, während sich an den beiden Enden des Hofinnenraums in entgegengesetzter Richtung zwei riesige Schlangen an der Fassade hinwinden, deren Köpfe leider zerbrochen und heruntergefallen sind.

In einer Linie mit dem Eingang des Klosters, aber auf einem niedrigeren Unterbau, steht, in Abbildung 69 wiedergegeben, ein anderes Gebäude von gleichem Charakter, das ›Casa de Tortugas‹ (Haus der Schildkröten) genannt wird, denn es sind hier Schildkröten hoch oben an der Fassade eingemeißelt. An verschiedenen Stellen wies diese Casa gewaltige Risse auf, als ob den Bau ein Erdbeben erschüttert hätte. Im Mittelpunkt der Ruinen gelegen, bietet sich von seiner Höhe eine gute Aussicht über die ganze wunderbare, aber verfallene Herrlichkeit.

Ein wenig weiter nach rechts findet man über Ruinenhaufen zu einem anderen Gebäude, das schon aus großer Entfernung durch sein auffälliges Äußeres unsere

69 Haus der Schildkröten

Aufmerksamkeit erregte. Wir erreichten es, nachdem wir zwei hohe Terrassen erstiegen hatten. Das Hauptgebäude war den übrigen gleich, über dem Ganzen aber lief eine hohe verzierte Mauer in Form mehrerer an den beiden Seitenlinien abgestufter

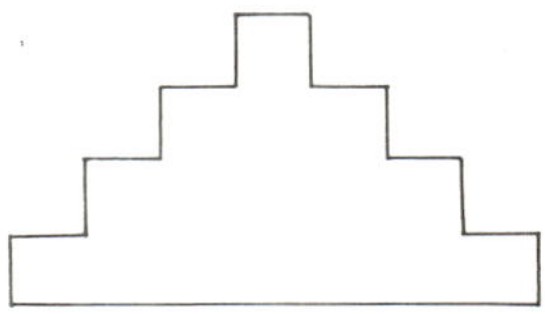

und oben abgeplatteter Dreiecke hin. Dieser Aufsatz hat dem Bauwerk den Namen ›Casa de Palomas‹ (Haus der Tauben) gegeben, denn es sah aus der Ferne einer Reihe Taubenhäuser ähnlicher als irgend etwas anderem (vgl. Abb. 90).

Vor ihm zog sich eine breite, beiderseits von Ruinen gesäumte Straße zu einem Trümmerhügel jenseits der Mauer des ›Klosters‹ hin, dem traurigen Rest eines wahrscheinlich einst mit dem ›Taubenhaus‹ verbundenen Gebäudes. Es schien nur wie ein Vorhaus oder eine Pförtnerwohnung jenem Gebäude zugehörig, das ihm folgte. Zwischen beiden lag ein großer Hof mit Korridoren an jeder Seite. Der Boden des Hofs klang hohl. Da er an einer Stelle aufgerissen war, konnte ich hier in eine große ausgemauerte Vertiefung hinabsteigen, die als Kornkammer gedient haben mochte. An der hinteren Seite des Hofs, auf einer hohen, zerfallenen, schwer zugänglichen

Terrasse, stand ein anderes Gebäude. Es war stärker zerstört als die anderen, aber, wie man aus dem Charakter seiner Überreste, aus seiner beherrschenden Lage, vermöge deren es alle anderen Gebäude mit Ausnahme des Hauses des Zwerges überschaute, und aus seiner offensichtlichen Verbindung zu den entfernter liegenden Trümmermassen schließen muß, eines der wichtigsten Gebäude in der Stadt, vielleicht der Haupttempel gewesen war. Die Indianer nannten es ›El Cuartel‹ oder ›Die Hauptwache‹. Von ihm aus konnte man andere, vom Hause des Zwerges nicht wahrzunehmende Ruinen übersehen, und das Ganze bot ein Bild barbarischer Pracht und Größe. Es widerlegte vollständig alle früheren Ansichten über die Urbewohner dieses Landes und weckte Empfindungen und Gedanken in uns, wie sie in diesem Maße noch durch kein bisher geschautes Panorama hervorgerufen worden waren.

Auffallend war der gänzliche Mangel an Wasser in den Ruinen. Nie hatte man hier einen Tropfen gefunden; von keinem einzigen Wasserlauf, keinem Quell, keinem Brunnen wußten die Indianer, und das nächste Wasser fand sich erst auf der Hazienda Uxmal in anderthalb Meilen Entfernung. Die einstigen Quellen schienen verschwunden, die alten Zisternen zerstört, die fließenden Gewässer ausgetrocknet. Gerade dieser Umstand aber war es, der Don Simon, wie er uns in der Folge mitteilte, besonders interessierte, und vor allem, um in dieser Angelegenheit Klärung zu schaffen, wünschte er eine gründliche Durchforschung der Ruinen. Seiner Meinung nach hatte sich die Bodenbeschaffenheit in der Trümmerstadt nicht geändert, es müßten sich demnach, so folgerte er, unter der Erde noch jene großen Brunnen, Zisternen oder Wasserbehälter finden, welche die einstigen Bewohner der Stadt mit dem lebensnotwendigem Naß versorgt hatten. Die Entdeckung irgendwelcher Brunnen oder Reservoire in diesem Lande käme dem Auffinden einer Quelle in der Wüste oder, poetischer gesprochen, einem Goldfund gleich. Mit einem unbegrenzten Wasservorrat wären unzählige *Lumeros* zu versorgen, und die alte Stadt könnte sich wieder bevölkern, ohne daß neue Ausgaben für Brunnen oder Behälter nötig würden.

Während ich diese Ruinen durchschweifte, begab sich Herr Catherwood zur ›Casa del Gobernador‹. Dieser von den Indianern geprägte Name bezeichnet das Hauptgebäude der alten Stadt, die Residenz des Gouverneurs, das königliche Haus. Es ist seiner Stellung nach das bedeutendste, seiner Architektur und seinen Proportionen nach das prächtigste und das besterhaltene Bauwerk von Uxmal.

Die beigegebene Abbildung 70 zeigt den Grundriß des Gebäudes mitsamt den drei Terrassen, auf denen es steht. Die erste Terrasse ist sechshundert Fuß lang und fünf Fuß hoch. Sie ist mit behauenen Steinen befestigt und trägt eine Plattform von zwanzig Fuß Breite, der als zweite Stufe eine Terrasse von fünfzehn Fuß Höhe folgt. Diese stützen an den Ecken rundbehauene Steine ab, da die so gearbeiteten Quader feiner und einheitlicher als scharfkantiges Material zusammengefügt werden können. Auf der großen, flachen Plattform oben stehen jetzt zwar keine Bäume mehr, doch sieht man überall die Stümpfe eines erst jüngst abgeholzten Waldes; die Flä-

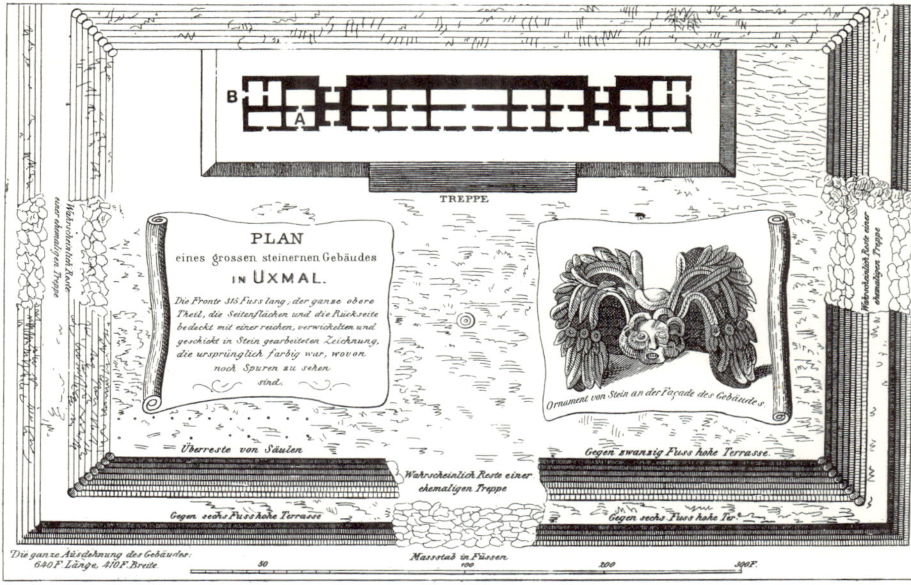

70 Grundriß der Casa del Gobernador mit ihren Terrassen

chen dazwischen sind mit Mais bepflanzt, die Sprosse schauten allerdings erst einen Fuß aus der Erde heraus. Im südöstlichen Bereich dieser Plattform erhebt sich eine Anzahl runder Pfeiler von jeweils achtzehn Zoll Durchmesser und drei bis vier Fuß Höhe. Sie ziehen sich etwa hundert Fuß über die Plattform hin und kamen unter allen, die wir während der Reise untersuchten, unserem Begriffe von einem Pfeiler oder einer Säule am nächsten. In der Mitte der Terrasse fand sich auf dem Weg, der auf eine Treppe zuführte, inmitten einer Baumgruppe ein zerbrochener Rundpfeiler, schief und nahe daran umzustürzen. Es war ursprünglich unsere Absicht, unter dieser Plattform nachzugraben, weil wir vermuteten, daß sich hier ein Gewölbe als Teil der ungeheuren, zur Wasserversorgung der Stadt bestimmten Reservoirs finden würde.

Im Zentrum der Plattform steigt in einer Entfernung von zweihundertundfünf Fuß vom vorderen Rande eine Flucht von fünfunddreißig steinernen Stufen mit mehr als hundert Fuß Breite zu einer dritten Terrasse auf, die sich fünfzehn Fuß über der letzten, also insgesamt fünfunddreißig Fuß über den Boden erhebt und somit über der freien Ebene eine sehr dominierende Position einnimmt. Allein schon die Konstruktion dieser Folge von Terrassen war ein ungeheures Werk, doch wird jene Leistung noch durch den herrlichen Bau überboten, der auf der dritten Terrasse steht: die Casa del Gobernador. Mit ihrem Haupteingang zur Treppe hin gekehrt, mißt allein die Fassade der Casa dreihundertundzwanzig Fuß. Fernab der Zone tropischen Urwaldklimas mit ihrem üppigen Waldwuchs, der die Ruinen von Palenque fast ersticken läßt, steht das Gebäude noch aufrecht da und fast so vollkommen erhalten, als ob es von seinen Bewohnern gerade erst verlassen worden wäre. Das steinerne Bauwerk ist bis zum Sims, der über den Giebeln der Portale hinläuft, glatt aufgemauert, darüber aber wiederum mit jener reichen, kunstvollen und merkwürdig-fremden Ornamentik bedeckt, unter der insbesondere die zuvor als ›griechisch‹ bezeichnete Verzierung hervortritt. Weder in der Linienführung noch in dem Verhältnis der Details zueinander liegt etwas Rohes oder Barbarisches; im Gegenteil, das Ganze trägt den Stempel architektonischer Symmetrie und Großartigkeit. Wenn heute der Fremde die Stufen hinaufsteigt und ebenso erstaunt wie betroffen an den offenen und öden Portalen dieses Baues entlangblickt, dann kann er nur schwer glauben, das Werk eines Volksstammes vor sich zu sehen, dem unsere Geschichtsschreiber nachsagen, er sei kunstlos gewesen und untergegangen in der Stumpfheit eines barbarischen Lebens. Wenn der Bau heute auf seiner großartigen künstlichen Terrasse im Hyde Park oder im Tuileriengarten stünde, würde er einen neuen architektonischen Kanon stiften, ja das Bauwerk würde, bei aller Unvergleichbarkeit mit den Überresten ägyptischer, griechischer und römischer Kunst, nicht unwürdig an ihre Seite treten.

Noch einer Besonderheit der Bauten von Uxmal gilt es hier zu gedenken, die zu der ansonsten durchgehaltenen Bauweise in seltsamem Widerspruch zu stehen schien, schon im Hause des Zwerges sofort meine Aufmerksamkeit auf sich gezogen hatte und dann in allen übrigen Gebäuden wiederkehrte. Ich habe erwähnt, daß wir in Ocosingo eine hölzerne Schwelle und in Palenque ein Stück von einem hölzernen Balken sahen; hier in Uxmal aber waren *alle* Oberschwellen aus Holz und *die meisten noch an ihren Plätzen über den Türen.* Diese Oberschwellen, schwere Balken von acht bis neun Fuß Länge, achtzehn bis zwanzig Zoll Breite und zwölf bis vierzehn Zoll Stärke, waren gleich denen in Ocosingo aus sehr hartem Holz zugeschnitten und gaben einen klingenden Ton von sich, wenn man mit der Machete dagegen schlug. Nach Auskunft unseres Führers gibt es solches Holz nur in den fernen Waldungen beim See von Peten. Warum man bei der Aufführung von sonst ganz massiv steinernen Bauten Holz verwendete, schien uns unerklärlich, aber sagte unser Führer bezüglich des Herkunftsortes die Wahrheit, so war jeder Balken über eine Strecke von dreihundert Meilen auf den Schultern von acht Indianern, unterstützt von der nötigen Ersatzmannschaft, herangeschleppt worden. Das Holz war mithin etwas Seltenes, etwas Kostbares, etwas Bemerkenswertes, und aus diesem Grunde mag es wie Schmuckmaterial verwendet worden sein. Diese Oberschwellen wurden auf eine sehr schwere Probe gestellt, da sie die kompakte Masse einer vierzehn bis sechzehn Fuß hohen, drei bis vier Fuß dicken Steinmauer zu tragen hatten. Wenn sie auch einst felsenfest gewesen sein mögen, so zeigte sich doch jetzt, daß sie nicht die Dauerhaftigkeit des Steins besaßen und den Keim ihres Zerfalls in sich trugen. Zwar lagen die meisten noch an ihren Plätzen, waren keineswegs morsch, sondern noch härter als *Lignum vitae*, einige andere aber waren doch von Würmern zerfressen, ein paar in der Mitte geborsten und so bei zunehmender Schwäche dem Gewicht der aufruhenden Mauern vollends ausgeliefert, wieder andere waren bereits gänzlich herabgestürzt. Überhaupt rührte, das Haus der Nonnen ausgenommen, die Zerstörung meistenteils von vermorschenden und brechenden Holzschwellen her. Hätte man die Oberschwellen einst aus Stein erbaut, so würden die Hauptgebäude dieser Trümmerstadt noch heute fast unversehrt dastehen, und hätte das Auge eines Baumeisters über sie gewacht und für den Ersatz der morschen Balken Sorge getragen, so wären die Gebäude vor dem Zusammensturz bewahrt geblieben. Aber freilich dachten auf dem Höhepunkte ihrer Macht und Größe die Erbauer nicht entfernt daran, daß ihre Stadt einmal einer Wüstenei gleichen könnte.

Die Casa del Gobernador steht mit der Front gegen Osten gerichtet. In der Mitte, gegenüber der zur Terrasse hinaufführenden Stufenflucht, öffnen sich drei Haupteingänge. Der mittlere ist acht Fuß sechs Zoll breit und acht Fuß zehn Zoll hoch; die anderen haben die gleiche Höhe, messen aber zwei Fuß weniger in der Breite. Die Mitteltür führt in ein sechzig Fuß langes und siebenundzwanzig Fuß tiefes Zimmer. Es wird durch eine Mauer von dreieinhalb Fuß Stärke in zwei Korridore geteilt, die durch eine Tür von den Abmessungen des Eingangsportals miteinander verbunden sind. Der Grundriß entspricht dem des Korridors vor dem Palast zu Palenque, nur daß der Flur hier nicht die ganze Länge des Gebäudes durchmißt und der zweite, hintere Korridor keine Ausgangstür aufweist. Die Fußböden sind mit glatten Quadersteinen ausgelegt, die Mauern bestehen aus viereckigen, mit Sorgfalt verlegten und polierten Blöcken, und die Decke bildet, wie in Palenque, ein dreieckiges Gewölbe, wobei allerdings der Schlußstein fehlt, und statt der rohen, übereinander vorkragenden oder mit Stuck verkleideten Steine ist das Mauerwerk hier in aufsteigender Folge so abgeschrägt, daß es eine ebene und glatte Oberfläche darbietet. Durchweg sind die Quader dabei so sauber verlegt und geglättet, als wäre man nach den Regeln der modernsten Mauertechnik verfahren.

In diesem Zimmer schlugen wir provisorisch unser Lager auf, abermals im Palaste eines unbekannten Königs und unter einem Dache, das noch so fest wie zu den Zeiten war, da es seinen früheren Bewohnern Schutz gewährte. Im Gegensatz zu den Ruinen der Alten Welt, wo jedes Bruchstücklein von geschwätzigen Ciceroni über die Maßen herausgestrichen wird, übertraf in diesem Lande die Wirklichkeit meist die Erwartungen, die man auf Grund älterer Berichte hegen konnte. Als wir Kapitän Fensleys Brigg verließen, rechneten wir mit höchstens zwei bis drei Tagen Beschäftigung, statt dessen hatte sich ein ungeheures Feld interessanter Arbeit vor uns aufgetan. Uxmal betraten wir mit den Vorteilen einer schon beträchtlichen Ruinenerfahrung, unter dem Schutze und mit dem gütigen Beistand des Besitzers, kurzum, unter so bequemen Umständen, wie sie uns kein anderer Ort bisher bieten konnte.

Wir waren nicht wie zu Palenque im Walde begraben, sondern gleich vor unserer Tür befand sich das hohe Haus des Zwerges, das fast die indianische Legende zu bestätigen schien, und von jedem Teile der Terrasse aus konnten wir mühelos das Ruinengefilde überblicken.

An das Mittelzimmer der Casa schlossen sich links und rechts jeweils exakt symmetrisch zugeordnete Räume an – die Details zeigt der Grundriß in Abbildung 70 –, und Einheitlichkeit herrschte auch in den Verzierungen. Das Dach war überall dicht, die Zimmer trocken, und nach meiner Einschätzung hätten schon wenige tausend Taler genügt, um seinen ehemaligen königlichen Besitzern wieder eine würdige Bleibe zu verschaffen. In dem mit A bezeichneten Zimmer fanden wir die Wände mit einem sehr feinen Gips ausgekleidet, der dem besten aus Paris gleichkam. Alle übrigen Wände bestanden aus glattpoliertem Stein. Von Malereien, Stuckornamenten oder anderem Schmucke irgendwelcher Art bemerkten wir nichts.

In dem mit B bezeichneten Zimmer fanden wir einen höchst interessanten Gegenstand, nämlich eine über der Tür herausgefallene und aus irgendwelchen Gründen in einen dunklen Winkel des Zimmers geschaffte Holzschwelle. Etwa zehn Fuß lang und sehr schwer, wies sie eine Zeile von eingeschnittenen oder eingeprägten Schriftzeichen auf. Obwohl diese beinahe verwischt waren, sahen wir doch Hieroglyphen in ihnen und glaubten eine Ähnlichkeit zu denen in Palenque und Copan festzustellen. Da verschiedene Indianer ums uns herumstanden, die mit träger Neugier all unsere Hantierungen beobachteten und wir ihre Aufmerksamkeit nicht auf diesen unseren wichtigen Fund lenken wollten, so wandten wir uns von dem Holz in dem Augenblick ab, als sich ein Indianer darauf setzte. Noch ehe wir zur Tür hinaus waren, bemerkten wir, wie er mit seiner Machete beim Aufstehen ohne alle Absicht einen wenige Zoll langen Span abhieb und dadurch die Schriftzeichen beschädigte. Obwohl es uns einen Stich gab, wagten wir ihn nicht um Schonung zu bitten, denn wir befürchteten, er würde dann aus Mißtrauen oder Mißgunst den Balken erst recht zerstören.

Ich beschloß sofort, mir diesen mystischen Balken zu sichern. Don Simon versprach mir später in Merida, wohin wir nach unserem übereilten Aufbruch aus Uxmal gereist waren, gütigerweise, er wolle mir das überaus wichtige Fundstück nebst einem mit Skulpturen bedeckten Steine zusenden, der zu den wichtigsten Schmuckelementen der Ruinenstätte gehörte. Letzterer befindet sich jetzt auch tatsächlich in meinem Besitze, der Balken aber ist nie in meine Hände gelangt, und meine Ungewißheit darüber, ob er in Sicherheit gebracht worden ist, rührt wie noch manches andere von der übergroßen Eile her, mit der wir leider unsere Abreise aus Uxmal betreiben mußten.

Bei wie schwachem Lichte sind doch die Blätter der amerikanischen Geschichte geschrieben! So gibt es in Uxmal keine ›Götzenbilder‹, wie in Copan, nicht eine einzige Stuckfigur oder eine Tafel mit Figuren wie in Palenque, trotz allen eifrigen Suchens entdeckten wir keinen einzigen sicheren Vergleichspunkt, ausgenommen allein jenen mit Hieroglyphen beschriebenen Balken; und vielleicht hat nun die unselige Machete eines Indianers das einzige Glied zerstört, das möglicherweise all diese Überbleibsel miteinander verketten könnte.

Den ornamentalen Stein, der uns nachgeschickt ward, haben wir auf dem Grundrisse mit dargestellt (vgl. Abb. 70). Man erkennt einen Totenkopf mit ausgebreiteten Flügeln sowie einer Reihe vorstehender Zähne, der in etwa den Totenköpfen auf unseren Grabsteinen gleicht. Er hat, von Flügel zu Flügel gemessen, eine Breite von zwei Fuß und hinten eine steinerne Krampe, womit er in der Wand befestigt war. Don Simon hatte den Stein unversehrt herausheben lassen und ursprünglich beabsichtigt, ihn an der Vorderfront seiner Hazienda als Verzierung anzubringen.

Eigentlich wollten wir die Außenansicht dieses wie überhaupt aller anderen Gebäude vollständig dokumentieren, aber infolge unserer überstürzten Abreise mußten wir diese Absicht aufgeben. Indessen stellt die Zeichnung, die hier in Abbildung 71 wiedergegeben ist, wenigstens einen kleinen Teil der Casa del Gobernador mit ihren skulpturalen Verzierungen oder, wie ich sie genannt habe, Skulptur-Mosaiken dar. Wie in Copan benötigte Herr Catherwood verschiedene Anläufe, ehe er seinen Gegenstand angemessen erfassen konnte. Die Zeichnung ward spät am Nachmittage begonnen, war noch keineswegs fertig, als wir auf die Hazienda zurückkehrten, und Herr Catherwood sah sich auch später nicht imstande, sie zu vollenden. Der Bau ist deshalb hier nur unvollständig wiedergegeben und entbehrt vieler kleiner Details,

71 Fassadenabschnitt der Casa del Gobernador

mit denen der Gegenstand überladen ist und zu deren nachträglicher Rekonstruktion kein Versuch gemacht ward. Der Leser wird finden, wie arm Worte bei der Beschreibung des Bauwerks bleiben müssen und wird imstande sein, sich nach Herrn Catherwoods Bild eine Vorstellung vom eindrucksvollen Äußeren des Gebäudes zu machen. Es ist bezeichnend für den reichen und kunstvollen Fassadenschmuck in Uxmal.

Der in Abbildung 72 dargestellte Teil umfaßt nur etwa zwanzig Fuß Fassade, während die gesamte Außenfläche mit siebenhundert Fuß bemessen ist; die Casa de las Monjas besitzt sogar eine geschmückte Fläche von zweitausend Fuß. Die Größe der figural und ornamental geschmückten Mauerpartien der anderen Gebäude kann ich dagegen leider nicht angeben. Würde die gesamte Ornamentik von Uxmal zeichnerisch erfaßt, ergäbe dies eine der prachtvollsten Sammlungen, die je dem Publikum geboten wurden, und sie eines Tages nachzuliefern, ist noch immer unsere Hoffnung. Der Leser würde über die aufgewendete Zeit, Geduld und Mühe des Zeichners hinaus einen Begriff von der daran gemessen geradezu unendlichen Zeit, Geschicklichkeit und Mühe bekommen, die nötig waren, um eine solche riesige Stein-

72 Teil der Casa del Gobernador

fläche so kunstvoll zu schmücken, und er würde weiter begreifen, welchen Reichtum, welche Macht und Gesittung ein Volk besitzen mußte, das zur bloßen Verzierung seiner Gebäude soviel Kunsttüchtigkeit und Arbeit aufwenden konnte. Wahrscheinlich haben alle diese Ornamente eine symbolische Bedeutung, ist jeder Stein Teil einer Allegorie oder Fabel. Zwar entziehen sich die Stätten jetzt einer zureichenden Deutung und erhellen sich unserem Verständnis nur in schwachen Umrissen, wenn das Geheimnis dieser Ruinen aber einmal enträtselt sein wird, muß die Weltgeschichte neu geschrieben werden.

Meine Beschreibung der Ruinen endet hier. Der Leser mag sich vielleicht über das jähe Ende unserer Arbeiten freuen (so wie es gewiß mein Verleger tut), aber ich versichere ihm, daß ich aller Lust zur Weitschweifigkeit aus Erbarmen mit ihm widerstanden habe, daß ich überhaupt die beste Gelegenheit habe verstreichen lassen, mich, den Autor, ihm, dem Leser, unvergeßlich zu machen. Dabei will ich gar nicht einmal davon sprechen, wie viele nur vom Hörensagen bekannte Ruinen an entfernter gelegenen Orten auf diesen Seiten ausgelassen wurden. Ohne Zweifel könnte man in Yukatan ein ganzes Jahr zubringen, und das antiquarische Interesse hätte sich noch immer nicht erschöpft. Das weite Feld der amerikanischen Altertümer ist eben erst erschlossen; doch für den Augenblick will ich mich mit dem Geleisteten begnügen.

Und so könnte ich nun von meinem Leser scheiden und ihn seinen eigenen Mutmaßungen über das Rätsel und Geheimnis der Ruinenstädte überlassen. Aber solches Davonstehlen wäre feige, und ich will mich denn zuletzt noch der wichtigsten Frage zuwenden: Was war das für ein Volk, das diese Städte baute? Ich kann und will dabei die vielen bisher in Umlauf gesetzten Vermutungen nicht alle wiederholen. Die ungereimteste ist vielleicht die des Kapitän Dupaix, der den Ruinen von Palenque einen vorsündflutlichen Ursprung zuschreibt – mit der schlagenden Begründung, die Figuren im Hofe des Palastes seien mit Erde überdeckt. Sein Besuch fiel dreißig Jahre vor den unsrigen, und obwohl er die Erde seinerzeit hinweggeschafft hatte, so war doch bei unserer Ankunft der ›vorsündflutliche Zustand‹ schon wieder hergestellt. Auch will ich die gelehrten Kommentare zu dieser Dupaix'schen Hypothese nicht weiter verfolgen, sondern nur bemerken, daß hier viel Scharfsinn und Forschergeist auf ungenügenden, unrichtigen oder widersprüchlichen Angaben aufbaut, und indem ich mich in eine Reihe mit denen stelle, die diese Daten geliefert haben, will ich mich zum Besten jener Forscher und Autoren, die nach uns kommen werden auf einen Vergleich der amerikanischen Altertümer mit den Überresten der Architektur und Skulptur anderer Zeiten und Völker beschränken – ein Teilgebiet, das indessen immer noch Fragen genug aufwirft.

Ich beginne mit dem Satze: Sie sind weder zyklopisch, noch gleichen sie den Werken Griechenlands oder Roms, noch findet sich etwas ihnen Entsprechendes in Europa. Und so müssen wir uns denn in Asien und Afrika umsehen.

Man hat die Meinung ausgesprochen, es seien zu verschiedenen Zeiten Schiffe aus Japan und China an Amerikas Westküste getrieben worden. Die Zivilisation und Wissenschaft jener Länder haben bekanntlich ein außerordentlich hohes Alter. Von Japan besitzen wir meines Wissens nur einige, mir allerdings nicht zugängliche Berichte und Bilddokumente, und das Landesinnere Chinas ist während seiner ganzen langen Geschichte dem Auslande so vollständig verschlossen gewesen, daß wir von seiner alten Architektur nichts wissen. Vielleicht endet dieser Zustand bald, doch gegenwärtig wissen wir nur so viel, daß die Chinesen ein äußerst traditionsbewußtes Volk gewesen sind; und wenn ihre alte Architektur mit ihrer neueren übereinstimmt, so hat sie mit diesen unbekannten Ruinen gar keine Ähnlichkeit.

Mit Indiens Denkmälern hat man uns dagegen genau vertraut gemacht. Die Überreste der Hindu-Architektur zeigen ungeheure Felshöhlen, die entweder unter Ausnutzung natürlicher Höhlen oder ganz von Menschenhand geschaffen sind, am Eingange durch große, aus dem Felsen gehauene Säulen getragen werden und ein dunkles und schauerliches Inneres haben.

Unter allen amerikanischen Ruinen findet sich aber nicht ein einziger Höhlenbau, obgleich die an Berghängen reiche Landschaft dazu einzuladen scheint. Statt einer unterirdischen Bauweise charakterisiert diese Bauwerke ja gerade ihre künstlich erhöhte Lage, und es ist doch schwer vorstellbar, daß ein auswanderndes Volk so ganz und gar wider jene mächtige Traditionsverhaftetheit, heimatliche Erinnerungen in der Fremde zu pflegen, und wider den nationalen wie den religiösen Kanon gehandelt haben sollte.

Auch die Skulptur der Hindus ist eine gänzlich andere. Ihre Gegenstände sind viel unansehnlicher, es sind in der Regel Darstellungen verrenkter, mißgestalteter, widernatürlicher menschlicher Wesen, oft mit vielen Köpfen und mit drei bis vier von einem Leibe weggestreckten Armen oder Beinen versehen.

Es bleiben die Ägypter. Mit Nachdruck hat man auf die Ähnlichkeit zwischen den amerikanischen Bauwerken und den Pyramiden hingewiesen. Dagegen muß eingewendet werden, daß sich die Pyramidenform dem menschlichen Geiste in jedem Land als die einfachste wie auch sicherste Art und Weise des Hochbaus anbietet. Mit ihr allein kann deshalb die Behauptung eines gemeinsamen Ursprungs nicht begründet werden, wenn nicht auch in den charakteristischsten Zügen der beiden Baustile eine Ähnlichkeit hinzutritt. Nun sind die Pyramiden Ägyptens von eigenartiger Gleichförmigkeit und wurden ohne Ausnahme, jedenfalls soweit wir wissen, zu demselben Zwecke errichtet. Sie haben alle eine viereckige Grundfläche, von der immer schmaler werdende Stufen bis zu einer Spitze aufsteigen. Die größte Ähnlichkeit mit den ägyptischen weisen noch die Pyramidenbauten in Copan auf; aber auch an diesem Orte fanden wir keine einzige allein und einzeln für sich aufragende Pyramide, auch keine mit vier, sondern nur solche mit zwei, höchstens drei Seiten, die als Teilgebäude zu anderen Bauten gehörten. Ansonsten stießen wir ohne eine einzige Ausnahme nur auf hohe künstliche Hügel mit derart zerfallenen Seiten, daß wir ihre Form nicht genau bestimmen konnten. Vielleicht sind sie einst rings ummauert gewesen und hatten nur vorn und hinten Treppen wie in Uxmal; oder sie besaßen Terrassen respektive erhöhte Plattformen aus Erde, meistens drei- bis vierfach gestuft, von keiner bestimmten Form, aber niemals viereckig, und mit kleinen Treppen in der Mitte. Außerdem haben die ägyptischen Pyramiden bekanntlich in ihrem Inneren Kammern und dienten, was auch immer ihre sonstigen Bestimmungen gewesen sein mögen, nicht zuletzt als Grabstätten. Die mittelamerikanischen Bauwerke dagegen bestehen aus aufgeschütteter Erde und kompaktem Stein, niemals hat man in ihrem Inneren Kammern entdeckt, und es existieren wahrscheinlich auch keine. Das weist auf den gravierendsten Unterschied hin: Die Pyramiden Ägyptens sind eigenständige Bauten, die amerikanischen dagegen dienen nur als Unterbau für die eigentlichen Gebäude. Es gibt in Ägypten keine Pyramide mit einem obenauf gesetzten Palast oder einem Tempel; aber nicht eine Pyramide in Mittelamerika kommt ohne einen solchen Aufbau aus, wenigstens keine, deren Erhaltungszustand uns ein Urteil erlaubt.

Aber es gibt noch eine weitere Erwägung, die gegen die so oft vorgebrachte These von einem ägyptischen Ursprung spricht. Die Pyramiden Ägyptens unterscheiden sich in ihrem gegenwärtigen Zustand (also dem, in welchem auch ich sie vor einigen Jahren antraf) wesentlich von ihrer ursprünglichen Form. Herodot sagte, die Cheopspyramide habe zu seiner Zeit auf allen ihren Seiten vom Fuße bis zur Spitze eine glatte Oberfläche dargeboten. Die Chefrenpyramide in Gizeh zeigt heute in ihrem unteren Teil eine Reihe von Stufen, und an ihrem Fuße sind behauene Steine angehäuft, welche ursprünglich die Zwischenräume zwischen den Stufen ausfüllten, aber nun herabgestürzt sind. In den oberen Teilen sind diese Zwischenlagen noch an Ort und Stelle, und die Seiten bieten sich dort tatsächlich bis zur Spitze hinauf als glatte Fläche dar. Ohne Zweifel ward ursprünglich jede Pyramide in Ägypten mit vollkommen glatten Seiten erbaut. In diesem Zustande allein müssen sie betrachtet werden, und dieser Zustand macht jeden Vergleich zwischen ihnen und den sogenannten Pyramiden Amerikas unmöglich.

Nach den Pyramiden sind die ältesten Überreste ägyptischer Architektur, wie etwa der Tempel Abu Simbels in Nubien, gleich denen der Hindus in Felsen gehauene Bauten, woran man die Vermutung geknüpft hat, daß die Ägypter ihre Bauweise von der jenes Volkes, der Hindus also, hergeleitet hätten. In späteren Zeiten begannen sie dann Tempel im offenen Gelände anzulegen, welche immer noch die gleichen Züge düsterer Erhabenheit tragen und sich durch ihre ungeheure Größe und durch die Festigkeit des zu ihrem Bau benutzten Steines auszeichnen. Beides scheinen die amerikanischen Baumeister nicht im Auge gehabt zu haben. In allen besuchten Ruinenstätten sahen wir nicht einen einzigen Stein, den man guten Gewissens in das Mauerwerk eines ägyptischen Tempels hätte einfügen können.

Ferner sind Säulen ein charakteristisches Merkmal ägyptischer Baukunst: große und massive Säulen, die noch heute aus dem Flugsand herausragen und den Wanderer in jenem geheimnisumwobenen Lande in Staunen und Schrecken versetzen: Kein Tempel am Nil könnte auf sie verzichten. Dagegen haben wir in allen Ruinenstätten Mittelamerikas, wie der Leser sich erinnern wird, kaum *eine* Säule gesehen. Hätte diese Architektur in der ägyptischen ihren Ursprung, so würde auch jenseits des Ozeans ein so auffallendes und bedeutsames Bauglied niemals ohne Nachfolge geblieben sein. Auch der Dromos, der Pronaos und das Adyton, sie alle Kennzeichen ägyptischer Tempel, fehlen in Mittelamerika.

Was schließlich die Skulptur anlangt, hat man derart oft und mit solcher Zuversicht die Ähnlichkeit der Darstellungsweisen behauptet (auch die Zeichnungen dieses Werks scheinen dafür ja Belege beizubringen), daß ich fast Bedenken trage, das Gegenteil zu behaupten. Ich will hier nicht alle Unterschiede aufzeigen; um aber dem Leser nicht nur die mittelamerikanischen Altertümer anschaulich vor Augen zu führen, habe ich eine aus Herrn Catherwoods Mappe entnommene Abbildung ägyptischer Skulptur beigegeben, die den Unterschied schlagend vor Augen führt (Abb. 73). Der Gegenstand rechts im Bild ist ein Detail des unter dem Namen ›der singende Memnon‹ bekannten thebanischen Monuments, die Zeichnung links

73 Ägyptische Kunstbeispiele

gibt die Spitze des zu Boden gestürzten Obelisken von Karnak wieder. Ich denke, ein Vergleich mit den voraufgegangenen Stichen wird den Leser lehren, daß in der Tat ganz und gar *keine* Ähnlichkeit existiert.

Wenn nun aber schon in der scheinbar verwandtesten Baukunst eine Ähnlichkeit fehlt, so sehen wir uns auch andernorts vergebens nach Gleichartigem um. Die amerikanischen Bauwerke unterscheiden sich grundlegend von den Werken jedes anderen bekannten Volks, gehören einer neuen Ordnung an, kurz: sie stehen ganz allein für sich da.

Ich möchte die besondere Aufmerksamkeit aller mit den Künsten fremder Länder Vertrauter auf diesen Tatbestand lenken; denn wenn ich nicht falsch urteile, so kommen wir zu einem Schluß von weit größerer Tragweite als jene, welche die Erbauer dieser Städte mit den Ägyptern oder einem anderen Volke in Verbindung bringen. Vor uns haben wir die Schöpfungen eines in Architektur, Skulptur, Zeichnung und zudem noch in anderen, weniger zeitbeständigen Kunstgattungen bewanderten Volks. Seine hochstehende Kultur ist, wie seine Kunst zeigt, nicht der Alten Welt entlehnt, sondern hat sich ohne Vorbilder oder fremde Meister auf dem amerikanischen Erdteil gebildet und führte hier ihr besonderes, unabhängiges Leben; sie war gleich den Pflanzen und Früchten des Bodens ein einheimisches Gewächs.

Ich werde nicht versuchen, dem Ursprung dieses Volks nachzuforschen, aus welchem Lande es kam und wann und wie, sondern will mich auf seine Hinterlassenschaft beschränken. Diese läßt mich zu der Ansicht neigen, daß man für den Glauben an das hohe Alter der Ruinen keine hinreichenden Gründe hat, daß sie nicht die Werke eines vor langer Zeit untergegangenen Volks mit unbekannter Geschichte sind, sondern, entgegen allen früheren Mutmaßungen, von Völkern (oder deren nicht wesentlich älteren Vorfahren) herstammen, die noch zur Zeit der spanischen Invasion das Land bewohnten.

Diese Meinung gründet sich erstens auf das Aussehen und den Zustand der Überreste selbst. Das Klima und die üppige Vegetation zerstören alle vergänglichen Materialien. Wenn man an die tropischen Regenfluten denkt, denen diese Bauwerke sechs Monate lang in jedem Jahre ausgesetzt sind und die durch ihre Türen und auf ihren Dächern Bäume wachsen lassen, so erscheint es unmöglich, daß auch nur ein einziges Bauwerk noch an seinem Platze stünde, wären tatsächlich schon zwei- bis dreitausend Jahre vergangen.

Die Existenz von Holzschwellen, und zwar zu Uxmal in einem vollkommen erhaltenen Zustande, bestätigt diese Meinung. Die Dauerhaftigkeit des Holzes wird von seiner Beschaffenheit abhängen und von dem Grade, in welchem es der Einwirkung der Elemente ausgesetzt ist. In Ägypten hat man zwar gesundes und unversehrtes Holz entdeckt, das ohne jeden Zweifel ein Alter von dreitausend Jahren aufweist, allein selbst in diesem trockenen Klima hat man solch alte Reste niemals völlig schutzlos daliegend gefunden. Holz hat sich hier lediglich an Särgen in den Gräbern und Mumiengewölben von Theben und in Form hölzerner Krampen erhalten, die zwei Steine miteinander verbinden und demnach vollständig abgedeckt und von der Luft abgeschlossen sind.

Zweitens gründet sich mein Urteil auf historische Nachrichten. Herrera, vielleicht der verläßlichste unter den spanischen Geschichtsschreibern, berichtet über Yukatan: »Das ganze Land wird in achtzehn Bezirke eingeteilt, und in ihnen allen gibt es so viele und solch stattliche Gebäude aus Stein, daß es zum Erstaunen ist; das größte Wunder aber liegt in der Fähigkeit der Eingeborenen, solche Bauten – wahrscheinlich waren es einst Tempel, denn ihre Häuser sind stets von Holz und mit Stroh gedeckt – zu errichten, obgleich sie vordem gar kein Metall kannten. An jenen Gebäuden sind die Gestalten nackter Männer mit Ohrringen nach indianischer Sitte, auch Götzen aller Art, Löwen, Töpfe, Krüge u.s.w. ausgehauen.« Und weiter: »Während eines Zeitraums von zwanzig Jahren ward das Land einst so über und über besiedelt und das Volk vermehrte sich in solchem Grade, daß alte Leue sagten, die ganze Provinz komme ihnen vor wie eine einzige Stadt; in jener Zeit war es, als man an die Erbauung von immer mehr Tempeln ging, woraus sich heute ihre große Zahl erklärt.«

Von den Eingeborenen weiß Herrera folgendes zu berichten: »Sie flachten ihre Köpfe und Stirnen ab, durchbohrten ihre Ohren und steckten Ringe hindurch. Ihre Gesichter waren im allgemeinen gutgeschnitten und nicht sehr braun, aber ohne Bärte, denn diese sengten sie sich ab, wenn sie noch jung waren, damit sie später nicht wuchsen. Ihr Haar trugen sie lang, wie Frauen und in Flechten, die sie wie einen Kranz um den Kopf legten, auch hing ein kleiner Zopf hinten herab.« – »Die vornehmsten Männer trugen statt der Hosen eine acht Finger breite Binde mehrmals um den Leib gewunden, so daß das eine Ende vorn, das andere hinten herabhing, dazu schönen Federschmuck, und sie hatten große viereckige Mäntel, die sie auf den Schultern festbanden, und Sandalen oder Halbstiefel, aus Hirschfell gemacht.« Der Leser sieht, wo von den abgeflachten Köpfen und den Trachten der Eingeborenen die Rede ist, förmlich die Skulptur- und Stuckfiguren von Palenque vor sich, einer Stätte, die zwar ein wenig jenseits der gegenwärtigen territorialen Grenzen Yukatans liegt, doch vielleicht ehemals ein Teil dieser Provinz war.

Außer den bekannten, glühenden Schilderungen der Prachtbauten Mexikos, die uns Cortez gegeben hat, steht mir die Autorität nur eines einzigen weiteren Augenzeugen zu Gebote, nämlich diejenige des Bernal Diaz de Castillo, welcher an allen mit der Eroberung von Mexiko verbundenen Feldzügen teilnahm.

Im Bericht über die erste Expedition heißt es bei ihm: »Als wir uns Yukatan nahten, gewahrten wir eine große Stadt in zwei Leguas Entfernung von der Küste. Wir nannten sie, da sie an Umfange jede Stadt auf Kuba übertraf, Groß-Kairo«. Auf Einladung eines Häuptlings, der in einem Kanu herankam, gingen die Spanier an Land und marschierten auf die Stadt zu, wurden zwar unterwegs von den Eingeborenen überfallen, konnten indessen den Angriff zurückschlagen. »Nahe dem Orte dieses Überfalls« berichtet Diaz weiter, »standen drei Gebäude aus Kalk und Stein, worin tönerne Götzenbilder mit teuflischen Gesichtern zu sehen waren.« Ferner bemerkt er: »Die Gebäude aus Kalk und Stein und das Gold gaben uns von dem Lande, das wir entdeckt hatten, eine hohe Vorstellung.«

Nachdem sie fünfzehn Tage lang weitergesegelt waren, entdeckten sie von den Schiffen aus eine große Stadt mit einer kleinen Bai und gingen an Land, um Wasser aufzunehmen. Während sie hier ihre Tonnen füllten, wurden sie von etwa fünfzig Indianern angesprochen, die »uns durch Zeichen in ihre Stadt einluden«. Auf dem Wege dorthin kamen sie zu einigen großen, trefflich aufgeführten Häusern aus Kalk und Stein, mit Abbildungen von Schlangen und Götzen auf den Wänden.

Während der dritten Expedition unter Cortez gelangten die Spanier auf ihrem Marsche in die Nähe Mexikos, wo sie »erstaunt waren über die Schönheit der Gebäude«. – »Als unsere Vorhut auf den großen Platz gekommen war, dessen Häuser erst kürzlich mit Mörtel beworfen und übertüncht worden waren, in welcher Kunst dieses Volk sehr erfahren ist, ward einer unserer Reiter von ihrem Glanze im Sonnenlicht dermaßen betroffen, daß er im vollen Galopp zu Cortez mit der Nachricht zurückkam, die Mauern der Häuser seien gediegenes Silber.«

Nahe der Hauptstadt Mexiko schreibt er: »Alle Erscheinungen bewiesen, daß wir in ein neues Land gekommen waren, denn die Tempel waren sehr hoch und mitsamt den auf Terrassen errichteten Wohnungen sowie den Häusern des Kaziken, welche mit Mörtel beworfen und übertüncht waren, nahmen sie sich sehr gut aus und glichen manchen unserer Städte in Spanien.«

Als die Spanier dann endlich in die Stadt Mexiko einziehen, läßt Diaz seiner Begeisterung freien Lauf. »Wir konnten sie (die Stadt) mit nichts vergleichen als den Zauberbildern im Amadis von Gallien, denn ihre großen Türme und Tempel und anderen Gebäude aus Kalk und Stein schienen sich wie aus dem Wasser zu erheben. Verwandte Montezumas geleiteten uns zu unseren Wohnungen in den Palästen, prachtvollen steinernen Bauten, deren Zimmer geräumige Höfe und Gemächer mit Ruhebetten von feinstem Zeug hatten. Das Ganze war geschmückt mit Werken der Malerei, wundervoll gegipst und getüncht sowie durch eine Menge schöner Vögel noch reizender gemacht.«

Montezuma sagte bei seiner ersten Zusammenkunft mit Cortez: »Die Tlascalanen haben euch, wie ich höre, gesagt, ich sei gleich einem Gotte und alles an mir sei Gold, Silber und kostbares Edelgestein; ihr seht aber jetzt, daß ich bloß Fleisch und Blut bin und daß meine Häuser gebaut sind gleich anderen Häusern, von Kalk und Stein und Holz.«

Des weiteren finde ich folgende Belegstellen: »Von dem Platze aus gingen wir zum großen Tempel, mußten aber, ehe wir hineinkamen, durch eine Anzahl weiträumiger Höfe gehen, deren kleinster mir mehr Flächenraum zu enthalten schien als der große Platz in Salamanca; sie waren von Doppelmauern aus Kalk und Stein umschlossen und mit großen weißen, behauenen Steinen ausgelegt, und, wo nicht gepflastert, mit Mörtel überdeckt und geglättet.«

Während der Belagerung, berichtete Diaz, seien sie »in einen hohen Tempel einquartiert worden« und »die Stufen des Tempels hinaufgegangen«; ferner ist die Rede von »einigen hohen Tempeln, die jetzt von unserem Geschütz heftig beschossen wurden«, von »den hohen Tempeln, wo Diego Velazquez und Salvatierra postiert waren«, von »den Breschen, die sie in die Mauern geschossen« und von »zugehauenem Stein, den sie aus den Gebäuden auf den Terrassen genommen« hätten.

»In Tezcuco nahmen wir unsere Quartiere in einigen Gebäuden, welche aus großen Hallen und umschlossenen Höfen bestanden. Alvarado, de Oli und einige Soldaten, zu denen ich gehörte, stiegen daraufhin hinauf zur Spitze des großen Tempels, welcher sehr hoch war, um zu sehen, was in der Nähe vorging.«

Ferner: »Wir zogen in eine andere Stadt namens Terrayuco ein, die wir aber die ›Stadt der Schlangen‹ nannten wegen der ungeheueren Abbildungen dieser Tiere, die wir in ihren Tempeln fanden und die sie als Götter anbeteten.«

Nun wird man sich erinnern, daß Bernal Diaz in der Absicht schrieb, sich und andere »echte Eroberer« – so nennt er seine Waffengefährten –, die durch einige Geschichtsschreiber, Nicht-Beteiligte und Nicht-Augenzeugen übel beleumundet worden waren, zu rechtfertigen. Daher sind alle seine Hinweise auf die Architektur nur zufällig; er legte es nicht darauf an, als Autorität in bezug auf die Altertümer des Landes zitiert zu werden. Das kleinste Scharmützel mit den Eingeborenen stand seinem Herzen näher als all die Bauten aus Kalk und Stein, die er sah; gerade darum aber hat sein Zeugnis um so größeren Wert; zudem schrieb er es noch zu Lebzeiten vieler nieder, die ihm widersprechen konnten, wenn er ungenau und nicht wahrheitsgemäß berichtete. Seine ›wahre Geschichte‹ ist niemals angefochten worden; im Gegenteil, während seine Schreibart rauh und unhöfisch genannt ward, fand seine Treue und Wahrhaftigkeit von seiten aller zeitgenössischen und nachfolgenden Geschichtsschreiber Anerkennung. Nach meiner Meinung ist sie so wahr und verläßlich wie irgendein anderer Reisebericht über jene Länder, durch die er sich seinen Weg erkämpfte. Er teilt die flüchtigen und unvollständigen Beobachtungen eines ungelehrten Kriegsmannes mit, dessen Schwert selten in seiner Scheide steckte, der umringt war von Gefahren, angriff, sich zurückzog, verwundet ward, floh und dessen Geist ständig mit dringenden Angelegenheiten beschäftigt war.

Der Leser wird die Übereinstimmung zwischen Diaz' Berichten und den entsprechenden Passagen des vorliegenden Werkes bemerkt haben. Jedenfalls führten die Schilderungen des Spaniers meiner Seele ein lebhaftes Gemälde der von uns nur noch zerstört angetroffenen Städte vor, wie sie vormals ausgesehen haben: mit ihren Gebäuden aus Kalk und Stein, ihren gemalten und skulptierten Verzierungen und ihrer Gipsverkleidung, mit ihren Götzenbildern, Höfen, starken Mauern und mit den hohen Treppen von ihren steil aufragenden Tempeln.

Ich habe auf diese Weise in aller Kürze und ohne Polemik gegen die Meinungen und Hypothesen anderer unsere Ansichten bezüglich dieser Ruinen mitgeteilt. Noch stehen wir vielleicht mit diesen Ansichten allein da, aber ich kann nur meine Meinung wiederholen: daß wir nicht berechtigt sind, die Erbauer dieser Städte unter einer ehemaligen Nation der Alten Welt zu suchen; daß die vorgefundenen Bauten nicht das Werk eines Volks sind, welches von der Erde verschwunden und mitsamt seiner Geschichte für uns verloren ist; daß vielmehr triftige Gründe vorliegen, sie für die Schöpfungen derselben Volksstämme zu halten, welche das Land zur Zeit der spanischen Eroberung oder nicht sehr lange Zeit davor bewohnten.

Ich will noch eines bemerken: Wir begannen unsere Forschungen ohne alle vorgefaßte und zu verteidigende Theorie. Allerdings hätten wir den Ruinen gern ein hohes und ehrwürdiges Alter angesonnen. Wahrscheinlich tappten wir deshalb während des größeren Teils unserer Reise im Dunkel, verspürten Zweifel wie Ungewißheit und konnten uns nicht eher als bei unserer Ankunft in den Ruinen von Uxmal die Ansicht von ihrem vergleichsweise jungen Ursprung bilden. Manche dieser Ruinenstädte sind ohne Zweifel älter als andere; von einigen wissen wir, daß sie zur Zeit der spanischen Eroberung bewohnt waren, während andere vielleicht schon vorher in Trümmern lagen. Es gibt noch manche strittige Punkte, aber wenigstens bezüglich Uxmal glauben wir, daß die Stadt noch zur Zeit der spanischen Invasion bewohnt gewesen ist. Ihre nachfolgende Verwüstung und ihr Untergang sind ohne Mühe zu erklären. Mit der Ankunft der Spanier verloren die Indianer alle Macht. In der Stadt Mexiko ward jedes Haus dem Erdboden gleichgemacht und im ganzen Land jede Feste geschleift, jede Ortschaft verwüstet und die Einwohnerschaft zerstreut; ihre hohen Tempel wurden niedergeworfen und ihre Götzen verbrannt, die Paläste der Kaziken zertrümmert, die Kaziken selbst zu Leibeigenen gemacht, und nach der gleichen grausamen Politik, die seit Menschengedenken gegen ein erobertes Land geübt wird, haben die Eroberer alle Erinnerung der Besiegten an ihre glorreichen Vorväter und an ihre verlorene Unabhängigkeit vernichtet oder herabgewürdigt. Weiterhin überzogen ganz Yukatan nach authentischen Berichten in der Folge große Epidemien. Sie haben das Land auf lange Zeit hinaus entvölkert und verheert.

Viel Interesse an den Ruinen mag verloren gehen, wenn man bezüglich ihrer Entstehung ein jüngeres Datum annimmt, aber unsere Zeit will die Phantasmen zerstreuen und zur Wahrheit durchdringen; auch wird das in einer Beziehung verlorengegangene Interesse durch ein anderes, kaum geringeres ersetzt. Denn je näher die Erbauer dieser Städte unseren eigenen Zeiten rücken, desto größer wird die Möglichkeit, zu einer vollständigen Kenntnis ihrer Kultur zu gelangen. Im ganzen Lande sind die Klöster reich an Manuskripten und Dokumenten, von der Hand der frühesten Padres, Kaziken und Indianer geschrieben, welchletztere sich die Kenntnis des Spanischen und die Schreibkunst sehr bald aneigneten. Diese sind niemals auf den Gegenstand dieses Berichts hin gelesen worden, und es modert sicherlich so manches kostbare Schriftdokument in der Bibliothek eines nahen Klosters, das die Geschichte der einen oder anderen dieser Trümmerstädte aufhellen, ja sogar klären könnte. Ebenso glaube ich zuversichtlich, daß man einst die hieroglyphischen Inschriften wird lesen lernen. Keine feurige Wißbegier hat sich ihnen bisher zugekehrt, niemals sind Energie und Scharfsinn, Kenntnis und Wissenschaft auf ihre Entschlüsselung verwendet worden. Jahrhundertelang blieben ja auch Ägyptens Hieroglyphen uns unerforschlich, und ich bin überzeugt, man wird, wenn auch vielleicht nicht gerade in unseren Tagen, einen noch sichereren Schlüssel als den Stein von Rosette auffinden. Und falls seit den Tagen, als diese unbekannten Städte bewohnt waren, wirklich erst drei Jahrhunderte verflossen sind, so ist auch das Geschlecht ihrer Bewohner noch nicht ausgestorben. Ihre Nachkömmlinge leben dann noch im Lande, zerstreut vielleicht und gleich unseren nordamerikanischen Indianern zurückgezogen in nie von einem Weißen betretene Wildnisse, aber doch nicht untergegangen; ja vielleicht leben sie dort nach der Väter Weise und errichten noch die gleichen Gebäude aus »Kalk und Stein«, mit »Skulpturverzierungen und mit Gips verkleidet«, mit »großen Höfen« und »weithin sichtbaren Türmen mit hochaufsteigenden Treppen«, vielleicht graben sie noch immer die gleichen geheimnisvollen Hieroglyphen auf Steintafeln ein. Und wenn mir der Leser dafür, daß ich mich so selten einmal zu spekulativen Hypothesen habe verleiten lassen, einen Seitensprung gestatten will, dann wende ich mich jenem weiten, unbekannten, von keiner einzigen Straße durchzogenen Landstrich zu, um dort die unbesiegten, unbesuchten und unerforschten Urbewohner zu finden.

Uxmal: Zweiter Besuch

Zwischen erstem und zweitem Besuch

Nach der Abreise von Yucatán am 24. Juni 1840 und schwieriger Überfahrt erreichen Stephens und Catherwood am 31. Juli 1840 New York. Stephens beginnt auf der Grundlage seines Reisetagebuchs mit der Niederschrift der ›Incidents of Travel in Central America, Chiapas and Yucatan‹, Catherwood überwacht nach dem Abklingen der Malariaanfälle die Anfertigung von Stichen nach seinen Zeichnungen. Großer Erfolg der ›Incidents‹, die am 25. Juni 1841 erscheinen und innerhalb von drei Monaten zwölf Auflagen erreichen. Stephens und Catherwood entschließen sich zu einer zweiten Forschungsreise, begleitet diesmal von dem jungen Mediziner und Ornithologen Samuel Cabot. Am 9. Oktober 1841 Abreise mit dem Schiff ›Tennessee‹ nach Sisal, dem Haupthafen von Yucatán. Ankunft am 25. Oktober. Weiterreise nach Mérida und – nachdem Stephens sich der Unterstützung des Don Simón Peón, des Besitzers der Hazienda von Uxmal, versichert hat – am 12. November über Mayapán nach Uxmal. Am 15. November beginnt die Vermessung, Kartographierung und zeichnerische Dokumentation der Ruinenstätte.

So hatten wir denn den ersten Punkt unserer Reise glücklich wieder erreicht; wir befanden uns abermals in den Ruinen von Uxmal. Vor ziemlich genau zwei Jahren waren wir erstmals zur Erforschung amerikanischer Ruinen aufgebrochen, und länger als ein Jahr war es her, daß wir uns genötigt sahen, diese Stätte zu verlassen. Die Frische und den Enthusiasmus, mit denen wir beim allerersten Male in die Ruinen einer amerikanischen Stadt gekommen waren, hatten wir vielleicht verloren, unsere Gefühle aber waren keineswegs abgestumpft, und all der Kummer, den uns die erzwungene Abreise ihrerzeit bereitet hatte, ward von der Freude über die Rückkehr mehr als aufgewogen.

In dieser Stimmung wiegten wir uns beim Heraufdämmern des Abends in unseren Hängematten und rauchten alle Sorgen hinweg. Die Fledermäuse, die in ihre nächtlichen Schlupfwinkel zurückkehrten, schienen von der Glut unseres Feuers aufgeschreckt. Eulen und andere Vögel der Dunkelheit sandten ihr verstörendes Geschrei aus den Wäldern herauf, und als der Abend sich neigte, fanden wir uns mitten in einer Diskussion über die große, auch in der Heimat leidenschaftlich erörterte Frage, ob M'Leod gehängt werden müsse oder nicht. Zur Vorsicht und die Gesellschaft eines Arztes nutzend, begannen wir dann, die Möglichkeiten einer Vorbeugungskur gegen das Fieber durchzusprechen. Da wir alle vollkommen gesund waren, meinte Dr. Cabot, daß eine entsprechende Kur uns nichts schaden könne. Danach warfen wir neues Holz auf den brennenden Haufen und gingen zu Bette.

Bis jetzt waren wir vor dem Wind gesegelt. Unsere Reise seit Merida war eine Art Triumphzug gewesen. Wir waren von Hazienda zu Hazienda geleitet worden, bis wir in die gastfreundlichen Hände des Don Simon Peon kamen, und jetzt standen uns die Ruinen von Uxmal zu unbeschränkter Verfügung. Sehr bald fanden wir aber, daß wir mit anderen Unannehmlichkeiten zu kämpfen hatten, gegen die uns weder Don Simon, noch die Regierung, noch alle Empfehlungen an die Gastfreundschaft der Bürger im Landesinneren Schutz gewähren konnten. Wir hatten kaum das Haupt auf die Kissen gelegt, da wußte auch schon die ganze Moskito-Bevölkerung genau, wie sie uns fassen könnte, und kam in drei Schwärmen über uns, scheinbar entschlossen, die Ruinen für sich zu behaupten und uns hinauszuwerfen. Ich verschone den Leser mit näheren Einzelheiten über unsere erste Nacht in Uxmal; wir stimmten aber alle darin überein, daß eine zweite solche Nacht uns für immer aus den Ruinen vertreiben würde.

Der Morgen brachte wieder neue Verlegenheiten mit sich. Wir hatten keinen Diener und brauchten ein Frühstück; darüber hinaus waren aber auch im ganzen genommen unsere Aussichten schlecht. Wir hatten nicht erwartet, daß auf der ganzen Hazienda niemand sein würde, mit dem wir uns unterhalten könnten. Der Verwalter der Hazienda war der einzige, welcher etwas Spanisch sprach. Zwar hatte er von seinem Herrn ausdrücklich Befehl erhalten, alles in seiner Macht stehende zu unserer Bequemlichkeit aufzubieten, allein, die Gewalt seines Herrn hatte ihre Grenzen. Sie konnte die Indianer, die nur Maya sprachen, nicht Spanisch reden machen. Außerdem war die Gewalt des Herrn noch auf andere Weise eingeschränkt. Gewisse Verpflichtungen abgerechnet, waren die Indianer in der Tat ihre eigenen Herren, und – für uns noch schlimmer – ihre eigenen Herrinnen; denn was uns am meisten fehlte, war eine Köchin, die Tortillas buk und jene zahlreichen häuslichen Arbeiten verrichtete, ohne welche kein Hausstand gut bestehen kann. Der Mayoral hatte uns keinerlei Hoffnung gemacht, daß er uns eine verschaffen könnte. Mitten in unserem Kummer und eben im Begriffe stehend, uns unser Frühstück selbst zuzubereiten, sahen wir ihn über die Terrasse kommen; eine Schleppe von Indianern folgte ihm, und am Ende des Zuges entdeckten wir auch ein Frauenzimmer, zu dieser Zeit ein sehr willkommener Anblick. Der Mayoral sagte, er sei am vergangenen Abend nach seiner Rückkehr von Hütte zu Hütte gegangen und habe den Weibsleuten einer nach der anderen Vorschläge gemacht, reichlichen Lohn und gute Behandlung versprechend. Es hätten ihm aber alle sein Begehren abgeschlagen, bis er zu dieser Frau hier gekommen sei, und selbst ihr habe er zugestehen müssen, daß sie die Nacht über nicht in den Ruinen zu bleiben genötigt sei, sondern jeden Abend nach Hause zurückkehren dürfe. Dies war ein großer Nachteil für uns, da wir zeitig frühstücken mußten; wir hatten aber keine Wahl und waren schließlich froh, sie zu ihren Bedingungen in unsere Dienste nehmen zu können.

Jenes Frauenzimmer war größer als die meisten Indianerinnen, und ihre Gesichtsfarbe etwas dunkler; ihre Gewandung paßte sich vorteilhaft ihrem Körper an, und sie besaß sogar mehrere Kleidungsstücke. Ihr Charakter war unbescholten, ihr Betragen allein würde jede männliche Anmaßung abgewehrt haben, und als zusätzliche Schutzwache hatte sie ihren kleinen Enkel dabei, ein Bürschchen namens José, dessen Gesichtsfarbe zeigte, daß ihre Familie in absteigender Linie gegen das weiße Volk keine Abneigung hegte. Sie mochte etwas über fünfzig Jahre alt sein und hieß Chaipa Chi.

Nachdem die Präliminarien geordnet waren, stellten wir sie sogleich als *chef de cuisine* ohne Gehilfen an und schickten den Mayoral aus, den Indianern unserem Wunsch gemäß das Abroden einiger Stellen in den Ruinen zu befehlen. Die erste Probe ihrer Kunst gab Chaipa Chi mit gekochten Eiern, welche sie nach der Art ihres Landes *para beber* oder zum Trinken zubereitete; das heißt, sie stach ein kleines Loch in die Schale, steckte darein ein Stöckchen und begann, Eiweiß und Dotter unter vorsichtigem Rühren miteinander zu mischen. Das Ei schlürfte man dann durch dieses Loch nach der offenbar ursprünglichen Art aus, welche die Natur dem neugeborenen Kinde eingibt. Dies war uns nicht recht, und wir wünschten eine etwas längere Kochzeit. Chaipa Chi war aber für Winke und Zeichen völlig unempfänglich; wir mußten daher bei ihr stehen und hätten die Eier ebensogut selbst kochen können. Nachdem dies vorbei war, gaben wir fürderhin alle Versuche einer Anweisung auf und überließen das Zubereiten unseres Mahles der Küchenchefin auf Gnade und Ungnade.

Bevor wir imstande waren, zur Untersuchung und Durchforschung der Ruinen zu schreiten, waren noch Räumungsarbeiten von beträchtlichem Umfange zu leisten.

Zur malerischen Wirkung der Stätte trugen sie freilich nichts bei; in der Tat, überwachsen, wie wir diese Ruinen vorfanden, wirkten sie gewaltiger auf die Einbildungskraft als das bloße, freigelegte Terrain. Damit man sich aber von einer Stelle zur anderen leicht bewegen konnte, war die Entbuschung unerläßlich. Wir beschlossen, zuerst die Terrassen der Casa del Gobernador freizulegen und Wege von Ruine zu Ruine bahnen zu lassen, bis wir alle Gebäude miteinander verbunden hätten; und damit wir genau wußten, wo der Ort unserer Erkundungen lag, berechnete Herr Catherwood nach dem Stand der Sterne ein für allemal, daß Uxmal auf zwanzig Grad siebenundzwanzig Minuten und dreißig Sekunden nördlicher Breite lag.

Unsere Indianer begannen zügig, und gegen Nachmittag war die obere Terrasse abgeräumt. Gegen Abend verließen sie uns dann alle, Chaipa Chi mit eingeschlossen, und bei Nacht, da der Mond traurig über die Ruinen schimmerte, unternahmen wir einen Gang längs der gesamten Front der Casa del Gorbernador.

Wir beeilten uns nicht mit der Rückkehr, und als wir unsere Schritte zum Lager zurücklenkten, geschah dies nicht ohne einige böse Ahnungen. Dem, was an diesem Tage draußen an Arbeit geleistet ward, hatten wir nur wenig Aufmerksamkeit geschenkt; vielmehr hatte unsere Hauptbeschäftigung im Ausbreiten der Moskitonetze bestanden, wobei wir nicht mit Zeit, Arbeit und Scharfsinn geizten; tatsächlich ward unseren Bemühungen ein voller Erfolg zuteil. Durch das ganze lange Gemach ging ein beständiges Singen und Schwirren, dumpfer oder lauter, je nachdem, ob die Musiker näher kamen oder sich entfernten; wütend, weil sie um ihre Beute gebracht waren, konnten sie doch nicht an unsere Haut gelangen. Unsere Genugtuung rührte aber keineswegs allein von der Aussicht auf eine ruhige Nacht her, sondern wir fühlten uns überzeugt, daß wir fortan nach der Arbeit Ruhe haben würden und unsere Stellung in Uxmal behaupten könnten.

Am nächsten Tage ward unser Haushalt wesentlich bereichert. Unter den für uns arbeitenden Indianern befand sich ein Bursche, der Spanisch sprach. Er war die schwächlichste, schmächtigste und magerste Person, welche die Hazienda aufzubieten hatte, und auch sein einziges Kleid konnte an Schmutz von niemanden überboten werden. Er hieß Bernaldo. Nur fünfzehn Jahre alt, hatte er schon die Wechselfälle des Glücks erfahren. Seine Erziehung war vernachlässigt worden; und weil er einige technische Unterscheidungen, welche die Eigentumsgesetze treffen, verwechselt hatte, ward er von einer Hazienda bei Merida in die Einöde von Uxmal verbannt. Wir litten derart an einem fehlenden Dolmetscher und standen bis auf die kurzen Besuche des Mayorals so ganz und gar hilflos da, daß wir Bernaldos moralische Schwäche ganz und gar übersahen, ihn von den Arbeitsleuten abzogen und in die *Sala* des Palastes führten, wo er bei der Weitergabe unserer für Chaipa Chi bestimmten Anweisungen ein solches Interesse an der Sache selbst zeigte, daß Dr. Cabot es sogleich unternahm, ihm eine Stunde Kochunterricht zu erteilen. Bei seinem ersten Versuche fanden wir ihn überaus tauglich und setzten ihn sofort zum Herrscher über die drei Steine ein, welche unseren Küchenfeuerplatz ausmachten, mit allen Vor-

74 Plan von Uxmal

General=Plan
der Ruinen von Uxmal.
1842.
A. Sammlung von Gebäuden
Casa de las Monjas, oder
Haus der Nonnen genannt.
B. Haus des Zwerges oder
Casa del Adivino.
C. Casa del Gobernador oder
Haus des Gouverneurs.
D. Hoher u. namenloser Hügel.
E. Casa de Palomas od.
Haus der Tauben.
F. Hoher Hügel und
Gebäude ohne Namen.
G. Casa de la Vieja oder
Haus der alten Frau.
H. Casa de las Tortugas oder
Haus mit den Schildkröten.
Pfad über die Ruinen
Terrasse
Stufen
Hof
Verfallene
Gebäude

rechten und Einkünften des Schlürfens und Kostens. Der Chaipa Chi überließen wir es, alle ihre Energie an das Geschäft zu wenden, das ihre Seele liebte – die Verfertigung von Tortillas.

Nachdem wir nun häuslich eingerichtet sind, will ich den Leser sogleich ohne Vorrede zu den Ruinen Uxmals führen. Schon in dem Bericht von unserem ersten Besuche habe ich mich um eine kurze Beschreibung bemüht. Der schnelle Aufbruch fast ohne Pläne und Zeichnungen machte es indessen unmöglich, eine bestimmte Vorstellung von ihrem Charakter zu vermitteln. In Abbildung 74 ist nun der Plan dieser alten Stadt wiedergegeben, wie ihn die noch erhaltenen Gebäude diktieren. Die Richtungen wurden alle mit dem Kompaß ermittelt, und über die gemessenen sowie die Größenverhältnisse der Gebäude und ihre Entfernungen voneinander kann man sich durch die Maßstabangabe Gewißheit verschaffen.

Die erste hier beschriebene Ruine ist die, in welcher wir wohnten, Casa del Gobernador oder Gouverneurspalast genannt. Das Gebäude erhebt sich auf der obersten von drei weit ausgedehnten Terrassen, und seine Frontseite ist dreihundertundzweiundzwanzig Fuß lang. Selbst in einer sehr großen und breiten Abbildung wäre es unmöglich, mehr als eine allgemeine Vorstellung von der Wirkung des Bauwerks zu geben; die ornamentalen Einzelheiten könnten hingegen nicht gezeigt werden.

Was wir sogleich bemerkten und beklagen mußten, war der Umstand, daß über zwei der Türen die schmückende Fassade herabgestürzt war. Don Simon sagte uns aber, dieser herabgefallene Teil sei im Jahre 1825 noch an seiner Stelle und die ganze Front beinahe vollständig erhalten gewesen. Die Bruchstücke liegen nun da, wie sie einst herabgestürzt sind, eine gewaltige Masse von Mörtel und rohen wie behauenen Steinen. Sie sind, das zeigte uns die nähere Untersuchung, ganz ineinander verkeilt und waren niemals vorher angerührt worden, bis wir, um einige der herabgefallenen Verzierungen herauszuklauben und ans Licht zu bringen, in den Trümmern zu graben begannen.

Dieses Gebäude bestand ganz aus Steinen. Bis zum Sims hinauf, welcher über die ganze Länge und an allen vier Seiten umläuft, bietet die Fassade eine glatte Oberfläche; darüber sieht man einen dichten Überzug reicher, kunstvoller und aufwendig skulptierter Ornamentik, arabeskenartig verschlungen.

Das bemerkenswerteste Ornament – es teilt der Fassade seinen ganzen Reichtum mit – befindet sich über dem Mitteltore. Um den Kopf der Hauptfigur sind hier Reihen von Schriftzeichen zu sehen, die wir bei unserem ersten Besuch nicht als von den anderen in die Fassade gehauenen unbegreiflichen Zeichen wesentlich verschieden fanden; nun aber entdeckten wir, daß diese Schmuckelemente Hieroglyphen waren. Wir ließen Leitern bauen, auf welchen Herr Catherwood in die Höhe stieg, um genaue Kopien anzufertigen. Die Schriftzeichen unterscheiden sich etwas von den früher geschilderten und abgebildeten Hieroglyphen, indem sie reicher, genauer gearbeitet und verschlungener sind, haben jedoch im allgemeinen den nämlichen Charakter. Ihrer augenfälligen Plazierung entsprechend besitzen sie ohne Zweifel irgendeine wichtige Bedeutung; wahrscheinlich beurkunden sie den Bau des Gebäudes, die Zeit, zu der, und das Volk, von dem es erbaut ward.

Die Gesamtansicht kann dieses reiche und merkwürdige Ornament wegen des hier anzulegenden Maßstabes nicht in seiner ganzen Wirkung darstellen. Auch alle anderen Tore werden von staunenswerten, dabei gleichzeitig doch anmutigen Ornamenten gekrönt, welche wohl in einzelnen Teilen abweichen, im allgemeinen Charakter und Eindruck aber den im folgenden (Abb. 75, 76, 77) dargestellten entsprechen.

Abbildung 75 gibt die Ornamentik unmittelbar über dem Tore wieder. Sie zeigt die Reste einer Figur auf einer Art Thron. Dieser Thron besaß ursprünglich reiche Verzierungen, wie man sie in dieser Art noch an ähnlichen Dessins über anderen Toren dieses Gebäudes erkennen kann. Der Kopfputz ist hoch, und es steigen ungeheure Federbüsche von ihm empor; sie teilen sich oben, fallen ebenmäßig an beiden Seiten herab, bis sie den Schmucksockel berühren, auf dem die Füße des Idols ruhen. Jede Figur ist vielleicht das Abbild irgendeines Kaziken, Kriegers, Propheten oder Priesters, der sich in der Geschichte dieses unbekannten Volkes ausgezeichnet hat.

75 Figur als Teil der Ornamentik über dem Tor

76 Ornamentik an der Casa del Gobernador

Abbildung 76 zeigt die Ornamentik unmittelbar über der gerade geschilderten Figur; sie nimmt den ganzen Teil der Mauer von der Spitze des Kopfputzes bis zum Sims längs des oberen Gebäudeabschlusses ein. Dieses Ornament – oder diese Kombination von Verzierungen – erscheint in allen Abschnitten des Bauwerks, und man sieht es in den Ruinen häufiger als irgendein anderes. Auf der Abbildung erkennt man nur einen langen, flachen, glatten Mittelstreifen; er deutet ein vorstehendes Steinornament an, welches in einer Vorderansicht nicht dargestellt werden kann; das Profil in Abbildung 77 zeigt aber den vorspringenden Stein, und mit dieser zusätzlichen zeichnerischen Hilfe wird der Leser den Charakter des Schmuckensembles be-

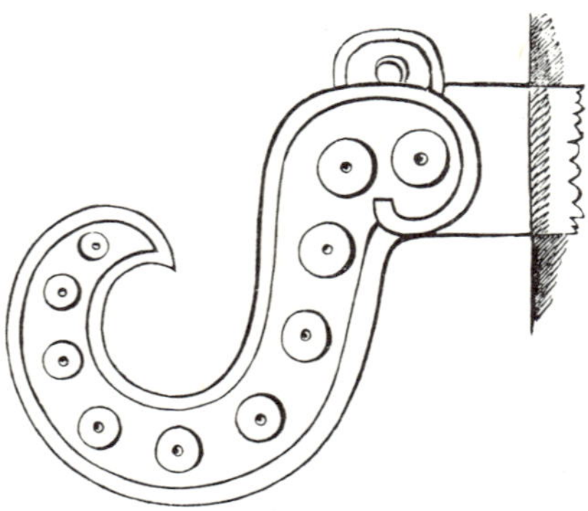

77 Vorspringender Schmuckstein

greifen. Von dem Zapfen an gerechnet, der ihn am Ende der Kurvung in der Mauer hält, mißt der Stein einen Fuß sieben Zoll in der Länge, und er gleicht etwas einem Elefantenrüssel. Diesen Namen hat ihm jedenfalls, vielleicht nicht ganz unpassend, Waldeck gegeben, wiewohl der Bildhauer eine solche Darstellung nicht beabsichtigt haben kann, denn der Elefant ist auf dem amerikanischen Kontinent unbekannt gewesen. Man sieht diesen hervorstehenden Stein in gleicher Schmuckkombination noch an anderen Stellen der Fassade und an den Ecken; und an sämtlichen Gebäuden Uxmals ist er, bisweilen auf dem Kopfe stehend, das häufigste Schmuckelement. Merkwürdigerweise sind, obgleich gänzlich außer Reichweite, doch von fast allen Steinen die Ecken abgebrochen; und unter den vielen Beispielen an den verschiedenen Mauerflächen haben sich nur noch drei unversehrt erhalten. Vielleicht wurden sie von den Spaniern mutwillig abgebrochen; doch glauben die Indianer noch bis auf den heutigen Tag, diese alten Gebäude würden von Gespenstern heimgesucht und all die *Monefatos* oder Ornamente seien belebt und gingen bei Nacht um. Bei Tage, glauben sie, könnten sie dagegen kein Unheil anrichten, und seit Jahrhunderten pflegen die Indianer sie zu zerbrechen und mit der Machete zu entstellen, in der Meinung, sie brächten dadurch die wandernden Ornamentgeister zur Ruhe.

Die beiden letzten Abbildungen (76 und 77) sollen zusammengesetzt wahrscheinlich eine greuliche Menschenfratze ergeben; die Augen und Zähne fallen zuerst auf, und der hervortretende Stein mag vielleicht die Nase oder Schnauze vorstellen. Die seitliche Ausdehnung des Bildes beträgt etwa fünf Fuß, und wollte man die ganze Vorderseite in demselben Maßstabe abbilden, wäre dazu ein Kupferstich von vielen Dutzend Fuß Länge nötig. Dem Leser wird schon deshalb einleuchten, wie ganz und gar unnütz es sein würde, eine wörtliche Beschreibung einer solchen Fassade zu versuchen, und durch die Abbildung 76 verlaufende Linien zeigen, daß – ich habe es bereits in meinem früheren Bericht gesagt – kein Täfelchen oder einzelner Stein für sich selbst ein Ganzes darstellt, sondern daß jedes Ornament aus einzelnen Steinen besteht, deren jeder nur einen Motivausschnitt ergibt und dann in die Mauer an seiner Stelle eingesetzt ist. Jeder Stein an sich zeigt einen nichtssagenden Bruchteil, aber neben die anderen gestellt, fügt er sich als Partikel in eine Gesamtdarstellung ein, welche ohne ihn unvollständig sein würde. Vielleicht kann die Fassade zutreffend eine Art skulptiertes Mosaik genannt werden; und ohne Zweifel haben alle diese Ornamente eine symbolische Bedeutung, ist jeder Stein Teil einer Geschichte, Allegorie oder Fabel.

Die rückwärtige Mauer der Casa del Gobernador ist massiv und besitzt keine Türen oder Öffnungen irgendwelcher Art. Wie die vordere ist sie über dem Karnies in ihrer ganzen Länge mit skulptierten Steinen verziert. Die Gegenstände sind indessen weniger sorgfältig gearbeitet und die Skulpturen weniger prachtvoll; auch an dieser Seite ist ein Teil der Fassade herabgefallen.

78 Endmauer der Casa del Gobernador

Die beiden kurzen Endmauern sind jeweils neununddreißig Fuß breit. Abbildung 78 stellt die südliche dar. Sie besitzt nur eine Tür und weist eine etwas schlichtere Ornamentik auf als die Fassade.

Das Dach war früher mit Mörtel bedeckt, ist jetzt aber mit Gras und Büschen überwachsen.

So sieht die Casa del Gobernador von außen aus. Eine genauere Beschreibung der einzelnen Teile würde das Buch auf ein noch unabsehbares Volumen anschwellen lassen. Im Unterschied zu den anderen Gebäuden ist die Casa langgestreckt, niedrig und schmal gebaut, unter dem Karnies glatt und darüber rings mit Skulpturen verziert. Herr Catherwood fertigte peinlich genaue architektonische Zeichnungen an und hat das Material in Händen, ein genau gleiches Gebäude zu errichten, da er, wie bei unserer früheren Expedition, alle seine Zeichnungen mit der Camera lucida aufnahm, um äußerste Genauigkeit in Größenverhältnissen und Einzelheiten zu erzielen. Überdies hatten wir auch noch einen Daguerreotypapparat bei uns – den besten in New York auffindbaren –, mit dem Herr Catherwood sich sogleich nach unserer Ankunft in Uxmal an die Aufnahme der wichtigsten Ruinen machte; die Resultate waren aber nicht gut genug, um seinen Vorstellungen zu entsprechen. Bisweilen beschatteten die hervortretenden Simse und Ornamente andere Teile der Darstellung, während wieder andere im vollen Sonnenschein lagen, so daß, wenn einiges auch recht gut herausgebracht ward, verschiedentlich doch der Bleistift die sonst unsichtbaren Konturen nachzeichnen mußte. Die Daguerreotypien gaben eine allgemeine Vorstellung vom Charakter der Verzierungen, konnten einem Kupferstecher indes nicht ohne zusätzliche Kopie auf einem Blatt Papier in die Hand gegeben werden, auf dem die Mängel ausgebessert waren, was mehr Mühe machte als eine Originalzeichnung. Herr Catherwood vollendete daher alles mit seinem Bleistift und seiner Camera lucida, während Dr. Cabot und ich den Daguerreotypen nahmen; und um die größtmögliche Genauigkeit zu sichern, wurden die Daguerreotypansichten den Kupferstechern zusätzlich zu den Zeichnungen als nützliche Anleitung ausgehändigt.

Der Grundriß der Casa del Gobernador ist schon in meinem Bericht über die erste Reise nach Uxmal dargestellt (vgl. Abb. 70). Sie hat elf Türen vorn und eine an jedem Ende. Die Türen selbst sind alle verschwunden und die hölzernen Oberschwellen herabgestürzt. Das Innere ist durch eine Mauer der Länge nach in zwei Korridore geteilt, welche wiederum durch Zwischen- oder Querwände in längliche Gemächer gegliedert werden. Jedes der so entstandenen Zimmerpaare verbindet eine Tür, die jener an der Frontseite des Gebäudes genau gegenüberliegt.

Die Mauern bestehen aus glatten Quadern, und an jeder Seite der Tür finden sich Überreste von Steinringen, die mit langen Zapfen in die Mauern versenkt sind und ohne Zweifel mit den Türpfosten in Verbindung stehen. Die Fußböden sind mit Mörtel bedeckt, der an einigen Stellen noch hart, durch das lange Bloßliegen aber zumeist zersprungen ist und jetzt unter den Füßen zerbröckelt.

Die Decke bildet, wie zu Palenque, ein dreieckiges Gewölbe ohne Schlußstein, und die tragenden Seiten aus vorkragenden, abgeschrägten Steinen zeigen eine glatte Oberfläche. Etwa einen Fuß von der Stelle entfernt, wo sich die Quader berühren müßten, sind sie mit einer Lage flacher Steine abgedeckt. Quer durch das Gewölbe sind zu beiden Seiten Holzbalken in die Wand eingebaut, welche wahrscheinlich den Bogen während der Bauarbeiten abstützen sollten.

Im übrigen verweise ich auf den Grundriß in Abbildung 70 und erwähne nur noch einen Umstand. Bei der Ausarbeitung des Grundplans stellten wir fest, daß die Hintermauer über die ganze Länge von zweihundertundsiebzig Fuß neun Fuß mächtiger ist, was beinahe der Breite des Vorderzimmers gleichkommt. Die Statik des Gebäudes erzwang eine solche Mauer nicht, weshalb wir einen verbogenen Gang in ihr vermuteten und beschlossen, im Mittelzimmer die Wand aufzuschlagen.

Ich muß gestehen, daß ich gegen dieses Zerstörungswerk einigen Widerwillen empfand, doch war ein Stein schon von einem Indianer herausgenommen worden, der auf ihm seinen Mais zerquetscht hatte, und da er sehr wahrscheinlich bei weiterem Bedarf wieder so handeln würde, ging ich über meine Skrupel hinweg.

Über dem Loch, welches durch die Entfernung des Steines im Mörtel entstanden war, entdeckten wir zwei, später auch in allen weiteren Ruinen gefundene Zeichen. Es waren die Abdrücke einer roten Hand, mit ausgestreckten Daumen und Fingern, nicht gezeichnet oder gemalt, sondern einfach durch das Auflegen einer wirklichen Hand auf den Stein erzeugt. Der Abdruck zeigte Linien und Falten der Handfläche klar und deutlich. Es war etwas Lebendiges darin, was zum Nachsinnen anregte, und fast war es uns, als sei in diesen Bildern der Geist der verstorbenen Bewohner anwesend. Auffällig an den Händen erschien übrigens, daß sie so außerordentlich klein waren. Die Hand eines jeden von uns verbarg sie vollkommen; dies schien uns deswegen interessant, weil wir und andere beobachtet hatten, daß solche kleine Hände und Füße eine anatomische Besonderheit der heutigen Indianer darstellen.

Die Steine mit dieser roten Hand waren die ersten, die herabfielen, als wir unseren Durchbruch begannen. Es gab zwei Brechstangen auf der Hazienda, und im Verlaufe von beinahe zwei Tagen öffneten die Indianer mit ihrer Hilfe ein sechs bis sieben Fuß tiefes Loch; die Mauer wies aber durchgängig eine massive Bauweise auf und bestand aus großen Steinen, in einen Mörtel eingebettet, der fast ebenso hart wie jene selbst war. Den Grund für diese ungeheure Hintermauer, wo sonst doch alles einen gewissen Grad von Angemessenheit und Gleichmaß besaß, entdeckten wir nicht, und während der übrigen Zeit unseres Aufenthaltes starrte uns das ungeheure Loch stets vorwurfsvoll an.

Noch einige Worte, dann will ich die Beschreibung dieses Gebäudes abschließen. In dem Schlußzimmer des südlichen Trakts – wir haben seine Fassade in Abbildung 78 dargestellt – fanden wir jenen Balken mit eingeschnittenen Hieroglyphen, der uns bei unserem früheren Besuche so sehr interessiert hatte. In einigen der inneren Gemächer waren die Schwellen noch an ihrem Ort über den Türen, und einige lagen wohlbehalten und unversehrt auf dem Boden. Den besseren Zustand verdankten sie ohne Zweifel ihrer – gegenüber den Balken an den äußeren Türen – geschützteren Lage. Dies war der einzige beschnitzte Balken in Uxmal und zu dieser Zeit auch das einzige beschnitzte Stück Holz überhaupt, das wir gesehen hatten. Wir hielten es für interessant, weil es eine gute Beherrschung einer uns bisher durch kein anderes Zeugnis bekannten Kunst andeutete. Eine Ausnahme bildete hier vielleicht der in Ocosingo aufgefundene Balken, der, wenn auch nicht geschnitzt, so doch offenbar durch Bearbeitung mit scharfen Metallinstrumenten seine Form erhalten hatte. Diesmal entschloß ich mich, mir das kostbare Stück nicht entgehen zu lassen. Es war zehn Fuß lang, einen Fuß neun Zoll breit und zehn Zoll stark, bestand aus Sapotaholz vom Breiapfelbaum und war ungeheuer schwer und sperrig. Um die Skulptur vor Schlag und Stoß zu bewahren, ließ ich sie in *Costal* oder Hanfpackleinwand wickeln und innen noch sechs Zoll dick mit trockenem Gras ausstopfen. Auf den Schultern von zehn Indianern verließ sie Uxmal und erreichte tatsächlich nach wechselvollem Schicksale unverletzt New York.

Dem großen Bauwerke der Casa del Gobernador am engsten verbunden und kaum weniger außerordentlich und beeindruckend sind die drei großen Terrassen, die jene erhöhen und ihr die Großartigkeit der Lage verleihen; sie sind sämtlich künstlich angelegt und auf der Ebene aufgeschüttet.

Die unterste dieser Terrassen ist drei Fuß hoch, fünfzehn Fuß breit und fünfhundertundfünfundsiebzig Fuß lang; die zweite zwanzig Fuß hoch, zweihundertundfünfzig Fuß breit und fünfhundertundfünfundvierzig Fuß lang; und die dritte, der Standort der Casa, mißt neunzehn Fuß in der Höhe, dreißig Fuß in der Breite und vorn dreihundertundsechzig Fuß in der Länge. Sie alle wurden durch massige Steinmauern gestützt; die der zweiten Terrasse ist noch in gut erhaltenem Zustand, und auch an den Ecken fanden wir hier die tragenden Steine, deren äußere Oberfläche abgerundet ist, also keine scharfen Kanten aufweist, noch an ihrer Stelle.

Die Plattform dieser zweiten Terrasse ist wirklich eine edle *Terra plana,* fünfhundertundfünfundvierzig Fuß lang und zweihundertundfünfzig Fuß breit. Sie trug, wie die sichtbaren Überreste zeigen, Bauwerke mit Verzierungen verschiedener Art, deren Charakter jetzt indes schwer auszumachen ist. Bei unserer ersten Ankunft war der ganze Aufbau von üppigem Gebüsch und Unkraut zehn bis zwölf Fuß hoch bedeckt, und als diese weggeräumt wurden, kamen die genannten Überreste ans Tageslicht.

Längs des Südendes der Terrasse erhebt sich ein langgestreckter viereckiger Bau, etwa drei Fuß hoch, zweihundert Fuß lang und fünfzehn Fuß breit, an dessen Fuße sich eine Reihe von Sockeln und Säulenbruchstücken findet, etwa fünf Fuß hoch und achtzehn Zoll im Durchmesser. Überreste eines Daches oder irgendeines anderen mit diesen Trümmern verbundenen Bauwerks waren für uns nicht zu sehen.

Nahe dem Zentrum der Plattform, achtzig Fuß vom Treppenaufgang entfernt, stießen wir auf eine viereckige, aus zwei übereinandergeschichteten Steinlagen errichtete Einfriedung. Darin stand, geneigt, als ob er fallen wolle, oder vielleicht, als ob jemand versucht hätte, ihn umzustürzen, ein großer runder Stein, acht Fuß über den Boden aufragend und mit einem Durchmesser von fünf Fuß. Dieser Stein sticht wegen seiner Plumpheit und Unregelmäßigkeit von der Symmetrie und Ordnung um ihn herum ab, an der es ihm selbst gänzlich mangelt. Nach seiner besonderen Stellung zu urteilen, diente er ohne Zweifel einem wichtigen Zweck, und in Verbindung mit anderen an dieser Stelle gefundenen Monumenten gibt er Anlaß zu der Vermutung, daß er einst in den zeremoniellen Riten eines alten Gottesdienstes eine Rolle spielte. Die Indianer nennen diesen Stein *Picote* oder Peitschensäule.

Sechzig Fuß weiter ragte ein ungefüger Erdhügel empor, kreisrund und etwa sechs Fuß hoch. Wir hatten ihn als Standort für eine Daguerreotypaufnahme von der Gebäudevorderseite benutzt und auf die Bitte des Cura Carillo hin, welcher uns einen Besuch abstattete, entschlossen wir uns, ihn zu öffnen. Indessen bestand er bloß aus Erde und Steinen; immerhin förderten unsere Grabungen bis zu einer Tiefe von drei oder vier Fuß jenes skulptierte Monument zutage, das in Abbildung 79 wiedergege-

79 *Ausgegrabene Steinskulptur*

ben ist. Es ward in der abgebildeten Stellung aufgefunden. Aus einem einzigen Steinblock gehauen, mißt es drei Fuß zwei Zoll in der Länge und zwei Fuß in der Höhe. Anscheinend soll es eine doppelköpfige Katze oder einen Luchs darstellen, und mit Ausnahme eines einzigen, etwas beschädigten Fußes zeigt es sich vollständig erhalten. Die Arbeit ist roh. Da die Skulptur zum Wegschaffen zu schwer war, hatten wir sie an die Seite des Hügels gehoben, damit Herr Catherwood sie zeichnen könne, und dort liegt sie wahrscheinlich noch bis auf den heutigen Tag. Der vorerwähnte *Picote* oder zeremonielle Stein erscheint auf unserem Bild übrigens im Mittelgrund.

Warum dieses Monument dem sonderbaren Platz zugewiesen war, an dem wir es fanden, darüber lassen sich keine gesicherten Aussagen machen. Allein, seiner ursprünglichen Bestimmung konnte dieser Standort niemals entsprechen. Man hatte es offenbar absichtlich begraben. Meiner Meinung nach ist es eins der vielen Götzenbilder gewesen, welche das Volk von Uxmal anbetete; und wahrscheinlich begruben es die Bewohner beim Verlassen der Stadt, damit es nicht entweiht werden möchte; oder die Spanier warfen es, weil sie alle erfurchtsvollen Gefühle der Indianer zunichte machen wollten, als Götzen – getreu dem Cortez'schen Beispiel zu Cholula – herab und begruben es, als sie die Bewohner verjagten und die Stadt entvölkerten.

Hundertunddreißig Fuß von diesem Erdhügel entfernt liegt ein viereckiges Steingebäude, sechs Fuß hoch und mit zwanzig Quadratfuß Grundfläche. In ihm gruben wir und entdeckten dabei zwei skulptierte Köpfe, die ohne Zweifel Porträts vorstellen sollten.

Vom Mittelpunkte dieser weitausladenden zweiten Plattform steigt eine großartige Treppenflucht, einhundertunddreißig Fuß breit und von einst fünfunddreißig Stufen, zur dritten Terrasse empor, auf der die Casa del Gobernador steht. Ansonsten führt keine Treppe zu irgendeiner der drei Terrassen hinauf, und den einzigen Aufgang zur Plattform der zweiten Terrasse bildet eine schiefe, einhundert Fuß breite Ebene am Südende des Gebäudes. Dies zwingt alle, die sich der Casa von Norden aus nähern, die ganze Länge der unteren Terrasse zu passieren, die schiefe Ebene hinaufzusteigen und dann ein Stück Wegs wieder zurückzugehen, wenn sie die Stufen erreichen wollen. Wahrscheinlich achteten die alten Bewohner der damit verbundenen Mühe nicht, ganz abgesehen davon, daß sich alle Besucher oder Bewohner des Gebäudes gewiß auf den Schultern von Indianern in *Coches* hinein- und hinaustragen ließen, wie die Reichen es auch heute tun.

Ein wichtiges Gebäude auf der großen Plattform der zweiten Terrasse bleibt noch zu erwähnen. Es steht an der Nordwestecke, ist schon in Verbindung mit dem Bericht von unserem ersten Besuch in Uxmal als Abbildung 69 gezeigt worden und wird ›Casa de las Tortugas‹ oder Haus der Schildkröten genannt. Diesen seinen Namen gab ihm ein in der Nähe wohnender Cura wegen einer Zierleiste mit Schildkrötendarstellungen, die oben um das Karnies herumläuft und in Abbildung 69 angedeutet ist.

Das Gebäude hat vierundneunzig Fuß Frontlänge und vierunddreißig Fuß Tiefe, und es sticht in Größe und Bauschmuck sehr von der Casa del Gobernador ab. So fehlen ihm die reichen und prachtvollen Verzierungen des Gouverneursbaues, doch zeichnet es sich durch seine klaren und schönen Proportionen sowie durch die Reinheit und Einfachheit seiner Ornamentik aus. Hier findet sich nichts, was den Eindruck des Unverständlichen oder Grotesken hervorriefe, nichts, was einen anspruchsvollen baukünstlerischen Geschmack abstoßen könnte; unglücklicherweise geht es aber schnell dem Verfall entgegen. Bei unserem ersten Besuch wählten Herr Catherwood und ich das Dach als einen geeigneten Punkt, von dem aus eine Rundgemäldeskizze vom ganzen Ruinengefilde angefertigt werden konnte. Schon damals zitterte und wankte es, und innerhalb eines Jahres war der ganze mittlere Teil eingefallen. Vorn ist die Mitte der Mauer ganz verschwunden, und hinten hält nur noch die hölzerne Schwelle, eingedrückt und zerbrochen, die auf ihr lastende Masse; ein wenig ängstlich schritten wir darunter hindurch. Das Innere füllen die Trümmer des eingefallenen Daches.

Auch an diesem Gebäude fällt als eigentümlicher Zug das Fehlen eines geeigneten Zugangs auf. Mit der Casa del Gobernador steht es in keinerlei Zusammenhang, wenigstens nicht durch Stufen oder sonstige sichtbaren Verbindungen; auch fanden wir keine zu den unteren Terrassen führenden Stufen. Das Schildkrötenhaus steht abgesondert und allein da, gleichwie in Trauer über seinen öden und verfallenen Zustand versunken. Noch einige Regenzeiten mehr, und es wird eine Schuttmasse sein, und es wird dann vielleicht auf dem ganzen amerikanischen Kontinente kein Monument mehr geben, das so von der Reinheit und Schlichtheit der Ureinwohnerkunst zeugt.

Soweit die kurze Beschreibung der Casa del Gobernador mit ihren drei großen Terrassen und den Bauwerken auf der eindrucksvollen Plattform der zweiten. Wegen des Ortes, den wir zu unserem Aufenthalt bestimmt hatten, und wegen des immer wieder erforderlichen Auf- und Niedersteigens wurden wir mit dieser Gruppe von Baulichkeiten am schnellsten vertraut. Der Leser wird sich nun eine Vorstellung von den Gegenständen machen können, die unsere Aufmerksamkeit fesselten, und von dem außerordentlichen Anblick, den wir beständig vor Augen hatten.

Bevor ich mich nun den anderen Gebäuden zuwende, will ich bezüglich Waldecks Werk, das im Jahre 1835 in Paris erschienen ist und, abgesehen von meiner eiligen Notiz über unsere erste Reise, der einzige je veröffentlichte Bericht über die Ruinen von Uxmal ist, eine Bemerkung machen. Ich hatte dieses Werk bei unserem letzten Besuche mitgeführt. Man wird finden, daß unsere Pläne und Zeichnungen wesentlich von denen Waldecks abweichen; allein er war, soweit es die Baukunst betraf, kein gelernter Zeichner, zudem beklagt er sich, die mexikanische Regierung habe ihm seine Zeichnungen abgenommen. Ich weiche von ihm auch in Tatsachenbehauptungen und noch mehr in Meinungen und Schlüssen ab; so etwas kommt aber natürlich vor, und der nächste, der nach uns diese Ruinen besucht, wird wiederum vielleicht in vielem eine andere Sicht der Dinge haben. Überdies muß der Gerechtigkeit halber festgehalten werden, daß Waldeck viel größere Schwierigkeiten zu bestehen hatte als wir, denn zu seiner Zeit lag das Land noch nicht frei und offen vor ihm, vielmehr war das ganze Ruinenfeld mit Bäumen überwachsen. Übrigens kann keiner ihm die Ehre des ersten nicht einheimischen Entdeckers der Ruinen nehmen.

Doch wieder zur Sache. Ich habe schon im ersten Bericht die Casa del Gobernador und die Casa de las Tortugas, das Haus der Schildkröten, erwähnt, welchletzteres auf der großen Plattform der zweiten Terrasse der Casa del Gorbernador an der nordwestlichen Ecke steht.

Wenn man von diesem Gebäude hinabsteigt und vom Tore der Casa de las Monjas geradeaus nordwärts geht, wird die Aufmerksamkeit auf zwei zerstörte Gebäude in einer Entfernung von zweihundertundvierzig Fuß gelenkt, die sich in etwa siebzig Fuß Entfernung einander gegenüberstehen, so wie es der Generalplan der Ruinen verzeichnet (vgl. Abb. 74). Jedes ist einhundertundachtundzwanzig Fuß lang, dreißig Fuß tief, und soweit wir feststellen konnten, scheinen beide sich in Plan und Ausschmückung sehr ähnlich gewesen zu sein. Die einander zugewandten Seiten waren mit Bildhauerarbeit verschönt, und an beiden sind noch Bruchstücke von ineinander verschlungenen riesigen Schlangen erhalten, welche sich ursprünglich über die ganze Länge der Mauer hinzogen.

In der Mitte einer jeden Fassade, an einander genau gegenüberliegenden Stellen, fanden wir die Bruchstücke eines großen Steinringes. Jeder dieser Ringe hatte einen Durchmesser von vier Fuß und war in der Mauer durch einen Zapfen von entsprechender Größe befestigt. Beide Ringe schienen absichtlich zerbrochen, und es steht nur mehr der dem Zapfen nächste Teil aus der Wand heraus; die äußere Fläche ist dabei mit Skulpturen bedeckt. Wir unternahmen längs der Mauer in den Ruinen Schürfungen, in der Hoffnung, die fehlenden Teile dieser Ringe zu entdecken, aber ohne Erfolg.

Diese Gebäude haben keine Türen oder Öffnungen irgendwelcher Art, weder an den Seiten noch an den Enden. In der Meinung, daß sie innere Zimmer haben müßten, brachen wir die nach Osten hin gelegene Mauer bis zu einer Tiefe von acht bis zehn Fuß auf, stießen aber nur auf unbehauene Steine. Da diese sehr leicht nachgaben, war die Arbeit in den Löchern für die Indianer nicht ungefährlich und ward deshalb aufgegeben.

Die Grabungen führten uns immerhin durch beinahe ein Drittel der Anlage und bestätigten uns, daß diese großen Gebäude keine Gemächer enthielten, sondern daß der Raum innerhalb der vier dickwandigen Mauern ganz mit Steinen aufgefüllt war. Unserer Meinung nach hatten die Bauten eine ausdrückliche Beziehung zu den beiden schon erwähnten großen Ringen, und der Raum zwischen ihnen ward vielleicht zur Feier öffentlicher Spiele genutzt, eine Vermutung, in der wir später bestärkt wurden.

Zwischen den beschriebenen Gebäuden hindurch und in derselben Richtung fortgehend, erreichten wir die Front der Casa de las Monjas, des Hauses der Nonnen. Dieses Gebäude ist viereckig, mit einem Hof in der Mitte (Abb. 80). Es steht auf der obersten von drei Terrassen, deren erste drei Fuß hoch und zwanzig Fuß breit, deren zweite zwölf Fuß hoch und fünfundvierzig Fuß breit und deren dritte vier Fuß hoch und fünf Fuß breit ist; sie erstrecken sich über die ganze Länge des Vordergebäudes.

Die Frontwand hat eine Länge von zweihundertundneunundsiebzig Fuß, und über dem Karnies ziert sie von einem Ende zum anderen eine Bildhauerarbeit; in der Mitte führt ein zehn Fuß acht Zoll breiter Torweg, von einem dreieckigen Bogen überspannt, in den Hof. Auf jeder Seite dieses Torweges befinden sich vier Türen

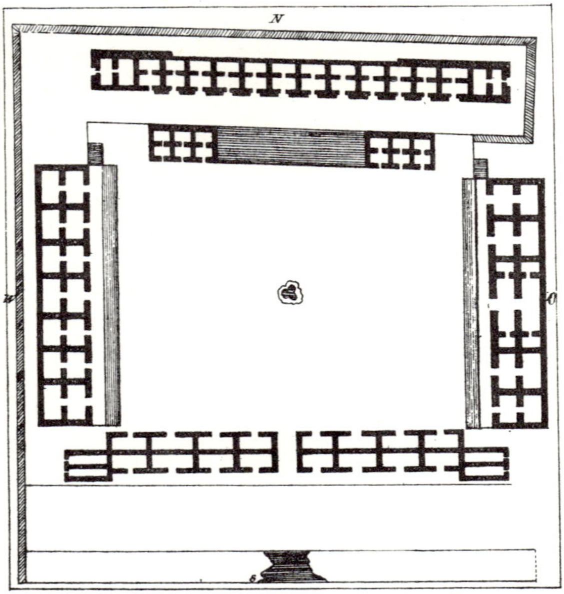

80 Grundriß der Casa de las Monjas

mit hölzernen Querschwellen, hinter ihnen Zimmer, welche im Durchschnitt vierundzwanzig Fuß lang, zehn Fuß breit und bis zum höchsten Punkt des Gewölbes siebzehn Fuß hoch sind, aber in keiner Verbindung miteinander stehen.

Die rechte oder östliche Seite des Vierecks bildet ein Gebäude von hundertachtundfünfzig, die linke Seite eines von hundertdreiundsiebzig Fuß, und der beide rückwärtig verbindende Trakt mißt zweihundertvierundsechzig Fuß. Diese drei Gebäudereihen haben nach außen keine Türen, vielmehr bietet sich die Außenseite als tote Mauer dar; über dem Karnies sind sie alle mit der gleichen üppigen Ornamentik verziert. Unter den Dessins an der Außenwand des letzterwähnten Gebäudezugs, welche insgesamt einfacher gestaltet sind, befinden sich auch zwei grobe, nackte Figuren, die, wie man gemutmaßt hat, auf die Existenz eines orientalischen Kultes in Uxmal hindeuten könnten.

So sehen die Gebäude von außen aus. Durchschreitet man nun den gewölbten Torweg, so gelangt man in einen stattlichen Hof, auf den vier prachtvolle Fassaden herabschauen, die allesamt von dem einen bis zum anderen Ende mit dem reichsten und elaboriertesten Bildhauerwerk, das die Kunst der Erbauer von Uxmal kennt, verziert sind; der Anblick, den sie bieten, ist von einer seltsamen Großartigkeit, die für mich alles bisher in den Ruinen Gesehene übertraf. Dieser Hof ist zweihundertundvierzehn Fuß breit und zweihundertundachtundfünfzig Fuß tief. Zur Zeit unseres ersten Besuches war er mit Büschen und Gras überwachsen; Wachteln flogen vor unseren Füßen auf und schwangen sich mit hartem Flügelschlag über die Gebäude hinweg. Wann immer wir hingingen, störten wir Schwärme dieser Vögel auf. Während unseres ganzes Aufenthaltes zu Uxmal waren sie aber die einzigen, die die Ruhe und Einsamkeit dieses Ortes störten.

Unter den vielen Gründen, aus denen ich die viel zu kleine Wiedergabe der Catherwoodschen Bilder bedaure, gibt es keinen gewichtigeren als den der unzureichenden Darstellung dieser vier Hoffassaden mit all ihren Schmuckeinzelheiten. Indessen ist gerade die am reichsten verzierte Seite so zerstört, daß sie unter keinen Umständen ganz wiedergegeben werden könnte. Diese Fassade liegt zur Linken des Torweges. Sie ist einhundertundsiebenunddreißig Fuß lang und zeichnet sich durch zwei riesige, ineinander gewundene Schlangen aus, welche beinahe durch alle Verzierungen in ganzer Länge hindurchlaufen sowie sie einschließen. Die Abbildungen 81 und 82 stellen die noch erhaltenen Teile dar.

Abbildung 81 zeigt den zum nördlichen Ende des Gebäudes hin gelegenen Fassadenabschnitt. Der Schwanz der einen Schlange liegt ungefähr über dem Kopf der zweiten und ist von einem Ornament bekrönt, das einem Turban mit Federbusch

81 Abschnitt der Hoffassade

82 Abschnitt der Hoffassade

gleicht. Durch solche Kennzeichen am Ende des Schwanzes hat man wahrscheinlich eine Klapperschlange andeuten wollen, eine in diesem Lande sehr häufige Schlangenart. Die untere Schlange umfängt mit ihrem ungeheuren, weit geöffneten Rachen einen Menschenkopf; das Gesicht ist deutlich sichtbar, erscheint im Bilde aber nur schwach. Don Simon, der Besitzer der Hazienda von Uxmal, beanspruchte aus den Ruinen nur diesen einen Schlangenkopf. Jeden anderen Zierat, sagte er, könnten wir uns nehmen und fortschaffen, diesen Kopf aber wolle er in die Mauer seines Hauses drüben in Merida als ein Andenken an die Ruinengefilde von Uxmal einsetzen.

Abbildung 82 stellt die beiden Schlangen dar, wie sie die Ornamentik über einem Türeingang umgeben und durchziehen. Das wichtigste Detail in dem umschlossenen Ornamentfeld ist dabei die indes sehr verstümmelte Figur eines menschlichen Wesens, das aufrecht dasteht. Die Leiber der Schlangen sind, wie andere Skulpturstücke noch besser zeigen, mit Federn bedeckt.

Die beiden Abbildungen geben zusammen nur etwa ein Fünftel der ganzen Fassade wieder; die übrige Fläche wies den gleichen Reichtum an Verzierungen auf. Im südlichen Teil der Fassade entsprachen das Kopfende der einen und der Schwanz der anderen Schlange in Anlage und Ausführung den von uns im Bild wiedergegebenen im nördlichen Gebäudeabschnitt. Hätten wir das Glück gehabt, diesen Ort nur einige Jahre früher zu erreichen, so würden wir eine noch vollständig erhaltene Fassade vorgefunden haben. Don Simon berichtete uns nämlich, die ganze Front habe im Jahre 1835 noch gestanden und man habe zu jener Zeit die Schlangen alle Ornamente am Gebäude umgeben sehen. Aber auch in ihrem verfallenen Zustand vermittelt die Ornamentik noch eine lebhafte Vorstellung von den »großen, trefflich aufgeführten Häusern aus Kalk und Stein«, welche Bernal Diaz sah, als er nach Campeche zog, »mit Abbildern von Schlangen und Götzen auf den Wänden«.

Am Ende des Hofes, dem Eingangstore gegenüber, erhebt sich die Front eines hohen Gebäudes, zweihundertvierundsechzig Fuß lang und auf einer zwanzig Fuß hohen Terrasse stehend. Zu ihm führt eine großartige, aber zerstörte Treppe hinauf, neunundfünfzig Fuß breit und an beiden Seiten von einem Gebäude mit skulptierter Fassade flankiert, dessen drei Türen sich in separate Raumeinheiten mit jeweils zwei Kammern öffnen.

Die Höhe dieses Gebäudes bis zum oberen Karnies beträgt fünfundzwanzig Fuß; es hat dreizehn Eingänge, und über jedem dieser Eingänge steigt eine senkrechte Mauer in die Höhe, zehn Fuß breit und noch einmal siebzehn Fuß über das Karnies hinausreichend. Diese hohen Aufbauten, von denen sich leider nur noch vier erhalten haben, wurden ohne Zweifel errichtet, um dem Gebäude Grandeur und Wirkung zu verleihen. Aus der Entfernung sehen sie wie Türmchen aus. Die ganze mächtige Fassade mit Einschluß der Mauerkronen ist mit einer außerordentlich verschlungenen und elaborierten Ornamentik überzogen, darunter auch umrißhaft ausgeführte Menschenfiguren, von denen zwei Musikinstrumente spielen, das eine einer Harfe nicht unähnlich, das andere von der Art einer Gitarre. Außerdem erkennt man noch eine dritte Figur in sitzender Stellung und mit vorn über der Brust gekreuzten Händen; sie sind mit Stricken gebunden, deren Enden über die Schulter reichen. Von den übrigen Ornamenten tritt keines so klar und deutlich hervor wie die Schlange, und das Ganze, überladen mit Zierat wie es ist, gibt eher eine Vorstellung von ausladender Größe und Pracht als von Geschmack und Verfeinerung.

Seltsam an diesem Gebäude erscheint übrigens, daß es über ein kleineres älteren Datums erbaut ist und dieses vollkommen einschließt. Die Türen, Mauern und hölzernen Schwellen des älteren Baues sind alle sichtbar, und wo das äußere Gebäude eingefallen ist, gibt es den Blick auf das verzierte Karnies des inneren frei.

Von der Plattform vor dem Gebäude aus bietet sich zum Hof hin eine großartige Aussicht. Sie umfaßt alle Hauptgebäude, die sich über die Ebene erheben, lediglich das Haus des Zwerges ausgenommen. Abbildung 83 gibt diese Ansicht wieder. Im Vordergrund sieht man die innere Fassade des vorderen Monja-Gebäudes. Links im Hintergrund erscheint die ›Casa de la Vieja‹, das Haus des alten Weibes, und sich großartig über die Front der Monjas erhebend, sind das Haus der Schildkröten, die Casa del Gobernador und die Casa de Palomas, das Haus der Tauben, zu sehen.

83 *Blick über das Ruinenfeld von Uxmal*

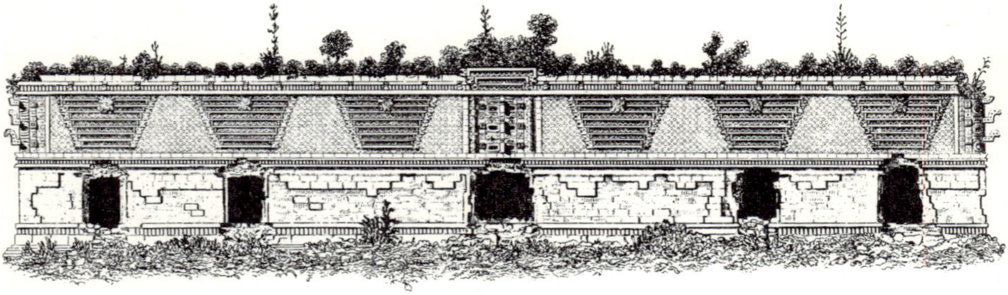

84 Hofseite mit strenger Ornamentik

Abbildung 84 stellt die letzte der vier Hofseiten dar, die zu dem Trakt an der rechten Seite des Eingangs gehört. Diese Seite ist die am besten erhaltene, und fehlten nicht die hölzernen Schwellen sowie einige Steine, welche aus der Fassade über dem Karnies herausgeklaubt worden sind, so wäre sie in der Tat unversehrt und vollkommen. Sie ist dazu auch noch die strengste und einfachste in Anlage und Ausschmückung, und es war allemal erquickend, sich von den prachtvollen und aufwendig gearbeiteten Steinmassen der übrigen Hoffassaden dieser merkwürdigen und wohlgefälligen Komposition zuzuwenden.

Die Ornamentik über der Mitteltür ist besonders bedeutsam; am kunstvollsten und am sorgfältigsten gearbeitet, ist sie in jenem auffälligen und charakteristischen Stil gehalten, welcher die höchsten Anstrengungen dieser alten Baumeister bezeichnet. Der Zierat über den anderen Türen ist weniger auffallend, einfacher und gefälliger; seinen Mittelpunkt bildet jedesmal ein Maskengesicht mit üppigem Kopfputz und heraushängender Zunge. Zwischen den horizontalen Querleisten zieht sich eine Reihe von rautenförmigen Verzierungen hin, die noch deutlich sichtbar Überreste von roter Farbe aufweisen. Am Ende jedes dieser Rautenbänder sieht man einen Schlangenkopf mit weit geöffnetem Rachen.

Abbildung 85 stellt die südöstliche Ecke dieses Gebäudes dar. Auf jeder Seite fällt der Blick auf eine gefällige Folge von Feldern mit glatten Steinen und solchen mit rautenförmig gegitterten Verzierungen, und es würde in der Tat schwer fallen, die zum Hof gekehrten vier Fassaden so zu verschönern, daß sie mehr Abwechslung und zu gleicher Zeit mehr Harmonie der Ornamentik böten als im Haus der Nonnen. Alle diese Fassaden waren einst bemalt; die Farbspuren sind noch sichtbar, und der Leser kann sich denken, was für eine Wirkung die vollständig erhaltene Anlage gehabt haben muß, als dort, ihrem vermutlichen Zwecke gemäß, edle Mayajungfrauen, wie die Vestalinnen der Römer, in den jetzt verödeten Eingängen standen, um das in den Tempeln brennende heilige Feuer zu warten und zu hüten.

Von einer Beschreibung der in diesen Hof einmündenden Gemächer, insgesamt achtundachtzig an der Zahl, sehe ich ab. Wir fertigten zwar von allen Pläne an,

85 *Südöstliche Ecke des Gebäudes*

86 *Inneres Gemach der Casa de las Monjas*

doch sind sie sich, von den Größenverhältnissen abgesehen, in ihrem Aufbau vollkommen gleich. In der zuletzt beschriebenen Gebäudezeile befindet sich jedoch eine Folge von Zimmern ganz eigener Art. Der Eingang zu dieser Gruppe von Gemächern führt durch das Mittel- und Haupttor. Abbildung 86 stellt das Innere dar; es besteht aus zwei parallelen Zimmern, jedes dreiunddreißig Fuß lang und dreizehn Fuß breit. An den beiden Enden der zwei Zimmer öffnet sich jeweils eine Verbindungstür zu insgesamt vier neunzehn Fuß langen und dreizehn Fuß breiten Kammern; die Eingänge aller dieser Räume haben skulptierte Verzierungen, die einzigen übrigens, welche sich im Inneren der Gebäude von Uxmal finden. Die gesamte Raumgruppe besteht also aus sechs Zimmern von so sinnreicher Anordnung, daß sie dem, was wir zivilisiertes Leben nennen, in auffälliger Weise entspricht. Da die Gemächer auf jenen prächtigen Hof hinausgehen, würden sie in der trockenen Jahreszeit, das heißt ohne Feuchtigkeit und das üppige Wuchern der Vegetation, bei weitem den bequemsten Aufenthalt für jeden künftigen Forscher in den Ruinen von Uxmal abgeben; und immer, wenn ich ihrer ansichtig wurde, bedauerte ich, daß wir uns der Vorteile nicht bedienen konnten, die sie boten.

Mit diesen wenigen Worten nehme ich von der Casa de las Monjas Abschied und will nur noch auf ein in der Mitte des Hofes gelegenes Bruchstück eines großen Steins aufmerksam machen, der dem *Picote* auf der Terrasse der Casa del Gobernador ähnelt. Außerdem habe ich, durch Waldecks Nachricht veranlaßt, der ganze Hof sei einst mit skulptierten Schildkröten gepflastert gewesen, einen vollen Morgen lang den gesamten Grund dort umgraben lassen, aber nichts derartiges gefunden. Unter einer dünnen Erdschicht kamen lediglich rohe Steine zum Vorschein, die ohne Zweifel einst als Unterlage für einen Mörtelfußboden gedient haben. Dieser ist aber, über die Jahrhunderte den regnerischen Jahreszeiten ausgesetzt, nun völlig zerfallen.

Hinter der letzterwähnten Hofzeile des Nonnenhauses befindet sich eine andere, oder befinden sich vielmehr mehrere Gebäudereihen. Ohne erkennbare Regel angeordnet und auf niedrigerem Bodenniveau als die Monjas gelegen, sind diese Bauten heute stark zerstört. Dem ersten gaben wir den Namen ›Das Haus der Vögel‹, da er außen mit grob skulptierten Darstellungen von Federn und Vögeln verziert ist. Abbildung 87 zeigt einen Teil dieser Verzierungen. Die übrigen Bauten bestehen aus einigen sehr großen Gemächern, unter denen sich zwei befinden, die jeweils dreiundfünfzig Fuß lang, vierzehn Fuß breit und etwa zwanzig Fuß hoch und damit die größten oder wenigstens die längsten in Uxmal sind. In dem einen fanden wir guterhaltene Überreste von Malereien und in dem anderen einen Bogen. Dieser Bogen nähert sich dem architektonischen Prinzip des Schlußsteins mehr als irgendeiner sonst, den wir bei all unseren Ruinenforschungen gefunden hatten, und ist den frühesten Bögen – wenn man sie so nennen kann – der Etrusker und Griechen sehr ähnlich.

Von diesen Gebäudezeilen begeben wir uns zum Hause des Zwerges; es ist auch unter dem Namen ›Casa del Adivino‹ (Haus des Wahrsagers) bekannt, weil es die

87 Das Haus der Vögel

ganze Stadt überblickt und so seinem Bewohner die Kenntnis aller Vorgänge um ihn her ermöglicht. Der Hof dieses Gebäudes mißt einhundertundfünfunddreißig Fuß in der Länge und fünfundachtzig Fuß in der Breite. Es umschließen ihn Hügelreihen aus Ruinen, welche fünfundzwanzig bis dreißig Fuß stark und jetzt von üppigem Pflanzenwuchs bedeckt sind, einst aber vielleicht Gebäudezeilen bildeten. Im Mittelpunkt liegt wie in anderen Höfen jener große kreisrunde Stein, den die Indianer *Picote* nennen.

Abbildung 88 stellt die Westfront dieses Gebäudes dar, mitsamt dem Ruinenhügel, auf dem es steht; die Basis ist so zerstört und von herabgefallenen Steinen so sehr überlagert, daß eine genaue Angabe über die Größenverhältnisse schwerfällt. Nach unseren Messungen aber hat sie eine Länge von zweihundertundfünfunddreißig und eine Breite von hundertundfünfundfünfzig Fuß; die Höhe beträgt achtundzwanzig Fuß, bis zur Spitze des Gebäudes sogar einhundertundfünf Fuß. Obgleich der Bau sich nach oben hin verjüngt, sind seine Umrisse doch nicht genau pyramidal; seine Enden sind abgerundet. Er ist mit Steinen verkleidet und anscheinend von der Basis an massiv aufgemauert.

Ein großer Teil der dargestellten Front ist herabgestürzt und liegt jetzt unter den Gesteinsmassen am Fuße des Hügels. Längs der Basis oder, genauer gesagt, etwa zwanzig Fuß den Hügel hinauf, an einer Stelle, zu der man einst wahrscheinlich über eine jetzt zerstörte Treppe gelangte, findet sich eine Reihe von merkwürdigen Gemächern, die beinahe ganz mit Schutt gefüllt sind, über deren Türen man aber die Sapota-Balken noch an ihrem alten Platz sieht.

In sechzig Fuß Höhe trägt eine massive, vorspringende Plattform ein Gebäude. Seine überreichen Verzierungen sind sorgfältiger ausgeführt als bei irgendeinem anderen Gebäude in Uxmal. Eine große Tür öffnet sich zur Plattform hin. Die Sapota-Balken liegen noch an ihrer Stelle, und das Innere des Bauwerks ist in zwei Gemächer geteilt, von denen das äußere fünfzehn Fuß in der Breite, sieben Fuß in der Tiefe und neunzehn Fuß in der Höhe, das innere zwölf Fuß in der Breite, vier Fuß in der Tiefe und sieben Fuß in der Höhe mißt. Beide Gemächer sind völlig schmucklos und stehen mit der Architektur des übrigen Ruinenhügels in keiner weiteren Verbindung.

Die Stufen oder anderen Verbindungswege zu diesem Gebäude sind sämtlich verlorengegangen, und zur Zeit unseres ersten Besuches wußten wir nicht, wie man einst dorthin gelangt war, doch bestärkten spätere Untersuchungen uns in dem Glauben, daß im Unterschied zu allen Bauplänen, die wir bisher kennengelernt hatten, einst eine großartige, durch einen dreieckigen Bogen gestützte Treppe vom Boden unten bis zur Tür des Gebäudes führte, eine Treppe, sage ich, welche, wenn sie noch vorhanden wäre, diesem mächtigen Hügel ein außerordentliches Aussehen geben müßte.

88 Das Haus des Zwerges (Westseite)

89 *Das Haus des Zwerges (Nordostseite)*

Den Hügel krönt ein langes, schmales Gebäude. Es mißt zweiundsiebzig Fuß in der Front und ist nur zwölf Fuß tief. Die schwer zerstörte Vorderwand bietet noch in ihrem Verfalle die feingliedrigste und geschmackvollste Anordnung von Ornamenten dar, die man in Uxmal finden kann; nur durch eine sehr große Abbildung ließe sich eine Vorstellung von ihrer Pracht vermitteln. Die Sinnbilder des Lebens und Todes erscheinen an der Wand dicht nebeneinander und bestätigen den Glauben an das Vorhandensein jenes Kultes, dem die alten Ägypter und alle anderen morgenländischen Nationen anhingen und der schon früher als der in Uxmal vorherrschende bezeichnet ward.

Das Innere dieses Gebäudes ist in drei Gemächer abgeteilt, von denen das mittlere vierundzwanzig Fuß lang und sieben Fuß breit ist, während die an den Seiten jeweils neunzehn Fuß in der Länge und sieben Fuß in der Breite messen. Sie stehen in keiner Verbindung miteinander; bei zweien öffnen sich die Türen nach Osten und bei einem nach Westen hin.

Eine schmale Plattform, nur fünf Fuß breit, umsäumt das Gebäude. Ihr nördliches Ende und ein Teil der östlichen Front sind verfallen, und zu dieser halbzerstörten Front steigt eine stattliche, einhundertundzwei Fuß hohe und siebzig Fuß breite Treppe von neunzig Stufen empor. Abbildung 89 stellt diese Seite dar. Die Stufen sind sehr schmal, die Treppe ist steil, und nachdem wir die Bäume an der Pyramidenflanke gerodet hatten, es mithin keine Zweige mehr gab, uns beim Klettern abzusichern, wurden Auf- und Abstieg beschwerlich und gefährlich. Der Geschichtsschreiber Padre Cogolludo sagt, er habe diese Stufen einmal erstiegen und dies bereut, als er sie wieder hinabzuklimmen versuchte. Er fügt hinzu, daß in den Zimmern des Gebäudes, welche er »kleine Kapellen« nennt, »die Götzen« standen und daß Männer, Frauen und Kinder dort geopfert wurden. Ohne Zweifel war dieses hochliegende Gebäude ein großer Teocalis, »El grande de los Kus«, der »große Tempel der Götzen«, die vom Volke in Uxmal verehrt wurden. Er war geweiht durch ihre geheimnisvollsten Riten, der heiligste ihrer heiligen Orte. »Der Hohepriester hatte ein großes, breites und scharfes Messer, aus Feuerstein gefertigt, in der Hand. Ein anderer Priester trug ein hölzernes Halsband, das wie eine Schlange gewunden war. Die zu opfernden Personen wurden einzeln die Treppe hinaufgeführt, ganz nackend, und sobald sie auf den Stein gelegt waren, ward ihnen das Halsband um den Hals gelegt, und vier Priester hielten Hände und Füße. Dann schnitt der Hohepriester mit wunderbarer Behendigkeit die Brust auf, riß das noch dampfende Herz mit den Händen heraus und hielt es nach der Sonne hin, ihr das Herz und den Dampf des Blutes opfernd. Dann wendete er sich dem Götzenbilde zu und schleuderte ihm das Herz hin, worauf er den Leichnam die Stufen hinabwarf, wo dieser, ohne liegenzubleiben, bis auf den Boden hinabrollte, weil sie *sehr steil* waren.« Und weiter: »Einer, welcher Priester gewesen, aber bekehrt worden war, sagte, das Herz schlüge, wenn sie es dem unglücklichen Opfermenschen herausrissen, so stark, daß es noch drei bis vier Mal am Boden zuckt, ehe es nach und nach abkühlt. Dann würde der sich noch bewegende Körper die Stufen hinuntergeworfen.« In dem ganzen langen Verzeichnis von abergläubischen Gebräuchen, die die Menschheitsgeschichte verdunkeln, kann ich mir kein fürchterlicher verstörendes Bild denken, als das des indianischen Priesters in seinem weißen Anzug, das lange Haar mit geronnenem Blut besudelt, wie er seine mörderischen Opfer auf dieser erhabenen Höhe darbringt, dem Volke über die ganze Ausdehnung der Stadt hin sichtbar.

Vom Gipfel dieses Hügels erblicken wir über die Casa del Gobernador hinweg jenes großartige Gebäude, das im Generalplan (vgl. Abb. 74) als Casa de Palomas, Haus der Tauben, bezeichnet ist. Seine Vorderseite ist in Abbildung 90 wiedergegeben. Zweihundertundvierzig Fuß lang, mit schwer zerstörter Frontseite und verschütteten Gemächern, besitzt es eine Reihe von Aufbauten pyramidaler Form, die über die ganze Länge des Dachscheitels hinlaufen. Sie gleichen den Vorderseiten einiger alter holländischer Häuser, sind aber grandioser und massiver. Diese insgesamt neun steinernen, etwa drei Fuß starken Aufbauten werden von kleinen, länglichen Scharten durchbrochen; daher die Ähnlichkeit des Gebäudes mit Taubenhäusern, von denen sich der Name entlehnt. Alle Fassaden waren einst mit Stuckfiguren und -verzierungen bedeckt, welche sich auch teilweise noch erhalten haben. Die gegebene Ansicht zeigt nur das Profil, weil die vollständige Front in dem gewählten Maßstabe nicht dargestellt werden konnte.

In der Mitte des Gebäudes führt ein zehn Fuß breiter überwölbter Durchgang in einen Hof, der hundertundachtzig Fuß lang und hundertundfünfzig Fuß breit ist, und in der Mitte dieses Hofes wiederum liegt umgestürzt der schon so oft erwähnte große Stein, der *Picote.* Zur Rechten sieht man eine Reihe zerstörter Gebäude, links eine ähnliche Reihe, und dahinter steigt ein hoher, namenloser Ruinenhügel empor. Davor, am Südende des Hofes, zieht sich eine weitere Reihe von zerstörten Gebäuden hin, wieder mit einem gewölbten Durchgang in der Mitte. Den Hof überquerend und diesen Torweg passierend, steigt man eine jetzt zerstörte Treppe hinauf und erreicht einen neuen Hof, hundert Fuß lang und fünfundachtzig Fuß tief; auch auf jeder Seite dieses Hofes findet sich eine zerstörte Gebäudezeile und am anderen Ende ein großer Teocalis, zweihundert Fuß lang, hundertundzwanzig Fuß breit und etwa fünfzig Fuß hoch. Eine breite Treppe führt zur Spitze, auf der ein langgestrecktes, schmales, hundert Fuß langes und zwanzig Fuß breites Gebäude steht, unterteilt in drei Gemächer.

Es ging eine traurige Anziehungskraft von diesem Ruinenhügel aus. Als wir durch den großen überwölbten Durchgang schritten, zwei stattliche Höfe mit zerstörten Gebäuden an den Seiten überquerten und die große, zur Spitze des Bauwerks führende Treppe emporstiegen, erhielten wir einen stärkeren Eindruck von der erloschenen Größe dieser verödeten Stadt als durch irgend etwas sonst. Es bot eine Aussicht über alle anderen Gebäude und stand in einsamer Höhe für sich da, kaum je durch menschliche Schritte gestört; beim Aufstieg stöberte Herr Catherwood einmal ein Reh auf und bei einer anderen Gelegenheit ein wildes Schwein.

90 *Das Haus der Tauben*

An der nordöstlichen Ecke dieses Gebäudes fällt der Blick auf ein riesiges Ruinenfeld mit hohen, zerstörten Terrassen; sie liegen einander gegenüber, sind an der Basis beinahe achthundert Fuß lang und werden ›Campo Santo‹ genannt. Auf einer dieser Terrassen erhebt sich ein zweistöckiges Gebäude mit Skulpturüberresten, und ein tiefes und überwachsenes Tal am Fuße soll, wie die Indianer sagen, der Begräbnisplatz dieser alten Stadt gewesen sein; obgleich wir aber selbst danach suchten und den Indianern für die Entdeckung des Friedhofs eine Belohnung boten, fanden wir doch kein einziges Grab dort.

Außer diesen Gebäuden gibt es noch die Casa de la Vieja, das Haus der alten Frau, wie so vieles in diesen alten Städten in Ruinen liegend; einmal, als ein sehr starker Wind ging, sah ich die Überreste der Vordermauern sich vor seiner Gewalt beugen. Die Casa liegt vier- bis fünfhundert Fuß von der Casa del Gobernador entfernt und hat ihren Namen vom Gegenstand – einer alten Frau – der verstümmelten Bildsäule, die davor liegt.

Dicht daneben sahen wir weitere Monumente auf dem Boden liegen, überwachsen und halb verschüttet; sie waren uns von den Indianern schon bei unserem ersten Besuche gezeigt worden. Weiter nördlich stößt man auf einen runden Ruinenhügel, wahrscheinlich von einem kreisförmigen Gebäude herrührend, ähnlich dem zu Mayapan. Eine Mauer, von der es hieß, sie umgebe die ganze Stadt, ist auf dem Plane, soweit sie aufgefunden werden konnte, mit eingezeichnet (vgl. Abb. 74). Auch darüber hinaus ist das Land über weite Strecken hin mit Ruinen übersät. Mit dieser kurzen Beschreibung schließe ich aber; ich könnte sie noch weiter ausdehnen, habe sie jedoch auf den kleinstmöglichen Raum zusammengedrängt. Wir fertigten Pläne von jedem Gebäude und Zeichnungen von jedem skulptierten Stein an. Uxmal allein könnte Material zu voluminöseren als den vorliegenden Bänden liefern; ich habe aber so viele und so gewaltige Überreste darzubieten, daß ich möglichst vermeiden muß, auf das einzelne einzugehen. Indessen hoffe ich, dem Leser wird das bisher Vorgeführte eine deutliche Vorstellung von Uxmals Ruinen geben. Vielleicht wird er sich gleich uns vergegenwärtigen, welches Bild sich geboten haben muß, als alle Gebäude noch vollständig erhalten waren, bewohnt von einem Volke mit seltsamen Trachten, so phantastisch wie die Verzierungen an seinen Gebäuden, dem gewiß auch all jene geringeren Künste zu Gebote standen, welche sich mit Baukunst und Bildhauerei zugleich entwickeln; nur der unvergängliche Stein hat sie überdauert.

Ruinenstädte bei Uxmal:

Nohpat, Kabah, Sayil, Labna, Kiuik

Anreise

Nach sechswöchiger Arbeit am 1. Januar 1842 Abschluß der Ruinenforschungen in Uxmal. Während dieser Zeit hat Stephens einige Orte der Umgebung (Ruinen von Maxcanú, Jalacho) besucht und ist nach schweren Fieberanfällen vom Pfarrer des Dorfes Ticul auf halbem Weg zwischen Uxmal und Mayapán in das dortige Kloster aufgenommen und gepflegt worden. Da auch Dr. Cabot an Malariaanfällen leidet, muß Catherwood einen großen Teil der Zeit allein in den Ruinen von Uxmal verbringen. Am Neujahrstag 1842 Aufbruch zu bisher völlig unbekannten Ruinenstätten im näheren Umkreis.

Am nächsten Tage brachen wir zu einer anderen Ruinenstadt auf, die am Wege nach Uxmal lag und unter dem Namen Nohpat bekannt war. Nach einstündigem Ritte bogen wir von der Hauptstraße links ab, und einem schmalen Milpapfade folgend, erreichten wir in fünfzehn Minuten das Ruinengefilde. Ein Ruinenhügel, auf dem sich oben ein zerstörtes Gebäude befand, ragte hoch über die übrigen Trümmer empor und ist in Abbildung 91 dargestellt. Am Fuße dieses Hügels stiegen wir ab und ban-

91 Ruinenhügel mit zerstörtem Gebäude bei Nohpat

den unsere Pferde fest. Er war in der Schräge hundertundfünfzig Fuß hoch, während die Basis etwa zweihundertundfünfzig Fuß in der Länge maß. Die Hügelspitze mit dem Gebäude darauf war aufgerissen und förmlich zweigeteilt; während auf der einen Seite noch ein Rest des Gebäudes aufrechtstand, wirkte der andere Teil, als sei ein Erdrutsch abgegangen. Cocome, unser Führer, sagte uns, daß der Hügel erst durch die Wasserfluten der letzten Winterregenzeit so zerfallen sei. Wir stiegen auf der Seite des Bergsturzes in die Höhe und entdeckten, als wir vom Gipfel auf der Südseite wieder herabstiegen, eine riesige Treppe, zwar überwachsen, die großen Steinstufen aber noch an ihrem Orte und beinahe unversehrt. Das zerstörte Gebäude oben bestand aus einem einzelnen Korridor, der nur drei Fuß fünf Zoll breit war; zu unseren Füßen lagen die Ruinen von Nohpat und eine große öde Ebene mit überwachsenen Hügeln, von denen wir Lage und Namen verzeichneten, soweit sie den Indianern bekannt waren. Im Nordwesten konnten wir die Ruinen von Uxmal erkennen, die durch die Grandeur der Gebäude und deren Höhe über der Ebene ins Auge fielen und wie Bauten einer lebenden Stadt wirkten, da aus dieser Entfernung keinerlei Spuren von Verfall zu erkennen waren. Vor uns lag die große Casa del Gobernador, scheinbar so nahe, daß wir vermeinten, in ihre offenen Türen hineinsehen und einen sich auf der Terrasse bewegenden Menschen erkennen zu können; und doch hatten wir während der ersten vierzehn Tage unseres Aufenthaltes zu Uxmal nichts vom Vorhandensein dieser Stätte gewußt, da sie von Uxmal aus, baumbestanden und überwachsen wie sie ist, dem Blicke verborgen blieb.

Hügelabwärts und an der Treppe vorbei gelangten wir auf eine erhöhte Plattform, in deren Mittelpunkt sich ein riesiger runder Stein befand, ähnlich denen, welche in den Höfen von Uxmal *Picote* genannt werden. An der Basis der Stufen entdeckten wir einen großen flachen Stein, auf dem jene menschliche Kolossalfigur ausgehauen war, die Abbildung 92 zeigt. Der Stein mißt elf Fuß vier Zoll in der Länge und drei

92 Kolossalfigur

Fuß zehn Zoll in der Breite und liegt, in der Mitte entzweigebrochen, auf dem Rücken. Wahrscheinlich stand er einst am Fuße der Stufen; später umgestürzt und dann geborsten, liegt er aber wohl seit Jahrhunderten mit der Vorderseite dem Himmel zugewandt und den Fluten der Regenzeit ausgesetzt. Die Skulptur ist roh und verwittert, und es fiel schwer, die Linienführung zu bestimmen. Die Indianer meinten, dies sei die Figur eines Königs der *Antiguos,* und ohne Zweifel hatten wir es mit dem Bild eines hochgestellten Herrn oder eines Kaziken zu tun.

Südöstlich des Hofes erstreckte sich in nur geringer Entfernung eine weitere Plattform oder Terrasse, etwa zwanzig Fuß hoch und zweihundert Fuß im Geviert messend, wobei an zwei Seiten Gebäudefluchten rechtwinklig zueinander standen. Eins dieser Gebäude besaß zwei Stockwerke und bildete, weil Bäume auf den Mauern und auf dem Gipfel wuchsen, die malerischste Ruine, die wir bisher im Lande gesehen hatten. Als wir herangekommen waren, kletterte Dr. Cabot, der einen Vogel verfolgte, einen Baum an der Ecke des Baus hinauf, um auf das Dach zu gelangen, und indem er dies tat, schreckte er eine riesige Echse auf, welche unter den Bäumen und längs des Karnieses dahinschnellte, bis sie sich in einer großen Spalte der Vorderseite vergrub.

Über dieser Plattform lag noch eine weitere Terrasse, auf der sich zerstörte, mit Bäumen überwachsene Gebäude fanden. Herr Catherwood ward, nur um der malerischen Wirkung willen, verleitet, eine Skizze von ihnen anzufertigen, und während wir an Ort und Stelle warteten, erschienen sie uns als die bewegendsten und interessantesten, die wir je gesehen hatten; da sie aber zum Verständnis der Baukunst dieses unbekannten Volkes nichts beitragen, verzichten wir darauf, sie hier abzubilden.

Wir ließen nun diesen Teil der Stätte hinter uns, passierten viele zerstörte Gebäude und Ruinenhügel und kamen schließlich nach sechs- oder siebenhundert Fuß auf einem offenen Platz heraus, dem merkwürdigsten und interessantesten Teile dieses Ruinenfeldes. Drei Hügel erheben sich in der Nähe, und zöge man Linien von einem zum anderen, würden diese einen rechten Winkel bilden; auf dem offenen Platze lagen verstreut einige skulptierte Monumente, umgestürzt und teilweise halb verschüttet. Seltsame Köpfe und Leiber waren darunter, so sehr zertrümmert, daß wir anfangs nicht entdeckten, in welcher Weise die Teile zusammengehörten. Bei sorgfältigerer Untersuchung aber fanden wir zwei Bruchstücke, welche nach der Form der zerbrochenen Oberfläche Teile eines einzigen Blockes zu sein schienen, wobei der eine Teil einen ungeheuren Kopf und der andere einen noch ungeheureren Leib darstellte. Der letztere ward in seiner richtigen Lage aufgestellt, und mittels Stangen und Stricken, welche die Indianer von ihren Sandalen nahmen, hievten wir schließlich auch den anderen Teil mit einiger Schwierigkeit auf den bereits aufgerichteten Torso, so wie er einstmals dort gestanden hatte. Abbildung 93 stellt dieses Monument dar: einen massiven Steinblock, vier Fuß drei Zoll hoch und einen Fuß

93 Steinfigur

sechs Zoll dick, mit einer eingemeißelten menschlichen Figur in kauernder Stellung, deren Gesicht einen scheußlichen Ausdruck hat und über die Schulter beinahe nach hinten gewendet ist. Im Kopfputz erkennt man das Haupt eines wilden Tieres; Ohren, Augen, Zähne und Kiefer sind deutlich zu unterscheiden. Die Skulptur ist grob ausgeführt und in ihrer ganzen Erscheinung plump und häßlich. Wahrscheinlich handelt es sich um eines der Götzenbilder, welche das Volk dieser alten Stadt verehrte.

Es gab noch andere Steinbilder von gleichem allgemeinen Charakter, bei denen aber die Umrißzeichnung verwischter und verwitterter war; daneben fanden wir Denkmäler anderer Art, halb begraben und ohne erkennbare Ordnung verstreut, die aber offenbar zueinander gehörten; nach genauerer Prüfung entdeckten wir die Anordnung, in der sie untereinander gestanden hatten, oder das, was wir dafür hielten, und setzten die Stücke unseren Schlußfolgerungen gemäß zusammen. Abbildung 94 stellt diese Steine dar. Sie wechseln in der Länge von einem Fuß vier Zoll zu einem Fuß zehn Zoll.

94 Totenkopfsteine

Jeder Stein ist zwei Fuß drei Zoll hoch, der dargestellte Gegenstand ist ein Totenkopf mit gekreuzten Knochen; die Skulptur ist in Basrelief ausgeführt und die Bildhauerarbeit deutlich und klar umrissen. Wahrscheinlich war dies der heilige Ort der Stadt, wo die Götzen oder Gottheiten, mit den Sinnbildern des Todes um sie herum, dem Volke dargestellt wurden.

Die Ruinen liegen auf den Gemeindeländereien des Dorfes Nohcacab – dies jedenfalls sagen die Alkalden des Ortes. Don Simon Peon macht dagegen geltend, daß sie innerhalb der alten Grenzen der Hazienda von Uxmal liegen, doch lohnt eine Klärung der Streitfrage nicht einmal die Kosten der Untersuchung. Der Name Nohpat für das Gelände ist aus zwei Mayaworten zusammengesetzt, welche einen großen Herrn oder Señor bezeichnen, dies aber ist auch schon alles, was ich an Aufschlüssen über diese alte Stadt gewinnen konnte; wären wir auf unserer ersten Reise auf sie gestoßen, so würden wir uns dort niedergelassen und sie gründlich untersucht haben, denn die Ruinenhügel und Gebäudespuren waren vielleicht ebenso zahlreich wie in Uxmal, freilich sämtlich zerstört.

Der Tag war wie die schönsten Oktobertage in der Heimat, und die Sonnenhitze wurde durch einen frischen Wind gemildert. Das Land lag frei vor uns, denn es war nur dünn mit Bäumen bestanden, gerade genug, um die Landschaft zu beleben und den Ruinen malerische Schönheit zu verleihen. Es war von zahlreichen Pfaden durchschnitten und mit Gras bedeckt, wie ein schönes Stück Hochland in der Heimat, und zum ersten und einzigen Male genossen wir in diesem Lande das Vergnügen, eine einfache Tour über die Felder zu machen. Bernaldo kam genau in dem Augenblicke mit einem beladenen Indianer aus dem Dorfe zurück, als wir ein Mittagsmahl nötig hatten, und so war dies einer der angenehmsten und befriedigendsten Tage, den wir in den Ruinen der *Antiguos* zubrachten.

Am nächsten Tage, dem achten Januar, reisten wir nach den Ruinen von Kabah ab. Auf dem *Camino Real* ging es nach Süden in Richtung Bolonchen. Die Wegstrecke hinunter vom felsigen Tafellande war auf dieser Seite rauh, zerrissen und steil. Wir kamen durch eine lange Straße, an jeder Seite mit Stroh gedeckte Hütten, die ausschließlich Indianern gehörten. Einige Behausungen hatten ein malerisches Aussehen, und Abbildung 95 stellt eine Gruppe solcher Indianerhütten dar. Am Ende dieser Straße, aber auch an den Enden der drei anderen Hauptstraßen, welche in den vier Himmelsrichtungen verliefen, standen jeweils eine kleine Kapelle und ein Altar,

95 *Indianerdorf*

wo die Bewohner des Dorfes, wenn sie es verließen, beten oder aber für ihre glückliche Rückkehr danken konnten. Danach wurde der Weg zunächst steinig, an beiden Seiten von strauchähnlichen Bäumen und Gebüschen eingefaßt; später kamen wir durch offenes Land, welches mit großen Waldbäumen gleichsam geschmückt war. Nach zweistündigem Ritte wendeten wir uns dann bei einem Milpapfade nach links und befanden uns sehr bald zwischen Bäumen, Gebüschen und unter einem dichten Laubdache, was wir nach dem schönen freien Felde von Nohpat geradezu als einen Schicksalsschlag betrachteten. Einmal fiel unser Blick durch eine Lichtung zwischen den Bäumen auf einen hohen Ruinenhügel, der bewachsen war und auf seinem Gipfelplateau die Ruinen eines Gebäudes trug, das dem Haus des Zwerges ähnelte, sich hoch über alles im Umkreis emportürmte und den Platz einer weiteren verlassenen und vergessenen Stadt ankündigte. Unsere Reise fortsetzend, erhaschten wir dann durch weitere Lichtungen im Walde einen Blick auf ein großes steinernes Gebäude, dessen Vorderseite anscheinend unversehrt war. Wir hatten kaum unserer Bewunderung Ausdruck gegeben, da sahen wir auch schon ein weiteres und nach wenigen Pferdelängen ein drittes. Drei große Gebäude, die Vorderseiten mit Fassaden geschmückt, welche aus der Ferne und bei dem mangelhaften Blicke, den wir auf sie hatten, keine Unvollkommenheit zeigten und unversehrt zu sein schienen. Wir waren völlig überrascht. Unser Erstaunen und unsere Bewunderung wurden wieder wach; und wir waren beinahe so erregt, als ob dies unsere allererste Ruinenstadt wäre.

Unsere Führer hieben einen Pfad für uns durch das Waldesdickicht, und mit großen Schwierigkeiten arbeiteten wir uns vorwärts, bis wir am Fuße einer überwachsenen Terrasse vorn vor dem am nächsten liegenden Gebäude herauskamen. Hier hielten wir an: Die Indianer machten einen Platz für unsere Pferde frei, wir banden sie fest und kamen, eine eingefallene Mauer der Terrasse erkletternd, aus welcher große Bäume hervorwuchsen, auf die Plattform; vor uns lag ein Gebäude mit vollständig erhaltenen Mauern, nur die Vorderseite stärker verfallen, wobei ihre Überreste aber zeigten, daß sie einst reicher verziert gewesen war als irgendein Bau in Uxmal. Wir gingen quer über die Terrasse, klommen die Stufen hinauf und wanderten durch die offenen Türen in die verschiedenen Gemächer. Dann stiegen wir die hintere Treppe hinab und auf einen hohen Hügel, dessen große steinerne Treppe von allem, was wir bis jetzt gesehen hatten, verschieden war. Tastend suchten wir uns einen Weg durch die Bäume, kamen zum zweiten und schließlich zum dritten Gebäude, das eine fast unversehrte Fassade darbot, vor der und auf der Bäume wuchsen, gleichsam als ob Natur und Ruine sich vereint hätten, ihre malerischste Wirkung hervorzubringen. Unterwegs sahen wir da und dort noch weitere Bauten, durch dichtes Unterholz von uns getrennt; und nach einer anstrengenden, aber höchst interessanten Morgenarbeit kehrten wir zum ersten Gebäude zurück.

Seit wir zum ersten Male auf der Suche nach Ruinen auf die Reise gegangen waren, hatte uns nichts so sehr in Erstaunen gesetzt. Während unseres ganzen Aufenthaltes in Uxmal und bis zur näheren Bekanntschaft mit dem Cura Carillo hatte ich nicht einmal von der Existenz dieses Ortes gewußt. Er war absolut unbekannt; und die Indianer, welche uns zu diesen Gebäuden gebracht hatten, schienen von all den anderen in der Nähe ebenso wenig zu wissen wie wir. Tatsächlich wollten sie uns glauben machen, daß es nur diese gäbe, doch waren wir überzeugt, daß in den Wäldern noch manche andere Ruine begraben liege; und angezogen von der Mannigfaltigkeit und Originalität dessen, was wir sahen, beschlossen wir, nicht zu weichen, bevor wir sie nicht alle entdeckt hätten. Seit wir in Nohcacab unsere Sucharbeit begannen, hatten wir jeden Tag eine Stadt ›aufgetan‹, doch blieb noch mehr als genug Arbeit zu leisten, wie wir sogleich sahen – Arbeit, die von vielen Schwierigkeiten begleitet sein würde.

Kein Rancho und keine Unterkunft gleich welcher Art lag näher an den Ruinen als das Dorf. Immerhin boten die verlassenen Gebäude selbst einen guten Schutz; nach einigen nötigen Aufräumungsarbeiten konnten sie wohl leidlich bequem hergerichtet werden, und in vieler Hinsicht schien es ratsam, in den Ruinen Quartier zu nehmen. Doch war eine solche Einquartierung nicht ohne ihre Gefahren. Die *El Norte*-Jahreszeit schien gar kein Ende nehmen zu wollen, alle Tage regnete es; das Laub war so dicht, daß die heiße Sonne den feuchten Grund nicht austrocknen konnte, bevor neuer Regen fiel, und das ganze Land war in einen feuchten und ungesunden Dunst gehüllt. Überdies hatte man im Dorf, zu unserem Unglück, eine überreiche Ernte eingebracht, die Indianer hatten mehr als genug zu essen und ließen die Arbeit Arbeit sein. Wir hatten schon Schwierigkeiten gehabt, sie in Lohn zu nehmen, nun erforderte es beständiges Drängen und unsere immerwährende Gegenwart, um sie von Tag zu Tag zu behalten. Sie dazu zu bringen, daß sie bei uns blieben, daran war nicht zu denken. Daher beschlossen wir, im *Convento,* im Kloster, oben auf dem Tafelland zu wohnen und jeden Tag von neuem die Ruinen zu besuchen.

Spät am Nachmittag kehrten wir ins Dorf zurück, und noch am selben Abend wurden wir von einem Besucherstrom beehrt. Das Aufsehen, welches wir im Dorf erregt hatten, war eher noch gewachsen, und die Indianer schienen endlich doch geneigt, für uns zu arbeiten. Schon die Ankunft eines Fremden aus Merida oder Campeche war hier ein außerordentliches Ereignis, und nie zuvor waren *Ingleses* im Dorfe gesehen worden. Daß wir gekommen waren, um in den Ruinen zu arbeiten, erschien ihnen wunderbar und unbegreiflich. So weit die ältesten Indianer zurückdenken konnten, waren diese Überreste nie in ihrem Frieden gestört worden. Es sei eine seltsame Sache, meinten sie, daß Männer mit fremden Gesichtern und einer Sprache, die sie nicht verstehen könnten, zu ihnen gekommen seien, um ihre zerstörten Städte auszugraben, und wie ihre Voreltern, als die Spanier zum ersten Male zu ihnen kamen, sagten sie, das Ende der Welt sei nahe.

Am nächsten Tage erreichten wir die Ruinen erst spät. Wir konnten nicht vor den Indianern aufbrechen, denn sonst würden diese uns ganz und gar im Stiche gelassen haben, und wir konnten nichts tun, bevor sie kamen; als sie aber einmal an Ort und

Stelle waren, hatten wir sie schnell an der Arbeit. Beide Seiten bewachten einander genau, wenngleich aus verschiedenen Beweggründen: sie uns, weil sie nicht im mindesten imstande waren, unsere Pläne und Zwecke zu begreifen, und wir sie, weil wir befürchteten, daß sie die Arbeit liegen lassen könnten. Sobald einer von uns sprach, hielten alle lauschend inne, und wenn wir gingen, hielten sie ein, um uns nachzusehen. Herrn Catherwoods Zeichenmaterial, sein Dreifuß, sein Sextant und sein Kompaß waren ihnen sehr verdächtig, und wenn Dr. Cabot gelegentlich einen Vogel im Fluge schoß, kannte ihr Erstaunen kein Maß mehr. Wußten sie aber endlich, was sie in den Ruinen zu tun hatten, so war es schon wieder Nachmittag geworden und Zeit, ins Dorf zurückzukehren.

Die gleiche Arbeit mußte am nächsten Tage mit einer neuen Abteilung von Leuten wiederholt werden. Unter fortwährender Aufsicht und ständigem Antreiben aber brachten wir es doch dahin, daß ein gutes Stück Arbeit geleistet ward. Albino war uns dabei eine wertvolle Hilfe, ja, es würde ohne ihn schwerlich gegangen sein. Vor unserer Abreise aus Uxmal hatten wir seinen Scharfsinn noch nicht so recht bemerkt, denn dort hatte alles seinen Plan und seine Ordnung. Unterwegs aber ereigneten sich zahlreiche kleine Zwischenfälle, in denen er eine Klugheit und eine Findigkeit bewies, die uns viele Unannehmlichkeiten ersparte. Er war Soldat gewesen und hatte bei der Belagerung von Campeche einen Säbelhieb in einen fleischigen Teil des Körpers davongetragen, welcher anzeigte, daß er sich in der entgegengesetzten Richtung befand, als ihn der Säbel erreichte. Da er weder Bezahlung für seine Dienste noch eine Rente für seine Wunde bekommen hatte, waren ihm alle Vaterlandsliebe und aller kriegerischer Einsatz für das eigene Land zuwider. Ein Grobschmied von Beruf, hatte er dieses Geschäft aufgegeben, um in unsere Dienste zu treten. Da er die Denkweise der Indianer kannte, ihre Sprache sprach und seinem Blute nach nahe mit ihnen verwandt war, so konnte er doppelt soviel Arbeit aus ihnen herausholen wie ich. Ihm konnten sie auch Fragen über uns stellen und bei ihm sich die Arbeit dadurch erleichtern, daß sie mit ihm scherzten und lachten, und sehr bald gab ich nur noch Anweisung, welche Arbeit getan werden solle, und überließ ihm sodann die ganze Leitung. Dies verdoppelte unsere Arbeitskraft, da wir nun mit zwei Abteilungen von Indianern zu derselben Zeit an zwei verschiedenen Plätzen arbeiten konnten, und hob den Albino an Wert über einen gemeinen Diener weit hinaus. Übel war nur, daß er immer wieder Fieberanfälle und Schmerzen hatte, von denen wir ihn mit all unseren Mitteln nicht erlösen konnten; mit uns selbst war es ja nicht besser bestellt. Unterdessen behauptete Bernaldo seinen Ruf als guter Koch, und dem schlechten Beispiel des Albino und seiner Herren nicht folgend, schienen seine Backen, während wir anderen alle mager wie die Dorfhunde dieses Landes waren, schier platzen zu wollen.

Während wir in den Ruinen arbeiteten, verloren die Leute im Dorfe keine Zeit. Am elften begann die ›Fiesta Corpus Alma‹, ein neuntägiges Fest zu Ehren des ›Santo Cristo del Amor‹. Eröffnet wurde es durch Glockengeläut und Feuerwerk, wovon wir, weil wir glücklicherweise draußen in den Ruinen weilten, indessen nichts hörten; am Abend fand die Prozession und der *Baile* statt, zu dem wir ganz offiziell von einem Komitee eingeladen wurden, welches aus dem Padrecito, dem Alkalden und einer dritten, viel wichtigeren Person bestand, dem sogenannten ›El Patron del Santo‹ oder Schützer des Heiligen.

Ich habe schon erwähnt, daß Nohcacab das am weitesten zurückgebliebene und indianischste unter allen Dörfern war, die wir bisher besucht hatten. Bei diesem stark ausgeprägten indianischen Charakter ist eine Kirchenregierung etwas eigentümlich, und ich glaube nicht, daß sie in irgendeinem anderen Dorfe ihresgleichen hat. Außer einigen kleineren Heiligen, den Lieblingen einzelner, brachte das Dorf acht Hauptheiligen besondere Verehrung entgegen: San Mateo, dem Patron, und Santa Barbara, der Patronin des Dorfes; Nuestra Señora de la Concepcion; Nuestra Señora del Rosario, El Señor del Transfiguracion; El Señor de Misericordia; San Antonio, dem Schutzheiligen der Seelen, und eben jenem El Santo Cristo del Amor. Jeder dieser Heiligen waltet als Schutzpatron, steht aber gleichzeitig selbst unter der besonderen Fürsorge eines Patrons.

Das Verfahren, einen Heiligen unter Patronat zu stellen, ist recht eigentümlich. Wenn man unter den Heiligenbildern an den Wänden einer Kirche eines bemerkt, welchem besondere Andacht zuteil wird, etwa, daß Indianer häufig davor niederknien und Opfergaben darbringen, so fordert der Padre vom Kaziken zwölf Indianer, *Mayoles* genannt, die dem Heiligen dienen und ihn versorgen müssen. Diese zwölf wählen sich ein Oberhaupt, den sogenannten Patron, dem das Aufseheramt über den Heiligen anvertraut wird. Er darf aber nicht aus dem Kreise der Indianer selbst kommen. Der Padre, in seinem Ornat, nimmt den *Mayoles* einen Eid ab und heiligt ihn, indem er die Männer mit Weihwasser besprengt. Der Patron wird darauf eingeschworen, über das Interesse des Heiligen zu wachen, für die Kerzen und die übrigen Weihgeschenke zu sorgen und achtzuhaben, daß das Fest des Heiligen angemessen begangen wird; die *Mayoles* wiederum werden durch Eid verpflichtet, den Befehlen des Patrons in allen Dingen zu gehorchen, welche den Schutz des Heiligen und den Dienst an ihm betreffen.

Einer dieser Heiligen, dem ein Patron zugewiesen worden war, hieß El Santo Cristo del Amor, wobei der Zusatz sich auf die Liebe unseres Heilandes bezieht, aus der heraus er sein Leben für die Menschen hingegeben hat. Der Umstand, daß der Heiland als Heiliger verehrt ward, war uns ebenso neu wie der, daß ein Heiliger einen Patron haben kann. Es war die Fiesta eben dieses Heiligen, welche jetzt gefeiert ward und zu der man uns formell eingeladen hatte. Wir nahmen diese Einladung an; weil wir aber ein anstrengendes Tagewerk hinter uns hatten, genossen wir unser Abendbrot mit Muße; da kam der Patron eilig herbeigerannt, um uns zu sagen, daß die Prozession bereit sei und der Heilige nur auf uns warte. Da wir ihn nicht in diese Unannehmlichkeit versetzen wollten, beendeten wir schnell unser Mahl und gingen zur Kirche hinüber.

Die Prozession hatte sich bereits im Kirchenschiffe aufgestellt, an der Spitze und somit an der Tür die Indianer, welche das Kreuz trugen. Bei unserer Ankunft begann sie sich unter lautem Gesange und unter Führung des Patrons vorwärts zu bewegen. Nächst dem Kreuze gingen vier Indianer, welche auf einer Trage das Bild des Heiligen trugen, einen gekreuzigten Heiland, etwa einen Fuß hoch und an eine breite hölzerne Rückwand befestigt, mit einem Thronhimmel darüber und einem kleinen Spiegel auf jeder Seite. Es folgten der Patron und seine *Mayoles,* der Padrecito und wir, die *Vecinos* oder Weißen des Dorfes, dann ein langer Zug indianischer Männer und Frauen, barhäuptig, in weißen Gewändern, sämtlich brennende Kerzen tragend. Wie sie sich dort unter Gesang die hohen Stufen der Kirche hinabbewegten, das Kreuz und die Figur des Heiligen durch das Licht von Hunderten von Kerzen erhellt, war der Anblick der Prozession feierlich und eindrucksvoll. Sie zog zum Hause des Patrons, und als sie in die entsprechende Straße einbog, bemerkten wir ein Seil, welches vielleicht auf einer Strecke von hundert Metern über dem Weg aufgespannt war; daran ward nun ein Feuerwerkskörper, von den Indianern *Idas* (Läufer) genannt, befestigt, der gleiche, den unsere Pyrotechniker daheim als ›Fliegende Taube‹ kennen. Die flammende Kugel zischte an dem Seile vor- und rückwärts, sprühte Funken über die Köpfe der Leute aus und brachte die ganze Prozession in Verwirrung und zum Lachen. Der Heilige ward schnell an einen sicheren Ort geschafft, und die Leute defilierten zu beiden Seiten des Seiles auf und ab, um außer Reichweite der Funken zu sein. Unter allgemeinem Beifalle brannten die *Idas* ab und zeigten, daß man die Sorge für den Heiligen nicht in unwürdige Hände gelegt hatte. Als dies Spektakel vorüber war, hub der Gesang von neuem an, und die Prozession ging weiter, bis sie das Haus des Patrons erreicht hatte; an der Tür sang der Padrecito ein Salve, dann wurde der Heilige hineingetragen. Die Wohnung besaß nur ein einziges langes Zimmer, an dessen einem Ende sich ein provisorisch errichteter Altar befand, mit Blumen geschmückt; auf der anderen Seite stand ein Tisch mit Naschwerk, Brot, Käse sowie verschiedenen Speisen und Getränken.

Der Heilige ward auf den Altar gesetzt, und schon einige Minuten später trat der Patron als erster durch eine Tür am entgegengesetzten Ende des Raumes hinaus auf einen umfriedeten rechteckigen Platz, etwa hundert Fuß lang und vierzig Fuß breit, über dem sich eine Art Laubendach aus Palmenblättern ausbreitete. Der Fußboden bestand aus hartgestampfter Erde, und rings an den Seiten waren Stühle aufgestellt. Alle *Vecinos* folgten dem Patron, und wir, als Fremde und Begleiter des Padrecitos und seiner Familie, wurden zu den Ehrenplätzen geführt, einer Reihe von großen hölzernen Armstühlen, von denen außer uns die Mutter und die Schwester des Padrecito zwei einnahmen. Sehr bald waren auch alle übrigen Sitze von Weißen und Mestizenfrauen eingenommen, und der ganze Hof, mit Ausnahme eines kleinen zum Tanzen bestimmten Platzes, war gedrängt voll von indianischen Dienern und Kindern, die auf der Erde saßen.

Sogleich traf man Vorbereitungen zum Tanze, und der Ball ward von dem Patron des Heiligen eröffnet. Dieser Patron hatte übrigens nichts sehr Heiliges an sich, indes erschien er uns in Auftreten und Charakter als ein recht respektabler Mann; in seiner Jugend war er der beste Stierkämpfer gewesen, den das Dorf je hervorgebracht hatte.

Er begann mit dem *Toros* genannten Tanze. Der Bruder des Padrecito gab den Zeremonienmeister ab und rief durch Zeichen mit dem Schnupftuche die Damen eine nach der anderen auf, bis alle anwesenden Frauenzimmer ihren Tanz gehabt hatten.

Dann nahm er den Platz des Patrons ein; der Patron seinerseits spielte den *Bastonero* und winkte wieder jede Dame herbei, welche tanzen wollte. Es war ein ländlicher Ball, *bal champêtre,* bei dem kein besonderes Festgewand erwartet wurde, und der Bruder des Padrecito, der sich uns als gewählter Alkalde in schwarzem Frack, langen weißen Hosen und Pelzmütze präsentiert hatte, tanzte hier in Hemd, kurzen Hosen, Strohhut und Sandalen, letztere nur Lederstücke unter den Fußsohlen, mit Kordeln bis beinahe an die Wade herauf umwunden. Als er sein Können hinreichend gezeigt hatte, wurden wir ersucht, seine Stelle einzunehmen, eine Pflicht, aus der wir indessen schließlich, obgleich mit einiger Schwierigkeit, entlassen wurden.

Ich habe einen Umstand noch nicht erwähnt, der für ganz Yukatan charakteristisch ist, sich aber besonders auf diesem Balle bemerkbar machte: der große, ja anscheinend übergroße Anteil der weiblichen Bevölkerung. Es hieß, daß ein Verhältnis von zwei zu eins zugunsten des weiblichen Geschlechts bestehe, doch konnte ich, obgleich an dieser Frage interessiert, keine verläßlichen statistischen Angaben finden, die, wie es heißt, aber vorhanden sind. Ich bezweifle indessen nicht, daß viel mehr als ein Frauenzimmer auf einen Mann kommt, was, wie die Männer sagen, Yukatan zu einem Lande macht, in dem sichs leben läßt. Vielleicht ist dies einer der Gründe dafür, daß die Sittlichkeit hier nicht allzu hoch gehalten wird, und auch wenn es mir fern liegt, Betrachtungen über unsere Freunde in Nohcacab anzustellen – denn dies war ein öffentlicher Ball –, so muß ich doch erwähnen, daß eines der anziehendsten und am vornehmsten wirkenden Frauenzimmer auf dem Balle die *Amiga* eines verheirateten Mannes war, den seine Frau verlassen hatte; die am besten gekleidete und aussehende junge Dame war die Tochter des verstorbenen Padre, welcher, streng genommen, nie hätte Töchter haben dürfen; und in so zahlreichen Beispielen, daß sie vom Volke gar nicht mehr beachtet wurden, mischten Ehemänner ohne Weiber und Weiber ohne Ehemänner sich ungescheut untereinander.

Es war dies das erste Mal, daß wir in Gesellschaft erschienen, und wir waren wirklich große Gesellschaftslöwen, die ebensoviel Aufsehen erregten wie sonst eine ganze Menagerie. Sobald wir uns nur bewegten, waren aller Augen auf uns gerichtet; sobald wir sprachen, wurden alle still, und sobald wir miteinander Englisch sprachen, lachten alle. In den Tanzpausen, in denen Erfrischungen gereicht wurden, hatten sie uns essen sehen, und es fehlte ihnen nur noch, uns beim Tanze zu begutachten. Der

Padrecito meinte, man würde uns sehr verbunden sein, wenn wir aufträten. Ein Tanz wurde nun aufgeführt, der *Saca el suyo* oder ›Wähl dir, wen du willst‹ hieß und uns alle ans Tanzen brachte. Der Patron forderte die Mutter des Padrecito auf, eine schwerfällige alte Dame, bei der die Zeit des Ballhüpfens eigentlich längst vorbei war; sie tanzte aber ihre Tour tapfer durch, vor Lachen beinahe erstickt, und forderte dann ihren Sohn, den Padrecito, auf, der zum großen Vergnügen der ganzen Gesellschaft die Aufforderung auszuschlagen suchte, sich aber, als er endlich überredet werden konnte, eindeutig als der beste Tänzer des Balles erwies. Um elf Uhr endlich wurde der Ball bei bester Stimmung beendet; die *Vecinos* zündeten ihre Fackeln an und machten sich auf den Heimweg in ihre verschiedenen Straßen. Die Indianer aber blieben, um ihre Stelle einzunehmen und die Nacht auf dem Ballhofe zu Ehren des Heiligen tanzend zuzubringen.

Mittlerweile setzten wir unsere Arbeit in Kabah fort, und wann immer wir dabei mit den Indianern ins Gespräch kamen, fragten wir sie nach anderen Ruinenplätzen aus. Der Padrecito half uns dabei, so gut er konnte, ja, wäre er nicht gewesen und hätten sich uns durch ihn nicht neue Nachrichtenquellen eröffnet, so würde manche Entdeckung, über die wir auf diesen Seiten berichten, nie erfolgt sein. Er gebot über acht indianische Küster, vertrauenswürdige Männer, denen die Aufsicht über die Kirche oblag, die sich aber, wenn sie einmal nicht bei Messen, Andachten oder Begräbnissen zu assistieren hatten, ständig vor unserer Türe herumtrieben, stets betrunken und sich freuend, wenn sie hereingerufen wurden. Diese Küster kannten jeden Indianer im Dorfe und die Gegend, wo er seine *Milpa,* sein Maisfeld, hatte; und mit ihrer Hilfe zogen wir immer neue Erkundigungen ein. Alle im Lande verstreuten Ruinen sind den Indianern unter der allgemeinen Bezeichnung *Xlab-pak* bekannt, spanisch: *Paredes Viejas,* was soviel wie ›Alte Mauern‹ bedeutet. Die Hinweise, welche wir erhielten, waren allerdings gemeinhin so verworren, daß wir uns von Umfang oder Art der Ruinen keinen Begriff machen konnten, und auch durch Vergleiche vermochten wir keinen näheren Aufschluß zu gewinnen, weil diejenigen, welche uns von einem Orte erzählten, in der Regel keine zweite Stätte kannten; so mußten wir die Plätze denn sämtlich selbst besuchen, wobei sich uns eine neue Schwierigkeit in den Weg stellte, von deren Größe man sich kaum eine Vorstellung machen kann: die außerordentliche Unwissenheit der Leute, der Weißen wie der Indianer, in bezug auf die Geographie ihrer unmittelbaren Umgebung. Von einem Orte, den sie nie besucht hatten, wußten sie nichts, mochte er auch nur wenige Stunden von ihnen entfernt liegen, und da es kaum möglich war, sich Gewißheit über die Lage der verschiedenen Stätten zueinander zu verschaffen, hielt es auch schwer, eine Reise so zu planen, daß sie mehrere Orte gleichzeitig umfaßte. Einigen Orten stattete ich vorbereitende Besuche ab; die, von denen ich mir das meiste erwartete, erwiesen sich dabei nicht immer der Mühe wert, während andere, auf die ich nur wenig Hoffnung setzte, sich als außerordentlich interessant herausstellten.

Fast jeden Abend, wenn wir in das Kloster zurückgekehrt waren, kam der Padrecito eilig mit dem Gruße: »*Buenas noticias! Otras ruinas!*« (Gute Nachrichten! Noch mehr Ruinen!) in unser Zimmer; und einmal folgten diese *Noticias* so dicht aufeinander, daß ich den Albino auf zwei Tage mit dem Auftrage aussandte, einige Vorbesuche zu machen. Er kam davon mit einem Bericht zurück, der meine gute Meinung über seine Urteilskraft bestätigte – dazu allerdings mit einem zerschundenen Bein vom Klettern über einen Hügel, das ihn mehrere Tage lang zum Invaliden machte.

Chichen Itza war – neben Uxmal – der einzige Ort, von dem wir bereits in Merida gehört hatten und auch der einzige Ort, über dessen Existenz wir absolute Gewißheit besaßen, bevor wir uns nach Yukatan einschifften; wie sich herausstellte, eröffnete sich aber zwischen diesen beiden Stätten ein ungeheures Feld für weitere Forschungen und Entdeckungen, und um den Leser nicht aufzuhalten, will ich mich hier sogleich den Ruinen von Kabah zuwenden, den ersten in einer langen Reihe von Sehenswürdigkeiten.

Der beigegebene Plan (Abb. 96) stellt den Grundriß der Gebäude dieser Stadt dar. Er beruht allerdings nicht auf Vermessungsarbeiten, denn dazu hätte man vorher das Gehölz roden müssen, was bei der Schwierigkeit, Indianer für eine solche Arbeit zu mieten, von uns gar nicht erst versucht ward; immerhin aber konnten die Richtungen vom Gipfel des *Teocalis* mit dem Kompaß bestimmt werden, während wir die Entfernungen, so genau es ging, mit dem Auge abschätzten.

Auf dem Plane wird der Leser einen mit ›Camino real nach Bolonchen‹ bezeichneten Weg finden und linker Hand einen ›Pfad nach der Milpa‹. Folgt man diesem Weg, von Nordwesten kommend, in die Ruinengefilde, ist das erste, was man dort sieht, der *Teocalis;* er befindet sich in einem großartigen, malerischen Zustand der Zerstörung, ist mit Bäumen bedeckt und ähnelt insgesamt dem Haus des Zwerges zu Uxmal. An der Basis mit etwa hundertundachtzig Fuß im Geviert bemessen, steigt er in pyramidaler Form zu einer Höhe von achtzig Fuß empor, die ganze Ebene beherrschend. Am Fuße des Pyramidenhügels ist eine Reihe von zerstörten Gemächern zu erkennen. Die Stufen sind alle herabgefallen und die Seiten mit ihren lockeren Steinflanken schwer zu erklettern, außer an einer Seite, wo Bäume den Aufstieg erleichtern. Der Gipfel bietet eine großartige Aussicht. Das erste Mal erstieg ich ihn gegen Abend, als die Sonne eben untergehen wollte und die zerstörten Gebäude lange Schatten über die Ebene warfen. Nach Norden, Süden und Osten hin ward die Aussicht von Hügeln begrenzt. In einem Teile des Ruinenfeldes stand auf einer Lichtung ein verlassener Rancho, und nur die ferne Kirche im Dorfe Nohcacab zeigte an, daß Menschen in der Nähe waren.

Wenn man den Hügel verläßt, den *Milpa*-Pfad wieder einschlägt und ihm über drei- bis vierhundert Yards folgt, erreicht man die Basis einer zwanzig Fuß hohen Terrasse, deren Rand mit Bäumen bestanden ist; sie ersteigend, steht der Besucher auf einer zweihundert Fuß langen und hundertzweiundvierzig Fuß breiten Platt-

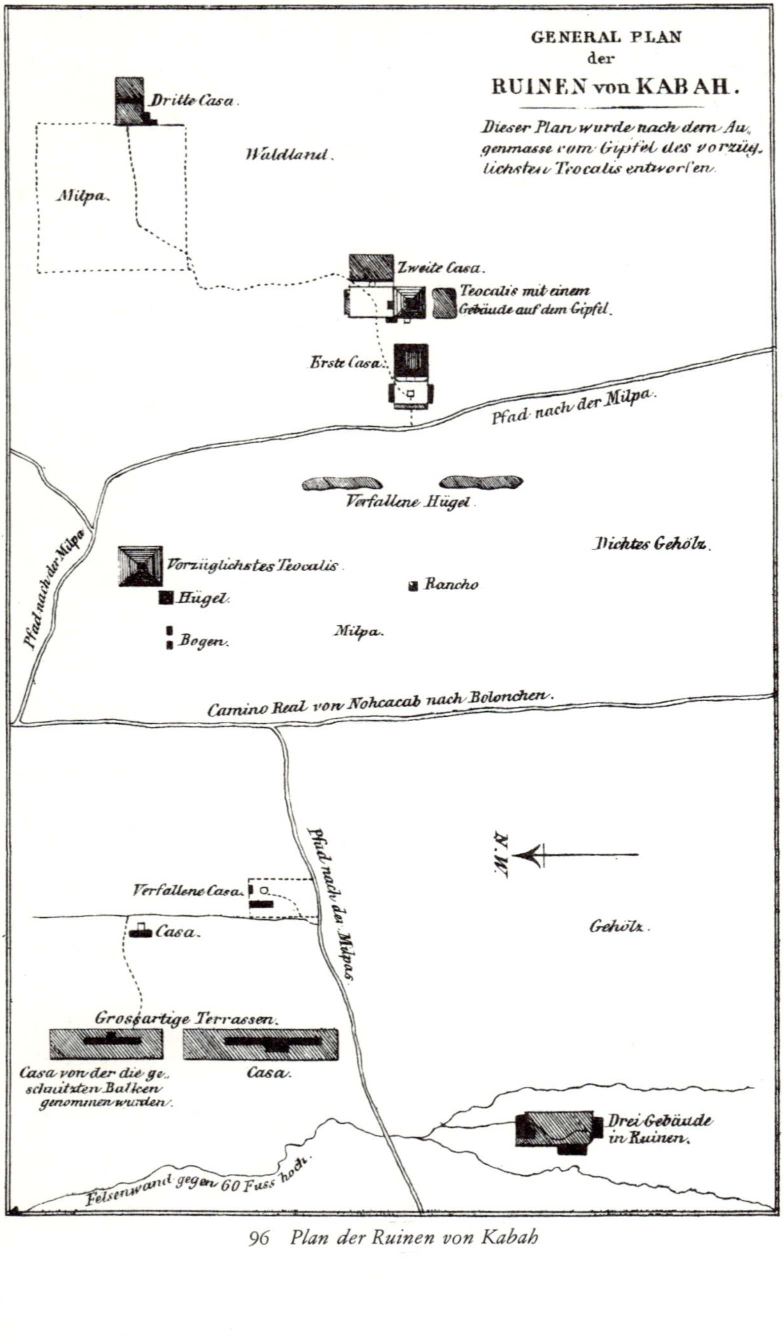

96 *Plan der Ruinen von Kabah*

97 Vorderseite der ersten Casa von Kabah

form, ihm gegenüber das in Abbildung 97 dargestellte Gebäude. Rechts auf der Plattform, sowie wir uns diesem Gebäude nähern, erhebt sich eine hohe Reihe von Bauwerken, zerstört und von Bäumen überwachsen, nebst einer mächtigen Abschlußmauer, die am äußersten rechten Rand der Plattform erbaut ist und steil abfällt. Linker Hand befindet sich eine weitere Reihe von zerstörten Gebäuden, nicht so eindrucksvoll wie die zur Rechten, und im Mittelpunkt der Plattform ragt eine Steinumfriedung auf, siebenundzwanzig Fuß im Geviert und sieben Fuß hoch, ähnlich der, welche den *Picote* in Uxmal umgibt; die Steinlagen an der Basis sind hier aber mit Bildhauerarbeiten versehen, und bei genauerer Untersuchung fanden wir eine fortlaufende Linie von Hieroglyphen.

In der Mitte der Plattform führt eine Reihe von Steinstufen, zwanzig an der Zahl und alle vierzig Fuß breit, zu einer oberen Terrasse, auf welcher das eben erwähnte Gebäude steht (vgl. Abb. 99). Dieses Gebäude hat eine Frontseite von hundertundeinundfünfzig Fuß Breite, und sofort, als wir sie sahen, setzte uns die außerordentlich reiche Ornamentik dieser Fassade in Erstaunen. In allen Gebäuden von Uxmal, mit Ausnahme eines einzigen, bestehen die Fassaden bis zum Karnies hinauf, welches über den Türen verläuft, aus glatten, schmucklosen Steinen, dieser Bau aber war von den Grundmauern aufwärts verziert, wobei der Schmuck zwei Lagen unter dem unteren Sims begann und bis hinauf zum oberen Abschluß der Mauer reichte.

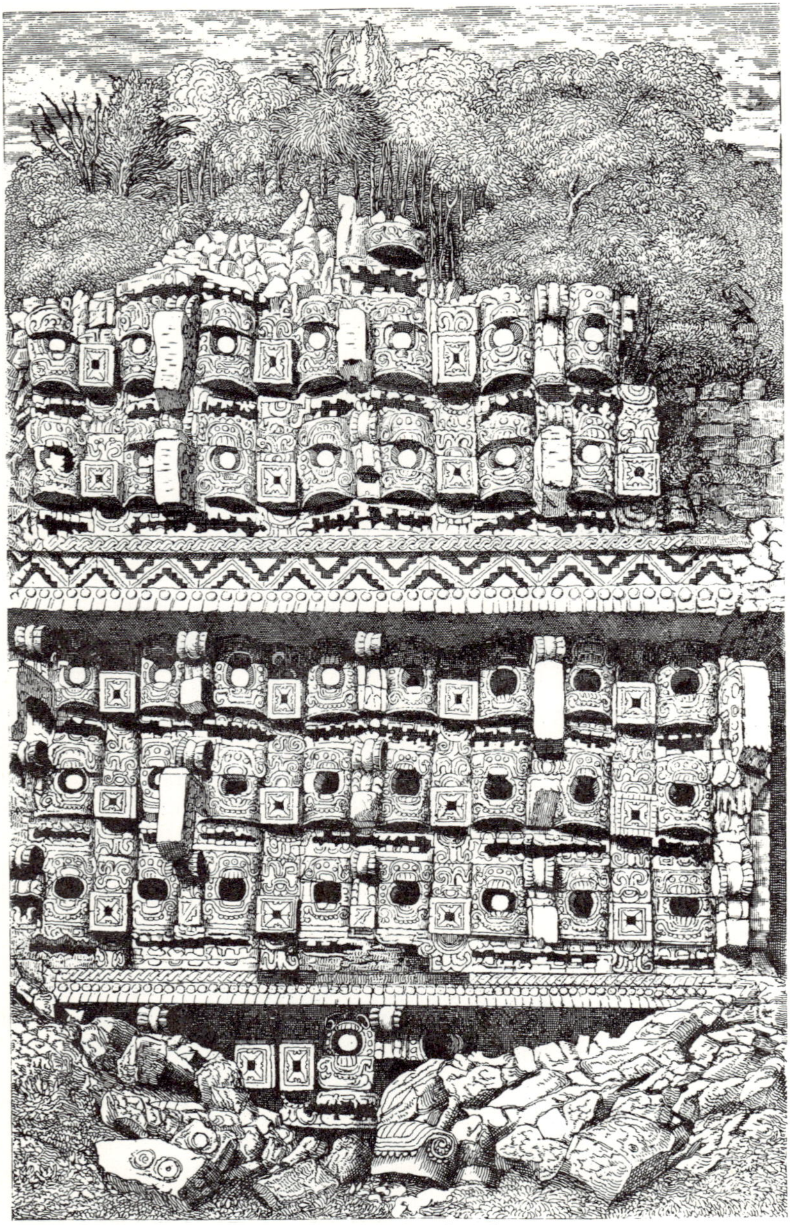

98 Fassadenschmuck

Der Leser wird bemerken, daß ein großer Teil dieser Fassade eingestürzt ist; zum nördlichen Ende hin hat sich indessen ein fünfundzwanzig Fuß langer Teil erhalten, der zwar auch Schäden hat, dennoch aber die Pracht der Verzierungen bezeugt, die einst diese Fassade schmückten. Abbildung 98 stellt diesen Teil so dar, wie er heute vor uns steht, das heißt mit herabgestürztem oberen Gesims.

Die Ornamente sind von gleicher Art wie die in Uxmal, ebenso verwickelt und unverständlich, und weil die Fassade hier über und über mit Bildhauerarbeit geschmückt war, bis hin zu dem jetzt vom unteren Sims halb verdeckten Gebäudefuß, muß das Ganze einst üppiger gewirkt haben als irgendein Gebäude von Uxmal. Das Karnies, welches sich über den Türen hinzieht, würde, nach den strengsten Regeln der bei uns anerkannten Kunst geprüft, die Architektur einer jeden bekannten Epoche verschönen und steht inmitten barbarischer Schöpfungen mit rohen und ungeschlachten Konzepten als ein Weihgeschenk amerikanischer Baumeister an die Geschichte der Kunst da, würdig, von den Kulturvölkern anerkannt zu werden.

Die Oberschwellen der Türen bestanden aus Holz; sie sind alle herabgestürzt, und von dem Zierat, welcher sie schmückte, ist nichts mehr geblieben. Ohne Zweifel aber entsprachen sie in der Schönheit ihres Bildschmucks der übrigen Fassade.

Über der Fassadenwand erhebt sich ein weiteres Gebäude; aus der Ferne und durch die Bäume nur undeutlich erkennbar, hatte es das Aussehen eines zweiten Stockwerkes, und als wir uns ihm näherten, erinnerte es an die sich emportürmenden Bauwerke auf den Höhen einiger Pyramiden von Palenque.

Es war nicht einfach, sich Zugang zu diesem Obergebäude zu verschaffen. Keine Treppe, keine andere sichtbare Verbindung war vorhanden, weder innerhalb noch außerhalb des unteren Gebäudes, auf der Rückseite aber waren Wand und Dach eingefallen und bildeten an einigen Stellen hohe Hügel, welche fast bis nach oben reichten. Das Erklettern dieser wankenden Gebilde war allerdings nicht ohne Gefahr: Teile, welche sehr massiv zu sein schienen, boten hier nicht so festen Halt wie in Gebäuden, welche nach den bewährten Grundsätzen unserer Baukunst errichtet sind; gelegentlich war es überhaupt unmöglich, die stützende Kraft zu entdecken, und die unübersichtlichen Steinmassen schienen dann durch eine unsichtbare Hand aufrecht erhalten. Während wir die Bäume auf dem Dache abholzten, ging plötzlich ein Regenschauer nieder, und als wir eilig hinabstiegen, um in einem der unteren Gemächer Schutz zu suchen, gab ein Stein an der Ecke des Gesimses unter meinen Füßen nach. Zu meinem großen Glück reichte aber unmittelbar unter der Absturzstelle ein Ruinenhügel fast bis an das Dach hoch und rettete mich vor einem Fall, der ansonsten schlimm, vielleicht sogar tödlich hätte ausgehen können. Der Ausdruck auf dem Gesichte eines indianischen Begleiters, der mich hinunterstürzen sah, war wahrscheinlich nur ein schwacher Widerschein meines eigenen Schreckens.

Der Aufbau auf der Spitze des Gebäudes ist etwa fünfzehn Fuß hoch und vier Fuß dick und zieht sich in der ganzen Länge des Gebäudes über der Rückwand der vorderen Gemächerreihe hin. An vielen Stellen ist er eingestürzt, doch fiel uns aus der

Nähe seine grundsätzliche Ähnlichkeit mit den Ruinen einiger Gebäude von Palenque noch stärker auf als zuvor. Letztere sind allerdings mit Stuck überzogen, dieser Aufbau hingegen besteht aus behauenem Stein, ist schlichter und einfacher. Als Teil des Gebäudes besaß er einst keinerlei Funktion, und der einzige Zweck, den wir ihm zuschreiben konnten, war der eines Ornaments, weil er die Erscheinung des Gebäudes aus der Ferne verbesserte und es auch beim Näherkommen wirkungsvoll hervorhob.

Ich habe gesagt, daß wir bereits beim ersten Anblick der Gebäudefassade beeindruckt waren. Als wir aber die Stufen hinaufstiegen und in der Tür des Mittelzimmers standen, brachen wir in laute Rufe des Erstaunens und der Bewunderung aus. In Uxmal hatte es keine Unterschiede gegeben: Das Innere aller Gemächer war sich gleich. Hier nun wurden wir mit einem ganz neuen Anblick beschenkt. Abbildung 99 stellt das Interieur des Mittelgemaches dar. Es besteht aus zwei parallelen Zimmern, von denen das eine vorn siebenundzwanzig Fuß lang und zehn Fuß sechs Zoll breit, das andere ebenso lang, aber einige Zoll schmaler ist; durch eine Tür in der Mitte stehen sie in Verbindung. Das hintere Zimmer ist zwei Fuß acht Zoll höher als das Vorderzimmer, und den Aufgang vor der Verbindungstür bilden zwei aus einem einzigen Steinblock gehauene Stufen, von denen die unterste die Form einer Rolle hat. Die Seiten der Stufen sind ebenso wie die Mauer unter der Tür bildhauerisch verziert, und zwar so anmutig und hübsch, daß die Wirkung, allein vom Geschmack her, eine außerordentliche ist. Hier breiteten wir am ersten Ankunftstag unsere Lebensmittel aus und aßen im Andenken an den früheren Bewohner. Wasser freilich schien nicht zu seinem Besitztum gehört zu haben, und wir mußten uns aus dem Brunnen von Nohcacab versorgen.

Soweit die kurze Beschreibung der Fassade und der Vordergemächer, die indessen nicht mehr als ein Drittel des gesamten Gebäudes ausmachen. Noch unter demselben Dach und in denselben Größenverhältnissen fanden wir im rückwärtigen Gebäudeteil zwei Reihen von Gemächern mit einem vorgelagerten rechteckigen Platz. Die ganze Anlage mit ihrer massiven, korridorbreiten Mittelwand bildet so beinahe ein Viereck, hat zwar nicht eine so breite Front wie die Casa del Gobernador (vgl. S. 208), bedeckt aber ebenso viele Geviertfuß wie diese, welche ihr an Fülle des skulpturalen Steinschmucks wahrscheinlich sogar unterlegen ist. Den übrigen Teil des Gebäudes fanden wir indessen in einem viel verfalleneren Zustande als den beschriebenen vor. An beiden Enden war die Mauer eingestürzt, und ebenso auch die zweite Außenmauer mitsamt dem Dache; die Trümmer füllten die Gemächer so aus, daß es außerordentlich schwierig für uns war, ihren Grundriß mit Sicherheit zu bestimmen.

Die ganze Terrasse war an der Gebäuderückseite mit Bäumen überwachsen; einige hatten zwischen den Steinfragmenten Wurzeln geschlagen und wuchsen aus dem Inneren der Gemächer hervor.

99 *Mittelgemach der ersten Casa*

100 Das Zerstörungswerk eines Tropenbaumes

Abbildung 100 soll eine Vorstellung davon geben, wie der üppige tropische Pflanzenwuchs die Zerstörung der so bedeutsamen Überreste vorantreibt. Der dargestellte Baum heißt *Alamo* oder Ulme, und seine Blätter geben zusammen mit denen des *Ramon* in diesem Lande das wichtigste Pferdefutter ab. Seine Wurzelfasern hatten sich einst in Spalten und Risse geschoben, waren junge Sprosse und Äste geworden, die sich in dem Maße, wie der Stamm wuchs, mit ihm zu erheben suchten, die Mauern aus den Fugen drückten oder umstürzten und unaufhörlich weiterwucherten, große Steine, die jetzt hoch über dem Boden schweben, fest in ihre Umarmung schließend. Zu gleicher Zeit haben die Wurzeln die Grundmauer umgürtet und bilden die einzige Stütze der noch stehenden Mauerpartien. Die großen, das Ganze überschattenden Zweige können im Bilde nicht dargestellt werden, und keine Skizze kann eine Vorstellung davon vermitteln, wie schonungslos sich diese knorrigen und verschlungenen Wurzeln um die skulptierten Steine geflochten haben.

Soweit die kurze Beschreibung des ersten Gebäudes zu Kabah. Vielen dieser Bauwerke haben die Indianer alberne, sinnlose und nichtssagende Namen gegeben, die keine Beziehung zu Geschichte oder Überlieferung haben. Dieses nennen sie *Xcocpoop,* was ins Spanische mit *Petato Doblado,* daß heißt Zusammengelegter Strohhut, übersetzt wird; der Name bezieht sich nämlich auf die Fassade und die eingestürzte Hintermauer des Gebäudes.

An der Ecke der Terrasse hinuntersteigend, sieht man in einer Entfernung von nur wenigen Schritten einen überwachsenen Hügel vor sich, auf dem ein zerstörtes Gebäude steht, welches die Indianer *Cocina* (Küche) nennen, weil es, wie sie uns sagten, früher Schornsteine besaß. Ihren Berichten nach muß der Bau einen ungewöhnlichen Zweck gehabt haben, und ich empfand es als ein besonderes Unglück, daß wir ihn nicht ein Jahr früher erreicht hatten, als er angeblich noch fast unversehrt stand. Während der letzten Regenzeit wurden einige Maultiertreiber aus Merida, die auf der Suche nach Mais im Lande umherstreiften, von einem Nachmittagsregen überrascht und fanden unter seinem Dache Schutz. Mitten in der Nacht aber stürzte das Gebäude ein; die Maultiertreiber entkamen glücklicherweise unverletzt, und suchten sich, ihre Maultiere zurücklassend, mit viel Mühe in der Dunkelheit und bei Regen ihren Weg nach Nohcacab, wo sie das Gerücht verbreiteten, *El Demonio,* der böse Geist selbst, gehe in den Ruinen von Kabah um.

Links von diesem Hügel führt eine Treppe auf den Vorplatz der Casa No. 2 (vgl. Abb. 96), und rechts erhebt sich ein großartiger und majestätischer, aber namenloser Trümmerhügel, einst vielleicht der eindrucksvollste Bau von Kabah. An der Basis mit hundertundsiebenundvierzig Fuß auf der einen und hundertundsechs Fuß auf der anderen Seite bemessen, besteht er aus drei verschiedenen Stockwerken, die sich übereinander auftürmen, das zweite kleiner als das erste, und das dritte kleiner als das zweite, alle drei jeweils mit einer breiten Plattform umsäumt. Entlang der Basis fanden wir an den vier Seiten eine fortlaufende Reihe von Gemächern mit von Pfeilern gestützten Türen, wobei die der Casa No. 1 zugekehrte Seite als neue und interessante Eigentümlichkeit eine riesige Steintreppe aufwies, die bis zum Dach hinaufführte, auf welchem sich eine zweite Reihe von Gemächern befand. Diese Treppe war nicht massiv gebaut und ruhte nicht auf der ansteigenden Mauer des Ruinenhügels, sondern ward von der Hälfte eines dreieckigen Bogens gestützt, so daß ein Durchgang unter der Treppe blieb. Sie war nicht allein wegen ihrer Großartigkeit und der Originalität ihres Baues interessant, sondern auch, weil sie das Rätsel der Haupttreppe im Hause des Zwerges zu Uxmal löste.

Die Stufen dieser Treppe sind beinahe alle herabgestürzt, und man steigt auf einer schiefen Ebene hinauf. Die Gebäude oben sind zerstört und viele Türen so verschüttet, daß kaum Raum zum Hineinkriechen bleibt. Als ich die Plattform vor den Gemächern roden und reinigen ließ, um einen Plan anzufertigen, begann es zu regnen, und ich war genötigt, mit allen Indianern in eines dieser Türlöcher hineinzukriechen und länger als eine Stunde im Dunkeln zu verweilen, in feuchter und ungesunder Atmosphäre, eingeschlossen und beinahe erstickend.

Die Türen an der Nordseite dieses Hügels öffnen sich auf den Vorplatz der Casa No. 2, deren Plattform zehn Fuß hoch über dem Boden liegt, hundertundsiebzig Fuß lang und hundertundzehn Fuß breit ist. Ein Indianer hatte hier Getreide angepflanzt, so daß keine größeren Rodungs- oder Aufräumungsarbeiten nötig waren. Abbildung 101 stellt die Vorderseite des Gebäudes dar sowie im Vordergrund rechts

101 Casa No. 2 in Kabah

den *Picote,* jenen großen Stein, den wir auf allen Höfen und Vorplätzen umgestürzt fanden. Das Gebäude ruht auf einer erhöhten Terrasse, und in seiner ganzen Breite von hundertundvierundsechzig Fuß öffnen sich die Türen einer Reihe von Gemächern auf den Vorplatz hinaus. Die Vordermauer und das Dach über dem brustwehrartigen Unterbau sind größtenteils eingestürzt.

Eine zerstörte Treppe führt auf die Plattform vorn vor dem Hauptgebäude. Diese Treppe wird wie die zuletzt erwähnte durch einen halben dreieckigen Bogen gestützt.

Die ganze Front des Unterbaus war ursprünglich mit Bildhauerarbeiten verziert, wobei sich die am besten erhaltenen Ornamente über der Tür des Mittelgemaches befinden, welches, weil es von der Treppe verdeckt wird, nicht im Bilde dargestellt werden konnte.

In zwei Türen des Hauptgebäudes sind auf der Abbildung Säulen zu erkennen. Es war dies das erste Mal, daß wir in diesem Lande auf solche Säulen trafen, die nach den Regeln der bekannten Baukunst als Stütze eingesetzt wurden, und sie steigerten für uns noch den Reiz der übrigen Entdeckungen. Indessen sind diese Säulen nur sechs Fuß hoch, roh und ungeglättet, und als Kapitäle und Sockel dienen einfache Quaderblöcke. Es fehlt ihnen die architektonische Majestät und Grandezza, welche in anderen Kunststilen stets mit solchen Stützen verbunden ist, doch sind sie dabei nicht mißproportioniert, sondern in der Tat der geringen Höhe des Gebäudes angemessen. Die Oberschwellen der Türen bestehen hier im übrigen aus Stein.

Verläßt man dieses Gebäude, so gelangt man nach einem Fußweg von etwa dreihundertfünfzig Metern über eine bewachsene und bewaldete Ebene auf die Terrasse der Casa No. 3. Auch die Plattform dieser Terrasse war mit Getreide bepflanzt und ward ohne Mühe freigeräumt. Abbildung 102 stellt die Front des Gebäudes dar, welche bei unserer ersten Ankunft so malerisch von Bäumen beschattet war, daß es schwerfiel, dieses Idyll zu zerstören, und wir schonten jeden Zweig, der uns nicht den Blick versperrte. Während Herr Catherwood an seiner Zeichnung arbeitete, begann es zu regnen, und weil er seine Camera lucida später vielleicht nicht mehr in ihre alte Position hätte bringen können, so setzte er seine Arbeit, von einem Gummimantel geschützt, fort; ein Indianer hielt einen Schirm über sein Gestell, Der Regen war von jener heftigen und plötzlichen Art, wie man sie in den Tropenklimaten so häufig antrifft, und in wenigen Minuten war der ganze Grund überflutet. Das Bild zeigt die große Wasserlache, die sich auf der Terrasse gebildet hatte.

Das dargestellte Gebäude heißt bei den Indianern ›La Casa de la Justicia‹ (Das Gerichtshaus). Es ist hundertunddreizehn Fuß breit und besitzt fünf Gemächer, jedes zwanzig Fuß lang und neun Fuß breit, alle ohne irgendwelchen Zierat. Auch die Front ist schmucklos, mit Ausnahme einiger Halbsäulen in den Mauerflächen zwischen den Türen, wie es auf unserem Bild angedeutet ist; dazu bilden vorn, seitlich und an der Rückseite über Türhöhe Reihen von kleinen Pfeilern eine einfache und nicht wenig anmutige Verzierung.

102 Casa No. 3 in Kabah

Es befinden sich diesseits des *Camino Real* noch die Überreste anderer Gemäuer, aber in ganz verfallenem Zustande, so daß wir auf eine Beschreibung verzichten. Ein weiteres Monument aber ist vielleicht merkwürdiger und interessanter als alle bis jetzt geschilderten: ein Bogen üblicher Form mit einer Spannweite von vierzehn Fuß, der auf einem zerstörten Hügel, fern jedem anderen Gebäude, in einsamer Großartigkeit dasteht (Abb. 103). Dunkel ist seine Geschichte, doch erhebt er sich über diese Wald- und Ruinenwildnis wie das stolze Andenken eines römischen Triumphes, und vielleicht ward er, wie der Bogen des Titus, welcher noch bis zum heutigen Tage den heiligen Weg nach Rom überspannt, zum Gedächtnis an einen Sieg über die Feinde des einst hier lebenden Volkes errichtet.
Dies also waren die wesentlichen Überreste diesseits des *Camino Real,* und zu ihnen geleiteten uns unsere indianischen Führer. Weitere Ruinen waren hierorts bis zu dieser Zeit nicht bekannt, zwei unten erwähnte unbedeutende Monumente ausgenommen; allein, auf der anderen Seite des *Camino Real* warteten, von Bäumen verhüllt, die gebrechlichen und wankenden Gerippe von Gebäuden auf uns, welche einst noch prachtvoller als die von uns besuchten gewesen sein müssen.

Den ersten Blick auf jene Gebäude erhaschten wir vom großen *Teocalis.* Wenn man den *Camino Real* bis zu einem Punkte folgt, der mit dem ›Triumphbogen‹ ungefähr auf einer Linie liegt, stößt man auf einen schmalen Pfad, welcher in süd-

103 Einsamer Bogen

westlicher Richtung zu zwei Gebäuden führt, die von einem *Milpa*-Zaune eingeschlossen sind. Sie sind klein und nur wenig verziert, stehen im rechten Winkel zueinander, und in einem vor ihnen gelegenen Hof tut sich unmittelbar neben einem Baum ein großer unregelmäßiger Schlund auf, ähnlich der Mündung einer Höhle.

Mein erster Besuch an diesem Platze ward durch ein Heldenstückchen meines Pferdes überstrahlt. Nachdem wir abgesessen waren, suchte Herr Catherwood Schatten für sein Pferd. Dr. Cabot brachte das seinige in eines der Gebäude, und ich band meines an den eben erwähnten Baum, indem ich ihm fünfzehn bis zwanzig Fuß Halfter Spielraum gab, damit es weiden konnte. So verließen wir unsere Tiere. Bei unserer Rückkehr am Abend aber war mein Pferd verschwunden, und wir glaubten schon, es sei gestohlen; als wir aber den Baum erreichten, sah ich, daß das Halfter dort noch angebunden war, und ich wußte, daß ein Indianer viel eher das Halfter stehlen und das Pferd zurücklassen würde als *vice versa.* Nun hing das Halfter in die Mündung der Höhle hinunter, und über den Rand hinabschauend, sah ich tatsächlich das Pferd an seinem anderen Ende hängen. Kopf und Hals ausstreckend, hatte es gerade genug Spielraum, um an der einen Seite der Höhle Fuß fassen zu können. Sein Leib war an der Flanke zerschunden und mit Erde beschmiert, und es schien, als müsse es sich alle Knochen im Leibe gebrochen haben. Als wir es aber endlich aus seiner Notlage befreit hatten, stellte sich heraus, daß es mit Ausnahme jener aufgerissenen Stellen im Fell völlig unverletzt war; ja, ganz im Gegenteil, niemals hatte es einen besseren Gang als auf dem Rückweg zum Dorfe.

Über diese Gebäude hinaus wußte kein Indianer etwas von irgendwelchen Ruinen. Nach einer Beobachtung vom Gipfel des großen *Teocalis* drangen wir indes weiter in westliche Richtung in den dichten Wald vor, ohne freilich im Gelände selbst etwas sehen zu können, kamen an einem kleinen zerstörten Gebäude vorbei, zu dessen Dach eine Treppe hinaufführte und erreichten schließlich eine große, vielleicht achthundert Fuß lange und hundert Fuß breite Terrasse. Diese Terrasse war nicht nur mit Bäumen überwachsen, sondern auch von Dornbüschen und der *Maguey*-Pflanze oder *Agave Americana* bedeckt, deren Dornen so spitz wie Nadeln waren und einen Rundgang gänzlich unmöglich machten, wofern nicht vor jedem Schritt der Weg mit der Machete freigehauen ward.

Auf dieser überwachsenen Terrasse standen zwei Gebäude. Das erste war zweihundertundsiebzehn Fuß lang und besaß vorn sieben Türen, die alle in einzelne Gemächer führten, die Tür in der Mitte aber in zwei Kammern, jede dreißig Fuß lang. Im hinteren Gebäudeteil öffneten sich die Türen einer weiteren Reihe von Gemächern auf einen Hof hinaus, und rechtwinklig dazu verlief ein anderer, in seinem Schlußteil einem Trümmerhaufen gleichender Gebäudezug. Ursprünglich reicher verziert als irgendein anderes Gebäude von Kabah, befand sich die riesige Ruine leider in einem verfallenen Zustand. Die Türen hatten hölzerne Schwellen, von denen die meisten herabgestürzt waren.

Nördlich von diesem Gebäude war noch ein weiteres im Urwald verborgen, hundertundzweiundvierzig Fuß lang und einunddreißig Fuß breit, mit einem doppelten Korridor und einer gigantischen Treppe in der Mitte, die zum Dach hinaufführte, auf dem sich die Ruinen eines zusätzlichen Baues befanden. Die Türen von zwei Mittelgemächern öffneten sich unter dem Bogen dieser großen Treppe. In dem zur Rechten fanden wir Abdrücke einer roten Hand; nicht einen einzelnen Abdruck oder zwei oder drei wie an anderen Orten, vielmehr war die ganze Wand von ihnen bedeckt, so glänzend und deutlich, als ob sie eben erst angebracht worden wären.

Alle Türstürze bestanden aus Holz und waren noch an ihren alten Plätzen, die meisten in einem guten Zustand. Die Türen selbst fanden wir von Schutt und Trümmern versperrt. Der Eingang unmittelbar neben der Treppe etwa war bis auf drei Fuß unter die Oberschwelle verschüttet; als sich Herr Catherwood nun auf dem Rücken liegend darunter hinwegschob, um das Gemach zu vermessen, wurde sein Blick durch eine Bildschnitzerei an dieser Schwelle gefangengenommen, welche er nach genauer Untersuchung für das interessanteste Denkmal hielt, das wir bisher in Yukatan gefunden hatten. Ich hatte an diesem Tag drei andere, vorher völlig unbekannte Ruinenstätten in der Umgebung besucht, und bei meiner Rückkehr wurde mir nun erklärt, daß dieser beschnitzte Türsturz so interessant und bedeutsam sei wie alle anderen zusammengenommen. Am nächsten Tage konnte ich mich selbst davon überzeugen und augenblicklich entschloß ich mich, weder Mühen noch Kosten zu scheuen und dieses Werkstück mit in unsere Heimat zu nehmen, sollte es uns auch nicht leicht werden.

Unsere Ruinenstreifzüge hatten unterdessen schon für viel Gerede im Dorfe gesorgt. Allgemein war man der Ansicht, wir suchten nach Gold. Niemand wollte glauben, daß wir Geld für solche Unternehmungen ausgäben, ohne sicher zu sein, es wieder hereinzuholen; und in Erinnerung an unser Schicksal in Palenque fürchtete ich, daß das Gerücht in Umlauf kommen könnte, in den Ruinen seien Schätze verborgen und wir wollten sie wegschaffen.

Indessen war es unmöglich, den Türsturz ohne fremde Hilfe freizubekommen, und nachdem ich mich mit dem Padrecito besprochen hatte, verschafften wir uns eine Abteilung von Leuten und versuchten, das gute Stück mit Brechstangen aus der Mauer herauszulösen. Auch Dr. Cabot, der wegen Krankheit mehrere Tage im Dorfe hatte bleiben müssen, kam zu dieser bedeutsamen Aktion zu uns heraus.

Die Schwelle bestand aus zwei Balken, von denen der äußere in sich der Länge nach gespalten war. Sie reichten an jedem Ende etwa einen Fuß weit über die Tür hinaus und waren nicht weniger sicher als irgendein Stein im Gebäude befestigt, denn man hatte sie beim Bau unmittelbar in die Mauer eingefügt. Zum Glück besaßen wir zwei Brechstangen, welche die Arbeiter gut gebrauchen konnten, da sie auf den Erdhaufen vor und hinter dem Eingang standen und so an die Mauer über dem Türsturz heranreichten. Sie begannen an der Innenseite und räumten in etwa zwei Stunden die Schwelle über der Tür frei; ihre Enden aber saßen noch fest. Die Balken waren etwa zehn Fuß lang, und um zu verhindern, daß die ganze Mauer einstürzte und die Schwelle zerschmetterte, wurden die Steine über der Mitte weggeschlagen, wobei sich ein Mauerbogen bildete, der in einem richtigen Verhältnis zu seiner Basis, dem Türsturz, stehen mußte. Über der Tür war die Mauer vier Fuß dick: eine massive Masse, weil der Mörtel beinahe so hart wie der Stein selbst war. Die Bresche wurde nun langsam größer, die Arbeit zunehmend gefährlicher; schließlich mußten die Brechstangen beiseite gelegt werden, und die Männer fällten einige kleine Bäume, die sie in der Art von Sturmböcken einsetzten, um den füllenden Mörtel und die kleinen Steine zwischen den großen Blöcken herauszustoßen, bis diese selbst locker wurden und herabstürzten. Damit die kostbare Oberschwelle dabei nicht zu Schaden kam, verankerten wir zwei bis drei Fuß über ihr eine schiefe Ebene in der Mauer, welche die Steine auffing und zur Seite lenkte. Je größer die Bresche ward, um so gefährlicher war es, darunter zu arbeiten, und einer der Männer weigerte sich auch weiterzumachen. Ich konnte die Schwellenpfosten schon beinahe umfassen, wenn aber die untergrabenen Steinmassen ihren Halt verloren, so mußten sie ohne Zweifel die Schwelle wie auch die Männer unter sich begraben, beides gleichermaßen fatal. Zum Glück stand uns bei unserem Unternehmen die beste Abteilung von Leuten zu Gebote, die je aus Nohcacab zu uns herausgekommen war, und die Männer setzten ihren ganzen Stolz in den Erfolg des Unternehmens. Schon wider alles Erwarten und nachdem wir fast bis zum Dache einen Bogen aus der Mauer gebrochen hatten, bekamen wir endlich den inneren Balken unversehrt heraus. Noch aber waren die beiden anderen Stücke nicht geborgen; mit großer Anstrengung, großer Angst und großem Glück gelang schließlich auch dies, und die skulptierten Seiten nach oben, lagen die drei Teile vor uns. Für diesen Tag ließen wir alle weitere Arbeit ruhen; zwar waren wir kaum in den Ruinen unterwegs gewesen, doch hatten Aufregung und Angst uns so mitgenommen wie selten in diesem Lande.

In Anbetracht der Schwierigkeit und Gefahr, die wir beim Abtransport der Holzskulptur zu gewärtigen haben würden, ließen wir sie am nächsten Tag vorsichtshalber für Herrn Catherwood zum Kopieren aufstellen.

Abbildung 104 gibt den Türsturz mit seinen drei Holzpfosten wieder. Ursprünglich bestand er nur aus zweien; der, auf dem die Figur sich befindet, ist durch ungleichen Druck der aufliegenden Mauer in der Mitte gespalten worden. Das linke obere Stück erwies sich als von Würmern zerfressen und verrottet, wahrscheinlich weil Wasser, einem Kanale in den Verzierungen folgend, auf es herabgesickert war; im übrigen aber schienen die Bohlen uns unversehrt und solide.

Dargestellt ist eine menschliche Figur, die auf einer Schlange steht. Das Gesicht ist zerkratzt, verwittert und verwischt, der Kopfputz ein Federstutz. Insgesamt erinnern Figur und Verzierungen in ihrer Art an die Darstellungen, die wir an den Mauern von Palenque gefunden hatten. Wir waren zuvor noch auf keinen anderen Gegenstand gestoßen, welcher in den Details eine so auffallende Ähnlichkeit aufwies und die Erbauer dieser weit entfernt voneinander liegenden Städte in einen engen Zusammenhang stellte.

Das eigentlich Interessante an dieser Schwelle aber war das Schnitzwerk. Während der mit Hieroglyphen bedeckte Balken aus Uxmal abgeschliffen und verwittert war, hatte dieser sich vortrefflich erhalten; die Linien waren deutlich und klar unterscheidbar, und das Schnitzwerk würde jede Prüfung bestanden haben. Gleichgültig, welches Volk ihr Schöpfer gewesen war, mußte diese Skulptur als ein Meisterwerk der Holzschnitzerei gelten. In dem Bewußtsein, daß man den Türsturz selbst sehen mußte, um von seinem Schnitzwerk einen Begriff zu gewinnen, beschloß ich, das Kunstwerk um jeden Preis nach New York zu schaffen. Ich ließ die geschnitzten Seiten in trockenes Gras packen und mit grober Hanfleinwand bedecken und wollte sie ohne Aufenthalt durch das Dorf bringen lassen; die zu diesem Zwecke bestellten Indianer ließen sie aber zwei Tage lang bei heftigem Regen auf der Erde liegen, und ich war genötigt, sie zunächst ins Konvent bringen zu lassen, wo das Gras ausgepackt und getrocknet ward. Gleich am ersten Morgen kamen ein- bis zweihundert Indianer aus dem Dorfe herbei, um sich die Schnitzerei anzusehen. Es dauerte mehrere Tage, bevor ich sie abtransportieren konnte, aber zu meiner großen Freude verließ sie endlich doch auf den Schultern von Indianern das Dorf und erreichte auch später glücklich New York, wo sie nur kurze Zeit nach ihrer Ankunft dann jenes traurige Schick-

104 *Beschnitzter Holzbalken aus Kabah*

sal ereilte, das jeder Leser, der auch nur einen Schatten von Sympathie mit dem Verfasser dieser Zeilen hat, mit ihm bedauern wird.*

Die zufällige Entdeckung dieser geschnitzten Balken an einem Platz, wo wir sie nicht erwartet und uns nicht nach ihnen umgesehen hätten, veranlaßte uns, die verschiedenen Teile des Gebäudes sorgfältiger denn je zu untersuchen. Die Schwelle über der entsprechenden Tür auf der anderen Seite der Treppe war ebenfalls noch an ihrem Ort und in gutem Zustand, jedoch vollkommen glatt, und in den gesamten Ruinen von Kabah fand sich kein weiterer skulptierter Türsturz. Warum gerade diese eine Tür so hervorgehoben war, ließ sich nicht feststellen. Die Eigenart der Skulptur erhöhte jedenfalls noch unser Interesse und unsere Bewunderung für alles, was mit diesen amerikanischen Ruinen zusammenhing. Es gibt keinen Hinweis darauf, daß den Ureinwohnern dieses Kontinents Eisen oder Stahl bekannt waren. Wie aber konnten sie dann Holz schnitzen, und noch dazu solches von härtester Art?

In jenem großen Canoe, durch das Columbus zuerst von der Existenz dieses großen Erdteils erfuhr, bemerkten die Spanier unter anderen Erzeugnissen des Landes, aus dem es kam, Beile aus Kupfer, zum »Holzhacken«, wie man sich ausgedrückt hat. Bernal Diaz schreibt in seinem Bericht über die erste Reise der Spanier entlang der Küste von Guacaulco im Reich von Mexiko: »Es war bei den Indianern dieser Provinz Brauch, stets kleine Beile aus Kupfer bei sich zu tragen, die hell glänzten und deren Stiele bunt bemalt waren, wahrscheinlich Schutz und Zierat zugleich. Wir glaubten, sie wären aus Gold, kauften sie mit solcher Gier, daß wir uns innerhalb dreier Tage an die sechshundert verschafft hatten, und waren – in unserem Irrtum befangen – mit dem Handel ebenso zufrieden wie die Indianer mit ihren grünen Perlen.« Und in der Sammlung von Altertümern aus Peru, welche im Besitze des Herrn Blake in Boston ist – eine Sammlung, nebenbei gesagt, die auf Grund der Bescheidenheit ihres Besitzers kaum den nächsten Nachbarn in seiner Stadt bekannt ist –, befinden sich mehrere kupferne Messer, von denen eines mit einem geringen Anteil von Zinn versetzt und hart genug zum Holzschneiden ist. Auf anderen Begräbnisplätzen in Peru fand Herr Blake mehrere kupferne Werkzeuge, unseren modernen Meißeln ähnlich, welche einst vielleicht – unwahrscheinlich ist es nicht – zum Holzschnitzen bestimmt waren. Meiner Meinung nach wurden unsere Türbalken mit eben solchen kupfernen Werkzeugen bearbeitet, wie sie bei den Ureinwohnern vorhanden waren, und es scheint mir unnötig, ohne und sogar gegen alle Fingerzeige anzunehmen, daß in irgendeiner weit zurückliegenden Vergangenheit zwar Eisen und Stahl auf diesem Kontinente bekannt waren, diese Kenntnis bei den späteren Bewohnern aber verlorengegangen ist.

Von der Terrasse aus sieht man in einiger Entfernung ein großes Gebäude undeutlich durch die Bäume, und mit einem Indianer zusammen, dem ich es zeigte, brach

* Der Türsturz wurde zusammen mit anderen Funden Stephens' bei einem Brand in Catherwoods New Yorker ›Panorama‹-Rotunde zerstört.

ich zu seiner Durchforschung auf. In das Baummeer hinabsteigend, verloren wir den Bau zwar bald gänzlich aus den Augen, verfolgten aber die eingeschlagene Richtung weiter, wobei mir der Indianer mit seiner Machete einen Weg bahnte. Schließlich erreichten wir tatsächlich ein Gebäude, das jedoch, wie ich bald gewahr wurde, nicht das gesuchte war. Seine Frontseite war neunzig Fuß lang, die Mauern hatten Risse, und längs der Basis war der Boden mit skulptierten Steinen der für Yukatan charakteristischen Art übersät. Bevor wir noch die Tür erreichten, kroch ich durch eine Mauerspalte in ein Gemach, an dessen einem Ende ich an der Decke ein riesiges Hornissennest sah; und als ich mich hastig umwandte, gewahrte ich am anderen Ende des Raumes eine große Stuckverzierung, an der ein zweites Hornissennest hing; sie war bemalt, und die Farben, die noch glänzend und lebhaft wirkten, setzten mich ebensosehr in Erstaunen wie unsere letzte Entdeckung, die skulptierten Bohlen. Erhebliche Stuckpartien waren freilich herabgefallen, und es hatte den Anschein, als ob das Werk, das in Abbildung 105 wiedergegeben ist, mutwillig zerstört worden

105 Stuckzierat in einem Gebäude von Kabah

sei. Als der Schmuck noch unversehrt war, hat er, wie es scheint, zwei große, einander gegenüberstehende Adler darstellen sollen; auf beiden Seiten sieht man jedenfalls Federn herabhängen. Am entgegengesetzten Ende des Gemachs waren dort, wo das Hornissennest klebte, Stuckspuren von nämlicher Form zu sehen; es befand sich hier einst wahrscheinlich eine entsprechende Verzierung an der steinernen Mauer.

Ein gutes Stück weiter erreichten wir dann jenes große Gebäude, zu dessen Untersuchung wir eigentlich aufgebrochen waren. Die Vorderseite stand noch und war an einigen Stellen, besonders an der Ecke, reich verziert; der hintere Gebäudeteil aber war nur noch ein Trümmerhaufen. In der Mitte führte eine mächtige Treppe auf die Spitze, wo sich ein zweites Gebäude mit zwei Reihen von Gemächern erhob, von denen die äußere eingestürzt, die innere aber noch vollständig erhalten war.

Beim Abstieg über einen Trümmerhügel auf der anderen Seite entdeckte ich an einer Stelle ein tiefes Loch, welches anscheinend in einen Keller führte; als ich hineinkroch, stellte sich aber heraus, daß es hier zu der verschütteten Tür eines Gemaches ging, das nach einem mir neuen, seltsamen Plane gebaut war. Es besaß eine erhöhte Plattform, etwa vier Fuß über dem Grund und an jeder der inneren Ecken eine offene Rundung, groß genug, daß ein Mann darin stehen konnte. Teile der Rückwand waren wieder mit Abdrücken einer roten Hand bedeckt; sie schienen so frisch, und die Falten und Linien waren so deutlich, daß ich mehrere Versuche mit der Machete unternahm, einen dieser Abdrücke von der Wand abzulösen; allein der Gips war so hart, daß alle Anstrengungen scheiterten.

In der Nähe entdeckte ich noch ein drittes Gebäude, im Vergleich zum ersten so anspruchslos in einem Äußeren, daß ich es gar nicht beachtet hätte, wäre nicht in jedem Teil dieser Ruinen Überraschendes zu vermuten gewesen. Dieses Gebäude besaß nur eine, dazu fast ganz verschüttete Tür; als ich mich hindurchgezwängt hatte, bemerkte ich, daß auf den fast völlig eingegrabenen Steinpfosten an einer hervorstehenden Ecke ein Federbusch eingemeißelt war, den ich sogleich für den Teil eines Kopfputzes hielt; darunter vermutete ich eine menschliche Figur. Dies war wieder etwas ganz Neues. An allen Türen, die wir bisher gesehen hatten, waren die Pfosten unverziert gewesen. Bei genauerer Prüfung fand ich an dem gegenüberliegenden Pfosten einen entsprechenden Stein, allerdings gänzlich verschüttet. Der Deckstein oder Sturz über den beiden Pfosten fehlte; ich fand ihn aber in der Nähe und beschloß, die begrabenen Teile freizulegen und mitzunehmen; dies stellte sich aber als noch schwieriger heraus als die Bergung der Balken. Ein fester Erdhügel zog sich von draußen bis zur Hinterwand des Gemaches und versperrte die Türöffnung bis auf einen Durchlaß von einigen Fuß Höhe unter dem Türsturz. Die ganze Tür freizulegen war nicht möglich, denn zum Ausschaufeln der Erdmassen hatten die Indianer nur ihre Hände. Der einzige Weg war, sich neben den beiden Türsteinen hinabzugraben und sie dann mit dem Brecheisen von der Mauer zu lösen und herauszuheben. Zwei ganze Tage war ich mit dieser Arbeit beschäftigt, und am zweiten meuterten auch noch die Indianer. Sie hatten fast schon den Grund erreicht, weigerten sich aber plötzlich alle wie ein Mann, noch länger zu arbeiten. Um sie beisammen zu halten und nicht noch einen weiteren Tag zu verlieren, mußte ich selbst zugreifen; und spät am Nachmittag bekamen wir die Steine tatsächlich heraus, hoben sie mit Stangen, die wir als Hebel einsetzten, über den Erdhaufen und stellten sie an der Rückwand auf.

Die Abbildungen 106 und 107 stellen die beiden Pfosten so dar, wie sie einander in der Tür gegenüberstanden. Jeder ist, wie in den Abbildungen erkennbar, aus zwei verschiedenen Steinen zusammengesetzt, wobei der obere Stein in beiden Fällen einen Fuß fünf Zoll, der untere vier Fuß sechs Zoll hoch ist; beide sind sie zwei Fuß drei Zoll breit. Dargestellt sind jeweils zwei Figuren; die eine steht, die andere kniet vor ihr. Die Hauptpersonen haben unnatürliche und groteske Gesichter, die wahrscheinlich eine symbolische Bedeutung besitzen; der Kopfputz ist ein hoher Federbusch, der den stehenden Figuren hinten bis auf die Füße herabfällt. Den unteren Abschluß der Bildwerke bildet jeweils eine Reihe von Hieroglyphen.

Während ich mich abmühte, diese verschütteten Steine ans Tageslicht zu bringen, dachte ich wenig darüber nach, daß ich der Öffentlichkeit damit zugleich ein weiteres Dokument über die Baumeister dieser zerstörten Städte liefern würde. Der Leser wird im zweiten Bilde (Abb. 107) eine Waffe in der Hand der knienden Figur bemerken. In jenem großen Canoe, auf das ich mich oben bezogen habe, hatten die Indianer, so berichtet Herrera, Schwerter aus Holz, bei denen in einer Rille an der Vorderseite scharfkantige Kieselsteine mit einer Art von Erdharz und Fäden befestigt waren. In jedem Bericht über die Waffen der Eingeborenen ist dieselbe Waffe beschrieben, man sieht sie in jedem Museum indianischer Sehenswürdigkeiten, und bei den Indianern der Südseeinseln ist sie noch heutigen Tages in Gebrauch. Das Instrument, welches die auf dem Bilde kniend dargestellte Figur trägt, ist genau von der Art, wie Herrera sie beschreibt. Ich suchte wahrlich nicht nach Beweisen, um eine Meinung oder Theorie zu begründen, denn es war auch ohnedies fesselnd genug, die Ruinen zu durchforschen, und dieser Zeuge stand ungebeten auf.

Als wir die Steine aus ihrer Bettung hoben und an die Mauer stellten, hatte ich selbst Hand anlegen müssen, und kaum, daß die Arbeit beendet war, fühlte ich, daß die Anstrengung und Aufregung für mich zuviel gewesen waren. Alle Knochen schmerzten mir, und ein Fieberschauer überfiel mich; ich sah mich nach einem glatten Steine um, auf den ich mich hätte legen können, aber der ganze Ort war kalt und feucht, und es sah nach Regen aus. Ich sattelte mein Pferd, konnte mich aber, als ich aufstieg, kaum im Sattel halten. Ich besaß keine Sporen, doch schien mein Roß um meinen Zustand zu wissen und trottete langsamen Schrittes dahin, an jedem Busche raufend. Das Fieber kam mit neuem Ingrimm, und ich mußte absteigen, um mich unter einen Busch zu legen; dort trieben mich aber die *Garrapatas* fort. Endlich, endlich erreichte ich das Dorf, und damit war mein letzter Besuch in Kabah zu Ende.

Eine Beschreibung der mir bekannt gewordenen Ruinen habe ich gegeben; ohne Zweifel aber liegen noch mehr im Walde begraben, und der nächste Besucher wird, wenn er da anfängt, wo wir aufhörten, und wenn er an diesen Dingen Interesse hat, die Untersuchungen noch sehr viel weiter ausdehnen können. Wir selbst hatten Neuland der Forschung betreten. Seit ihnen die Stunde der Verödung und Not geschlagen hatte, waren diese Gebäude vergessen gewesen. Außer dem Cura Carillo,

106 *Steinerner Türpfosten mit Figurenschmuck*

107 *Steinerner Türpfosten mit Figurenschmuck*

der uns auf die Ruinen hingewiesen hatte, war vielleicht kein Weißer durch ihre stillen Gemächer gewandert. Wir waren die ersten, welche ihre Grabesruhe störten, und sie sind dem Publikum nun auch zum ersten Male überhaupt vorgestellt worden.

Ich kann aber wenig mehr tun als die nackte Tatsache ihrer Existenz anführen. Die Wolke, welche über ihrer Geschichte hängt, ist noch dunkler als die über den Ruinen von Uxmal. Alles, was ich über die Altertümer von Kabah berichten kann, ist, daß sie auf den Gemeindeländereien des Dorfes Nohcacab liegen. Vielleicht sind sie den Indianern seit unvordenklichen Zeiten bekannt gewesen; den weißen Einwohnern aber waren sie, wie uns der Padrecito sagte, bis zur Eröffnung des *Camino Real* nach Bolonchen gänzlich unbekannt. Dieser Weg verlief durch die alte Stadt und machte auf die großen, überwachsenen Gebäude aufmerksam, die sich da an einigen Stellen über die Bäume emportürmten. Die Entdeckung erregte indessen nicht das geringste Aufsehen, ja, die Nachricht davon hatte nicht einmal die Hauptstadt erreicht; und wenngleich seit dieser Entdeckung die großen Gebäude stets allen sichtbar gewesen sind, die diese Strecke entlangzogen, so war doch niemals ein Weißer vom Wege abgewichen, um sie zu besuchen. Die Indianer bezeichnen diese wie alle anderen Ruinen im Lande als Werke der *Antiguos*, doch ist der Charakter des Ortes der einer großen Stadt, die an Bedeutung höher als die anderen *Xlab-Pak* gestanden haben muß, die über das Land verstreut sind, gleichaltrig mit Uxmal und jener Stadt gleichkommend; und der Überlieferung nach führte einst ein großer, mit reinen weißen, in der Mayasprache *Sacbê* genannten Steinen gepflasterter Weg von Kabah nach Uxmal, auf welchem die Herren dieser Orte Boten hin und her schickten, die auf Blätter und Baumrinde geschriebene Briefe austrugen.

Zur Zeit meines Anfalles lagen auch Herr Catherwood, Dr. Cabot und Albino sämtlich am Fieber darnieder. Ich hatte am nächsten Tage einen Rückfall, am dritten aber konnte ich mich zumindest im Hause wieder bewegen. Was ich dabei sah, war allerdings kein tröstlicher Anblick für einen Kranken. Wegen der sich hinziehenden regnerischen Jahreszeit waren unsere Zimmer im Konvent feucht, und das Korn, welches wir für die Pferde in einem Winkel bereithielten, war aufgebläht und trieb Keime.

Tod überall um uns her. Einst war dieses Land so gesund, daß Torquemada sagen konnte: »Die Menschen sterben allein an Altersschwäche, denn es gibt dort jene Krankheiten nicht, welche in anderen Ländern existieren; und wenn es kleinere Gebresten gibt, so treibt sie die Hitze fort, und man braucht daher keinen Arzt«. Jetzt sind freilich die Zeiten für Ärzte viel besser, und Dr. Cabot hätte auf der Stelle mit einer florierenden Praxis beginnen können. Eine Bezahlung durfte man von den indianischen Patienten natürlich nicht erwarten.

An die Vorderfront der Kirche anschließend und sie mit dem Konvent, unserer Wohnstatt, verbindend, erhob sich ein großes Beinhaus, dessen Mauer eine Reihe von

108 Beinhaus neben der Kirche

Schädeln krönte (Abb. 108). Auf dem Gipfel eines Pfeilers, der als Abschluß einer Treppenmauer diente, stand eine große Schale voll von Totenschädeln, und auch oben am Kreuze sah man sie. In dem umfriedeten Raume selbst fand sich eine mannigfaltige Ansammlung von Schädeln und Gebeinen, sieben Fuß tief. Längs der Mauer hingen an Stricken in Kisten und Körben oder in Tücher gewickelt und mit Namen versehen die Gebeine und Schädel von einzelnen Personen, und man sah an manchen Knochenmännern noch die Überreste von Kleidung, an manchen Schädeln noch das lange schwarze Haar der Frauen.

Längliche Zementrechtecke im Fußboden der Kirche bezeichneten Grabstätten, und in der Nähe eines der Altäre stand eine Kiste mit einem Glasdeckel, in der sich die Gebeine einer Frau befanden, der gewesenen Gattin eines lebhaften alten Herrn, den wir fast alle Tage sahen. Sie waren so rein und glänzend, als ob sie poliert seien, der Schädel und die gekreuzten Knochen waren oben, die Arme und Beine unten hingelegt und die Rippen wie im Leben aufs schönste übereinander geordnet, und zwar eigenhändig von dem Gatten: eine seltsame Aufmerksamkeit, wie es schien, für die dahingegangene Frau. An der Seite des Behältnisses hing eine schwarze Tafel mit einer vom Witwer selbst in Spanisch verfaßten poetischen Inschrift:

»Verweile, Sterblicher!
Sieh dich selbst in diesem Spiegel,
In seinem blassen Widerschein,
Sieh dein Ende!
Dieser überschattete Kristall hier
Hatte einsten Pracht und Glanz!
Doch traf der furchtbare Schlag
Einer unbarmherzigen Bestimmung
Auch Manuela Carillo.
Geboren zu Nohcacab im Jahre 1789, verheiratet in demselben Dorfe an Victoriano Machado im Jahre 1808 und gestorben am ersten August 1833 nach fünfundzwanzigjähriger ehelicher Vereinigung und im vierundvierzigsten Lebensjahre. Betet fromm für ihre Seele.«

Der verwitwete Gemahl schrieb noch einige weitere Zeilen, konnte sie aber nicht mehr auf der schwarzen Tafel unterbringen und fertigte daher Abschriften an, die er privat verteilen ließ und von denen sich eine in meinen Händen befindet.

Im Chor der Kirche fanden wir in der Nische eines großen Fensters Reihen von Schädeln aufgestellt, alle mit Zetteln an der Stirn, die auffallende Inschriften trugen. Ich nahm einen in die Hand (Abb. 109), und die Worte *»Soy Padre Moreno: un Ave Maria y un Padre nuestro por Dios, hermano«* (Ich bin Pedro Moreno: ein Ave Maria und ein Paternoster, Bruder, um Gottes Willen) starrten mir ins Gesicht. Ein anderer Schädel sagte: »Ich bin Apolono Balche: ein Paternoster und ein Ave Maria, Bruder, um Gottes Willen.« Dieser Apolono Balche war ein alter Schulmeister des Padrecito, der erst vor zwei Jahren gestorben war.

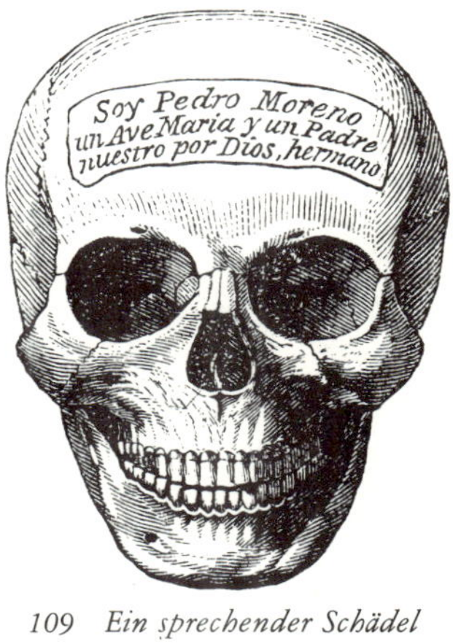

109 Ein sprechender Schädel

Der Padrecito legte mir noch ein weiteres Totenhaupt in die Hände, auf dem ich las: »Ich bin Bartola Arana: ein Paternoster etc.« Dies war ein Schädel einer spanischen Dame, die er jung und schön gekannt hatte, er war nun aber von dem des ältesten und häßlichsten Indianerfrauenzimmers nicht zu unterscheiden. »Ich bin Anizetta Bib«, sagte das Haupt eines schönen jungen indianischen Mädchens, mit dem der Padrecito ehedem verheiratet war, das aber schon ein Jahr nach der Eheschließung verstarb. So sah ich denn nun die Häupter der Reihe nach an, und der Padrecito kannte sie alle: Die eine war jung, die andere alt, der eine reich, der andere arm, die eine häßlich, der andere schön gewesen, hier aber waren sie sich alle gleich geworden. Jeder Schädel trug einen Namen, und alle baten um ein Gebet.

Auf einem hieß es: »Ich bin Richard Joseph de la Merced Truxeque y Arana, am neunundzwanzigsten April des Jahres 1838 gestorben, und erfreue mich des himmlischen Reiches auf ewig.« Dies war der Schädel eines Kindes, welches menschlicher Gebete nicht bedurfte, da es ohne Sünde gestorben und zum Himmel emporgestiegen war.

In einer Ecke stand eine Trauerkiste, schwarz angestrichen, mit weißem Rande, welche den Schädel eines Oheims des Padrecito enthielt und mit einer spanischen Inschrift versehen war: »In dieser Kiste ist der Schädel des Bruders Vicente Ortigon eingeschlossen, der im Dorfe Cuhul im Jahre 1820 starb. Ich bitte flehentlich den frommen und mitleidigen Leser, bei Gott Fürbitte für seine Seele zu tun, indem er ein Ave Maria und ein Paternoster wiederholt, damit er vom Fegefreuer befreit wird, wenn er sich darin befinden sollte, und in das Himmelreich eingehen kann. Wer der Leser auch sei, Gott wird seine Menschenfreundlichkeit belohnen. Den sechsundzwanzigsten Juli 1837.« Die Schrift war von Juana Hernandez unterfertigt, der Mutter des Verstorbenen, die damals bei der Mutter des Padrecito im Hause lebte.

Da wir daran gewöhnt sind, die Gebeine der Toten für geweiht zu halten, und da bei uns schon das geringste Andenken an einen dahingeschiedenen Freund, kommt es uns zufällig vor Augen, einen Schatten von Trauer über uns wirft, so muß eine solche Zurschaustellung des Todes uns verwundern und unsere Gefühle verletzen. Ich fragte den Padrecito, warum man diese Schädel nicht in Frieden ruhen lasse, und er antwortete, was vielleicht nur zu wahr ist, daß sie im Grabe vergessen werden, daß sie aber, wenn man sie ausgräbt und uns mit Zetteln versehen vor Augen führt, die Lebenden an das flüchtige Dasein der Dahingeschiedenen und an ihren jetzigen ungewissen Zustand – daß ihre Seelen nämlich im Fegefeuer sein könnten – erinnern, ja daß die Toten sich so gleichsam wie mit Stimmen aus dem Grabe inständig an ihre Freunde wenden, damit diese für sie beten und Messen für ihre Seelen lesen lassen. Aus diesem Grunde, und nicht aus Mutwillen oder Pietätlosigkeit, werden die Schädel im ganzen Lande auf die oben beschriebene Art ausgestellt. Am zweiten November werden dann alle Totenköpfe zur Feier des Allerseelenfestes herbeigeschafft und auf einen *Tumulo,* einen schwarz behangenen und von geweihten Kerzen beleuchteten Katafalk, gelegt, und ein Hochamt wird für ihre Seelen abgehalten.

Am Nachmittag schritt der Padrecito im Ornat an unserer Tür vorbei, und hereinschauend, wie er es gewöhnlich tat, sagte er: »*Voy a buscar un muerto*« (Ich bin auf dem Wege, eine Leiche zu bestatten). Der *Campo Santo,* der Friedhof, bildete den Vorplatz zur Kirche; jeden Tag war der Totengräber dort an der Arbeit, und bald nachdem der Padrecito uns verlassen hatte, hörten wir auch schon den Gesang, mit dem sich gewöhnlich ein Leichenzug ankündigt. Ich ging hinaus und sah ihn die Stufen hinaufkommen; der Padrecito führte ihn an und sang die Begräbnislitaneien. Der Leichnam ward in die Kirche gebracht und, nachdem der Gottesdienst vorbei war, zu Grabe getragen. Die Mesner waren so betrunken, daß sie ihn mit verdrehtem Halse in die Grube fahren ließen, worauf der Padrecito ihn mit Weihwasser besprengte, das Ende des Grabgesanges abwartete und ging. Die um das Grab stehenden Indianer sahen mich mit einem Ausdrucke an, der mir nicht geheuer war. Sie hatten dem Padrecito gesagt, wir hätten den Tod in das Dorf gebracht. In versöhnlichem Geiste lächelte ich einem Frauenzimmer in meiner Nähe zu, und sie antwortete mit einem Lachen. Langsam schenkte ich so dem ganzen Kreise, einem nach dem anderen, ein Lächeln; wenn meine Augen den ihren begegneten, lachten sie alle laut auf, und während der Leichnam noch unbedeckt und verrenkt im Grabe lag, ging ich weg. Bei diesem Volke ist der Tod nur eines von vielen Ereignissen des Lebens. »*Voy a descansar*« (Ich gehe zur Ruhe), »*Mis trabajos son acabados*« (Meine Arbeiten sind zu Ende) – dies sind die Worte des Indianers, wenn er sich aufs Totenbett legt; für den Fremden aber ist in diesem Lande der Tod der König der Schrecken.

Mittlerweile trat das Vergnügen leichtfüßig in die Fußstapfen des Todes. Die Fiesta Santo Cristo del Amor war noch immer im Gange, sollte aber am nächsten Tage mit einem *Baile de dia* oder Ball bei Tage an eben dem Orte enden, wo sie begonnen hatte, im Hause des Patrons. Wir waren mit den Vorbereitungen zu unserer Abreise von Nohcacab beschäftigt, und obgleich man uns sehr nachdrücklich eingeladen hatte, war ich der einzige aus unserer Gesellschaft, der imstande war zu kommen. Zeitig am Morgen schon befand sich der Heilige auf dem für ihn vorgesehenen Platze am Kopfende des Zimmers, der Altar war mit frischen Blumen geschmückt und die Laube zum Tanzen mit Palmenwedeln als Schutz gegen die Sonne bedeckt. Unter einem Bretterdach im Hofe war eine Schar indianischer Frauenzimmer damit beschäftigt, Tortillas und verschiedene andere Gerichte für eine öffentliche Dorffeier zuzubereiten. Um zwölf Uhr begann der Ball, kurz vor zwei Uhr verschwand der Padrecito, welcher bis dahin an meiner Seite gesessen hatte, und auch die Teilnehmer des Balles brachen bald nachher auf. Alles bewegte sich wieder zum Hause hin, wo ich, als auch ich eintrat, den Padrecito in seinem Ornat vor der Figur des Heiligen fand, ein Salve singend. Der indianische Küster umwölkte das Bildwerk mit Weihrauch, und die Tänzer lagen alle auf den Knien davor, jeder mit einer brennenden Kerze in der Hand. Nach dieser Zeremonie folgte dann die Prozession *de las velas*, das heißt der Kerzen. Das Kreuz bildete die Spitze; dann folgte die Figur des Heiligen, vor der ein betrunkener Küster ein Weihrauchfaß schwenkte. Der Padrecito faßte mich, indem er seinen Platz hinter der Heiligenfigur einnahm, beim Arme und führte mich, und der Patron des Heiligen stützte mich auf der anderen Seite. Wir waren die einzigen Mannspersonen im Zuge. Eine ungeordnete Schar von Frauenzimmern folgte, alle in ihren Ballkleidern und lange brennende Kerzen in der Hand. Nachdem wir in die Kirche gezogen waren, brachten wir den Heiligen wieder auf seinen Altar und stellten die Kerzen in rohe hölzerne Dreifuße, damit sie beim Hochamt am nächsten Morgen zur Verfügung stünden. Währenddessen hörte man, wie draußen Raketen abgefeuert wurden, und als wir vor die Türe traten, sahen wir einen anderen seltsamen Zug. Die Frauenzimmer waren allesamt bei uns; diese zweite Prozession bestand ganz aus Mannspersonen und hätte ein Jubiläum zum Ende der Enthaltsamkeit einleiten können. Beinahe alle waren mehr als halbbetrunken; und ich bemerkte, daß auch einige Männer, welche sich während der ganzen Fiesta nüchtern gehalten hatten, endlich doch vom Alkohol überrumpelt worden waren. Dem Zuge gingen Paare voraus, welche jeweils zwei Schüsseln trugen, um einige der Speisen in Empfang zu nehmen, die der Patron großzügig hatte bereitstellen lassen. Als nächstes wurden dann auf den Schultern von Indianern zwei lange häßliche Koffer als Sinnbilder des Heiligenvermögens dahergetragen; einer war mit Wachs gefüllt, das man als Weihgeschenk bekommen und gesammelt hatte, des weiteren mit Fäden für die Kerzendochte und mit den anderen Besitztümern des Heiligen, und man war gerade dabei, ihn in das Haus jenes Mannes zu bringen, welcher jetzt zu seiner Bewachung bestimmt war; der andere dagegen hatte bisher diese Dinge enthalten, war jetzt leer und sollte bei seinem gegenwärtigen Wächter als eine Art von heiligem Erbstück bleiben. Dahinter kamen, ebenfalls auf den Schultern von Indianern getragen, zwei Männer, die mit Schärpen um die Brust nebeneinander auf großen Armstühlen saßen, sich verzweifelt an den Lehnen der Stühle festhielten und deren Mienenspiel auszudrücken schien, daß sie sich wohl bewußt waren, wie gewagt und von welch unsicherer Dauer ihre Erhöhung über ihre Mitbürger sei, denn ihre indianischen Träger wankten und taumelten unter ihrer Last und dem genossenen Feuerwasser. Die beiden waren die *Hermanos de la misa* oder Brüder der Messe: der letzte Wächter des Heiligenbesitzes und sein Nachfolger, dem der oben erwähnte Koffer übergeben werden sollte. Mit viel Lärm und Wirrwarr wurden die zwei Würdenträger schließlich niedergesetzt.

Mittlerweile war auch unsere Frauenprozession von der Kirche hergekommen, die Musiker nahmen ihren Platz ein, und es ward sogleich wieder alles für einen Tanz vorbereitet. Ein gewisser Cocom, derselbe, der uns in Nohpat als Führer gedient hatte, spielte den Zeremonienmeister, und sobald der erste Tanz vorüber war, begannen zwei Mestizenmädchen mit einem Liedvortrag. Das ganze Dorf schien sich dem Genusse des Augenblicks hinzugeben; einiges dabei beleidigte Auge und Geschmack, man sah aber auch ebenso hübsche wie hübsch gekleidete Frauenzimmer, und insgesamt schwebte eine Stimmung von Sichgehenlassen und Sorgenfreiheit über dem Feste, welcher man sich schwer entziehen konnte. Als der Padrecito mit mir schließlich zum Konvent zurückkehrte, klang uns der Chorgesang bis an die Stufen nach, sanft und lieblich durch die Beimischung von Frauenstimmen und anscheinend aus dem Grunde eines jeden Herzens kommend:

»Que bonito es el mundo;
Lastima es que yo me muera.«
(Wie schön ist doch die Welt;
Nur schade, daß ich sterben muß.)

Am vierundzwanzigsten Januar verließen wir Nohcacab. Es war uns eine große Erleichterung, diesem Orte Lebewohl zu sagen, nur bedauerten wir bei unserer Abreise, daß wir noch einmal würden hierher zurückkehren müssen. Die Güte und Zuvorkommenheit des Padrecito und seines Bruders wie in der Tat aller Dorfbewohner hatten nicht nachgelassen, die Anstrengung aber, jeden Tag zwölf englische Meilen weit dieselbe Strecke zu reiten, und die Schwierigkeit, Indianer zur Arbeit anzuwerben, war eine Quelle unaufhörlicher Unannehmlichkeiten. Außerdem lag während unserer ganzen Reise die Stimmung darnieder: Unsere Krankheit sorgte hier wie anderswo dafür, daß wir des Ortes überdrüssig wurden und ihn lieber heute als morgen verlassen hätten.

Wir brachen nun zu einer Tour auf, welche nach unserem Plane in einem Kreis verschiedene Ruinen berühren sollte, dann freilich die Rückkehr nach Nocacab nötig machte, obgleich wir in der Folge von hier unmittelbar weiterreisen wollten.

Entsprechend diesem Plane ließen wir unser ganzes schweres Gepäck zurück und nahmen nur den Daguerreotypapparat, Hängematten, einen großen Koffer, der unser Zinntafelservice, einen Leuchter, Brot, Schokolade, Kaffee und Zucker enthielt, sowie einige Wäsche zum Wechseln in *Pestaquillas* mit. Außer Albino und Bernaldo hatten wir noch einen schwächlichen Burschen von fünfzehn Jahren bei uns, der Barnaby hieß: ein noch viel kleineres Menschlein als die beiden anderen; alle drei kamen an Körperumfang kaum einem tüchtig entwickelten Manne gleich.

Wir waren sämtlich mit guten Pferden für die Reise ausgestattet. Herr Catherwood hatte eines, von dessen Rücken er, ohne absteigen zu müssen, eine gute Skizze anfertigen konnte, Dr. Cabot seinerseits konnte aus dem Sattel schießen, und mein eigenes Roß war notfalls zu einem strammen Tagesritt in der Lage, wenn es erforderlich werden sollte, vorzeitig zurückzukehren. Albino allerdings ritt ein hartmäuliges, eigensinniges Pferd, welches ihn ständig wie ein Fieberanfall durchschüttelte, und Bernaldo forderte ein Pferd, weil Albino eines hatte, statt aber zu reiten, mußte er sich sein Trageband um die Stirn winden und sein eigenes Gepäck auf den Rücken nehmen.

Wir waren dabei, in ein Gebiet vorzudringen, das Weiße bisher wenig oder gar nicht besucht hatten und das reines Indianerland war. Unser Weg führte zunächst durch die Ruinen von Kabah; eine Meile weiter erreichten wir den Rancho Chaac, einen großen Indianerweiler unter der Gerichtsbarkeit des Dorfes Nohcacab. Es gab keinen Weißen im Orte, und als wir durchritten, nahmen die Weiber schnell ihre Kinder auf den Arm und liefen wie aufgescheuchte Rehe vor uns davon. Ich ritt zu einer Hütte, in welche ich ein Frauenzimmer hineingehen sah, und aus bloßer Neugier am Zaune anhaltend, nahm ich mir eine Zigarre und machte von den wenigen Mayaworten, die ich aufgelesen hatte, Gebrauch, um Feuer zu erbitten; die Tür blieb jedoch geschlossen. Ich saß ab. Bevor ich aber noch mein Pferd angebunden hatte, stürzte die Frau aus ihrer Hütte und verschwand in den Büschen. In einem Teile des Rancho befand sich eine *Casa Real,* eine lange, mit Stroh gedeckte Hütte, und davor ein großes Geviert mit einem Blätterdach als Schutz; an der einen Seite stand ein prächtiger *Ceiba-* oder *Seybo*-Baum, der seinen Schatten über eine große Fläche im Umkreis warf.

Als wir diesen Rancho verließen, sahen wir zur Linken in der Ferne ein hohes, zerstörtes Gebäude, das allein und anscheinend unzugänglich dastand, durch ein großes Gehölz von uns getrennt. Nach vierstündigem Ritte von Nohcacab erreichten wir dann den Rancho Xkauill, welcher unser erster Standort sein sollte, da die Ruinen von Sayil in seiner unmittelbaren Nachbarschaft liegen. Auch dieser Platz war ausschließlich von Indianern bewohnt; Rancho ist nämlich der Name, den eine Ansiedelung erhält, die nicht wichtig genug ist, um als Dorf zu gelten. Die *Casa Real* war, wie die von Chaac, eine große Hütte mit Lehmwänden und einem Strohdach. Vorgelagert war ihr ein freier Platz von etwa hundert Fuß im Geviert, der durch einen aus Pfählen bestehenden Zaun umfriedet und von einer Laube aus Palmenblättern beschattet ward. Um die Hütte herum standen große *Ceiba*-Bäume. Die *Casa Real* ist in jedem indianischen Rancho ausdrücklich als Unterkunft für den Cura, den Geistlichen, erbaut, dessen Besuche allerdings nur gelegentlich erfolgen und oft ganz ausfallen müssen; es nächtigten hier aber auch Kleinhändler aus den Dörfern, die bisweilen ihren Weg hierher finden, um Schweine, Mais und Geflügel zu kaufen. Nachdem die Hütte ausgefegt und von Flöhen einigermaßen gereinigt war, gab sie ein großes und bequemes Zimmer ab und bot hinreichend Raum für die sechs Hängematten, welche wir für uns selbst und unser Gefolge benötigten.

Der Ort stand unter der pfarrgeistlichen Obhut unseres Freundes, des Cura von Ticul, der ihn indessen wegen seiner vielen anderen Beschäftigungen bisher nur einmal besucht hatte. Der Padrecito hatte Nachricht von unserer Ankunft gesandt und die Leute angewiesen, alles zu unserem Empfange vorzubereiten. Unmittelbar nach unserer Ankunft waren daher die Indianer zur Stelle, um uns *Ramon*-Blätter für unsere Pferde anzubieten; Wasser war aber nicht vorhanden. Die Indianer nahmen es immerhin auf sich, uns für den Betrag von zwei Real vier *Cantaros* Wasser, einen für jedes Pferd, zu verschaffen, was für diesen Tag hinreichend war. Am Abend statteten uns dann der Alkalde mitsamt seinen *Alguazils* und überdies noch das halbe Dorf in aller Förmlichkeit einen Besuch ab.

Obgleich wir uns doch schon einige Zeit im Lande aufhielten, schien uns die wirkliche Reise erst jetzt begonnen zu haben, und wenn wir in der Vergangenheit auch bereits Szenen gesehen hatten, die ungewohnt genug für uns waren, so brachte doch gleich die erste Tagesreise uns nun gänzlich neue Eindrücke. Die Indianer versammelten sich unter dem Laubendache, wo sie uns mit großer Förmlichkeit Sitzplätze anboten, und der Alkalde verkündete, daß der Rancho zwar arm sei, daß sie aber alles in ihren Kräften stehende tun wollten, um uns behilflich zu sein. Weder er noch irgend jemand anderer im Orte sprach ein Wort Spanisch, und wir mußten uns mit Hilfe des Albino verständigen. Unsererseits leiteten wir die Zusammenkunft mit der Klage ein, daß man uns zwei Real für das Tränken unserer Pferde berechnet habe. Die Entschuldigung war aber zufriedenstellend. Während der regnerischen Jahreszeit hatten sie in der Umgegend Wasservorräte genug: einfache Ansammlungen von Regenwasser in Höhlungen und Felsenvertiefungen, welche *Sartenejas* genannt wurden und aufgrund der felsigen Beschaffenheit des Bodens sehr zahlreich waren. Während der Regenzeit füllen diese sich ebenso schnell wie sie dann austrocknen. Zur Zeit unseres Besuches nun boten sie infolge der vorausgegangenen langen Regenzeit zwar noch hinreichend Vorrat zum häuslichen Gebrauche, die Leute konnten aber weder Pferde noch Kühe oder anderes Vieh halten, und Schweine waren die einzigen Tiere, welche sie besaßen. In der heißen Jahreszeit ließen die Wasserstellen sie ganz im Stich; die Höhlungen in den Felsen trockneten aus, und die Indianer mußten dann zum Rancho Chaac, dessen Brunnen sie als eine halbe Meile tief unter dem Erdboden und als so steil darstellten, daß er nur über neun verschiedene Treppen erreicht werden könne.

Diese Erklärung entzog jeder Anschuldigung die Grundlage, daß sie etwa aus schmutzigem Geize unseren Pferden kein Wasser hätten geben wollen. Es schien seltsam, daß eine Gemeinde sich da niederlassen sollte, wo das doch so lebenswichtige Naß nur schwer und zeitweise verfügbar war, und wir fragten, warum sie nicht an einem anderen, geeigneteren Platz siedelten. Dieser Gedanke schien ihnen selbst aber niemals gekommen zu sein, denn sie sagten, ihre Väter hätten schon vor ihnen hier gelebt, und das umliegende Land sei zum Getreideanbau gut geeignet. Sie waren in der Tat eigentümliche Leute, und niemals vorher hatte ich meine Unkenntnis der Mayasprache so sehr bedauert. Sie stehen unter der Zivilgerichtsbarkeit des Dorfes Nohcacab, haben an Grund und Boden aber das Erbrecht. Ihrer Meinung nach geht es ihnen besser als in den Dörfern, wo die Leute gewissen Munizipalregeln und Abgaben unterworfen sind, oder auf den Haziendas, wo sie unter der Aufsicht ihrer jeweiligen Herren stehen.

Die Indianergemeinde besteht aus hundert *Labradores* oder Arbeitsleuten, die Ländereien sind Gemeinschaftsbesitz und werden gemeinschaftlich bearbeitet, und der Ertrag wird an alle verteilt. Auch die Nahrung wird gemeinschaftlich in einer Hütte zubereitet, und jede Familie holt sich ihren Anteil, was ein merkwürdiges Schauspiel erklärte, welches wir bei unserer Ankunft gesehen hatten: einen Zug von

Weibern und Kindern, die alle mit hölzernen Schalen, gefüllt mit dampfend heißer Brühe, aus derselben Richtung kamen und sich in die verschiedenen Hütten verteilten. Jedes Gemeindemitglied bis hin zum kleinsten Kinde trägt der Reihe nach ein Schwein zu dieser Gemeinschaftsküche bei. Weil wir die Sprache nicht verstanden und auf Grund zahlreicher anderer und dringenderer Angelegenheiten, die unsere Aufmerksamkeit in Anspruch nahmen, konnten wir nicht alle Einzelheiten ihrer Hauswirtschaft in Erfahrung bringen, sie schienen sich aber jenem besseren Zustand des menschlichen Zusammenlebens zu nähern, von dem man bisweilen bei uns hört; und da diese Gemeinschaft seit unbekannt langen Zeiten besteht und nicht als bloßes Experiment anzusehen ist, so könnten Owen oder Fourier vielleicht nützlichen Unterricht bei ihnen nehmen.

In einem wichtigen Punkt unterscheiden sie sich jedenfalls von allen professionellen Reformern – sie suchen keine neuen Anhänger für ihre Sache zu werben. Unter keinen Umständen ist es einem Fremden erlaubt, in ihre Gemeinschaft einzutreten; jedes Mitglied muß sich innerhalb des Rancho verheiraten, und es hat niemals eine Heirat mit Außenstehenden gegeben. Eine solche, sagten sie, sei unmöglich, sie könne gar nicht vorkommen. Nun, meinten wir, sie gingen aber doch in die umliegenden Dörfer, um Festen beizuwohnen, und es sei doch möglich, daß ein junger Mann oder ein junges Frauenzimmer sich in einen Bewohner irgendeines Dorfes verliebe. Ja, gewiß, dies könne vorfallen, meinten sie, auch gäbe es kein Gesetz dagegen, aber außerhalb des Rancho heiraten könne niemand. Und wie wenig man diese Möglichkeit fürchtete, zeigte sich schon darin, daß es in ihrem Gesetzbuch nicht einmal eine Strafe dafür gab; als wir aber in unseren Fragen nicht nachließen, meinten sie nach einiger Beratung, wer sich eines solchen Vergehens schuldig mache, ob Mannsperson oder Frauenzimmer, werde aus der Gemeinschaft ausgestoßen. Auf unsere Bemerkung, daß das beständige Zwischenheiraten in ihrer kleinen Gemeinde sie doch alle miteinander zu Verwandten mache, entgegneten sie, dies sei tatsächlich der Fall, seit ihre Zahl durch die Cholera dezimiert worden sei. Sie waren alle mehr oder minder nah verwandt, unter Verwandten war aber die Ehe mit Ausnahme des Verhältnisses von Bruder und Schwester erlaubt. Die Kirchenbräuche hielten sie sehr streng ein. Eben hatten sie die Karnevalsfeier vierzehn Tage vor der eigentlich vorgesehenen Zeit beendet; als wir aber ihre Zeitrechnung berichtigten, meinten sie, sie könnten das Fest ja noch einmal feiern.

Früh am Morgen brachen wir zu den Ruinen von Sayil auf. In geringer Entfernung vom Rancho sahen wir in einer überwachsenen *Milpa* zu unserer Linken die Ruinen eines Hügels und eines Gebäudes, die so sehr zerstört waren, daß sie einer Darstellung nicht wert sind.

Eine und eine halbe Meile weiter entdeckten wir dann in einiger Entfernung von der Straße einen großen, mit Bäumen bestandenen Hügel, der uns durch seine monumentalen Abmessungen in Erstaunen setzte und vor dem wir ohne unsere indianischen Gehilfen zurückgeschreckt wären, so hoch ragten die Bäume empor. Der Wald reichte unmittelbar bis an den Weg heran; unsere Führer hieben uns einen Pfad hindurch, wir selbst räumten das Geäst über unseren Köpfen weg, folgten zu Pferde und stiegen schließlich am Fuße der ›Casa Grande‹ ab. Mit diesem Namen nämlich bezeichneten die Indianer das ungeheure, aus weißem Gestein erbaute Gebäude, das, in den Tiefen eines großen Waldes begraben, der Einsamkeit, welche es umgab, neue Ödnis hinzufügte. Wir banden unsere Pferde an und bahnten uns einen Weg entlang der Vorderseite. Die Bäume standen so dicht, daß wir immer nur einen kleinen Teil der Fassade auf einmal sehen konnten. Wären wir in Kabah auf solche Wälder gestoßen, wo wir größte Schwierigkeiten hatten, Indianer in unsere Dienste zu nehmen, wir hätten verzweifeln müssen und wären wohl unverrrichteter Dinge wieder abgezogen, glücklicherweise waren aber auf unserer ganzen Reise dort, wo große Arbeit auf uns wartete, auch die Mittel, sie zu vollenden, stets zur Hand.

Über das, was zu tun sei, gab es keine Meinungsverschiedenheiten, wichtig war nur, Zeit zu sparen. Ohne das übrige Gebäude zu erkunden, hießen wir unsere Indianer an die Arbeit gehen, und schon nach wenigen Minuten ward die Stille von Jahrhunderten durch den scharfen Klang der Axt und das Krachen fallender Bäume zerrissen. Mit der starken Gruppe von Indianern, die uns zur Verfügung stand, waren wir im Laufe des Tages imstande, die ganze Vorderseite der Casa Grande freizulegen.

Erst spät am Tage kam Dr. Cabot auf das Gelände, und da keine Bäume mehr da waren, die Aussicht zu versperren, und die drei übereinandergestaffelten Stockwerke des Baues in ihren ungeheuren Größenverhältnissen ihm, der aus dichtem Walde kam, mit einem Male sichtbar wurden, erschien ihm dies als das großartigste Schauspiel, welches er im ganzen Lande je gesehen hatte.

Abbildung 110 stellt die Vorderseite des Gebäudes dar. Die Ansicht ward von einem Hügel aus aufgenommen, der in einer Entfernung von etwa fünfhundert Fuß lag, überwachsen war und auf dem wir ein zerstörtes Gebäude fanden.

Als wir die Bäume und das Unterholz von jenem Hügel abräumten, entdeckten wir außerdem eine *Pila,* einen ausgehöhlten Stein, der mit Regenwasser gefüllt war – eine wertvolle Hilfe für uns, während wir in den Ruinen arbeiteten.

Die Abbildung zeigt, was von der Casa Grande noch erhalten und darstellbar ist. Sie hat drei Stockwerke, und in der Mitte führt eine große Treppe, zweiunddreißig Fuß breit, bis auf die Plattform der höchsten Terrasse hinauf. Diese Treppe ist indessen in verfallenem Zustande, ein bloßer Ruinenhügel, auch war der ganz rechte Teil des Gebäudes eingestürzt und so verfallen, daß man keine klare Zeichnung davon anfertigen konnte; wir ließen deshalb hier sogar die Bäume stehen. Das Bild stellt den zur Linken der Mitteltreppe gelegenen Gebäudeteil dar.

Das unterste der drei Stockwerke hat eine Frontlänge von zweihundertundfünfundsechzig Fuß und ist hundertzwanzig Fuß tief. Sechzehn Türen öffneten sich ur-

110 Die Casa Grande von Sayil

sprünglich in Raumeinheiten von jeweils zwei Zimmern. Die ganze Vordermauer ist aber jetzt zusammengefallen, das Innere mit Bruchstücken und Schutt gefüllt und der Boden vor der Frontmauer so dicht mit Geäst und Gezweig niedergestürzter Bäume bedeckt, daß man sogar noch, nachdem sie in Stücke gehauen und mit Stangen heruntergedrückt worden waren, aus der für die Anfertigung einer Zeichnung nötigen Entfernung nur einen kleinen Teil des Inneren erfassen konnte. Die beiden Stirnmauern dieses Stockwerks haben jeweils sechs Türen, und die Gebäuderückseite hat zehn; sie alle öffnen sich in Gemächer, sind aber insgesamt in einem verfallenen Zustande.

Die Gebäudeflucht auf der zweiten Terrasse ist zweihundertundzwanzig Fuß lang und sechzig Fuß tief und besitzt vier Türen auf jeder Seite der großen Treppe. Die Eingänge zur Linken, welche alle noch erhalten sind, zeigen zwei Säulen in jeder Tür, jede sechs Fuß sechs Zoll hoch, grob gearbeitet mit viereckigen Säulenköpfen, die an dorische Kapitäle erinnern, denen aber das Großartige jener alten Säulenordnung abgeht. Die Mauerflächen zwischen den Türen füllen vier kleine, merkwürdig verzierte Halbsäulen aus, die dicht nebeneinander in die Mauer versenkt sind. Zwischen der ersten und zweiten sowie zwischen der dritten und vierten Türe führt durch einen Nebeneingang jeweils eine kleine Treppe zur Terrasse des dritten Stockwerks empor. Die Plattform dieser Terrasse hat dreißig Fuß Tiefe an der Front und fünfundzwanzig Fuß Tiefe an der Rückseite. Das Gebäude selbst ist hundertfünfund-

111 Fassadenschmuck der Casa Grande

fünfzig Fuß lang und achtzehn Fuß tief, und sieben Türen öffnen sich in ebensoviele Gemächer. Die Schwellen über den Türen bestehen aus Stein.

Die Außenmauer des dritten und höchsten Stockwerkes ist glatt, während die der beiden anderen Gebäudezüge üppige Verzierungen aufweist, von deren Charakter Abbildung 111, welche einen Teil der Fassade des zweiten Stockwerks zeigt, eine Vorstellung vermitteln mag. Neben Mustern, die uns auch von anderen Stätten her bekannt waren, findet sich hier die Figur eines Mannes, der sich auf seine Hände stützt, wobei seine Beine in einer eher sonderbaren als heiklen Stellung gespreizt sind.

Abbildung 112 gibt den Grundriß der drei Stockwerke und die Größenverhältnisse der Terrassen wieder. Die Plattformen sind an der Vorderseite jeweils breiter als an der Rückseite, die Gemächer verschieden groß. Die Nordseite des zweiten Stockwerks wird ›Casa Cerrada‹ (Das verschlossene Haus) genannt, denn sie besitzt zehn Türen, die eigenartigerweise sämtlich von innen mit Steinen und Mörtel blockiert sind; wie man sich denken kann, stand dieser Bau im Dorfe Nohcacab in einem geheimnisvollen Rufe, und alle glaubten, es wären Schätze darin verborgen. Dieser Glaube war in der Tat so stark, daß der Alkalde Segundo, der die Ruinen vorher niemals besucht hatte, aus unserer Anwesenheit seinen Vorteil ziehen wollte und nach einer Übereinkunft im Dorfe mit Brechstangen zu uns herausgeritten kam, um mit uns gemeinsam in die verschlossenen Gebäude einzudringen und jenen kostbaren

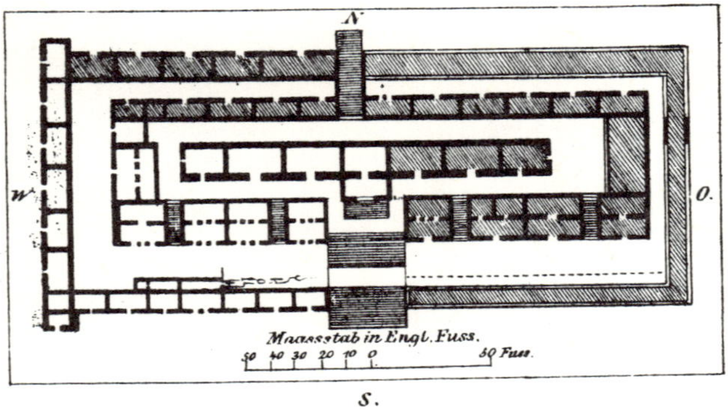

112 Grundriß der Casa Grande mit ihren drei Terrassen

Schatz zu heben. Der erste Anblick dieser verschlossenen Türen weckte in uns tatsächlich den lebhaften Wunsch, einen solchen Versuch zu unternehmen; als wir aber das Gebäude abschritten, stellte sich heraus, daß die Indianer uns zuvorgekommen waren. Vor mehreren Kammern fanden sich Haufen von Steinen, die sie aus den Türen herausgebrochen hatten, und es war möglich, durch Löcher unterhalb der Türstürze ins Innere zu kriechen, wo wir indessen nur Gemächer der üblichen Mauertechnik und Dachkonstruktion fanden, die hier indessen – bis auf die Teile, welche die Indianer freigeräumt hatten – mit festen Massen aus Stein und Mörtel ausgefüllt waren. Im ganzen waren es zehn solche Gemächer, zweihundertundzwanzig Fuß lang und zehn Fuß tief, welche, auf diese Art ausgefüllt, das ganze Gebäude zu einem riesigen Block machten. Das Sonderbarste daran war, daß die Auffüllung der Kammern gleichzeitig mit der Errichtung des Gebäudes erfolgt sein mußte; denn da die Stein-Mörtel-Masse im Inneren über die Türhöhe hinausreichte, konnten die Arbeiter nicht durch diese Eingänge an ihre Arbeit gegangen sein. Die Gemächer mußten vielmehr gleich beim Aufmauern der Wände gefüllt und die Decke über einer festen Masse geschlossen worden sein. Welchen Sinn diese Bauweise haben sollte, ließ sich unmöglich sagen, es wäre denn, daß die Füllmasse als Stütze für die obere Terrasse und ihre Gebäude erforderlich war; wenn dies aber tatsächlich der Fall gewesen sein sollte, hätte man mit sehr viel weniger Mühe sogleich ein massives Gebäude aufführen können, ohne eine vorherige Unterteilung in Zimmer.

Von der Höhe dieses Bauwerkes bot sich eine großartige Aussicht, nicht mehr auf eine Ebene, sondern auf ein wellenförmiges Waldland. Nach Nordwesten hin, den höchsten Berg krönend, ragte ein Ruinenhügel empor, mit Bäumen bestanden, hinter denen unsere nun geübten Augen ein Gebäude erkannten, das entweder noch unversehrt stand oder in Ruinen lag. Der ganze Raum dazwischen war indes ein einziges Dickicht und Unterholz, und die Indianer sagten, der Hügel wäre unzugänglich. Ich wählte drei der besten von ihnen aus und legte ihnen dar, daß wir ihn erreichen müßten; sie wußten aber wirklich nicht, wie sie dies anstellen sollten. So gingen sie zunächst auf dem Wege, auf dem wir die Ruinen erreicht hatten, weiter, was uns aber eher von dem Hügel entfernte als uns ihm näher brachte. Unterwegs trafen wir zum Glück einen anderen, kundigeren Indianer, der mit uns zurückging und ein kleines Stück weiter, sich der Richtung vergewissernd, durch das Unterholz zu einem Pfade durch den Wald abbog, dem er auf eine kurze Strecke folgte, um sich dann abermals den Weg mitten durch das Unterholz zu bahnen. Alle miteinander ergriffen wir nun die Machete und erreichten schließlich den Fuß eines steinigen Hügels, welcher mit der riesigen *Maguey* oder *Agave Americana* bedeckt war, deren lange dornige Spitzen alles, was sie berühren, durchstechen und zerreißen. Nur mit großer Mühe gelang es uns, diesen Hügel hinaufzusteigen; oben stießen wir auf die Mauer einer Terrasse, und nachdem wir auch diese erklettert hatten, befanden wir uns endlich am Fuße des erstrebten Gebäudes.

Es war jedoch in verfallenem Zustand und bot keine Entschädigung für unsere Mühen; über der Tür befand sich aber ein in Stein gehauener Kopf, an dessen Gesicht der Ausdruck und die Güte der handwerklichen Arbeit bemerkenswert waren. In einem der Gemächer lief hoch an der Wand ein Vorsprung hin, in einem anderen entdeckten wir eine etwa einen Fuß hohe Plattform, und an der Wand desselben Gemaches fand sich wiederum der Abdruck der roten Hand. Aus der Tür genoß man eine weite Aussicht über wellenförmiges Waldland, welches mit seinem grünen Kleide eigentlich ein Gefühl von Heiterkeit hätte erregen sollen, uns aber, vielleicht aufgrund der Einsamkeit und Stille, vielmehr traurig stimmte. In diesem ganzen ungeheuren Walde war nur eine einzige Lichtung zu erkennen, die nämlich, welche wir selbst rings um die Casa Grande freigeräumt hatten; wir konnten das Gebäude und die Gestalten einiger Indianer erkennen, welche noch immer mit Rodungsarbeiten oben auf dem Dache beschäftigt waren.

In einer Entfernung von fünfhundert Yards und ebenfalls von unserem Standort, der Hügelhöhe, aus sichtbar, erhob sich indes vor der Casa Grande noch ein anderes Gebäude, welches sich von allen bisher gesehenen auffallend unterschied und seltsamer und unerklärlicher war, hatte es doch aus der Entfernung das Aussehen eines Fabrikgebäudes in Neuengland.

Abbildung 113 stellt dieses Gebäude dar. Es steht auf einer Terrasse und gliedert sich eigentlich in zwei verschiedene Gebäude, von denen sich das eine über dem anderen erhebt. Das untere gleicht im großen und ganzen den übrigen Gebäuden des Landes. Es hat eine Frontlänge von vierzig Fuß und ist dabei niedrig, mit flachem Dache; mitten durch das Gebäude verläuft ein überwölbter Torweg. Die Vorderseite des Unterbaus ist eingestürzt und das Ganze so zerstört, daß nur dieser Torweg auf dem Bilde erscheint. Auf der Mitte des Daches erhebt sich, ohne jede Stütze und mit keinem anderen Bau verbunden, lotrecht eine Mauer, vielleicht dreißig Fuß hoch. Sie ist aus Stein, an die zwei Fuß dick und besitzt oblonge Öffnungen, die gegen vier Fuß lang und sechs Zoll breit sind, kleinen Fenstern gleich. Einst war diese Wand

113 Seltsamer Bau in Sayil

mit Stuck verkleidet gewesen, der inzwischen jedoch herabgefallen war und eine Vorderseite aus rohen Steinen und Mörtel zurückgelassen hatte; auf der Rückseite sah man Bruchstücke von stuckierten Figuren und Zierat, darunter das Bild eines Indianers, der gerade eine Schlange tötet, wie sie in den Gehölzen von Yukatan überaus häufig sind. Seit wir unsere Forschungen in den amerikanischen Ruinen begonnen hatten, waren wir auf nichts Unerklärlicheres gestoßen als auf diese große, lotrechte Mauer. Sie schien nur erbaut, um die Nachwelt in Verlegenheit zu setzen.

Dies waren die einzigen Gebäude in der unmittelbaren Nachbarschaft, welche das Zerstörungswerk der Elemente überdauert hatten; als wir aber unter den Indianern nachfragten, unternahm es einer, mich zu einem weiteren Bau zu führen, welcher, wie er sagte, noch gut erhalten sei. In südwestlicher Richtung von der Casa Grande erreichten wir in einer Entfernung von etwa einer Meile über ödes und überwachsenes Land eine Terrasse, deren Grundfläche alles bisher im Lande Gesehene weit überbot. Wir überquerten sie von Norden nach Süden, und in dieser Richtung muß sie fünfzehnhundert Fuß lang gewesen sein, und ebenso großzügig war sie wahrscheinlich in der anderen Richtung angelegt, dabei aber so uneben, brüchig und überwachsen, daß wir gar nicht erst versuchten, sie auszumessen.

Auf dieser großen Plattform nun stand das Gebäude, von dem der Indianer uns berichtet hatte; ich ließ es freiräumen, und Herr Catherwood zeichnete es am nächsten Tage so, wie es in Abbildung 114 dargestellt ist. An der Frontseite hundertundsiebzehn Fuß lang und vierundachtzig Fuß tief, umfaßt es sechzehn Gemächer, von denen die vordersten, fünf an der Zahl, am besten erhalten sind. Das Gemach in der Mitte hat drei Türen. Es ist siebenundzwanzig Fuß und sechs Zoll lang und nur sieben Fuß sechs Zoll breit und steht durch eine einzelne Tür mit einer Hinterkammer in Verbindung, die achtzehn Fuß lang und fünf Fuß sechs Zoll breit ist. Diese Kammer liegt zwei Fuß sechs Zoll höher als das Vorzimmer, und einige Stufen führten zu ihr hinauf. Vom Boden der Vorderkammer zieht sich bis auf die Höhe der Türschwelle eine Reihe kleiner Säulen an der Wand empor, achtunddreißig an der Zahl.

An mehreren Stellen ist die große Plattform mit Trümmern übersät, und es liegen wahrscheinlich noch andere Gebäude im Walde begraben; ohne Führer oder sonst einen Hinweis konnten wir indes nicht hoffen, sie aufzuspüren.

So also sind, soweit wir sie aufzufinden vermochten, die Ruinen von Sayil beschaffen. Der Name der verschollenen Stadt war bis zu der Zeit unseres Besuches niemals von zivilisierten Menschen ausgesprochen worden und wäre bis auf den heutigen Tag in der Hauptstadt Yukatans unbekannt, hätte man dort nicht die Mitteilungen über unsere Bewegungen im Lande verfolgt. Die ersten Nachrichten, welche wir selbst von der Stätte erhielten, kamen von Cura Carillo, der anläßlich seines einzigen Besu-

114 Ein letztes Gebäude in Sayil

ches in diesem abgelegenen Bezirk seiner Pfarre einen großen Teil der Zeit hier zubrachte.

Es war seltsam und beinahe unglaublich, daß die Indianer, die diese außerordentlichen Monumente tagtäglich vor Augen hatten, niemals auch nur einen Gedanken an sie verschwendeten. Die Frage, wer sie erbaute, kam ihnen niemals in den Sinn. Der große Name Montezumas, der doch weit über sie hinaus bis zu den Hondurasindianern gedrungen ist, hatte nie ihr Ohr erreicht, und auf alle Fragen erhielten wir die gleiche alberne Antwort, welche uns zum ersten Male in Copan aufstieß: *»Quien sabe?«* (Wer weiß?) Im übrigen waren sie ebenso abergläubisch wie die Indianer von Uxmal und behaupteten, es spuke in den alten Gebäuden; wie in der abgelegenen Gegend von Santa Cruz del Quiche, so hieß es auch hier, daß jedes Jahr am Karfreitag Musik in den Ruinen erklinge.

Am nächsten Morgen reisten wir nach den Ruinen von Labna ab. Unser Weg führte in südöstlicher Richtung zwischen Bergen hin und war malerischer als irgendeine Strecke, die wir bisher im Lande zurückgelegt hatten. Nach nur ein und einer halben Meile erreichten wir ein Ruinenfeld, welches uns trotz allem, was wir schon gesehen hatten, in Erstaunen setzte. Unsere Suche nach Ruinen in diesem Lande war ja dadurch gekennzeichnet, daß wir niemals wußten, was wir antreffen würden, bevor wir den jeweiligen Ort erreichten. Die Mitteilungen der Indianer waren durchweg unzuverlässig. Wenn sie uns Ursache gaben, viel zu erwarten, so fanden wir nur wenig, und hinwiederum fanden wir Bemerkenswertes, wo wir nach ihren Angaben Geringes erwarteten. Von der nun erreichten Stätte hatte nicht einmal unser Freund, der Cura Carillo, je etwas gehört. Den ersten Hinweis auf Ruinen in dieser Gegend erhielten wir von dem Bruder des Padrecito zu Nohcacab, welcher sie indessen nicht selbst gesehen hatte. Seit unserer Ankunft im Lande hatte nichts uns mehr erregt, wobei sich in diesem Gefühl Schmerz und Freude mischten: Schmerz darüber, daß die Ruinen nicht entdeckt worden waren, bevor das Urteil unwiderruflicher Zerstörung über sie gesprochen ward; große Freude zur gleichen Zeit aber deswegen, weil es uns überhaupt noch vergönnt war, diese verwitternden, aber noch immer stolzen Andenken eines geheimnisvollen Volkes zu sehen, bevor die Zeit jenes Verdammungsurteil endgültig vollstreckt hatte. In wenigen Jahren werden auch die jetzt noch erhaltenen Denkmäler vergangen und vergessen sein, und wie man die Existenz anderer Dinge geleugnet hat, so werden sich auch hier einst wieder Zweifel erheben, ob diese Ruinen wirklich einmal vorhanden waren. So stark war dieser Gedanke, daß er uns anspornte, die Beweise auf jede uns mögliche Art zu festigen. Dabei standen uns zum Glück genügend indianische Arbeitskräfte zu Gebote. Es ward keine Zeit verloren, und die Indianer nahmen die Arbeit so beherzt in Angriff, wie es ihrer Anzahl entsprach. Viele hatten *Hachas* oder kleine Beile, und das Krachen der niederstürzenden Bäume war dem erregenden Geräusch bei Holzfällerarbeiten in unseren eigenen Wäldern ähnlich.

Ein pyramidaler Hügel, auf dessen Höhe eines der merkwürdigsten und außerordentlichsten Gebäude im ganzen Lande steht, ist in Abbildung 115 dargestellt. Wir waren sogleich in seinen Bann gezogen und brachten einen ganzen Tag vor dem Bau zu; rückblickend läßt sich sagen, daß auf unseren Reisen in die zerstörten Städte Mittelamerikas nichts von größerem Interesse für uns gewesen ist. Der Ruinenhügel hatte eine Höhe von fünfundvierzig Fuß. Die Stufen waren herabgestürzt; Bäume wuchsen an der Stelle, wo sie gelegen hatten, und wir erreichten den Gipfel, indem wir uns an ihren Zweigen in die Höhe zogen. Nach der Rodung der Bäume ward es außerordentlich beschwerlich, hinauf- und herabzusteigen. Die abgehauenen *Maguey*-Pflanzen sieht man im Bilde auf den Stufen liegen.

Eine schmale Plattform bildet die Höhe des Hügels. Das Gebäude, das mit der Fassade nach Süden weist, maß in unversehrtem Zustand bei zwanzig Fuß Tiefe an der Frontseite einst dreiundvierzig Fuß. Es besaß drei Türen, von denen eine heute zusammen mit einem Gebäudeteil von acht Fuß Länge eingestürzt ist und in Ruinen liegt. Die Mitteltür öffnet sich in zwei Gemächer, jedes zwanzig Fuß lang und sechs Fuß breit.

Über dem Karnies des Gebäudes steigt eine riesige Mauer dreißig Fuß senkrecht in die Höhe; einst war sie von oben bis unten und von einer Seite bis zur anderen mit Kolossalfiguren und sonstigen Stuckarbeiten verziert, die jetzt zwar nur noch in Bruchstücken vorhanden sind, dabei aber noch immer einen bemerkenswerten und ungewöhnlichen Anblick bieten, wie die Kunst keines anderen Volkes ihn jemals hervorgebracht hat. Entlang des oberen Mauerabschlusses konnte man eine Reihe von Totenköpfen erkennen; darüber befanden sich ursprünglich zwei Reihen menschlicher Figuren in Hochrelief (von denen nur noch da und dort Arme und Beine zu sehen sind), deren Komposition und Gestaltung – soweit noch feststellbar – einen bedeutenden Fortschritt in diesem schwierigsten Zweige der Kunst darstellt. Eine kolossale Sitzfigur über der Mitteltür, von der nur ein großer Halskragen, der Gürtel und einige andere Einzelteile erhalten sind, bildete das Zentrum des Wandschmucks. Über dem Kopfe dieser Hauptfigur fiel uns eine große Kugel auf, mit einer menschlichen Figur daneben, die diese Kugel mit den Händen berührt; eine andere Figur darunter stützt sich mit einem Knie auf den Boden und hält eine Hand in die Höhe, als ob sie die Kugel empordrücken wolle oder als ob sie fürchte, daß diese auf sie herabstürzen werde. Bei all unseren Arbeiten in diesem Lande waren wir niemals eifriger bemüht, aus vorhandenen Bruchstücken die Ordnung und Bedeutung der Figuren und Verzierungen zu erschließen, wobei wir indessen das, was wir gemeinsam sahen, nicht in ein und demselben Sinne zu deuten vermochten.

Herr Catherwood fertigte zu verschiedenen Zeiten und bei verschiedenem Sonnenstand zwei Zeichnungen an, und Dr. Cabot und ich arbeiteten den ganzen Tag über mit dem Daguerreotyp. Wenn die Sonne in voller Glut senkrecht vom Himmel brannte, warf das weiße Gestein die Strahlen mit einer Heftigkeit zurück, die das

115 *Ruinenhügel mit Gebäude in Labna*

Auge schmerzend blendete und beinahe bestätigte, was Bernald Diaz von der Expedition nach Mexiko über die Ankunft der Spanier in Cempoala berichtet und was schon auf Seite 197 dieses Werkes zitiert ward.

Nachmittags, wenn das Gebäude im Schatten lag, bot sich uns die beste Sicht. Die Ornamentik war so sehr zerstört und so verworren, daß nicht einmal mit Hilfe des Daguerreotyps eine deutliche Darstellung zustandekam, und der einzige Weg, die Details zu bestimmen, hätte darin bestanden, mit einer Leiter hochzusteigen und sie aus der Nähe zu betrachten; an Holz für eine solche Leiter mangelte es wahrlich nicht angesichts der Wälder ringsum, doch taten sich die Indianer schwer, Stangen von der erforderlichen Länge zu finden, auch würde das Sprossengestell allzu schwerfällig und sperrig für die schmale Plattform vor dem Gebäude gewesen sein. Überdies wankte die Mauer und drohte einzustürzen. Ein lotrechter Streifen war schon in ganzer Höhe verschwunden, und auf Abbildung 115 wird der Leser sehen, daß die Mauer in einer Linie mit der rechten Seite der Mitteltür geborsten ist und sich ein klaffender Riß von mehr als einem Fuß Breite bis zum oberen Rand zieht. In wenigen Jahren wird die Wand ganz einstürzen. Ihr Schicksal ist besiegelt. Menschliche Macht kann sie nicht erhalten; aber noch in ihrem Verfall vermittelte sie eine eindrucksvolle Vorstellung von den Szenen barbarischer Pracht, welche dieses Land gesehen haben muß, als alle seine Städte noch unversehrt waren. Die Figuren und Ornamente an dieser Mauer waren einst bemalt, die Überreste leuchtender Farben dem Wirken der Elemente zum Trotz noch sichtbar. Wenn ein Reisender aus der Alten Welt durch einen sonderbaren Zufall diese Stadt der Ureinwohner hätte besuchen können, als sie noch vollständig erhalten war, so würde sein Bericht darüber phantastischer als eine morgenländische Erzählung ausgefallen sein, fabelhaft wie Tausendundeine Nacht.

In einer Entfernung von einigen hundert Fuß zu diesem gerade beschriebenen Gebäude und, wenn man näherkommt, zugleich mit diesem sichtbar werdend, erhebt sich jener überwölbte Torweg, der in Abbildung 116 dargestellt ist. Rechts zieht sich in einem Winkel von dreißig Grad dazu ein sehr verfallenes Gebäude hin, welches in die Ansicht nicht mehr mit aufgenommen werden konnte. Links stößt es an ein weiteres Gebäude, und wo die Mauer sich wieder zurückwendet, befindet sich eine (im Bilde nicht dargestellte) Tür, von ausgewogenen Proportionen und reicher verziert als irgendein anderer Teil des Gebäudes. Die Wirkung dieses Architekturensembles war eindrucksvoll und fesselnd, und so vertraut wir auch mit den Ruinen dieses Landes waren, so prägte sich uns der Anblick dieser Bauten mit der sich auftürmenden Mauer davor doch in einer Weise ein, die sich nur schwer in Worte fassen läßt.

Der Torweg ist zehn Fuß breit; ihn durchschreitend gelangten wir in einen dichten Wald, der sich so nahe an die Baulichkeiten drängte, daß wir nicht einmal deren Umriß klar ausmachen konnten; als die Bäume dann gerodet waren, stellte sich heraus, daß sie auf der Grundfläche oder dem Hofraum eines in Trümmern liegenden Baus gestanden hatten. Die Türen der Gemächer auf beiden Seiten des Torweges,

116 Torbogen in Labna

jede zwölf Fuß hoch und acht Fuß breit, gingen auf diesen freien Raum hinaus. Über jeder Tür fand sich eine viereckige Nische mit den Überresten reicher Verzierungen in Stuck, an denen noch Farbreste zu erkennen waren; anscheinend sollten sie das Antlitz der Sonne mit den sie umgebenden Strahlen vorstellen, einst wahrscheinlich Gegenstände der Anbetung und des Gottesdienstes, jetzt aber willkürlich zerstört. Abbildung 117 gibt diese Seite des Torwegs wieder. Die den Hof umgebenden Gebäude bildeten große unregelmäßige Steinhügel, im ganzen zweihundert Fuß lang. Der Grundriß unterschied sich von allem, was wir bisher gesehen hatten; da ich aber so viele andere Zeichnungen und Pläne vorzustellen habe, soll er hier nicht wiedergegeben werden.

Etwa vierhundertundfünfzig Fuß nordöstlich des Hügels, auf dem sich die große Mauer erhebt (vgl. Abb. 115), steht ein mächtiges Gebäude, auf einer Terrasse errichtet und unter Baumwuchs verborgen, dessen Vorderseite stark zerstört ist und das nur noch wenig Skulpturschmuck aufweist. Geht man in derselben Richtung weiter durch die Wälder, erreicht man jenes großartige, ja wahrhaft prachtvolle Gebäude, das in Abbildung 118 dargestellt ist. Es steht auf einer gigantischen Terrasse, die vierhundert Fuß lang und hundertundfünfzig Fuß breit ist. Diese ganze Terrasse ist mit Gebäuden bedeckt. Die dargestellte Frontseite mißt zweihundertundzweiundachtzig Fuß in der Länge und besteht aus drei verschiedenen Teilen, die in ihrem Stile verschieden und vielleicht auch zu verschiedenen Zeiten errichtet worden sind.

117 Innere Front des Torweges in Labna

118 Hauptgebäude von Labna

Aus der Entfernung und da Bäume uns die Sicht halb entzogen, konnten wir uns von ihrem Umfang keinen Begriff machen. Wir erreichten den Bau zuerst an jener Ecke, welche man im Bilde rechts sieht. Unsere Führer hieben längs der Vorderseite der Mauer einen Pfad durch den Wald, und da wir wiederholt, um den Bauschmuck zu studieren, stehenblieben und in die Gemächer traten, an denen wir entlangkamen, schien das Gebäude kein Ende nehmen zu wollen.

Die ganze lange Fassade war mit skulptierten Steinen verziert, von denen, breit wie das Bild ist, die Details hier nicht gezeigt werden können; um aber eine Vorstellung davon zu vermitteln, wie dieser Skulpturenschmuck auf uns wirkte, haben wir in Abbildung 119 einen Ausschnitt davon wiedergegeben, wozu ich bemerken muß, daß es sich hier um den auffallendsten und interessantesten Teil der ganzen Fassade handelt. Er ist am linken Ende des Hauptgebäudes zu finden; am Gebäudeeck erkennt man den ungeheuren offenen Rachen eines Alligators oder irgendeines anderen scheußlichen Tieres, aus dem ein Menschenkopf herausschaut.

Der Leser wird sich einen Begriff machen können, wie sehr das Gebäude überwachsen und verhüllt war, wenn ich sage, daß ich fast den ganzen Tag auf der Terrasse an der Arbeit war, ohne zu erkennen, daß auf dem Dache noch ein weiteres Gebäude stand. Um die ganze Vorderseite in eine einzige Ansicht aufzunehmen, war es nötig, den Wald auf einige Entfernung in die Ebene hinab zu roden, und dabei erst entdeckte ich das obere Gebäude. Es war hinter einem ebenso starken Baumwuchs verborgen, wie er für die untere Terrasse und überhaupt den gesamten Wald charakteristisch war. Alles mußte abgeholzt, die Bäume auf die Terrasse hinuntergeworfen und alsdann weiter in die Ebene geschleppt werden. Das Gebäude besteht aus einzelnen schmalen Korridoren und besitzt eine Fassade aus glattem Gestein, ohne allen Zierat.

Die Plattform vorn bildet das Dach des darunter liegenden Gebäudes, und in dieser Plattform befindet sich ein kreisrundes Loch, ähnlich denen, welche ich in Uxmal und an anderen Orten gesehen hatte, wo sie in unterirdische Gemächer führten.

119 Skulpturschmuck am Hauptgebäude

Dieses Loch war den Indianern wohlbekannt und hatte einen wunderbaren Ruf, und doch hatten sie es, bevor ich hinaufkletterte, um das obere Gebäude zu untersuchen, nie erwähnt. Nun sagten sie, es sei die Wohnung des *El dueno de la casa,* des Eigentümers des Gebäudes. Ich schlug sogleich vor hinabzusteigen, ein alter Indianer aber bat mich, dies nicht zu tun, und meinte angstvoll zu den anderen: »Wer weiß, ob er nicht mit dem Eigentümer zusammentrifft.« Ich schickte unverzüglich nach einem Seile, einer Laterne und Zündhölzern, doch so albern es scheinen mag, als ich die wilden Figuren der Indianer sah, welche um die Öffnung herumstanden, in ihre ernsten Gesichter blickte und sie von jenem Eigentümer sprechen hörte, ward ich selbst von ihrer Unruhe ergriffen. Da so geschwind kein Seil herbeizuschaffen war, ließ ich einen jungen Baum fällen und in die Öffnung senken, um an seinem Stamme mit einer Laterne hinabzusteigen. Meine Absicht und die Nachricht, daß ich schon Vorbereitungen traf, hatten sich schnell unter den Indianern verbreitet, und alle hörten auf zu arbeiten und eilten herbei. Das Loch war etwa vier Fuß tief, und gerade als mein Kopf in der Öffnung verschwunden war, ward ich durch ein seltsames Kratzen und Schleifen erschreckt, und eine ungeheuer große Iguana lief an der Wand entlang und entwischte durch die Öffnung, durch die ich mich hinuntergelassen hatte.

Ich stand in einem Gemach, das sich von allen, die ich früher gesehen hatte, unterschied. Waren solche Kammern sonst kreisrund mit Kuppelgewölben, so hatte dieses hier parallele Seitenwände und eine dreieckig zulaufende Decke; in der Tat besaß es genau die Form der Zimmer über Grund und war elf Fuß lang, sieben Fuß breit und – am Scheitel der Decke – zehn Fuß hoch. Wände und Decken waren gegipst, während der guterhaltene Fußboden mit hartem Mörtel bedeckt war. Nachdem die Iguana entwischt war, bewohnte übrigens nur noch ein Tausendfüßler die Kammer.

Während ich meine Messungen vornahm, unterhielten sich die oben um das Einstiegsloch stehenden Indianer leise. Ein Geheimnis, das ihnen von ihren Väter überkommen und mit einem unbestimmten Angstgefühl verbunden war, umgab dieses unterirdische Gemach. Zwar hätten sie dieses Geheimnis in weniger als fünf Minuten lüften können, doch hatte keiner von ihnen je diese Möglichkeit erwogen, und der alte Mann bat mich abermals herauszukommen, trügen sie doch, wenn ich ums Leben käme, die Verantwortung dafür. Ihre Einfalt und ihre Leichtgläubigkeit schienen kaum faßbar. Sie hatten alle Verstand genug, die Hand aus dem Feuer zu ziehen, ohne daß es ihnen befohlen ward, wahrscheinlich aber glauben sie noch bis auf den heutigen Tag, daß der Eigentümer des Gebäudes sich in diesem Loche befindet. Als ich wieder nach oben kam, blickten sie mich bewundernd an. Sie sagten mir, es gäbe noch mehrere solcher Orte, wollten sie mir aber nicht zeigen, damit mich nicht ein Unglück treffe; und da meine Unternehmung sie nur alle von der Arbeit abhielt, ich mir aber kein befriedigendes Ergebnis davon versprach, so bestand ich nicht weiter auf einer Auskunft.

Das geschilderte Gemach liegt unter dem Dache des unteren Gebäudes, das zwei Korridore besitzt, wobei wir bis dahin vermutet hatten, daß der große Zwischenraum zwischen den Gewölben dieser Parallelkorridore aus festem Mauerwerk bestünde. Die Entdeckung des Geheimzimmers offenbarte so eine neue Eigentümlichkeit in der Architektur dieser Bauten. Ob auch die anderen Dachkonstruktionen in allen oder einigen Fällen solche geheimen Gemächer besaßen, kann ich nicht sagen. Wir hatten nichts in dieser Hinsicht vermutet und entsprechend auch nicht nach ihnen gesucht; durchaus möglich also, daß sie vorhanden sind. Die Einstieglöcher mögen dabei verdeckt und durch wuchernde oder modernde Vegetation verborgen sein. War ich vordem irgendwo auf unterirdische Gemächer gestoßen, so hatte ich sie eher als Zisternen oder Wasserbehälter angesehen. Die Lage dieses Raumes im Dache eines Gebäudes schien einer solchen Deutung entgegenzustehen, weil das Wasser durch ein Loch im Mauerwerk allzuleicht seinen Weg in das Gemach darunter hätte finden können.

Am Fuße der Terrasse stand ein Baum, der einen Teil des Gebäudes verdeckte. Wenngleich ich eine gewisse Achtung vor Bäumen habe, so war es mir in diesen zerstörten Städten ein großes Vergnügen, sie fallen zu hören. Hier nun handelte es sich um einen edlen *Ramon*-Baum, den zu fällen ich befohlen hatte; zwischenzeitlich in einem anderen Teile der Ruinen beschäftigt, mußte ich bei meiner Rückkehr feststellen, daß die Indianer meine Order nicht ausgeführt hatten. Zu ihrer Rechtfertigung sagten sie, das Holz sei so hart, daß sie ihre Beile daran zerbrechen würden. Diese kleinen Beile schienen allerdings kaum in der Lage, in den Stamm einzudringen, und so gab ich den Indianern die vielleicht noch grausamere Weisung, die Äste abzuhauen und den Stamm stehen zu lassen. Sie zögerten, und einer von ihnen sagte in einem bittend-abwehrenden Tone, daß dieser Baum Nahrung für Pferde und Vieh biete und ihre Herrin ihnen immer wieder eingeschärft habe, keine solchen Bäume zu fällen. Der arme Kerl schien durch die stehenden Befehle des Rancho und die besondere Anweisung, mir zu gehorchen, arg in Verlegenheit gesetzt.

Der *Ramon*-Baum wuchs aus der Öffnung einer Grube hervor, welche die Indianer für einen Brunnen aus alter Zeit hielten. Ich würde sie gar nicht bemerkt haben, wäre nicht das Hin und Her um das Fällen des Baumes gewesen. Eigentlich hatte ich keine große Lust, erneut Kletterpartien in die Unterwelt zu unternehmen, doch stieg ich immerhin bis an die Öffnung hinab, um von oben einen Blick in den Schlund werfen zu können. Auf der einen Seite ragte ein großer Steinvorsprung wie ein Dach hervor, und darunter führte ein Gang in den Felsen, von herabgefallenen Steinmassen verschüttet. Selbst wenn ich die Absicht gehabt hätte, wäre hier ein weiteres Vordringen unmöglich gewesen, indessen deutete alles darauf hin, daß dies eine der Quellen war, aus welcher die alten Bewohner einst ihren Wasserbedarf deckten.

Die große Zahl der uns zu Gebote stehenden Indianer und ihr Eifer ermöglichten es uns, in sehr kurzer Zeit viel zu vollenden. In drei Tagen hatten sie ihre gesamte

Arbeit getan. Als ich sie entließ, gab ich ihnen einen halben Dollar als Aufgeld, der unter die siebzehn Männer verteilt ward, worauf einer von ihnen rief: *»Ave Maria, que gracias dar a usted«* (Ave Maria, wie sehr danken sie Euer Gnaden).

Den Abend beschloß eine allgemeine Versammlung der Indianer in der Laube vor der *Casa Real.* Bevor wir am Morgen zu den Ruinen aufgebrochen waren, hatte mich der Alkalde gefragt, ob ich vor den Indianern eine Rede halten wolle, und wir hatten ein Gastmahl für sie hergerichtet, mit einem Schaf und einem Truthahn, deren Zubereitung unser Bernaldo den Tag gewidmet hatte. Mit Sonnenuntergang war alles fertig. Wir bestanden darauf, daß der Alkalde sich auf einen Stuhl setzen sollte. Bernaldo trug Fleisch und Tortillas auf, und der Alkalde wachte über die *Agua Ardiente* (den Branntwein), die er, weil sie von ihm selbst gekauft war und um zu beweisen, daß sie nicht schlecht sei, erst kostete, bevor er den übrigen einschenkte. Als das Essen vorüber war, entspann sich eine Unterhaltung, welche ganz und gar aus Fragen von unserer und aus Antworten von ihrer Seite bestand, eine Art des Gesprächs, die selbst im zivilisierten Leben schwerlich längere Zeit durchzuhalten ist. Man war durchaus willens, Auskunft zu geben, bezeigte aber einen Mangel an Gesprächigkeit, der allen Umgang mit den Indianern letztlich uneinträglich und unbefriedigend machte. Sie hatten uns indessen tatsächlich nichts zu sagen; wußten keine Erzählungen oder Sagen, wußten nichts vom Ursprunge der zerstörten Gebäude. Diese standen bereits, als sie geboren wurden, waren schon zur Zeit ihrer Väter dagewesen, und auch die Greise sagten, daß sie, seit sie sich erinnern könnten, die alten Bauten nur in einem verfallenen Zustande gesehen hätten. In einem Punkte unterschieden sie sich aber von den Indianern in Uxmal und Sayil. Sie hatten keine abergläubische Furcht vor den Ruinen, sie ängstigten sich nicht, sie bei Nacht zu besuchen oder in ihnen zu schlafen; und als wir ihnen von der Musik erzählten, die man angeblich in den alten Gebäuden von Sayil vernehmen solle, meinten sie: Wenn eine solche Musik in ihren Ruinen ertöne, würden sie alle hingehen und danach tanzen.

Während Herr Catherwood seine Arbeit in Labna abschloß, ritt ich mit Bernaldo – es war der letzte Tag – zu der zwei Stunden entfernten Hazienda Tabi. Vor dem Tore standen einige edle *Ceiba*-Bäume und in der Nähe eine *Tiendicita,* ein kleiner Laden, mit Artikeln für die zur Hazienda gehörenden Indianer. Der große Hof war mit Gebäuden eingefaßt, unter denen sich die Kirche und eine Umfriedung für Stierkämpfe befanden, letztere vorbereitet für ein Fest, das am nächsten Tage beginnen sollte. In der Mauer der Hazienda waren in Stein gehauene Verzierungen aus den Ruinen alter Gebäude verbaut. Am Fuße der Treppe fand sich ein doppelköpfiger Adler, gut gearbeitet, der eine Art von Zepter in seinen Fängen hielt, und darunter die Figuren von zwei Tigern, vier Fuß hoch. Hinter dem Haus stießen wir auf eine hervorragende Steinfigur mit offenem Munde und einem Ausdrucke von Unbehaglichkeit im Gesicht, die Arme in die Seiten gestemmt, als ob sie sich unwohl fühle. Sie wurde als Ausflußröhre gebraucht, und aus ihrem Munde strömte beständig Wasser. Die Gebäude, aus denen diese Steine stammten, befanden sich in der Nähe der Hazienda, waren aber bloße Ruinenhaufen. Sie hatten das Material zum Bau der Kirche, der Mauern und aller Gebäude der Hazienda geliefert.

Darüber hinaus sollte es eine große Höhle in der Nähe geben, was mir der Gutsverwalter, ein verständiger Mestize, der selbst schon in der Höhle gewesen war, ebenso bestätigen konnte wie alle mir zu Ohren gekommenen Berichte über in Stein gehauene Figuren von Menschen und Tieren, Säulen und eine unterirdisch in den Felsen gehauene Kapelle. Nachdem er mich noch mit einem *Vaquero* als Führer und einem Pferd zum Wechseln versehen hatte, brachen wir wieder auf, um schon kurz hinter der Hazienda einen immer wieder von Bäumen versperrten Pfad einzuschlagen, auf dem wir nur langsam und mühsam vorankamen. Der *Vaquero* steckte in der Tracht, mit der diese Art von Männern das Vieh tagtäglich durch den Wald treibt. Seine Kleidung bestand aus einem kleinen, festen, schweren Strohhut, einem Baumwollhemd, kurzen Hosen und Sandalen; dazu trug er eine dicke Jacke beziehungsweise einen Überzieher aus gegerbter Kuhhaut, mit Ärmeln, die über die Hände reichten und so steif standen, als ob sie aus Holz wären; sein Sattel hatte große Lederklappen, welche sich beim Reiten schützend um seine nackten Beine legten, sowie lederne Steigbügeltaschen zum Schutze für die Füße. Wo er durch Dickicht und Dornengebüsch ohne Schaden zu nehmen hindurchpreschte, hakten sich meine dünnen blauen Hosen fest und wurden zerrissen; die *Garrapatas* kannte aber auch er und mit Nachdruck meinte er: *»Estos chicos son muy Demonios«* (Diese Kleinen sind wahre Teufel).

Nach einer Stunde erreichten wir eine tiefe Schlucht, banden unsere Pferde an und stiegen ungefähr zweihundert Fuß hinab, wo wir auf eine große überhängende Felsenklippe stießen, den Eingang zur eigentlichen Höhle, in deren Finsternis wir nun vordrangen; mit einem Male aber ward sie von oben durch eine senkrechte Mündung erleuchtet, und man sah in der Tiefe prachtvolle Tropfsteinbildungen, malerische Blöcke und Felsenbruchstücke, welche im Schatten des Hintergrundes allerlei phantastische Gestalten annahmen, täuschend ähnliche Figuren von Menschen und Tieren, Säulen und Kapellen. Ich sah sogleich, daß diese Höhle nicht halten konnte, was man mir von ihr versprochen hatte; hier gab es keine Kunstdenkmäler, und hier hatte es auch niemals etwas Künstliches gegeben. Die Höhle selbst indessen, die groß und offen und an verschiedenen Stellen durch Öffnungen von oben erleuchtet war, erschien mir so prachtvoll, daß ich meinen Besuch ungeachtet aller Mühe und getäuschten Hoffnung nicht bedauerte. Des Abends tröstete mich zudem ein warmes Bad in der flachen hölzernen Badewanne des Alkalden über den ergebnislosen Ausflug hinweg.

Am nächsten Morgen nahmen wir unsere Reise und unsere Suche nach Ruinenstädten wieder auf. Nächster Bestimmungsort war der drei Stunden entfernte Rancho von Kiuik. Herr Catherwood brach mit den Dienern und unserem Gepäck zuerst auf, Dr. Cabot und ich folgten etwa eine Stunde später allein, da der Weg nach Aussage der Indianer ohne Schwierigkeiten zu finden sei. Nach etwa einer Meile kamen wir linker Hand an einem zerstörten Gebäude vorbei, überragt von einer hohen Mauer mit länglichen Öffnungen, die uns wie in Sayil wieder an eine neuenglische Fabrik erinnerte. Das Land zog sich hier wellenförmig hin und war weniger bewaldet als sonst üblich. Wir passierten zwei indianische Ranchos; eine Stunde weiter erreichten wir dann eine Weggablung, wo wir nicht wußten, was wir anfangen sollten. Zu wählen hatten wir zwischen zwei bloßen indianischen Fußpfaden, über die wohl selten oder niemals Reiter kamen, aber da wir nur *eine* falsche Entscheidung treffen konnten, so entschlossen wir uns mutig für denjenigen Weg, der mit dem, auf welchem wir gekommen waren, am ehesten auf einer Linie lag. Nach einer Stunde veränderte sich jedoch die Richtung so, daß wir wieder umkehrten, nach einem mühseligen Ritte erneut die Weggablung erreichten und nun den anderen Pfad einschlugen. Dieser führte uns auf eine wilde Savanne zwischen Bergen hinaus, und bald fanden wir Fußspuren, die in verschiedene Richtungen verliefen und an denen wir in kurzer Zeit ganz irre wurden. Die Entfernung bis Kiuik betrug eigentlich nur drei Stunden; allein, wir waren bereits sechs Stunden scharf geritten und begannen zu fürchten, daß wir mit unserer Umkehr einen schweren Fehler begangen hätten und nun mit jedem Schritte unseren Umweg noch vergrößerten. Inmitten unserer Verlegenheit trafen wir auf einen Indianer, der ein wildes Füllen führte und uns, ohne Fragen zu stellen oder von uns Fragen zu erwarten, zurückwinkte; er band sein Füllen an einen Busch, führte uns quer über die Ebene zu einem anderen Pfade, dem wir ein Stück folgten, und dann erneut querfeldein zu einer dritten Wegspur, wo er Anstalten machte, uns zu verlassen und zu seinem Füllen zurückzukehren. Wir wollten ihn ungern verlieren und drangen in ihn, als Führer bei uns zu bleiben; er aber blieb unbeweglich, bis wir eine Münze, einen *Medio,* in die Höhe hielten, worauf er wieder vor uns her ging. Die ganze Gegend war so wild, daß wir selbst jetzt noch Zweifel hatten und kaum glauben konnten, daß der Pfad zu einem Dorfe oder Rancho führen solle; immerhin machten wir eine interessante Beobachtung. Auf unserem öden und gewundenen Pfade hatten wir in der Ferne an verschiedenen Stellen fünf hohe, unzugängliche Hügel gesehen, auf denen sich hoch oben die Ruinen von alten Gebäuden befanden, und in den Gehölzen ringsum waren ohne Zweifel noch weitere Bauten verborgen. Um drei Uhr kamen wir in einen dichten Wald, in dem plötzlich, fast von den Bäumen erdrückt, die *Casa Real* von Kiuik in ihrer ganzen Einsamkeit vor uns lag, die einzige Behausung weit und breit; und um den wunderbaren Reiz noch zu vermehren, den wir während unserer Reise in diesem Lande auf Schritt und Tritt verspürten, erhob sie sich auf der Plattform einer alten Terrasse, auf der die Überreste eines zerstörten Gebäudes verstreut lagen. Die Stufen der Terrasse waren zusammengebrochen gewesen und neu ausgelegt worden, wie es in Abbildung 120 zu sehen ist, die Mauern aber waren mitsamt allen Steinen noch gut erhalten. Von dieser Urwald- und Ruinenidylle hob sich Herr Catherwood mit unseren

120 Casa Real von Kiuik

Dienern und unserem Gepäck ab, und als wir heranritten, erschien uns das Bild wie eine seltsame Verwirrung der Dinge, vergangener wie gegenwärtiger, von Szenen geweiht durch die Zeit und solchen des Alltagslebens, doch zerteilte Herr Catherwood die verschwommenen Visionen durch seinen ersten Gruß, mit dem er uns mitteilte, daß das Haus voller Flöhe sei. Wir banden unsere Pferde am Fuße der Terrasse an und stiegen die Stufen hinauf. Die *Casa Real* hatte Lehmwände und ein Strohdach, und davor war eine Laube errichtet, unter deren Dach wir uns niedersetzten. In diesem unserem neuen Hotel auf der alten Plattform fühlten wir uns glücklicher als jemals, wenn wir ein neues und unbekanntes Ruinenfeld erreicht hatten, was vielleicht auch dem Umstande zuzuschreiben war, daß wir nach einem heißen und bewegten Ritte glücklich an unserem Bestimmungsort angekommen waren. Noch hatten wir zwei Stunden Tageslicht, und von dem Wunsch beseelt, noch vor Einbruch der Nacht einen Blick auf die Ruinen zu werfen, ließen wir schnell einige Eier in die Pfanne schlagen und Tortillas backen. Während wir hastig unser Mahl einnahmen, kam der Eigentümer des Rancho in Begleitung einer Anzahl von Indianern, um uns seine Aufwartung zu machen.

Dieser Besitzer war ein Vollblutindianer, der erste aus diesem alten, aber erniedrigten Volke, den wir als Grundeigentümer und Herrn kennenlernten. Er war etwa fünfundvierzig Jahre alt und hatte ein sehr achtenswertes Aussehen und Benehmen. Die Ländereien stammten von seinen Vätern her, doch wußte er nicht, wie lange sie schon vererbt waren; sie müßten wohl, meinte er, von jeher seiner Familie gehört haben. Die Indianer auf dem Rancho waren seine Diener, und in keinem anderen Dorfe, auf keiner Hazienda hatten wir Leute von besserer Erscheinung oder vorzüglicherer Zucht getroffen. Dies bestärkte mich in der Meinung, daß träge, unwissend und erniedrigt, wie dieses Volk unter der Herrschaft von Fremden ist, der Indianer auch heute noch den Pflichten einer höheren Stellung gewachsen wäre und nicht nur jener, in die das Verhängnis ihn hinabgedrückt hat. Es ist nicht wahr, daß er sich bloß zu manueller Arbeit schickt, er hat sehr wohl die Fähigkeit, die Arbeit anderer zu leiten; und wie dieser Indianerherr mit seinen Untergebenen, die um ihn herumkauerten, auf der Terrasse saß, konnte ich ihn mir als den Nachkommen einer langen Reihe von Kaziken vorstellen, welche einst in jener Stadt geherrscht hatten, deren Ruinen sein Erbe waren. Unwillkürlich behandelten wir ihn mit einer Achtung, die wir zuvor noch keinem Indianer bewiesen hatten; vielleicht waren wir dabei aber auch nicht von jenem Einflusse frei, welcher die Gesinnungsweise des zivilisierten Lebens beherrscht, und unsere Achtung mag letztlich nur der Entdeckung entsprungen sein, daß unser neuer Bekannter ein Mann von Vermögen war, der nicht bloß über Äcker, Indianer und uneinträglichen Grundbesitz gebot, sondern auch das große Desideratum in diesen harten Zeiten, bares Geld nämlich, besaß. Wir hatten unserem Diener Albino einen Dollar gegeben, um Eier zu kaufen, den dieser jedoch nicht nehmen wollte, da er ein zu großes Geldstück sei, als daß er hier auf dem Rancho von Nutzen sein könne; bei seiner Rückkehr teilte er uns dann aber mit einem Ausdruck von Erstaunen mit, daß der Herr diesen Dollar ohne alle Umstände sogleich gewechselt habe.

Nachdem wir also unser Mahl in aller Eile eingenommen hatten, fragten wir nach Indianern, die uns als Führer zu den Ruinen dienen sollten, und wurden ein wenig erschreckt, als sie alle wegen der *Garrapatas* Einwände dagegen machten. Seit wir Uxmal verlassen hatten, waren die größten unter unseren kleinen Leiden die Beschwerden gewesen, welche diese Insekten uns verursachten; und in der Tat waren sie keine geringe Plage. Häufig kamen wir mit einem Strauche in Berührung, der ganz voll von ihnen war, von dem Tausende wie wirbelnde Sandkörner auf uns niederfielen und sich über uns verbreiteten, bis der ganze Körper prickelte. Unsere Pferde litten unter diesen Quälgeistern vielleicht noch mehr als wir, und es war uns Gewohnheit geworden, ihnen die Seiten mit einem rauhen Stocke abzuscheuern, sooft wir abstiegen. Während der trockenen Jahreszeit werden die kleinen Schädlinge von der Sonnenhitze und von Vögeln dahingerafft, was ein Segen ist, denn andernfalls würden sie das Land unbewohnbar machen. Die ganze Zeit über hatte man uns gesagt, die trockene Jahreszeit sei nahe und es würde bald mit ihnen vorbei sein; allein, was wir uns von der Trockenzeit erwartet hatten, trat nicht ein, und wir hatten fast schon keine Hoffnung mehr, die *Garrapatas* loszuwerden. Desungeachtet machte uns die Warnung, die wir aus dem Zögern der Indianer herauslasen, etwas stutzig, und als wir darauf bestanden, die Ruinen zu besuchen, beunruhigten sie uns noch weiter, indem sie Zweige abhieben, mit denen sie vom Augenblicke des Abmarsches an die Sträucher an den Seiten peitschten und den Weg vor unseren Füßen fegten.

Einmal aus dem Gehölz heraus, gelangten wir auf ein vergleichsweise freies Feld, wo wir auf allen Seiten durch die Bäume hindurch die *Xlab-pak* oder alten Mauern sahen, die uns nun schon vertraut geworden waren, eine Ansammlung von riesigen Trümmern und zahlreichen Gebäuden. Wir arbeiteten uns an alle heran, die wir sehen konnten. Die Fassaden waren nicht so reich verziert wie andere, auf die wir im Verlaufe unserer Reisen gestoßen waren, die Steine dafür aber massiver, und der Baustil war einfach, streng und grandios. Beinahe jedes Haus war eingestürzt, und eine lange verzierte Front lag geborsten auf dem Boden, als hätten sie die Schwingungen eines Erdbebens auseinandergerissen; diese ganze höchst malerische und imposante Ruinenszenerie vermittelte ein eindrucksvolles Bild davon, wie Zerstörung, gleichsam wie ein Besen, eine Stadt wegfegt. Während wir gerade ein geheimnisvolles Gemälde betrachteten, brach die Nacht herein, und wir kehrten zurück, um uns in der *Casa Real* zur Ruhe zu legen.

Zeitig am nächsten Morgen waren wir wieder an Ort und Stelle, wobei uns der indianische Grundbesitzer und eine große Anzahl seiner *Criados* begleiteten; und da der Leser mit dem allgemeinen Charakter der amerikanischen Altertümer nun schon etwas vertraut ist, so wähle ich aus der Vielzahl der Ruinen im Umkreis nur solche zur Beschreibung aus, welche Besonderheiten aufweisen.

Der in Abbildung 121 wiedergegebene Haupteingang ist der einzige noch stehende Rest einer langen Gebäudefront, die jetzt zertrümmert auf dem Boden liegt; bemerkenswert ist der schlichte, durch seine Ausgewogenheit aber dennoch eindrucksvolle Stil der Architektur. Das Gemach, in welches sich diese Tür öffnete, unterschied sich durch nichts von den hundert anderen, die wir schon gesehen hatten, nur daß sich hier in einem Winkel jenes geheimnisvolle Gemälde befand, welches wir am Abend vorher betrachtet hatten, als uns die Nacht überraschte. Die Rückmauer war nach innen eingestürzt, die übrigen Wände standen noch.

Wie in so vielen anderen Gebäuden ward die Decke auch hier durch zwei schräg gegeneinander aufsteigende Seitenmauern gebildet, die an ihrem höchsten Punkt, wo ihr Abstand nur noch einen Fuß betrug, durch aufgelegte Steinplatten abgedeckt waren. Diese Abschlußsteine waren durchweg ohne allen Zierat; nur einen einzigen Stein hatte man durch jenes Gemälde hervorgehoben, welches die ganze, sich dem

121 Eingangstor in Kiuik

Blicke darbietende Oberfläche bedeckte. Das Gemälde selbst war von seltsamer Art; die Farben waren glänzend, Rot und Grün vorherrschend, die Linien deutlich und bestimmt, und das Ganze vollkommener als irgendeine Malerei sonst, die wir bisher gesehen hatten. Die Plazierung überraschte uns jedoch mehr als das Gemälde selbst; es befand sich nämlich an dem verstecktesten Orte im ganzen Gebäude, und wenn uns die Indianer nicht darauf aufmerksam gemacht hätten, würden wir es vielleicht gar nicht bemerkt haben. Herauszufinden, warum gerade dieser Auflagestein so verziert war, warum man gerade ihn vor allen anderen in der gleichen Lage ausgezeichnet hatte, waren wir nicht imstande; wir hielten aber dafür, daß dies nicht aus Laune oder ohne Ursache geschehen sei, wie wir denn überhaupt der Meinung waren und sind, daß jeder Stein in diesen alten Gebäuden, jeder Zierat und jedes Ornament einst eine bestimmte, wenngleich heute unergründliche Bedeutung hatten.

In Abbildung 122 ist das Gemälde wiedergegeben. Es stellt in groben Zügen eine menschliche Figur dar, welche von Hieroglyphen umgeben ist, in denen ohne Zweifel ihre ganze Geschichte erzählt wird, ist dreißig Zoll lang, achtzehn Zoll breit, und die vorherrschende Farbe ist Rot. Wegen seiner Position in der Mauer war es unmöglich, das Gemälde abzuzeichnen, ohne es herauszunehmen und auf die Erde herabzulassen, und es ging mir nicht nur darum, es zu kopieren, vielmehr wollte ich es am liebsten ganz mitnehmen. Ich fürchtete indessen, daß der Eigentümer Einwände da-

122 Malerei in Kiuik

gegen haben werde, denn er selbst, wie auch die Indianer, hatten das Bild als den bemerkenswertesten Teil der Ruinen hervorgehoben; glücklicherweise hing ihr Herz aber nicht an dem Werke, und sie waren bereit, uns jeden gewünschten Beistand zu leisten. Der einzige Weg, den Stein herauszulösen, war der, das Dach von oben zu durchstechen; und wie gewöhnlich war ein freundlicher Baum zur Hand, der uns beim Hinaufsteigen Hilfestellung gewährte. Das Dach war flach, aus Steinen und Mörtel zusammengefügt und mehrere Fuß dick. Die Indianer besaßen keine Brechstange, sondern kratzten den Mörtel mit ihren Macheten heraus, und indem sie die zuoberst liegenden Steine zunächst mit Hilfe harter, zugespitzter Baumschößlinge lockerten, hoben sie allgemach ein Loch aus, das bis auf die Steinlage im Scheitel des Gewölbes hinunterreichte. Der Stein stand etwa einen Fuß weit auf jeder Seite über, und war so schwer, daß es unmöglich war, ihn aus dem Loche herauszuheben; es blieb daher nur der Weg, ihn in das Gemach hinabzudrücken. Der Herr schickte einige Indianer zum Rancho, um Seile zu holen, und als Vorsichtsmaßregel ließ ich Äste abhauen und ein mehrere Fuß hohes Bett auf dem Boden unter dem Steine aufschütten. Einige Indianer arbeiteten indessen weiter und wollten den Stein eben hinunterstürzen lassen, als Dr. Cabot, der glücklicherweise gerade auf dem Dache war, ihnen Einhalt gebot, bis die ausgeschickten Indianer mit den Seilen zurückkämen. Während wir den Stein dann hinabließen, riß einer der Stricke, und der mächtige Quader fiel donnernd herab, doch rettete das Bett von Zweigen das Gemälde vor der Zerstörung.

Der Eigentümer des Rancho hatte keine Einwände dagegen, daß wir den Stein fortschaffen wollten, dieser war aber zu schwer, als daß er in eine Maultierladung gepaßt hätte, und die Indianer waren nicht bereit, ihn auf ihren Schultern zu tragen. Um ihn abzutransportieren, mußte man ihn zuvor auf eine tragbare Größe verkleinern, und als wir wieder aufbrachen, begleitete mich der Grundbesitzer in das Dorf, um für diese Arbeit einen Steinhauer zu finden. Es gab aber keinen im Dorfe und auch nicht im Umkreis von siebenundzwanzig Meilen. Außerstande, etwas mit dem Stein in seiner jetzigen Größe anzufangen, veranlaßte ich den Eigentümer, ihn in ein regengeschütztes Gemach zu schaffen; und wenn ich mich in diesem meinen indianischen Freunde und Erben einer zerstörten Stadt nicht irre, liegt er noch dort und wartet auf mich; ich aber ermächtige hiermit den nächsten amerikanischen Reisenden, ihn auf eigene Kosten wegzuschaffen und im Nationalmuseum zu Washington zu deponieren.

Es soll hier lediglich noch eine weitere Ansicht aus den Ruinen von Kiuik folgen. Sie zeigt einen Teil der Vorderseite eines langen Gebäudes, welches mit dem zuletzt erwähnten einen rechten Winkel bildet. Die Terrassen vereinigen sich beinahe, und wenngleich alles so überwachsen ist, daß der Grundriß und die Stellung der Bauten zueinander schwer auszumachen waren, so ist doch wahrscheinlich, daß sie einst zwei Seiten einer großen rechteckigen Fläche flankierten. Das ganze Gebäude ist zwei-

123 Gebäude in Kiuik

hundertunddreißig Fuß lang. In der Mitte befindet sich eine breite, zerstörte Treppe. Abbildung 123 stellt die Hälfte des Gebäudes bis zur Treppe dar; die andere Hälfte ist der dargestellten genau gleich. Eine Gesamtansicht konnte ohne weitere Rodungsarbeiten nicht aufgenommen werden, was mehr Zeit in Anspruch genommen hätte, als wir für der Mühe wert hielten. Unter dem Karnies ist das ganze Gebäude unverziert, wohingegen es über dem Sims in seiner ganzen Länge mit kleinen runden Säulenschäften geschmückt ist, die in die Mauer eingelassen sind.

Die übrigen Ruinen von Kiuik ließen wir unangetastet. Eingestürzte Gebäude und Bruchstücke von skulptierten Steinen liegen, wohin man auch sieht, über das gesamte Gelände verstreut; es ist aber nicht möglich, dem Leser einen Begriff davon zu geben, mit welchen Gefühlen man die Trümmerstätte durchwandert. Auf kurze Zeit nur unterbrachen wir die Stille der verödeten Stadt, um sie dann wieder der Einsamkeit und dem Schweigen zu überlassen. Wir hatten Grund zu glauben, daß kein Weißer sie je vor uns gesehen hatte, und wahrscheinlich werden nur wenige auf uns folgen, denn ihre völlige Zerstörung ist nur noch eine Frage von Jahren.

Chichen Itza

Anreise

Nach dem Besuch weiterer kleiner Ruinenstätten (u. a. Chunhuhu, Champón, Santa Rosa Xtampak, Bolonchen) erreichen die drei Forscher, teilweise auf einer alten Steinstraße der Maya reisend, über verschiedene Indianerdörfer sowie über Mani, wo der Sprachgelehrte und Historiker Juan Pio Pérez Stephens die Kopien alter Maya-Manuskripte überläßt, am 13. März 1842 Chichén Itzá.

Am Nachmittag des elften März reisten wir nach Chichen ab. Seit unserem Aufbruch aus der Heimat hatten wir diesen Ort nie aus unserem Blick verloren. Brennend hatten wir uns gewünscht, ihn zu erreichen, und der vermehrte Umfang dieses Buchs hält mich zu einer gedrängten Beschreibung des Reiseweges an. Ich erwähne daher nur ganz kurz, daß wir zum ersten Nachtlager im Dorfe Tadzin, zum zweiten in Yaxcaba anhielten und am Nachmittage des dritten Tages das etwa zwei Meilen von Chichen entfernt gelegene Piste erreichten. Wir hatten einige wenig günstige Nachrichten über die Gastfreundschaft des Haziendabesitzers erhalten und erachteten es für besser, ihn nicht dadurch zu beunruhigen, daß wir mit dem Appetite eines scharfen Tagesritts auf ihn zukämen; zunächst einmal sollte das Dorf einen bescheidenen Beitrag zu unserer Wohlfahrt leisten.

Um vier Uhr verließen wir Piste und sahen sehr bald das ›Castillo‹ von Chichen sich hoch über die Ebene emportürmen. Nach einer halben Stunde befanden wir uns in den Ruinen dieser alten Stadt und hatten alle großen Gebäude ganz im Blick. Sie warfen ungeheure Schatten über das flache Land und boten ein Schauspiel, welches selbst nach dem, was wir bereits gesehen hatten, sogleich Bewunderung in uns erregte. Der *Camino Real* lief mitten durch sie hindurch, und das Gefilde war so offen, daß wir ohne abzusteigen dicht an einige der Hauptgebäude heranreiten konnten. Unwillkürlich zauderten wir, indes, die Nacht dämmerte schon herauf, und so ritten wir, obgleich wir uns dazu zwingen mußten, weiter und erreichten in wenigen Minuten die Hazienda. Hier lärmten *Vaqueros,* und eine große Trift Rindvieh zwängte sich zum Tore hinein. Wir wollten eben folgen, da riefen uns viele Frauen und Männer gleichzeitig zu, wir sollten draußen bleiben, und ein Mann rannte gar, beide Hände in die Höhe werfend, auf uns los, und sperrte uns die Tür vor der Nase zu. Dies versprach uns ein zweites Don Gregorio-Willkommen, allein, die bedrohlichen Gebärden sollten keine Grobheit sein; im Gegenteil, es geschah alles aus Güte. Seit drei Monaten hatte man uns erwartet. Durch Vermittlung von Freunden hatte der Eigentümer den Majordomo von unserem beabsichtigten Besuche unterrichtet und ihm Weisung gegeben, alles, was in seiner Macht stünde, zu unserer Behaglichkeit zu veranlassen. Aus diesem Grunde hatte er uns auch draußen stehen lassen, denn laut Auskunft des Türschließers war die Hazienda mit Weibern und Kindern überfüllt und für keine Hängematte mehr Platz. Der Mann führte uns nun zu der schön gelegenen Kirche und bot uns die Sakristei oder das Kirchenvorstehergemach als Nachtlager an. Es war neu, reinlich, aber klein, hatte getünchte Wände, doch nur Haken für zwei Hängematten. Eine Tür führte zur Kirche, in der wir, so sagte jedenfalls unser Führer, eine dritte Hängematte aufhängen könnten; wir näherten uns aber dem Ende einer Fiesta, und die Indianer mochten den Altar vielleicht brauchen, weshalb wir einige Skrupel hatten, das Angebot anzunehmen.

Als Ausweichquartier bot sich uns ein dem Tore der Hazienda gerade gegenüberliegendes Haus an, gegen das sich nun bezüglich seiner Geräumigkeit nichts einwenden ließ, denn seine Größenverhältnisse waren bis dahin noch unbestimmt, war es doch bloß ein Gerüst von Balken, die ein Strohdach trugen. Im Mittelpunkte dieser möglichen Unterkunft lag ein großer Haufen von Lehm und Sand. Der Eigentümer baute hier ausdrücklich zur Aufnahme von Reisenden, und während wir darin wohnten, wurden der Lehm und der Sand auch tatsächlich ihrem Zwecke zugeführt und wir somit buchstäblich eingelehmt. Der nächste Besucher wird also ein gutes Haus zu seiner Aufnahme bereit finden. Der Majordomo wollte uns zur Einnahme der Mahlzeiten auf der Hazienda bewegen; da wir aber unsere ganze Reiseausrüstung mitführten, so organisierten wir uns wieder zu einem Hausstande, zumal uns hier für diesen Zweck ungewöhnlich viele Mittel und Bequemlichkeiten verfügbar waren. Außer den Hilfsquellen der Hazienda selbst stand uns das Dorf Piste zu Gebote, und da Valladolid nur sechs Stunden entfernt war, schrieben wir eine Bestelliste über die benötigten Vorräte aus, die am nächsten Tage fortgeschickt werden sollte.

Am folgenden Morgen brachen wir unter der Leitung eines Indianers der Hazienda zu einer vorläufigen Besichtigung auf. Die Ruinen von Chichen liegen auf einem Landgut, das den Namen der alten Stadt führt. Sein Besitzer heißt Don Juan Sosa, und es ward ihm beim Tode seines Vaters nebst einem Erbteil an Vieh, Pferden und Maultieren auch ein Teil dieses Gutes übermacht; nach einer Schätzung betrug der Gesamtwert zwischen fünf- und sechstausend Dollar. Wie bei den meisten Ländereien in dieser Gegend hat die Regierung den Eigentumstitel und der Besitzer nur das Recht an den *Majores* oder neuen Anlagen.

Die Ruinen liegen zwanzig Meilen von Valladolid entfernt, und der *Camino Real* führt geradewegs durch die Trümmerstätte dorthin; die großen Gebäude türmen sich zu beiden Seiten des Weges empor, für alle Vorbeiziehenden voll sichtbar, und weil die Straße viel bereist wird, sind die Ruinen von Chichen den Leuten im Lande vielleicht besser bekannt als alle anderen in Yukatan. Merkwürdig ist aber, daß ihr erster fremder Besucher ein Herr aus New York war, den wir später in Valladolid trafen, der jetzt indessen wieder in seiner Heimatstadt wohnt.

Unmittelbar nach unserer Ankunft in Chichen hörten wir von diesem Landsmann, Herrn John Burke, Maschineningenieur zu Valladolid. Im Jahre 1838 kam Herr Burke von Valladolid nach dem Dorfe Kana herüber, welches sechs Stunden von Chichen entfernt liegt. Bei seinen Ausflügen in die Nachbarschaft erzählte ihm einer der jungen Leute von alten Gebäuden auf dieser Hazienda, von deren einem aus man sogar Valladolid sehen könne. Herr Burke ritt hinüber und stand am vierten Juli auf dem Gipfel des Castillo, das Fernglas auf Valladolid gerichtet. Zwei Jahre später, im Jahre 1840, wurden die Ruinen vom Baron Friedrichsthal besucht und von ihm sowohl in Europa als auch in unserem Lande der Öffentlichkeit bekanntgemacht. Ich nehme hier die Gelegenheit wahr, um zu sagen, daß diesem Besuche eine Route zugrundelag, die ich ihm nach meiner ersten, unterbrochenen Reise zur Erforschung der Ruinen von Yukatan vorgeschlagen hatte.

Doch wieder zur Sache. Schon von der Tür unserer Hütte aus waren einige der Hauptgebäude sichtbar. Wir besuchten zuerst die auf der anderen Seite des *Camino*

Real gelegenen. Der Weg führte über den Viehhof der Hazienda und durch eine daran anschließende Barrierenreihe in das Ruinengefilde. Es war nur stellenweise bewaldet; der größte Teil lag offen da und war von Viehpfaden durchschnitten. Zecken gab es aber so viele wie überall, vielleicht sogar noch mehr, weil eine große Rinderherde die Ebene begraste. Die Freude über den Hochgenuß einer freien Fläche und damit großer Beweglichkeit konnten indessen die Zecken nicht stören, zumal unsere Freude durch die Ruinen selbst noch außerordentlich gesteigert ward. Diese waren in der Tat prachtvoll: die Gebäude groß, einige gut erhalten, die Fassaden im allgemeinen zwar nicht so aufwendig verziert wie an einigen Stätten älteren Datums und die Skulpturen roher, aber dafür enthielten die inneren Gemächer uns bislang völlig unbekannte Verzierungen und Zeichnungen, die sofort unser höchstes Interesse erregten. Alle Hauptgebäude befanden sich auf einer Fläche von vergleichsweise geringem Umfange. Sie standen so nahe zusammen, und man konnte mit solcher Leichtigkeit von einem zum anderen gelangen, daß wir um ein Uhr schon jedes Gebäude besucht, jedes Gemach geprüft und den ganzen Plan wie auch die Reihenfolge unserer Arbeitsschritte bestimmt hatten.

Der Name Chichen kann wieder als Beweis für die Wichtigkeit gelten, welche in diesem trockenen Lande dem Besitze von Wasser zugemessen wird. Er ist aus den beiden Mayaworten *Chi* Mündung und *Chen* Brunnen zusammengesetzt, bezeichnet also die Mündung eines Brunnens. Ohne Zweifel belieferten zwei große, inmitten der Ruinen aufgefundene *Senoten* die Einwohner der alten Stadt mit Wasser. Seit der Gründung der Hazienda und dem Baue des Brunnens waren sie außer Gebrauch. Dr. Cabot hatte zu der einen von ihnen einen Weg bahnen lassen und dann in ihr ein Bad genommen, was in diesem heißen Lande ebenso erquickend wie eine Mahlzeit wirkt. Wir kamen hin, als er eben damit fertig war, und außer seinen indianischen Arbeitsleuten hatte er auch noch die Gesellschaft eines großen Corps von Mestizenjungen aus dem Dorfe Piste; sie zogen aus seiner Arbeit bereits Nutzen und schwammen in den Höhlungen der Felsen herum, tauchten und krochen über die Steine.

Mit unserer Reise von Peto hierher, über deren nähere Umstände ich nicht berichtet habe, waren wir in eine Gegend gekommen, wo die Wasservorratsstellen dem Lande einen neuen und eigentümlichen Zug verliehen. Ihr wildes Aussehen erregte beim ersten Anblick vielleicht größere Bewunderung und Verwunderung als selbst die außerordentlichen *Cuevas, Aguadas* und *Senoten* welche wir früher angetroffen hatten. Zwar werden die Wasserstellen auch hier *Senoten* genannt, sie unterscheiden sich aber wesentlich von den übrigen im Lande, denn es sind riesige, kreisrunde Löcher mit sechzig bis zweihundert Fuß im Durchmesser und mit durchbrochenen, felsigen, fünfzig bis hundert Fuß tief lotrecht abfallenden Wänden. Auf ihrem Grunde hat sich viel Wasser in unbekannter Höhe angesammelt; der Wasserspiegel bleibt indessen immer ziemlich gleich, angeblich durch unterirdische Flüsse reguliert. Wir hatten in der Nähe dieser *Senoten* angelegte Ranchos gesehen, deren Besitzer die

Wasserlöcher auf einer Seite mit einem Geländer ausgestattet hatten, über dem Indianerinnen kleine Eimer aus Baumrinde hinabließen und heraufzogen. Die beiden großen *Senoten* von Chichen gaben wahrscheinlich den Ausschlag zur Gründung dieser alten Stadt.

Abbildung 124 stellt die eine dieser *Senoten* in den Ruinen von Chichen dar. Wenngleich vom Eindruck, den sie macht, wild genug, besaß sie doch nicht ganz jene außerordentliche Regelmäßigkeit der anderen, welche wir gesehen hatten. Sie alle waren nämlich kreisrund gewesen, und es war, jedenfalls ohne die Hilfe eines Seils, bei ihnen unmöglich, Zugang zum Wasser zu erhalten. Diese hier war länglich rund, gegen dreihundertundfünzig Fuß lang und hundertundfünfzig Fuß breit. Die

124 Senote auf dem Ruinenfeld von Chichen Itza

lotrechten Seiten wiesen eine Höhe zwischen sechzig und siebzig Fuß auf; nur eine Stelle erlaubte die Anlage eines, wenn auch steilen, sich zum Wasser hinabwindenden Pfades. Dieser Pfad ist über eine gewisse Strecke hin künstlich angelegt, denn man sieht an einer Stelle Spuren einer Steinmauer längs seines Saumes. Hier hatte Dr. Cabot ein Geländer errichtet, welches die mutwilligen Jungen von Piste später niederrissen; wir stellten sie mit einer Belohnung von zwei Real für die Angabe des Übeltäters auf die Probe, allein, keiner nahm das Anerbieten an.

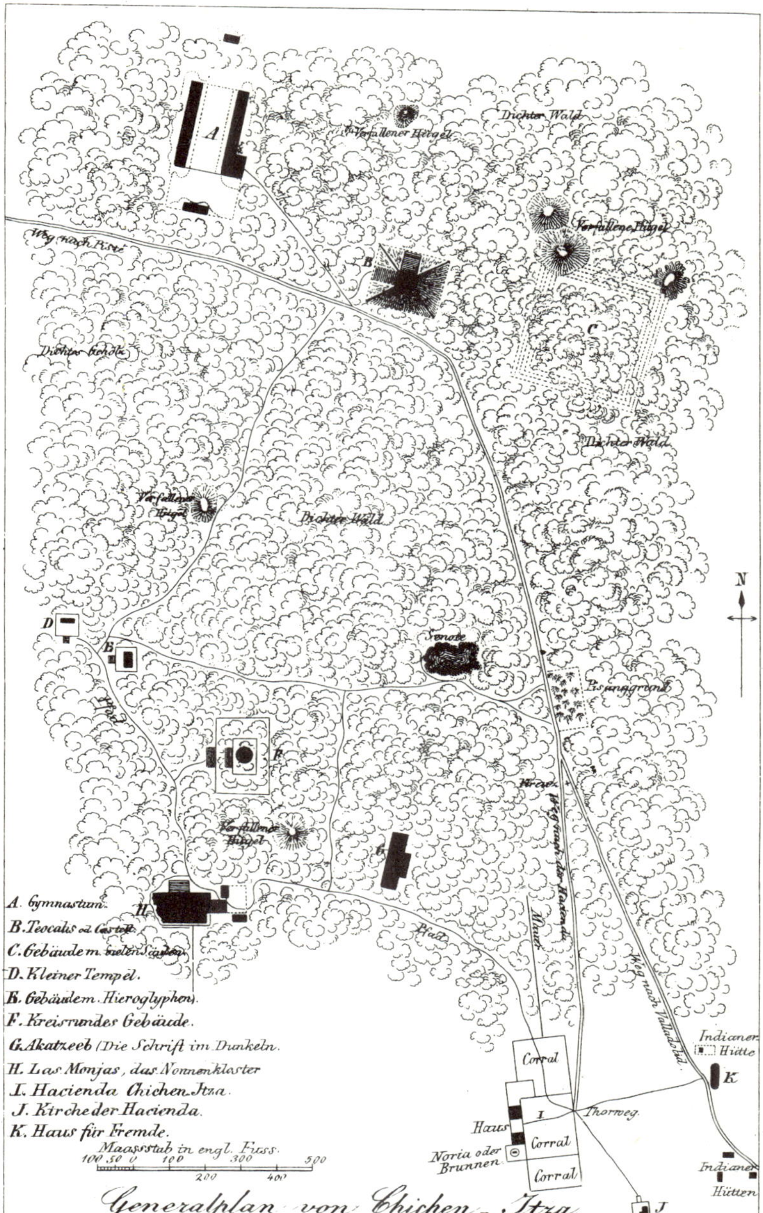

125 *Plan der Ruinen von Chichen*

Von unserem ersten Tage zu Chichen sehr befriedigt, kehrten wir zu unserer Hütte zurück. Aber es war noch eine andere, wenngleich unerfreuliche Aussicht ausschlaggebend für den Eifer, mit dem wir unsere Arbeiten an diesem Orte begannen. Die Regenzeit drohte, und in der Annahme, daß die nächste Ernte fehlschlagen werde, war die Last Korn im Preise von zwei Real auf einen Dollar gestiegen. Das Elend, welches in diesem Lande eine mißratene Maisernte hervorruft, kann man sich nur schwer vorstellen. Im Jahre 1836 ereignete sich dieses Unglück – und aus denselben Ursachen, welche auch nun drohten. Die Küste ward damals von den Vereinigten Staaten Mittelamerikas versorgt, ins Innere gelangte die Fracht wegen der hohen Transportkosten freilich nicht. So stieg in dieser Getreidegegend das Korn auf vier Dollar die Last, und die lebensnotwendigen Nahrungsmittel wurden für die Indianer unerschwinglich. Es entstand eine Hungersnot, und die armen Indianer starben aus Mangel. Um die Zeit unserer Ankunft hatten die *Criados* oder Dienstboten der Haziendas, sorglos wie immer, ihren kleinen Vorrat aufgezehrt. Da sie von ihren *Milpas* nichts hoffen konnten, standen sie im Begriffe, mit Erlaubnis ihres Herrn in Gegenden zu ziehen, wo der Druck weniger hart sein würde. Unsere Ankunft hielt, wie der Majordomo sagte, diese Bewegung auf; statt daß unser Aufenthalt sie zu noch größerer Eile nötigte, versammelten sich die armen Indianer um die Tür unserer Hütte, baten um Arbeit und balgten sich um die Münzen, welche Albino unter sie verteilte. Die uns mögliche Unterstützung aber konnte nicht ausreichen, und der Hinweis auf das Hereinbrechen des Unglücks gerade zur Zeit der Niederschrift dieser Zeilen wird nicht unpassend sein. Die Häfen von Yukatan sind jetzt offen und bitten um Brot; das nur einige Monate früher so friedliche und gastfreie Land drückt nun eine Hungersnot, zu der die Schrecken des Krieges noch hinzukommen.

In Abbildung 125 findet der Leser einen Generalplan der Ruinen von Chichen. Dieser Plan ist nach den durch Kompaß ermittelten Standorten entworfen, die Entfernungen wurden sämtlich mit einer Leine gemessen. Die Gebäude sind auf der Karte mit ihrem Grundriß aufgezeichnet. Alle noch jetzt auffindbaren sind darin eingeschlossen; die ganze Ruinenfläche hat etwa zwei Meilen Umfang und einen Durchmesser von ungefähr zwei Drittel Meilen, doch finden sich zerstörte Gebäude auch noch außerhalb dieser Grenzen. Aus dem Plane wird der Leser die Lage der Hütte ersehen, in der wir wohnten, und wenn er dem Pfade von unserer Tür aus durch den Viehhof der Hazienda folgt, wird er in einer Entfernung von siebenhundertundfünfzig Fuß das in Abbildung 126 dargestellte Gebäude finden, das auf dem Generalplan durch den Buchstaben G bezeichnet ist.

Es steht nicht auf einer künstlichen Terrasse, vielmehr scheint das Erdreich in einem gewissen Umkreis um das Bauwerk herum abgetragen, um ihm eine erhöhte Lage zu geben. Es blickt nach Osten hin, mißt hundertneunundvierzig Fuß in der Frontbreite bei achtundvierzig Fuß Tiefe und hat ein kunstloses Äußeres ohne Verzierungen irgendwelcher Art. Eine einst großartige Treppe, fünfundvierzig Fuß breit, jetzt indessen gänzlich in Trümmern liegend, führt in der Mitte bis zum

126 Das Akatzeeb (Akab-Dzib) genannte Gebäude

Dache des Gebäudes hinauf. An jeder Seite der Treppe sieht man zwei Türen, an jeder Stirnseite des Gebäudes eine einzelne, und die nach Westen weisende Rückseite hat sieben Eingänge. Die Zahl der Gemächer beträgt im ganzen achtzehn. Die Westfront öffnet sich auf eine große ausgehöhlte Oberfläche, ob natürlich oder künstlich, ist nicht leicht zu sagen, in deren Zentrum sich kompaktes Mauerwerk erhebt, vierundvierzig Fuß lang und vierunddreißig Fuß breit, aus der Wand so hoch wie das Dach vorspringend und in Lage wie Größenverhältnissen der zerstörten Treppe an der östlichen Front entsprechend. Dieser Vorbau ist als Stütze für das Gebäude nicht notwendig; er ist ihm auch keine Zierde, sondern entstellt jenes im Gegenteil. Die Untersuchung, ob dies Mauerwerk wirklich eine feste Steinmasse darstellt oder im Inneren Geheimgemächer enthält, bleibt späteren Forschern vorbehalten.

Am Südende öffnet sich die Tür in ein Gemach, über welchem ein bedeutenderes und noch undurchdringlicheres Geheimnis schwebt. Diese Kammer ist neunzehn Fuß breit und acht Fuß sechs Zoll tief; eine niedrige schmale Tür in der Rückwand führt zu einem weiteren Gemach im hinteren Teil des Gebäudes, welches die nämliche Größe besitzt, dessen Fußboden aber gegenüber dem vorerwähnten Zimmer um eine Stufe erhöht ist; der Türsturz besteht aus Stein, und in die Laibung sind Hieroglyphen und eine sitzende Figur eingehauen. Diese Platte und ihre Plazierung hatten dem Gebäude den Namen gegeben. Die Indianer nennen es ›Akatzeeb‹ (Akab-Dzib), was soviel wie ›Schrift im Dunkeln‹ heißt; denn da, außer durch die

127 *Haus der Nonnen, rechts die sogenannte Kirche*

eine Tür, kein Licht eintritt, war das Gemach so dunkel, daß das Bild nur schwer abgezeichnet werden konnte. Hier fanden wir auf dem Boden Yukatans zum ersten Male Hieroglyphen in Stein eingehauen, die unzweifelhaft die gleiche Grundform wie die zu Copan und Palenque aufwiesen. Die sitzende Figur scheint einen Akt der Beschwörung vorzunehmen, vielleicht auch irgendeinen religiösen bzw. abgöttischen Brauch auszuüben, den die ›Schrift im Dunkeln‹ ohne Zweifel erklärt, doch man kann sie eben nicht lesen. Physische Kraft kann diese Gebäude dem Erdboden gleichmachen und sie aller Geheimnisse, welche sie enthalten mögen, entblößen, kann aber niemals das Geheimnis der skulptierten Tafel lüften.

Wenn man dieses Gebäude verläßt und dem auf der Karte angegebenen Weg folgt, erreicht man vierhundertundfünfzig Fuß weiter westlich eine moderne Steineinfriedung, welche die Viehweide der Hazienda unterteilt. Hinter ihr erscheint durch die Bäume hindurch zwischen anderen Gebäuden die Endmauer eines langen, majestätischen Bauwerks, das, wie eines der Hauptgebäude zu Uxmal, ›Haus der Nonnen‹ genannt wird. Es ist wegen seines guten Erhaltungszustandes wie auch wegen des Reichtums und der Schönheit seiner Ornamente beachtenswert. Die Ansicht, die Abbildung 127 bietet, gibt zusätzlich noch die Ecke eines Gebäudes zur Rechten wieder, ›Iglesia‹ oder ›Kirche‹ genannt. Die Höhe der Hauptfassade beträgt fünfundzwanzig, die Breite fünfunddreißig Fuß. Sie besitzt zwei Simse von geschmackvoller und hochentwickelter Zeichnung. Unmittelbar über der Tür finden sich zwanzig kleine Kartuschen von je fünf Hieroglyphen in vier Reihen, die in der Abbildung indessen nur angedeutet werden können. Um Platz für die Hieroglyphen zu schaffen, ist das untere Karnies über der Tür hochgezogen. Unter der Simsnische schlingt sich ein Ornamentstreifen mit sechs kühn geschwungenen vorkragenden Ziersteinen über die Fassadenmitte, welche jenen am Hause des Gouverneurs zu Uxmal ähnlich sind und wiederum einem Elefantenrüssel gleichen. Weiter oben ist in der Wand über der Tür eine nicht genau kreisrunde Nische eingezogen, in der sich noch Teile einer sitzenden Figur mit Federkopf erhalten haben. Die übrigen Ornamente haben jenes charakteristische und von den Dessins aller anderen Völker unterschiedene Gepräge, das auch die übrigen altamerikanischen Städte aufweisen; der Leser kennt die Art der Verzierungen schon von unseren vorausgegangenen Beschreibungen her. Die Tropenpflanzen und Sträucher, die auf dem Dache wuchsen, und die, als wir das Gebäude zuerst sahen, wie Fransenwerk über dem Karnies hingen, vermehrten noch die malerische Wirkung dieser zierlichen Fassade.

Abbildung 128 stellt die Front desselben Gebäudes dar. Es besteht aus zwei ganz verschiedenen Bauwerken, deren eines eine Art von Flügel zum Hauptgebäude bildet und in der gerade beschriebenen Fassade ausläuft. Die Länge beträgt insgesamt zweihundertundachtundzwanzig Fuß und die Tiefe des Hauptgebäudes hundertundzwölf Fuß. Der einzige Teil mit inneren Gemächern ist der von mir als Flügel bezeichnete. Dieser hat zwei Türen, welche sich in sechsundzwanzig Fuß lange und acht Fuß breite Gemächer öffnen. Hinter jedem von ihnen befindet sich noch ein

128 Front des Nonnenklosters

weiteres Gemach von entsprechenden Größenverhältnissen, jetzt mehrere Fuß hoch mit Mörtel und Steinen gefüllt; ursprünglich scheint es sogar bis zur Decke zugeschüttet gewesen zu sein, wieder *Casas Cerradas* oder ›verschlossene Häuser‹ bildend (vgl. S. 287). Insgesamt gibt es neun Gemächer in diesem Flügel, und alle liegen sie im Erdgeschoß. Das große Bauwerk, an welches sich dieser Flügel anschließt, besteht anscheinend aus massivem Mauerwerk, nur errichtet, um den zwei auf ihr ruhenden Gebäudezeilen Halt zu geben. Eine gewaltige Treppe, die größte, die wir im Lande sahen, sechsundfünfzig Fuß breit, führt zur oberen Plattform hinauf. An der einen Seite der Treppe hatte der Eigentümer der Hazienda eine riesige, zwanzig bis dreißig Fuß breite Bresche in das massive Mauerwerk hineingeschlagen, um Bausteine daraus zu entnehmen. Die große Treppe ist zweiunddreißig Fuß hoch und besitzt neununddreißig Stufen. Auf der Höhe des Baues steht eine Reihe von Gebäuden mit einer ihnen vierzehn Fuß breit vorgebauten Plattform, von deren hinterem Teil die große Treppe in derselben Breite mit fünfzehn Stufen bis zum Dache des zweiten Geschosses emporsteigt, das wiederum eine Plattform vorn vor dem dritten Stockwerk bildet. Dieses letzte Geschoß ist unglücklicherweise stark verfallen. Hier wie überhaupt darf die versetzte Bauweise der alten Meister Aufmerksamkeit beanspruchen. Sie setzten niemals einem tiefer gelegenen direkt das folgende Gebäude auf, sondern verlegten letzteres stets so zurück, daß das Dach des niedrigeren Geschosses nur eine vordere Plattform für das obere bildete.

Der Umfang des Grundgebäudes beträgt sechshundertachtunddreißig Fuß und seine Höhe, als es noch unversehrt war, fünfundsechzig Fuß. Es scheint allein für das zweite Stockwerk mit seinen Gemächern errichtet zu sein, an welche die Kunst und Geschicklichkeit der Erbauer verschwenderisch gewendet worden ist. Die zweite Reihe ist hundertundvier Fuß lang, dreißig Fuß breit, und die umgebende breite Plattform erlaubte, wenngleich mehrere Fuß hoch mit Gras überwachsen, einen noblen Spaziergang, der eine prachtvolle Aussicht über das ganze umliegende Land gewährte.

Von den fünf Türen an der Seite der Treppe sind die drei mittleren sogenannte blinde Türen, anscheinend bloße Vertiefungen in der Mauer. Die Felder zwischen den Türen enthielten Ornamentkompositionen von ungewöhnlichem Geschmack und seltener Zierlichkeit, in der Anordnung wie in der Zeichnung. Die beiden äußersten Türen öffnen sich in Gemächer, von denen jedes drei lange Vertiefungen in der Rückwand aufweist. Diese erstrecken sich vom Fußboden bis zur Decke, und müssen einst alle, nach den noch sichtbaren Überresten zu urteilen, mit Malereien verziert gewesen sein. An jedem Ende des Gebäudes findet sich ein weiteres Gemach mit wiederum drei Nischen, und auf der anderen Seite, nach Süden hin, öffnen sich die drei den blinden Türen der Nordseite entsprechenden Mitteltüren in ein siebenundvierzig Fuß langes und neun Fuß tiefes Gemach, das neun lange Nischen in der Hintermauer besitzt. Alle Mauern sind urspünglich vom Fußboden bis zum oberen Gewölbeabschluß mit schmückenden, heute jedoch mutwillig verwischten Malereien bedeckt gewesen, deren Überreste an einigen Stellen noch in glänzenden und lebhaften Farben prangen; unter den Gegenständen dieser Gemälde finden sich an verschiedenen Stellen auch einzelne, unzusammenhängende Teile von menschlichen Figuren, gut gezeichnet, den Kopf mit Federbüschen geziert, Schilde und Speere in den Händen. Jeder Versuch einer Beschreibung würde fehlschlagen, und noch krasser müßte der Versuch scheitern, den merkwürdigen Reiz einzufangen, den ein Gang längs der überwachsenen Plattform dieses riesigen und verödeten Gebäudes bietet.

Zurück auf dem Erdboden, gelangt man am Ende des seitlichen Flügels zu jenem Bau, der Iglesia oder Kirche genannt worden ist und von dem eine Ecke schon in Abbildung 127 gezeigt ward, während die Front nun in Abbildung 129 dargestellt ist. Diese ›Kirche‹ ist sechsundzwanzig Fuß lang, vierzehn Fuß tief und einunddreißig Fuß hoch, und ihre vergleichsweise große Höhe steigert noch die Wirkung ihres Anblicks. Sie hat drei Simse, und der Raum dazwischen zeigt reiche Verzierung. Die Skulptur ist nicht sonderlich fein gearbeitet, aber eindrucksvoll. Das Hauptornament befindet sich über der Tür, und auf jeder Seite sieht man zwei menschliche Figuren in sitzender Stellung, unglücklicherweise aber sehr verstümmelt. Der Teil der Fassade über dem zweiten Karnies ist bloß eine verzierte Mauer, ähnlich wie bei den schon früher erwähnten Bauten in Sayil und Labna.

129 *Iglesia oder Kirche*

130 *Caracol oder Wendeltreppe*

Das ganze Gebäude zeigt sich in einem guten Erhaltungszustand. Das Innere besteht aus einem einzelnen, einst mit Gips ausgekleideten Gemache, und längs der Mauerkrone unter dem Gewölbe sieht man die Spuren einer Reihe von Medaillons oder Kartuschen in Gips, die einst Hieroglyphen enthielten. Die Indianer verbinden mit den Ruinen von Chichen im allgemeinen keine abergläubischen Vorstellungen, wie etwa die in Uxmal, doch ist gerade dieses Gebäude von ihrer Vernunftanwandlung ausgenommen. Hier, sagen sie, höre man jedes Jahr am Karfreitag Musik ertönen; dieser Irrglauben aber, auf den wir schon in Santa Cruz del Quiche gestoßen waren, sollte diesmal widerlegt werden, denn eben in jenem Gemache stellten wir unseren Daguerreotypapparat auf und arbeiteten am stillen Freitag den ganzen Tag über, hörten aber keine Musik.

Am südlichen Ende des Nonnenhauses steht in einer Entfernung von zweiundzwanzig Fuß ein weiteres Gebäude, welches achtunddreißig Fuß in der Länge und dreizehn in der Breite mißt; da das Äußere über dem Sims hier auf die gewöhnliche Art verziert ist, halte ich es einer Abbildung nicht für wert.

Wenn man diese Gebäudemassen liegen läßt und sich nordwärts wendet, erreicht man in einer Entfernung von vierhundert Fuß das in Abbildung 130 dargestellte Gebäude. Es fällt unter den Ruinen von Chichen wegen seines malerischen Aussehens besonders auf und ist keinem anderen von uns besuchten ähnlich, ein sehr zerstörtes in Mayapan ausgenommen. Von kreisrunder Form, trägt es wegen seiner inneren Architektur den Namen ›Caracol‹ oder Wendeltreppe; es steht auf der oberen von zwei Terrassen. Die untere mißt vorn in der Nord-Süd-Richtung zweihundertunddreiundzwanzig Fuß und in der Ost-West-Richtung hundertundfünfzig Fuß und ist noch gut erhalten. Eine große, fünfundvierzig Fuß breite Treppe, die zwanzig Stufen besitzt, steigt zur oberen Plattform dieser Terrasse empor. Zu beiden Seiten der Treppe, eine Art von Balustrade bildend, sahen wir die ineinander verschlungenen Körper zweier riesiger Schlangen, drei Fuß breit und noch teilweise erhalten. Ferner fanden wir unter den Trümmern des Aufgangs einen riesigen Kopf, der auf einer Seite am Fuße der Stufen den Abschluß gebildet hatte.

Die Plattform der zweiten Terrasse besitzt achtzig Fuß Frontlänge, fünfundzwanzig Fuß Tiefe und wird wieder durch eine sechzehn Stufen zählende Treppe von zweiundvierzig Fuß Breite erreicht. Auf der Mitte des Treppenaufstiegs und gegen die Mauer der Terrasse zu finden sich Überreste eines sechs Fuß hohen Sockels, der einst wahrscheinlich einen Götzen trug. Auf der Plattform, fünfzehn Fuß von der letzten Stufe entfernt, steht das Gebäude. Es hat zweiundzwanzig Fuß im Durchmesser und vier kleine, genau in die vier Himmelsrichtungen weisende Türen. Ein großer Teil des oberen Aufbaus und eine der Seiten sind eingestürzt. Oben läuft das Karnies des Daches derart schräg, daß es beinahe eine Spitze bildet. Die Höhe mit Einschluß der Terrasse wird nur ein geringes unter sechzig Fuß betragen, und das vollständig erhaltene Gebäude muß selbst unter den großen Bauwerken seiner Nachbarschaft einen besonderen Eindruck gemacht haben.

Durch die Türen tritt man in einen fünf Fuß breiten Korridor, dessen innere Wand gleichfalls vier Türen besitzt, welche indes kleiner als die äußeren sind und genau die Mitte zwischen den vorerwähnten halten, also nach Nordost, Nordwest, Südwest und Südost weisen. Diese Türen öffnen sich in einen zweiten kreisrunden Korridor, vier Fuß breit, dessen Mitte ein massiv aus Stein aufgemauertes Rondell von sieben Fuß sechs Zoll im Durchmesser einnimmt. An einer Stelle aber, acht Fuß über dem Boden erhöht, befindet sich eine kleine, viereckige, mit Steinen blockierte Öffnung, die ich freilegen wollte; allein, die in den schmalen Korridor fallenden Steine ließen eine Weiterarbeit als zu gefährlich erscheinen. Zudem wankte das Dach so sehr, daß ich auch von oben nicht zu erforschen wagte, wohin diese Öffnung führte. Sie war wohl für einen aufrecht stehenden Mann groß genug; er hätte oben hinaussehen können. Die Mauern der beiden Korridore waren getüncht, mit Malereien verziert und beide mit dem üblichen dreieckigen Gewölbe geschlossen. Der Plan des Gebäudes war neu, statt aber Geheimnisse zu enthüllen, zog er den Schleier um diese rätselvollen Gebäude nur noch dichter.

131 Chichanchob oder Rotes Haus

In einer Entfernung von vierhundertundzwanzig Fuß nordwestlich vom Caracol steht jenes Gebäude, das in Abbildung 131 dargestellt ist. Von den Indianern wird es ›Chichanchob‹ genannt, was im Spanischen soviel wie *Casa Colorada* (Rotes Haus) bedeutet. Die Terrasse, auf der es steht, zweiundsechzig Fuß lang und fünfundzwanzig Fuß breit, ist noch gut erhalten, und die Treppe ist zwanzig Fuß breit. Als wir uns dieser Casa bei unserem ersten Besuche näherten, kam eine Kuh ganz gemächlich die Stufen herunter.

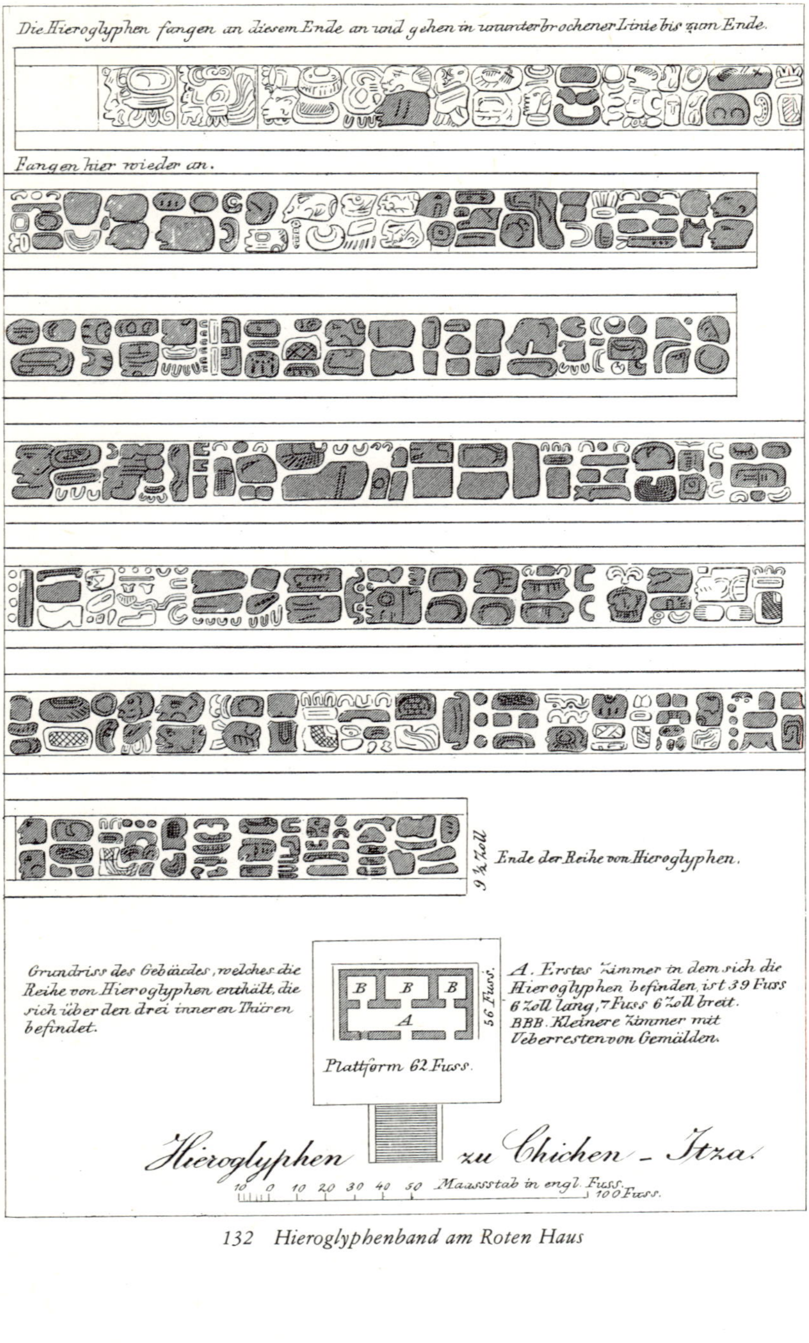

132 Hieroglyphenband am Roten Haus

Das Gebäude selbst mißt über dreiundvierzig Fuß in der Front und dreiundzwanzig Fuß in der Tiefe, auch zeigt es noch Stärke und Festigkeit. Über dem Karnies war es einst reich verziert, die Ornamente sind jetzt aber stark verwittert. Drei Türen öffnen sich in einen Korridor, welcher über die ganze Breite des Gebäudes hinläuft, und längs des oberen Abschlusses der rückwärtigen Mauer zieht sich ein steinernes, mit einer Reihe von Hieroglyphen beschriftetes Band hin. Viele dieser Schriftzeichen waren verwischt, darüber hinaus erschwerte ihre Höhe das Kopieren, wir behalfen uns aber mit einem Gerüst. Abbildung 132 stellt diese Hieroglyphen dar, soweit sie ausgemacht werden konnten. Wenn sie nicht mehr deutlich waren, wurden sie, um eine Irreführung zu verhindern, gar nicht wiedergegeben. Unter den Hieroglyphen findet sich auf Abbildung 132 ein Plan des Gebäudes mitsamt seiner Plattform und der zuführenden Treppe. Es besitzt einen Hinterkorridor, bestehend aus drei Gemächern, die alle noch Spuren von Malereien zeigen, und wegen der Bequemlichkeit der Raumaufteilung, der Terrasse und der Aussicht auf ein schönes, offenes Land, würden wir, wenn die Hazienda nicht so nahe gelegen hätte, verführt worden sein, unser Quartier hier aufzuschlagen.

Nur zweihundert Fuß entfernt vom Roten Haus steht das in Abbildung 133 dargestellte Gebäude. Die Plattform seiner Terrasse war ursprünglich vierundsechzig Quadratfuß groß, und das Gebäude besaß einst drei Zimmer, allein, Terrasse wie Gebäude

133 Ein weiteres zerstörtes Gebäude in Chichen

134 Gymnasium oder Ballhof

sind heute gleichermaßen zerstört, und die Ansicht ist nur geboten worden, weil sie allzu malerisch war, als daß Herr Catherwood der Versuchung hätte widerstehen können, sie mit dem Zeichenstift festzuhalten.

Alle beschriebenen Gebäude liegen innerhalb eines Umkreises von neunhundert Fuß um die Treppe der Monjas; von jedem beliebigen Standort in diesem Bereich kann man sie sämtlich in ganzer Größe sehen. Das Ruinenfeld liegt frei da und ist von Viehwegen durchschnitten; die Gebäude, Treppen und Terrassen waren überwachsen, da aber Indianer in hinreichender Zahl zu unserer Verfügung standen, so wurden sie leicht freigelegt. Das Ganze geschah mit einer Schnelligkeit, wie wir sie bei unseren bisherigen Unternehmungen noch niemals kennengelernt hatten.

Dies sind die einzigen Gebäude auf der Westseite des *Camino Real,* welche noch stehen; darüber hinaus finden sich bedeutende Spuren von Ruinenhügeln mit Gebäudeüberresten, ferner riesige Steine und Skulpturbruchstücke, deren Darstellung im einzelnen indes nicht möglich ist. Jenseits dieser Trümmer und den *Camino Real* überschreitend, betreten wir wieder offenes Gelände, auf dem ein außerordentliches Gebäude (Abb. 134) den Blick fängt; es besteht aus zwei ungeheuren, parallelen Mauern, jede zweihundertundvierundsiebzig Fuß lang und dreißig Fuß stark. Die beiden Mauern liegen hundertundzwanzig Fuß voneinander entfernt. Hundert Fuß weiter als ihr nördliches Ende, dem offenen Raume zwischen den Mauern gegenüber, steht auf einer Anhöhe ein fünfunddreißig Fuß langes Gebäude mit einem einzigen Gemach, dessen Vorderseite eingefallen ist und über dessen Schutt sich die Überreste zweier Säulen, reich mit Skulpturarbeit verziert, erheben; die ganze innere, dem Blicke dargebotene Mauer bedecken vom Fußboden bis zur Spitze des Gewölbes sehr verwitterte Figuren in Basrelief. Unsere Abbildung stellt die beiden Mauern dar, nebst dem Gebäude in der Ferne. Am diesseitigen Ende, ebenfalls hundert Fuß zurückstehend und den Raum zwischen den Mauern beherrschend, steht ein weiteres Gebäude, achtzig Fuß lang und auch zerstört, aber wiederum mit Überresten zweier reich verzierter Säulen mit skulptierten Figuren in Basrelief. Die Position, in der diese Mauern und Gebäude zueinander stehen, ist auf dem Generalplane mit dem Buchstaben A bezeichnet.

Jeweils in der Mitte der beiden großen Steinmauern, genau einander gegenüber und zwanzig Fuß über den Boden erhöht, finden sich zwei massive Steinringe, vier Fuß im Durchmesser und einen Fuß einen Zoll stark; die lichte Weite beträgt einen Fuß sieben Zoll. In Reifen und Rand sind zwei ineinander verwundene Schlangen einskulptiert, von denen ein Paar in Abbildung 135 dargestellt ist.

135 Steinring mit Schlangenskulptur

Schon beim ersten Anblick nahmen wir fast mit Gewißheit an, daß diese Gebäude einst dem gleichen Zwecke dienten wie jene ganz ähnlichen in Uxmal, von denen ich schon vermutet hatte, sie seien zur Feier öffentlicher Spiele bestimmt gewesen (vgl. S. 219). Ich habe bisher in allen Fällen die Namen übernommen, mit denen ich die Gebäude schon vorher bezeichnet fand; Gebäude ohne Namen habe ich ohne Namen gelassen. Auch zu Chichen tragen die wichtigsten Gebäude Namen, und dieses hier heißt ›Iglesia‹ (oder Kirche der) ›Antiguos‹. Das Gotteshaus ward angefangen, so hat man sich wohl gedacht, aber nicht vollendet, und die offenen Wände bieten tatsächlich keine schlechte Vorstellung von den riesigen indianischen Kirchen, bevor das Dach aufgesetzt ist. Da wir in Chichen aber schon eine Iglesia haben und eine im folgenden zitierte geschichtliche Autorität existiert, die meiner Meinung nach deutlichen Aufschluß über den Zweck und Gebrauch dieses außerordentlichen Bauwerkes gibt, so will ich es das ›Gymnasium‹ oder den ›Ballhof‹ nennen.

In dem Bericht, welchen Herrera von den Vergnügungen des Montezuma hinterlassen hat, heißt es wie folgt: »Es machte dem Könige viel Vergnügen, das Ballspielen mit anzusehen, welches die Spanier seitdem wegen des vielen Unheils, das sich oft dabei ereignet, verboten haben. Es ward von ihnen *Tlachtli* genannt und war unserem Schlagballspiele sehr ähnlich. Der Ball ward aus dem Gummi eines Baumes gemacht, der in den heißen Ländern wächst und aus welchem, wenn man ihn anschneidet, große weiße Tropfen herausquellen, die alsbald hart, und, wenn man sie verarbeitet und formt, so schwarz wie Pech werden. Die daraus gefertigten Bälle, obgleich hart und schwer für die Hand, sprangen und flogen wie unsere Luftbälle, sie brauchten aber nicht aufgeblasen zu werden. Die Spieler wetteiferten darin, den Gegner zu treiben, das heißt, die Wand zu treffen, die anderen mußten den Ball dann wieder zur Stelle bringen oder zurückschlagen. Sie schlugen ihn mit irgendeinem Teile ihres Körpers, wie es sich gerade ergab oder es ihnen am dienlichsten schien. Doch ward es bisweilen geahndet, wenn jemand den Ball mit einem anderen Körperteil als der Hüfte berührte, was bei ihnen für die größte Geschicklichkeit gehalten ward; und damit der Ball um so besser zurückspringen möchte, hefteten sie ein Stück hartes Leder an die Hüften. Sie mochten ihn schlagen, wie sie wollten, er sprang jederzeit zurück, und dies mehrere Male hintereinander, so daß es aussah, als ob er lebte. Sie spielten in Gesellschaften, ebensoviele auf jeder Seite, um eine Tracht Mäntel oder was die Spieler sonst einsetzen konnten, und über mehrere Sätze. Sie spielten auch um Gold, Federputz, und bisweilen verspielten sie sich selbst, wie schon früher gesagt worden ist. Der Ort, wo sie spielten, war ein Zimmer im Erdgeschosse, lang, schmal und hoch, aber oben weiter als unten, und an den Seiten höher als an den Enden. Sie hielten es stets sehr gut getüncht und glatt, die Wände wie auch den Fußboden. An der Seite der Wände befestigten sie gewisse Steine, wie die einer Mühle, mit einem in der Mitte ganz durchgehenden Loche, gerade in der Größe des Balles. Wer diesen dort hindurchschlagen konnte, gewann das Spiel, und zum Zeichen, daß dies ein außerordentliches, ganz selten vorkommendes Glück sei, hatte er ein Recht auf die Mäntel aller Zuschauer, nach einem alten Brauche unter Spielern. Es war sehr lustig mit anzusehen, wie, sobald der Ball einmal im Loche war, alle Dabeistehenden sich auf das Laufen verlegten und aus Leibeskräften davonrannten, um ihre Mäntel zu retten. Sie lachten und freuten sich dabei, während andere hinter ihnen herliefen, um dem Gewinner die Mäntel zu sichern, welcher seinerseits dem Götzen des Ballhofes und dem Steine, durch dessen Loch der

Ball gegangen war, ein Opfer darbringen mußte. Jeder Ballhof war ein Tempel, der zwei Götzen hatte, den des Spielens und den des Balles. An einem günstigen Tage um Mitternacht vollzogen sie an den beiden niedrigeren Mauern und auf der Mitte des Platzes bestimmte Zeremonien und Beschwörungen, gewisse Lieder und Balladen singend, worauf ein Priester des großen Tempels nebst einigen Würdenträgern hinging, um den Ball zu segnen. Der Priester sprach einige Worte, warf den Ball viermal im Ballhofe herum, dann war er geweiht, und es konnte damit gespielt werden, aber nicht vorher. Der Eigentümer des Ballhofes, der stets ein großer Herr war, spielte niemals, ohne vorher dem Götzen ein Opfer zu bringen oder gewisse Zeremonien zu vollziehen.«

Mit einigen leichten Abänderungen in den Einzelheiten sind die allgemeinen Züge so identisch, daß für mich das Gebäude in Chichen einst unzweifelhaft zu eben dem nämlichen Zwecke errichtet ward wie der von Herrera beschriebene Ballhof in der Stadt Mexiko. Wir entdeckten indessen in dem Berichte des Spaniers etwas Wichtigeres als bloßes Material zur Zweckbestimmung eines Gebäudes: Vielmehr schlossen wir aus der Ähnlichkeit der Vergnügungen auf eine Ähnlichkeit in Sitten und Einrichtungen und im weiteren auf eine Verwandtschaft zwischen dem Volke, welches die nun zerstörten Stätten von Yukatan erbaute, und jenem, welches Mexiko zur Zeit der Eroberung bewohnte. Im übrigen ist aus der Nachricht des Her-

136 Bau am Ende des Gymnasiums

rera zu ersehen, wie das Leichentuch über die Institutionen der Eingeborenen gezogen ward, denn wir erfahren, daß das Spiel, ›das Montezuma sehr liebte‹ und das ohne Zweifel eine Lieblingsunterhaltung des Volkes war, »von den Spaniern seitdem verboten ward«.

Am südlichen Ende der Ostmauer erhebt sich an der Außenseite das in Abbildung 136 gezeigte Gebäude; es besteht aus zwei Geschossen, eines davon ebenerdig und stark zerstört, das andere etwa fünfundzwanzig Fuß hoch darüber aufragend und in einem gut erhaltenen Zustand mit einfach und geschmackvoll angeordnetem Zierat, zu dem auch ein Schmuckband mit einem deutlich erkennbaren Zuge von Tigern oder Luchsen gehört, welche im Bilde oben im kleinen Maßstab erscheinen. Wegen seiner erhöhten Lage auf dem Dache und den umstehenden Bäumen ist die Wirkung des Baues schön malerisch, aber er verdient auch darüber hinaus noch Interesse, und sogar ein weit höheres, ja er kann in gewisser Hinsicht als das wichtigste Gebäude überhaupt gelten, auf welches wir bei unseren Ruinenforschungen stießen.

Der untere, ebenerdig erbaute Gebäudeteil ist, wie schon gesagt, in verfallenem Zustand; die Vorderseite ist eingestürzt, und man sieht hier nur die Überreste zweier mit skulptierten Figuren bedeckten Säulen. Durch den Einsturz der Vorderfront ist aber eine ganze Wand des Gemaches im Innern offengelegt worden, die von einem Ende bis zum anderen mit kunstvollen Figuren in Basrelief bedeckt ist.

137 Bemalte Basrelieffiguren

Abbildung 137 zeigt einen Teil dieser Figuren. Über Jahrhunderte der endlosen Folge von Wind und Regen ausgesetzt, sind die Zeichnungen verwaschen und verwittert; unter dem gleißenden Lichte der Tropensonne waren die Linien wirr und undeutlich, und die abgestrahlte Hitze war so gewaltig, daß wir an eine Arbeit vor dem späteren Nachmittag, an dem das Gebäude endlich Schatten hatte, nicht denken konnten. Den Kopf der Figuren schmückt wie gewöhnlich ein Federbusch, und in der oberen Reihe trägt jede Figur ein Bündel Speere oder einen Köcher mit Pfeilen. Alle diese Figuren waren angemalt, und der Leser kann sich denken, welch eine Wirkung dieses Gemach in unversehrtem Zustand gehabt haben muß. Die Indianer nennen es ›Xtol‹ und sagen, es stelle einen Tanz der *Antiguos* dar, wobei den Basreliefs ein bestimmter und eigenständiger Wert zukommt.

In Nebels großem Werke, betitelt: ›Voyage Pittoresque et Archéologique dans le Mexique‹, das vor kurzem in Paris herausgekommen ist, befindet sich eine Zeichnung des Opfersteines im Museum von Mexiko, welcher einen Durchmesser von neun Fuß sowie eine Stärke von drei Fuß besitzt und mit einem Figurenzuge in Basrelief geschmückt ist. Diese Figuren sind, wenngleich in den Einzelheiten abweichend, doch von derselben Art wie die an den Mauern des oben beschriebenen Gebäudes. Der Stein wurde auf der Plaza von Mexiko ausgegraben, in der Nähe der Stelle, auf welcher zur Zeit des Montezuma der große *Teocalis* dieser Stadt stand. Diese Ähnlichkeit schafft wiederum eine Verbindung mit eben jenem Volke, welches die Stadt Mexiko zur Zeit der spanischen Eroberung im Besitze hatte. Die Beweise häufen sich also immer mehr.

Das obere Gebäude nun, dessen Rückseite im Bilde erscheint, stellt nicht weniger als ein, wenngleich zerbrochenes, Schatzkästchen dar, das vielleicht den größten Edelstein in der Kunst der Ureinwohner enthält, welcher sich auf dem ganzen amerikanischen Kontinent noch finden mag.

Die Stufen oder sonstigen Wege zum Betreten dieses Gebäudes sind verschwunden, und wir erreichten es nur, indem wir über die herabgefallenen Steine klommen. Die Tür öffnet sich auf die Plattform der Mauer, den Ballhof überschauend. Der vordere Korridor ward einst offenbar durch massive Pfeiler gestützt, deren verbliebene Teile eine vielfältige Ornamentik aufweisen. Die Oberschwelle der inneren Tür ist ein reich beschnitzter *Sapota*-Balken. Die Pfosten sind zum Teil verschüttet, doch aus dem Schutt hervorragend erscheinen skulptierte Figuren mit üppigem Kopfputz. Wir würden an jedem anderen Orte versucht haben, sie ans Tageslicht zu bringen und zu kopieren; hier jedoch gelangt man zwischen diesen Pfosten hindurch in ein inneres Zimmer, dessen Wände und Decke vom Fußboden bis zur Spitze des Gewölbes mit bunten Zeichnungen bedeckt sind. Sie stellen in glänzenden und lebhaften Farben Menschenfiguren, Schlachten, Häuser, Bäume und Szenen aus dem häuslichen Leben dar. So tritt an einer der Wände deutlich ein Canoe hervor. Dem ersten freudigen Erstaunen folgte aber bittere Enttäuschung, denn das Ganze ist verstümmelt und entstellt. An einigen Stellen ist die Tünche abgeblättert, und überall

138 *Wandmalereien im Gebäude am Ballhof*

erscheinen tiefe und boshafte Kritzeleien an den Wänden. Obgleich einzelne Figuren unversehrt waren, konnte der Zusammenhang der Gegenstände nicht ausfindig gemacht werden. Lange Zeit hatten uns wie einen Tantalus die Bruchstücke von Malereien hämisch gequält; sie gaben uns das Gefühl, daß die Ureinwohnerbaumeister in dieser vergänglicheren Kunst größere Fortschritte als in der Bildhauerkunst gemacht hatten, und jetzt standen wir vor den Beweisen für unsere Auffassung.

Abbildung 138 stellt einzelne Teile dieser Gemälde dar. An Farben verwendete der unbekannte Meister Grün, Gelb, Rot, Blau und ein rötliches Braun, welchletzteres stets den Ton des menschlichen Fleisches wiedergibt. Da unserem Abbilde die Farbnuancen fehlen, so übermittelt es natürlich nur eine unvollkommene Vorstellung von seinem Gegenstand; doch auch in den Umrissen zeigt sich eine Freiheit des Pinsels, welche nur die erfolgreiche Lehre und Ausbildung unter Meistern hervorbringen kann. Diese Bilder dürfen aber noch ein höheres Interesse beanspruchen als das, was sich an sie als bloße Kunstübungen knüpft, denn man sieht hier Entwürfe und Figuren vor sich, welche zwingend an die wohlbekannte Bilderschrift der Mexikaner erinnern; läßt die Verwandtschaft sich weiter stützen, so steht das an den Ballhof anschließende Gebäude als ein unanfechtbarer Zeuge für jene Wahrheit da, daß das Volk, welches Mexiko zur Zeit der Eroberung bewohnte, zu derselben großen Rasse gehört, der die Baumeister der Ruinenstädte von Yukatan entstammen.

Doch weiter. In einer Entfernung von fünfhundert Fuß steigt südöstlich von dem eben erwähnten Bau das ›Castillo‹ empor, das wir hier in Abbildung 139 zeigen. Es

139 Castillo

fällt als erstes ins Auge, wenn man nach Chichen kommt, denn es ist aus jedem Blickwinkel der großartigste und hervorstechendste Bau, der sich über die Ebene türmt. Jeden Sonntag promenieren die Dorfbewohner von Piste durch die Ruinen, und nichts kann das malerische Aussehen dieses hohen Gebäudes übertreffen, wenn Frauenzimmer, in Weiß gekleidet und mit roten Shawls, über die Plattform schreiten und in die Türen hinein- oder aus ihnen heraustreten. Der Hügel mißt an der Basis der Nord-Süd-Seite hundertundsechsundneunzig Fuß und an der West-Ost-Seite zweihundertundzwei Fuß. Er ist den Kardinalpunkten der Windrose nicht genau zugeordnet, doch ist dies vielleicht Absicht gewesen, denn bei allen Gebäuden weicht, aus einer uns unbekannten Ursache, während das eine zehn Grad nach der einen Seite hin variiert, das unmittelbar anstoßende zwölf bis dreizehn Grad nach einer anderen ab. Die Höhe des von der Ebene aus scheinbar massiv aufgeführten Baues beträgt fünfundsiebzig Fuß. An der Westseite führt eine siebenunddreißig Fuß breite Treppe zum Gipfel; an der Nordseite (unser Bild) ist die Treppe vierundvierzig Fuß breit und hat neunzig Stufen. Auf dem Boden am Treppenfuß bilden

140 Schlangenköpfe am Treppenfuß des Castillo

zwei riesige Schlangenköpfe, zehn Fuß lang, mit weit offenem Rachen und herausschlappender Zunge, dargestellt in Abbildung 140, einen kühnen, außerordentlich frappierenden und klug entworfenen Anfang des Höhenweges. Ohne Zweifel waren sie Sinnbilder irgendeines religiösen Glaubens und müssen im Geiste eines phantasiereichen Volkes ein schauerlich-ehrfurchtsvolles Gefühl erregt haben.

Die Plattform oben auf dem Hügel mißt einundsechzig Fuß von Norden nach Süden und vierundsechzig Fuß von Osten nach Westen, das ihr aufruhende Gebäude in denselben Richtungen dreiundvierzig respektive neunundvierzig Fuß. Einzelne Türen gehen nach Osten, Süden und Westen hinaus; sie haben massive Oberschwellen aus *Sapota*-Holz, mit ausgezeichnetem Schnitzwerk bedeckt, und auch die Türpfosten tragen skulptierte Figuren, von denen eine in Abbildung 141 dargestellt ist.

Starker Verwitterung zum Trotz kann man noch den Kopfputz mit einem Federstutze und Teile des reichen Gewandes erkennen. Das Gesicht ist wohlerhalten und hat ein würdiges Aussehen; an der Seite sieht man Ohrringe, und die Nase ist durchbohrt. Dies war nach der geschichtlichen Überlieferung ein herrschender Brauch in

141 Figur an einem Türpfosten des Castillo

Yukatan, und noch lange nach der Eroberung des Landes wurden von den Spaniern Gesetze erlassen, um ihn zu verbieten.

Auch alle anderen Pfosten sind mit Skulpturen gleichen allgemeinen Gepräges überzogen, und die so geschmückten Türen öffnen sich in einen sechs Fuß breiten Korridor, der drei Seiten des Gebäudes umläuft.

Die nördliche, in Abbildung 139 andeutend dargestellte Tür bietet einen noch großartigeren Anblick; sie ist zwanzig Fuß breit und hat zwei kurze, massive Säulen, jede acht Fuß acht Zoll hoch, mit zwei großen Vorsprüngen an der Basis, die über und über mit sorgfältig gearbeiteten Skulpturen bedeckt sind. Diese Tür gewährt zu einem vierzig Fuß langen, sechs Fuß vier Zoll breiten und siebzehn Fuß hohen Korridor Zutritt, in dessen hinterer Mauer man eine einzelne Tür mit skulptierten Pfosten und einem reich beschnitzten *Sapota*-Balken als Oberschwelle sieht; durch diese Tür gelangt man in ein Zimmer von neunzehn Fuß acht Zoll Länge, zwölf Fuß neun Zoll Breite und siebzehn Fuß Höhe, das in Abbildung 142 dargestellt ist. Hier fallen als erstes zwei Pfeiler von quadratischem Grundriß, beide neun Fuß vier Zoll hoch, ins Auge. Ihre Flächen, je einen Fuß und zehn Zoll in der seitlichen Ausdehnung, sind

142 Inneres Gemach des Castillo

143 Die Säulenreihen

mit skulptierten Figuren geschmückt, und die den Pfeilern aufliegenden massiven *Sapota*-Holzbalken weisen erlesenstes Schnitzwerk mit merkwürdigen und verwickelten Zeichnungen auf, indes so entstellt und von der Zeit verwischt, daß es bei der Dunkelheit des Zimmers – nur durch die Türöffnung fiel Licht herein – außerordentlich schwer hielt, Einzelheiten auszumachen. Der Eindruck, den dieses hohe Zimmer uns beim Eintritte erweckte, war vielleicht stärker als bei irgendeinem anderen bisher gesehenen. Wir brachten einen ganzen Tag darin zu, von Zeit zu Zeit auf die Plattform hinaustretend. Von dort sahen wir dann auf die zerstörten Gebäude der alten Stadt hinab, und zuweilen schweifte unser Blick auch über die ungeheure Ebene außerhalb ihrer Grenzen hinaus.

Von dieser großen Höhe war es, daß wir zum ersten Male jene Gruppen kleiner Säulen sahen, die sich bei näherer Untersuchung als die merkwürdigsten und rätselhaftesten Überreste erwiesen, welche wir bis dahin angetroffen hatten. Drei, vier oder fünf von ihnen stehen, gerade nach der vordersten ausgerichtet, in mehreren Reihen hintereinander, immer in einer Richtung fortlaufend, welche sich jedoch zuweilen ändert. Die Säulen sind sehr niedrig, viele nur drei Fuß, die höchste sechs Fuß aufragend, und bestehen aus mehreren gleich Mühlsteinen übereinander aufgeschichteten Teilen. Viele sind umgefallen, an einigen Stellen sogar in Reihen umgeworfen, immer nach einer Richtung, als ob sie absichtlich umgestürzt worden seien. Um sie von dem umgebenden Buschwerk zu befreien, hatte ich eine große Zahl von

Indianern in Dienst genommen, denn es war mir darum getan, den Zug der Säulchen in seiner ganzen Länge zu verfolgen. An einigen Stellen erstrecken sie sich bis an den Fuß großer Ruinenhügel, auf denen wir Gebäuderuinen und riesige Bruchstücke von Skulpturen fanden, während sie an anderen abzweigen und plötzlich enden. Ich zählte insgesamt dreihundertundachtzig von ihnen, und es waren noch viel mehr vorhanden, viele davon indes so zerborsten oder in ihren Bestandteilen so unregelmäßig verstreut, daß ich die Zählung aufgab. Die Annahme, sie müßten einst ein Dach getragen haben, unter dem Menschen sich ergingen, schloß ihre geringe Höhe aus. Bisweilen drängte sich die Idee auf, sie hätten einem erhöhten Wandelgange aus Mörtel zur Stütze gedient; es waren jedoch keine Spuren eines solchen vorhanden. Abbildung 143 soll eine Vorstellung von diesen Säulen geben, mit dem Castillo und einem Teile des Ballhofes im Hintergrund. Sie schließen eine Grundfläche von beinahe vierhundert Quadratfuß ein, und da ihre Nutzung oder ihr Zweck dunkel bleiben, steigern sie noch das Interesse und die Verwunderung, welche mit diesen Ruinen verbunden sind.

Damit endet meine kurze Beschreibung der Ruinen von Chichen, in deren Verlaufe ich, so wenig als möglich auf Einzelheiten eingehend, alle Hauptgebäude der alten Stadt dargestellt habe. Zerstörte Hügel türmen sich auf, und Skulpturteile sind über den Boden verstreut, merkwürdige Sinnbilder darstellend, die uns unsere Wanderungen oft unterbrechen ließen, die zu beschreiben ich aber nicht versuchen will. Wir hatten uns die Ruinen von Chichen am längsten aufgespart und die höchsten Erwartungen an sie geknüpft, und diese Erwartungen waren nicht enttäuscht, sondern noch übertroffen worden. Die Trümmerstadt erweckte nicht zuletzt deshalb unser besonderes Interesse, weil das helle Tageslicht auf ihre Geschichte strahlt. Gerade an dieser Stelle ward ja die erste Ansiedlung der Spanier im Landesinnern angelegt.

Es mag darum seltsam scheinen, daß über diese außerordentlichen Gebäude keine Nachricht vorhanden ist. Wir wissen nur, die Spanier machten auf ihrem Wege von der Küste ins Landesinnere in Chichen halt und beschlossen, sich dort anzusiedeln. Es schien ihnen der rechte Ort, da die großen Gebäude nur schwer einnehmbar waren und gut zur Verteidigung gegen die Angriffe der Indianer dienen konnten. Wir erfahren indes nicht einmal, ob die Gebäude zu jener Zeit bewohnt waren oder menschenleer standen; Herrera sagt jedoch, die Indianer seien so zahlreich gewesen, daß bei ihrer Verteilung auf die Konquistadoren, die dem *Adelantado* durch königliche Verwilligung erlaubt war, der geringste Anteil eines Spaniers zweitausend betrug.

In Anbetracht der Umstände der Besitznahme und der späteren Wiederaufgabe von Chichen durch die Spanier ist ihr Stillschweigen indessen nicht verwunderlich. Der *Adelantado* tat an diesem Orte einen unheilvollen Mißgriff; er teilte nämlich, vom Glanze des Goldes in einer anderen Provinz angelockt, seine Streitkräfte und schickte einen seiner besten Hauptleute mit fünfzig Mann auf Goldsuche aus. Von dieser Zeit an mußten die Spanier alles, was sie brauchten, um den Preis von Blut erkaufen; die Lebensmittel wurden rar, Zwistigkeiten mit den Indianern häuften sich, und immer größer ward die Gefahr, in der sie schwebten. Endlich beschlossen die Indianer die gänzliche Vernichtung der Eroberer; in ungeheuren Massen sammelten sie sich um das Lager der Spanier, es von allen Seiten einschließend. Die Spanier, welche den Hungertod vor Augen hatten, waren indes entschlossen, lieber tapfer im Felde zu sterben, und machten einen Ausfall. Es ward die blutigste Schlacht ihrer Eroberungszüge. Die Spanier fochten für ihr Leben, die Indianer, um Herren ihres Grundes und Bodens zu bleiben. Unzählige der letzteren wurden getötet, aber auch die Spanier beklagten entsetzliche Verluste, und um das Leben der noch übrigen zu retten, zog der *Adelantado* sich mit ihnen in die Befestigungswerke zurück. Hundertundfünfzig Eroberer waren tot, fast alle übrigen verwundet, und hätten die Indianer sie auf ihrem Rückzuge angegriffen, würden sie bis auf den letzten Mann niedergemacht worden sein. Außerstande, sich länger zu halten, zogen sie aus einer Nacht Vorteil, in der die Indianer nicht auf der Hut waren. Nachdem die Spanier am Abend Ausfälle unternommen hatten, um der Erschöpfung und Müdigkeit ihrer Gegner in der kommenden Nacht sicher zu sein, banden sie, sobald alles still war, einen Hund an den Strick eines Glockenklöppels, setzten etwas Futter, aber so, daß er es nicht erreichen konnte, vor ihn hin, und marschierten unter größtem Stillschweigen aus dem Lager. Der Hund zog, als er sie fortgehen sah, an dem Glockenseile, um mit ihnen zu kommen und hernach, um zum Futter zu gelangen. Die Indianer aber, welche glaubten, die Spanier läuteten zu den Waffen, blieben ruhig und warteten den Angriff ab. Kurz vor Tage machte sie das immerwährende Geläut der Glocke indes doch stutzig, sie rückten näher zu den Festungswerken hin und fanden das Lager verlassen. Währenddessen setzten sich die Spanier zur Küste hin ab, und bei den spärlichen und unzusammenhängenden Nachrichten über die ausgestandenen Gefahren und ihr Entkommen überrascht es vielleicht nicht, daß hier alle Betrachtungen über die Gebäude, Künste und Wissenschaften der kriegerischen Bewohner von Chichen fehlen.

Ich will mit einer allgemeinen Bemerkung schließen. Diese amerikanischen Städte wurden natürlich nicht alle zu ein und derselben Zeit erbaut, sondern über verschiedene Zeiträume hinweg. Chichen, wenngleich in besser erhaltenem Zustand als die meisten anderen, scheint älteren Datums zu sein; einige Gebäude stammen ohne Zweifel aus früheren Perioden als andere, und zwischen ihrer Erbauung können große Zeiträume liegen.

Das Mayamanuskript setzt die erste Entdeckung von Chichen in die der Zeit zwischen dreihundertundsechzig und vierhundertundzweiunddreißig nach Christo entsprechende Epoche. Man kann seine Worte tatsächlich so verstehen, als ob damals eine lebende Stadt entdeckt worden sei; nach einer anderen, ebensogut möglichen Deutung der Worte ist indessen vielleicht nichts weiter gemeint als eine Entdeckung dessen, was die Worte *Chi-chen* in sich fassen, nämlich die Mündung von Brunnen, womit die beiden *Senoten* gemeint sind. Denn die Auffindung von Wasserbecken ist bei allen primitiven Völkern, und besonders in der trockenen Gegend von Yukatan, ein Ereignis, würdig, in ihrer Geschichte festgehalten zu werden.

Eine dieser *Senoten* habe ich schon erwähnt, die andere besuchte ich spät nachmittags am Tage vor unserer Abreise. Ausgehend vom Castillo, erstiegen wir einen bewaldeten Höhenrücken in einiger Entfernung, anscheinend ein künstlicher Dammweg, der zu jener *Senote* führte, der größten und wildesten, welche wir bisher im Lande gesehen hatten; sie lag in der Mitte eines dichten Waldes als ein ungeheures kreisrundes Loch mit ausgezackten, senkrecht abfallenden Wänden, aus denen Bäume hervorwuchsen und sich über den Wasserrand neigten, still, als ob hier der Genius des Schweigens herrsche. Ein Habicht schwebte hinabspähend über dem grünlichen Wasser, ohne auch nur ein einziges Mal mit den Flügeln zu schlagen. Eine geheimnisvolle Kraft schien die Szene zu durchdringen, ganz im Einklang mit der geschichtlichen Nachricht, daß der Brunnen von Chichen einst ein Wallfahrtsort war und daß hier Menschen als Opfer in die Tiefe gestoßen wurden. An einer Stelle, ganz am Rande, fanden sich die Überreste eines Steingebäudes, das wahrscheinlich zu den alten abergläubischen Gebräuchen eine Beziehung hatte; vielleicht wurden eben von hier aus die Opfer in das dunkle Wasserloch geworfen.

Am Dienstag, den neunundzwanzigsten März, verließen wir Chichen. Noch lag es in der Morgendämmerung, als wir den letzten Blick auf die großen Gebäude warfen. Beim Abschied fühlten wir, daß die wenigen kurzen Monate unserer Reise eine interessante und wundervolle Zeit gewesen waren, wie sie das Leben uns selten bietet. Um neun Uhr erreichten wir das Dorf Kaua, das sechs Stunden entfernt ist, und um halb zwölf das kleine Dorf Cuncunul. Es liegt nur noch einen Stundenritt von Valladolid, und wir entschlossen uns, dort zu Mittag zu speisen und auf die Diener und Träger zu warten.

Entlang der Küste: Cozumel und Tulum

Anreise

Am 29. März 1842 Abreise von Chichén nach Valladolid. Neues Reiseziel ist die Ruinenstadt Tulum an der Westküste von Yucatán sowie die vorgelagerte Insel Cozumel. Pläne, die Bai von Ascension südlich Tulum durch ein unwegsames Dschungelgebiet direkt zu erreichen, werden verworfen, und ebenso scheitert der Versuch, über das Dorf Chemax zur Hafenstadt Tancah zu gelangen. So brechen die Forscher am 4. April 1842 zum Hafen Yalahao auf, mieten dort ein Boot nebst Mannschaft und stechen einige Tage später Richtung Cozumel in See.

Die Inzel Cozumel, wie sie jetzt genannt wird, war den Eingeborenen unter dem Namen ›Cuzamil‹ bekannt, was in ihrer Sprache Insel der Schwalben bedeutet. Vor unserer Abreise aus der Heimat hatte ich diese Insel als eines unserer Reiseziele festgesetzt; meine Aufmerksamkeit ward dabei durch die historischen Berichte über ihren Zustand zur Zeit ihrer Entdeckung durch die Spanier auf sie gerichtet. Juan de Grijalva fand sie zufällig im Jahre 1518, als er der Spur des Cordoba folgen wollte, indessen in ihre Gewässer abtrieb. Das Tagebuch führte der Hauptkaplan der Flotte unter Grijalvas Leitung, und es ward mit einer Sammlung eigenständiger Berichte und Erinnerungen zum ersten Male im Jahre 1838 zu Paris veröffentlicht. Dieses Reisebuch hebt folgendermaßen an:

»Sonnabend, den ersten März des Jahres 1518, segelte der Befehlshaber der genannten Flotte von der Insel Cuba ab. Am vierten März sahen wir auf einem Vorgebirge ein weißes Haus. Allein, Felsenriffe und Sandbänke säumten die gesamte Küste. Wir segelten daraufhin zum jenseitigen Ufer des Kaps, wo wir das Haus noch besser in den Blick bekamen. Es hatte die Gestalt eines kleinen Turmes, schien acht Palmen lang und von Manneshöhe. Die Flotte ankerte etwa sechs Meilen vor der Küste. Zwei kleine Barken, Canoes genannt, näherten sich uns, sie waren mit drei Indianern bemannt, die innerhalb Kanonenschußweite an die Schiffe herankamen. Wir konnten nicht mit ihnen sprechen, noch etwas von ihnen erfahren, ausgenommen, daß der Kazike, d. i. der Häuptling des Ortes, bei Tagesanbruch an Bord kommen wolle. Am nächsten Morgen gingen wir unter Segel, um ein Vorgebirge auszukundschaften, welches wir in der Ferne sahen, und das, wie uns der Steuermann sagte, die Insel Yukatan sei. Zwischen ihm und unserem Aufenthalt, der Spitze Cucuniel, fanden wir einen Meerbusen. Wir segelten in ihn hinein und kamen Cuzamil nahe, längs dessen Küste wir fortsegelten. Außer dem Turme, welchen wir gesehen hatten, entdeckten wir noch vierzehn von derselben Gestalt. Bevor wir den ersten hinter uns ließen, kehrten die zwei indianischen Canoes zurück. In dem einen befand sich der Häuptling des Dorfes, er kam an Bord des Admiralsschiffes und richtete vermittels eines Dolmetschers (eines der beiden Indianer, die aus Yukatan auf der früheren Reise des Cordoba mitgenommen worden waren) an den Befehlshaber die Bitte, in sein Dorf zu kommen, was eine große Ehre für ihn sein würde.«

»Wir segelten nur einen Steinwurf weit von der Küste entfernt, denn die See ist hier am Rande sehr tief. Das Land erschien uns sehr lieblich; wir zählten, als wir diese Stelle verließen, vierzehn Türme von der angegebenen Gestalt. Bei Sonnenuntergang sahen wir einen großen weißen Turm, der sehr hoch schien. Wir näherten uns ihm und erblickten in seiner Nähe eine Menge von Indianern, Männer und Weiber, die nach uns schauten und nicht weggingen, bis die Flotte innerhalb Flintenschußweite anhielt. Die auf der Insel sehr zahlreichen Indianer machten mit ihren Trommeln einen großen Lärm.«

»Am Freitag, den sechsten Mai, befahl der Kommandant, daß hundert Mann sich bewaffnen sollten. Sie bestiegen die Boote und landeten. Ein Priester begleitete sie, und sie erwarteten, von einer großen Menge von Indianern angegriffen zu werden. Zur Verteidigung vorbereitet, stellten sie sich in guter Ordnung auf und kamen zu dem Turme, wo sie aber niemanden fanden; auch war die ganze Umgebung menschenleer. Der Befehlshaber stieg mit dem Fahnenträger, der die Fahne aufgerollt hatte, auf den Turm. Er befestigte das Banner an einer der Fassaden des Turmes, nahm in Gegenwart von Zeugen im Namen des Königs Besitz und schrieb eine Erklärung über die besagte Besitznahme nieder.«

»Den Aufstieg zu diesem Turme bildeten achtzehn Stufen; die Basis war sehr massiv und besaß hundertundachtzig Fuß Umfang. Auf dem Gipfel stieg ein kleiner Turm von der Höhe zweier übereinandergestellter Menschen empor. In seinem Inneren befanden sich Figuren, Gebeine und Götzen, welche die Indianer wohl anbeteten. Jedenfalls entnahmen wir diesen Anzeichen, daß sie Götzendiener seien. Während der Befehlshaber mit einer großen Zahl unserer Leute auf dem Turme stand, kam ein Indianer mit drei anderen – offenbar Türhütern – und trug in das Innere des Baues eine Vase mit sehr wohlriechendem Räucherwerk, welches aus Styrax zu bestehen schien. Dieser Indianer war alt, er brannte viel Räucherwerk vor den im Turme aufgestellten Götzen ab und stimmte laut einen Gesang mit immer derselben Tonfolge an. Wir vermuteten, er bete zu seinen Götzen . . . Diese Indianer nahmen unseren Befehlshaber nebst zehn bis zwölf Spaniern mit sich und gaben ihnen in einer Halle, welche aus sehr dicht aneinanderliegenden Steinen erbaut und mit Stroh gedeckt war, zu essen. Vor der Halle war ein großer Brunnen, aus dem sie alle tranken . . . Dann ließen sie uns allein und wir gingen in das ganz aus Stein erbaute Dorf. Unter anderem sahen wir hier fünf sehr schöne Häuser, von kleinen Türmen überragt; der sehr großen und massiven Basis saß oben ein sehr kleines Gebäude auf. Sie schienen vor langer Zeit erbaut zu sein, doch gab es auch neuere.«

»Dieses Dorf oder dieser Flecken war mit ausgehöhlten Steinen gepflastert. Die Straßen, an den Seiten erhöht, schrägten sich nach der Mitte zu, die man gänzlich mit großen Steinen ausgekleidet hatte. An den Seiten standen die Häuser der Bewohner. Vom Grunde bis zur halben Höhe der Mauern sind sie aus Stein gebaut, auch haben sie ein Strohdach. Nach den Gebäuden und Häusern zu urteilen, scheinen diese Indianer sehr geschickt zu sein; und hätten wir nicht eine Anzahl von neueren Bauten gesehen, so würden wir geglaubt haben, daß diese Gebäude spanischen Ursprungs seien. Mir schien die Insel sehr schön . . . Zehn an der Zahl, drangen wir drei bis vier Meilen weit in das Innere vor, wo wir einzeln stehende Gebäude und Wohnungen sahen, welche sehr gut gebaut waren.«

Am zehnten Februar 1519 sammelte sich die Kriegsmacht des Cortez auf dieser Insel. Wieder war Bernal Diaz anwesend und Zeuge einer Szene, die er folgendermaßen beschreibt: »Auf der Insel Cozumel stand ein Tempel, welcher einige scheußliche Götzenbilder enthielt; zu ihnen schritten die Bewohner der benachbarten Bezirke häufig in feierlichem Zuge. Eines Morgens hatte sich in den Höfen dieses Tempels eine große Menge Indianer zusammengefunden, und viele der Unsrigen, die sich, von Neugierde bewegt, ebenfalls dorthin begeben hatten, konnten sehen, wie sie wohlriechende Harze, gleich unserem Weihrauch, abbrannten; und kurz darauf stieg ein alter Mann in einem weiten, lose umgehängten Mantel zum Tempel hinauf und redete die Menge an oder predigte ihr eine lange Zeit. Der anwesende Cortez rief endlich den Melchorejo zu sich, einen gefangenen Indianer, der bei einer früheren Reise nach Yukatan mitgenommen worden war, um ihn über die gottlosen Predigten des alten Mannes zu befragen. Dann berief er alle Kaziken und die vornehmsten Personen zu sich und erklärte ihnen, so gut er konnte durch Zeichen und Dolmetscher, daß die von ihnen verehrten Götzen keine Götter seien, sondern gottlose Dinge, die ihre Seele zur Hölle hinabstürzen würden, ferner daß, wenn sie in brüderlicher Verbindung mit uns bleiben wollten, sie die Götzenbilder niederreißen und an ihren Platz das Kruzifix unseres Herrn stellen müßten, durch dessen Beistand sie gute Ernten und das Heil ihrer Seele erlangen würden. Die Priester und Häuptlinge antworteten, sie beteten diese Götter an, so wie schon ihre Vorväter es getan, weil sie sich allzeit barmherzig gegen sie erwiesen hätten, und wenn wir versuchen wollten, die Götter zu schmähen, würden eben jene Götter uns von ihrer Macht dadurch überzeugen, daß sie unsere Flotte auf See vernichteten. Cortez befahl daraufhin, die Götzen niederzureißen, und sogleich stießen wir sie einige Stufen hinab. Dann sandte er nach Kalk, der am Orte im Überfluß vorhanden war, und nach indianischen Maurern, die unter unserer Anweisung einen sehr schönen Altar erbauten. Auf ihn stellten wir das Bild der heiligen Jungfrau; die Zimmerleute hatten währenddessen ein Kreuz gemacht, welches in einer kleinen Kapelle dicht bei dem Altare errichtet ward, der ehrwürdige Vater Juan Diaz las eine Messe, und die Priester und Häuptlinge wie auch die übrigen Eingeborenen hörten mit großer Aufmerksamkeit zu.«

Dies sind Augenzeugenberichte von dem, was die Spanier bei ihrem ersten Besuche sahen. Die späteren Geschichtsschreiber berichten Genaueres von Cozumel und bezeichnen es als einen Ort, der viele *Adoratorios* und Tempel besitze, und als ein Haupttheiligtum und einen Wallfahrtsort, der für Yukatan die nämliche Bedeutung habe wie Rom für die katholische Welt. Gomarra beschreibt einen Tempel gleich »einem viereckigen Turme, breit an der Basis, mit Stufen an den Seiten, bekrönt von einem strohgedeckten Gemache mit vier Türen oder Fenstern nebst ihren Brustwerken oder Korridoren. In die Nische, welche wie eine Kapelle aussieht, stellen oder malen sie ihre Götter. So jedenfalls war der Tempel in der Nähe der Meeresküste beschaffen.«

Diese Berichte gaben mir den Anstoß, die Insel Cozumel zu besuchen; und eine gelegentliche Nachricht von einem neueren Reisenden, die von vorhandenen Ruinen als von Überresten spanischer Gebäude sprach, ließ mich den Verdacht fassen, daß der Betreffende ihren Charakter falsch bestimmt habe und daß sie in Wirklichkeit eine Hinterlassenschaft der ursprünglichen Bevölkerung seien. An Ort und Stelle fragten wir uns daher, wo wir uns nach etwaigen Bauten umsehen sollten. Unter allen Verwüstungen, welche den Vormarsch der Spanier in Amerika begleitet haben, ist keine vollständiger als jene, welche über die Insel Cozumel hereingebrochen ist. Als ich sie aufzusuchen beschloß, wußte ich nicht, daß sie heute unbewohnt liegt; bekannt war mir allein, daß die Insel nur dreißig Meilen lang ist, und ich nahm an, daß eine gründliche Erforschung ohne viele Schwierigkeiten durchgeführt werden könne; aber noch auf dem Wasser sahen wir, daß ein solches Vorhaben unmöglich verwirklicht werden könnte und daß allein der Versuch schon vergebliche Mühe sei. Die ganze Insel war mit Bäumen überwachsen, und ausgenommen längs der Küste oder innerhalb der Lichtung rings um unsere Hütte mußte man sich, wollte man vorwärts, erst mühsam einen Pfad durch das Dickicht bahnen. Es standen uns nur zwei Matrosen zur Verfügung, und auch wenn wir mit Hilfe eines Kompasses und einer Machete zu einem Marsch quer über die Insel aufgebrochen wären, hätten wir blind an einem nur wenige Fuß entfernten Gebäude vorüberziehen können. Glücklicherweise fanden wir aber an den Rändern der Lichtung Spuren der alten Bevölkerung, darunter das in Abbildung 144 gezeigte Gebäude, das nur etwa zweihundert

144 Gebäude auf Cozumel

Fuß vom Meere entfernt liegt und auch heute noch über den Gipfeln der Bäume für vorbeisegelnde Schiffe sichtbar ist. Es steht auf einer Terrasse, und an allen vier Seiten führen Stufen hinauf. Das Gebäude hat sechzehn Fuß im Geviert, besitzt vier Türen, die sich nach den vier Himmelsrichtungen hin öffnen, und ist, wie sich an der im Bilde auf den Stufen sitzenden Figur erweist, sehr niedrig. Die aus Stein aufgemauerten Außenwände sind heute schmucklos, waren aber früher einmal mit

Stuck überzogen und bemalt, wovon noch Spuren sichtbar sind. Die Türen führen auf einen schmalen, nur zwanzig Zoll breiten Korridor hinaus, der wiederum ein kleines, acht Fuß sechs Zoll breites Gemach mit einer Tür in der Mitte umläuft.

Süd-südöstlich davon an einer entgegengesetzten Ecke der Lichtung und fünf- bis sechshundert Fuß von der See entfernt steht, gleichfalls auf einer Terrasse, ein anderes Gebäude. Es handelt sich dabei um ein einzelnes Gemach von zwanzig Fuß Frontlänge und sechs Fuß zehn Zoll Tiefe, mit zwei Türen und einer sieben Fuß starken Hintermauer. Die Höhe beträgt zehn Fuß, das Gewölbe ist dreieckig, auch finden sich an den Mauern Überreste von Malereien.

Dies waren die einzigen Gebäude auf der Lichtung, und wenngleich ohne Zweifel noch viele im Wald begraben liegen, so stießen wir doch auf keine weiteren mehr; die zugänglichen aber konnten uns über vieles belehren. Das abgebildete, dicht an der See gelegene Gebäude entspricht in allen seinen Eigentümlichkeiten der Beschreibung der ›Türme‹, welche Grijalva und seine Begleiter sahen, als sie längs der Küste hinsegelten. Den »Aufstieg bildeten Stufen«, die »Basis war sehr massiv«, »auf dem Gipfel stieg ein kleiner Turm von der Höhe zweier übereinandergestellter Menschen empor«, und noch heutigen Tages können wir mit den Spaniern sagen: »Nach den Gebäuden und Häusern zu urteilen, scheinen diese Indianer sehr geschickt zu sein.« Es ist überdies interessant, daß nicht allein unser Schiffer und unsere Seeleute das Gebäude einen »Turm« nannten, sondern auch ein kürzlich in den Mitteilungen der Royal Geographic Society zu London veröffentlichter Artikel, betitelt ›Skizze der östlichen Küste von Zentralamerika, zusammengetragen nach Aufzeichnungen des Kapitäns Richard Owen sowie der Offiziere auf Ihrer Majestät Schiff Thunder (Donner) und des Schoners Lark (Lerche)‹, bezeichnet dieses Gebäude nebst anderen von derselben Beschaffenheit als »Turm«. Soweit die Reiseroute des Grijalva mit Bestimmtheit nachvollzogen werden kann, haben wir guten Grund zu der Annahme, daß die Spanier zum ersten Male in der Bai an eben jenem Küstenstrich, wo dieses Gebäude steht, vor Anker gingen. Gleichfalls dürfen wir das dargestellte Gebäude für jenen Turm halten, in dem die Spanier der Ausübung abgöttischer Gebräuche zusahen; vielleicht ist es derselbe Tempel, von dem Bernal Diaz und seine Begleiter die Götzen die Stufen hinabstürzten. Und mehr als das: Diese Gebäude glichen in jeder Hinsicht denen des Festlandes und erhärteten die große Theorie, derentwegen wir die Insel besucht hatten. Auch die Besichtigung von weiteren hundert Ruinen hätte uns nicht fester davon überzeugen können, daß sie alle einst von ein und demselben Volk errichtet und bewohnt wurden; und träte auch nicht ein einziger weiterer Beleg hinzu, so sind sie doch für sich allein Beweis genug für die Gleichsetzung der angeblich ausgestorbenen, jedenfalls unbekannten Erbauer jener zerstörten Städte auf dem Festlande mit eben jenen Indianern, denen das Land zur Zeit der Eroberung gehörte.

Hinter dem zuletzt erwähnten Bau liegt, vom Walde derart überwuchert, daß wir sie ohne unseren Schiffer niemals gefunden hätten, eine weitere Erinnerungsstätte, die vielleicht ein ebensolches Interesse wie jede andere auf der Insel Cozumel beanspruchen darf. Es sind die Ruinen einer spanischen Kirche mit einer Frontlänge von sechzig bis siebzig Fuß und zweihundert Fuß Tiefe. Die Vordermauer ist beinahe ganz eingestürzt, die Seitenmauern stehen aber noch bis zwanzig Fuß hoch. Auch die Tünche ist noch vorhanden, und längs der Basis zieht sich eine Leiste mit aufgemalter Ornamentik hin. Das Innere versperren die Trümmer des eingefallenen Daches, die von Gebüschen überwuchert sind, aus dem Hochaltare wächst ein Baum hervor, und das Ganze bietet eine Szene unwiderrufbarer Zerstörung. Die Geschichte dieser Kirche ist ebenso dunkel wie die der zerstörten Tempel, deren Gottesdienst sie verdrängte. Wann sie erbaut oder warum sie verlassen ward, und in der Tat sogar, daß es sie überhaupt einmal gab – dies alles ist den Bewohnern Neuspaniens gänzlich unbekannt. Wir besitzen keine Urkunde oder Überlieferung, welche auf sie Bezug nähme, und ohne Zweifel müßte heutigen Tages jeder Versuch scheitern, ihre Geschichte zu erforschen. Das sie nun umhüllende Dunkel zeigt die Nichtigkeit der menschlichen Erwartungen und die Unwissenheit der Eroberer über den respektiven Wert der neuentdeckten Länder in Amerika. Benito Perez, ein Priester, welcher die Expedition des Grijalva begleitete, bat den König um das Bistum dieser Insel. Zu gleicher Zeit bat ein verdienter Geistlicher um das von Cuba. Der König beförderte den letzteren zum Oberhaupt des höher angesehenen Bistums Cozumel und speiste den Benito Perez mit dem im Vergleich dazu für unbedeutend gehaltenen Bischofssitze Culhua ab. Cozumel ist jetzt eine Einöde, Culhua oder Mexiko indes das reichste Bistum von ganz Neuspanien.

Ich habe aber noch einen besonderen Grund, diese zerstörte Kirche dem Leser vorzustellen. Alle alten spanischen Schriftsteller sind von dem festen Glauben durchdrungen, daß irgendwann in grauer Frühzeit den Indianern schon einmal das Christentum gepredigt worden wäre. Darauf fußt wiederum die Ansicht, die ersten Eroberer hätten das Kreuz in der Provinz Yukatan bereits als Sinnbild des christlichen Gottesdienstes vorgefunden. Es soll – sogar schriftlich aufgezeichnete – Prophezeiungen der Indianer geben, in denen die Ankunft eines bärtigen und weißen Volkes vom Aufgange der Sonne geweissagt ward, welches das Zeichen eines Kreuzes hochhalten werde. Ihre Götter könnten sich gegen dieses Kreuz nicht behaupten, und sie selbst würden vor ihm flüchten müssen. Diese unbestimmte Vorstellung von der Existenz eines ganz frühen und später untergegangenen Christentums bei den amerikanischen Indianern lebt bis auf den heutigen Tag fort, und wenn die Padres den Altertümern des Landes Aufmerksamkeit schenken, so sind sie stets sehr scharfsichtig in der Auffindung irgendwelcher Gegenstände, die eine wirkliche oder eingebildete Ähnlichkeit mit dem Kreuze besitzen. Solchen Glauben unterstützt auch das ›Cozumelkreuz‹ zu Merida, das zur Zeit des Cogolludo auf Cozumel gefunden ward und das man noch heutigen Tages für einen Gegenstand hält, der bei den Indianern schon vor ihrer Bekehrung zum spanischen Christentume verehrt ward.

Bis zur Zerstörung jenes Gebäudes stand es auf einem Sockel im Innenhofe des Franziskanerklosters, und uns ward gesagt, vom Zeitpunkt seiner Aufrichtung an habe kein Blitz das Gebäude mehr getroffen, was vordem sehr oft geschehen sei. Jetzt findet man jenes Kreuz in der Kirche Mejorada, und als wir einst an diesen Ort kamen, ward ich mit Herrn Catherwood in die Zelle eines achtzigjährigen Mönches eingeladen, der in seiner Hängematte lag, seit vielen Jahren außerstande, über die Schwelle seines Gemaches zu gelangen, aber noch im völligen Besitze seiner Geisteskräfte. Er sagte uns in einem Tone, der eine sündentilgende Tat größter Bedeutung anzuzeigen schien, er habe es selbst in den Ruinen ausgegraben und dort aufgehängt, wo man es nun sieht. Es ist an der Mauer des ersten Altares zur Linken angebracht und beinahe der erste Gegenstand, welcher das Auge beim Eintreten in die Kirche fesselt. Aus Stein gehauen, hat es ein ehrwürdiges, altertümliches Aussehen; indessen trägt es jetzt eine gipserne Darstellung des gekreuzigten Heiland in Halbrelief, mit angenagelten Händen und Füßen. Auf den ersten Blick schon waren wir davon überzeugt, daß es gleichgültig, was auch an seiner frühen Geschichte wahr sein mochte, zumindest seine jetzige Gestalt dem heiligen Eifer der Mönche verdankte. Und wenngleich wir damals keinerlei Hoffnung hatten, jemals Aufschluß über Herkunft und Bedeutung des Kreuzes zu erhalten, so sollten die Ruinen der eben jetzt von uns besuchten Kirche das mit seiner Existenz verbundene Geheimnis lüften.

Vorn vor dem Gebäude befindet sich eine nun geborstene Mörtelplattform, von Bäumen aufgerissen und durchbrochen, aber noch immer ihre alte Form wahrend. Auf dieser Plattform stehen zwei viereckige Pfeiler, welche, wie wir an Ort und Stelle sogleich mutmaßten, einst Kreuze getragen hatten, und augenblicklich ging uns die Erkenntnis auf, daß eines der fehlenden Symbole das jetzt unter dem Namen ›Cozumelkreuz‹ bekannte sein müsse; wahrscheinlich hatte es irgendein frommer Mönch zu jener Zeit, als die Kirche verfiel und die Insel sich entvölkerte, von hier fortgeschafft. Ich für meine Person bezweifle jedenfalls nicht, daß es sich so abgespielt hat, und halte diesen Umstand für wichtig, denn mögen auch andere Kreuze in Yukatan gefunden worden sein, so entkräftet doch die Herkunft des ›Cozumelkreuzes‹ aus der zerstörten Kirche den stärksten bislang angeführten Beweis dafür, daß das Kreuz je von den Indianern als ein Symbol des christlichen Gottesdienstes anerkannt war.

Gegen Mittag hatten wir unsere gesamte Arbeit abgeschlossen, es lag aber ein Reiz in unserer absoluten Eigentümerschaft über diese öde Insel, der uns bedauern ließ, keine weitere Arbeit und damit keinen Grund für ein längeres Verweilen zu haben. Am Nachmittage sammelten wir längs der Küste Muscheln, und gegen Abend nahmen wir ein Bad; noch während wir im Wasser waren, sammelten sich indes plötzlich schwarze Wolken, der Donner rollte, Blitze leuchteten, und die Seevögel flogen schreiend über unsere Köpfe hin. Schnell folgte Regen, wir rissen unsere Kleidung an uns und rannten zur Hütte hinüber. Als wir uns einen Augenblick zurückwandten, sahen wir unser Schiff unter kaum einer Elle Hauptsegel gleich einem großen Wasservogel über die See hinschießen. Wie es sich um die Spitze der Insel drehte und aus unserem Blickfelde entschwand, ahnten wir Schlimmes. Nach unserer Erfahrung bei nur wenig stürmischem Wetter hielten wir es für unmöglich, daß es einen so plötzlichen und heftigen Sturm überstehen werde; und unsere frohen Gefühle, nicht selbst an Bord zu sein, machten uns für die Gefahr derjenigen, die dort verblieben waren, empfänglicher. Der Schiffer war mit der Küste nicht sonderlich vertraut, und nur ein Platz war vorhanden, wo er Schutz finden konnte: eine schmale Durchfahrt, in die man schon bei Tage schwer hineingelangen konnte, und nun brach auch noch die Nacht herein. Herr Catherwood hatte auf die Uhr geschaut, als das Schiff um die Landspitze getrieben war, und so wußten wir, daß es jene Bucht vor der Dunkelheit nicht erreichen könne; ja, es sah so aus, als ob es den ganzen Sturm auf dem Meere auszustehen habe, der es auf die offene See verschlagen mochte. Es war entsetzlich, an die Gefahr des armen Patrons und der Matrosen zu denken, und in diese Befürchtungen mischte sich auch etwas Unruhe unseretwegen. Alles Gepäck und alle Vorräte befanden sich an Bord, weil wir zeitig am nächsten Morgen hatten absegeln wollen. Der Sturm war so plötzlich gekommen, daß der Patron nicht einmal warten konnte, bis ein einziger Gegenstand ans Land gebracht war, obgleich Albino vom Ufer aus dringend darum bat. Wir besaßen also nur unsere Kiste mit dem Tafelservice, mit Kaffee, Tee, Schokolade und etwas Zwieback; selbst wenn sich kein Unglücksfall ereignete, so mochten doch mehrere Tage vergehen, bevor der Segler zurückkehren konnte, und wenn er nicht wiederkam, so würden wir fünf Robinson Crusoes gewesen sein, ganz allein auf einer wüsten Insel. Zwar führten wir unsere Gewehre mit uns, zugleich indes unglücklicherweise nur eine sehr geringe Menge Munition, mit der wenig Wild zu erlegen war. Während der Sturm wütete, stiegen unsere Besorgnisse weiter, und wir erwogen die Möglichkeit, das Festland auf einem Floße zu erreichen. In unserer Unruhe fanden wir Trost im gelegentlichen Abnehmen und erneuten Anbringen unserer Hängematten, denn wir mußten unsere Lage, je nachdem, wie der Regen durch das Strohdach schlug, ständig verändern. Endlich schliefen wir ein.

Schon früh am Morgen waren wir auf den Beinen. Es regnete nicht mehr, allein, der Wind blies noch sehr stark, und die Wellen bezeugten deutlich seine Gewalt. Albino und Bernaldo zeigten für das fehlende Boot sogar noch mehr Interesse als wir, denn Tee und Kaffee sagten ihnen nicht zu, und da unser Vorrat an Zwieback beim Frühstück verbraucht worden war, so hatten sie buchstäblich nichts zu essen. Bei Tagesanbruch brach Bernaldo zu einem Gang längs der Küste auf, und bald darauf folgte ich mit Albino nach. An der Landspitze stießen wir auf einen höchst schwierigen Küstenstreifen, ein felsiges Tafelland nämlich, das nur wenige Fuß über dem Meeresspiegel lag. Bei jedem Sturm überspült, war dieser Felssaum porös und voller Löcher, und seine Zacken ragten auf wie rostzerfressene Eisenspitzen. Noch immer jagten die Wogen an ihnen empor, in den Hohlräumen große Strudel bildend, und erschreckt ward man des Schicksals inne, das ein unglücklicher Reisender an dieser eisernen Küste finden konnte. Tatsächlich waren die Felsen mit Trümmern und Planken von gestrandeten Fahrzeugen übersät. Nachdem ich zwei Stunden weit gegangen war, schien mir sicher, daß die Wut des Sturmes das Schiff nicht verschont hätte. Meine Befürchtungen wurden ernstlich rege, als ich in einer ziemlichen Entfernung Bernaldo sah, den ich anfangs eingeholt zu haben glaubte. Er kam mir indes, wie ich nun gewahr ward, mit einer kleinen Pyramide von Kochgerät und Lebensmitteln auf dem Kopfe entgegen, denn er hatte einen der für uns abgestellten Matrosen getroffen, diesem die Last abgenommen, und war dann wieder umgekehrt. Wir gingen nun zusammen weiter und erreichten nach einem mühseligen Marsche von drei Stunden die Bucht. Eine wilde, plötzlich klaffende Öffnung im Felsen, nur etwa fünf Fuß breit und mit lotrecht abfallenden Seiten führte in ein geschütztes Becken, welches, während die See draußen wütete, so ruhig und still wie ein Teich war. Obenan lag unser Segelschiff, welches mir jetzt entgegenkam und mich an Bord nahm.

Nach dem schlichten und ungezierten Berichte des Schiffers muß seine Einfahrt in die Bucht erhaben gewesen sein. Die Nacht hatte ihn überfallen, er glaubte die Einfahrt schon passiert, da entschleierte ein Blitzstrahl den schmalen Durchgang, und er steuerte den alten Segler glücklich mitten in die Öffnung. Bei der Durchfahrt schrammte er über einen verborgenen Felsen dicht unter der Oberfläche, verlor einen Mann über Bord, fischte ihn beim Leuchten eines Blitzes wieder auf und war im nächsten Augenblicke im stillen Wasser.

Die Bucht war von edlen Bäumen gesäumt, das Wasser zwanzig Fuß tief und so klar, daß man den Grund deutlich sehen konnte. An einem Ende mündete ein kleiner Fluß, welcher, wie der Patron sagte, für Segelboote bis in die Mitte der Insel schiffbar sei, wo er sich zu einem See erweitere.

Am dritten Tag befand sich unser Segler wieder an seinem alten Ankerplatze. Der Wind war indessen noch immer stark, und der Schiffer fürchtete sich, länger hier zu bleiben. So füllten wir unsere Wasserfässer, waren in einer Stunde wieder an Bord und ließen die einst so volkreiche Insel Cozumel einsam, wie wir sie fanden, zurück. Aber wir verließen keinen Ort während unserer ganzen Reise mit größerem Bedauern. Der Wind war heftig, die See aufgewühlt, und eine starke Strömung trieb uns zur Spitze des Kap Catoche hin, die wir ungefähr eine Stunde vor Einbruch der Nacht überwanden; und weiter segelten wir längs der Küste hin, an drei niedrigen viereckigen Gebäuden vorbei, die anscheinend in noch gut erhaltenem Zustande waren. Die See war indessen noch immer so rauh, daß wir nicht landen konnten, um die Bauten zu untersuchen. In dem Bericht von der Expedition des Grijalva heißt es: »Nachdem wir die Insel Cozumel verlassen hatten, sahen wir drei große Dörfer, zwei Meilen voneinander entfernt. Sie besaßen eine große Anzahl steinerner Häuser, mit hohen Türmen und mit Stroh gedeckt.« Wir mußten also eben jenen Teil der Küste passieren, wo diese Dörfer gesehen wurden. Obgleich heute mit Wald bedeckt, kann man begründet annehmen, daß die an der Küste sichtbaren Steingebäude auf verschollene Städte im Innern hinweisen. Wir fuhren bis zum Dunkelwerden weiter und gingen unter einer vorspringenden Felsspitze hinter einem Felsenriffe vor Anker. Im Uferwasser fanden wir einen viereckigen Behälter zum Schildkrötenfangen und am Ufer selbst eine verlassene Fischerhütte.

Bei Tagesanbruch waren wir wieder auf See. Wir kamen noch an drei weiteren viereckigen Gebäuden vorbei; da aber die Küste felsig war, konnten wir, ohne die Sicherheit unseres kostbaren Bootes zu gefährden, nicht landen; in der Ferne sahen wir auf einer hohen Felsenklippe zum ersten Male das ›Castillo‹ von Tulum, den Zielpunkt unserer Reise. Um zwölf Uhr wendeten wir um eine Landspitze und liefen in eine lange, sandige Bucht ein, an deren Spitze sich eine kleine Gruppe von Hütten, der Rancho Tanear, befand. Die Einfahrt war beschwerlich, weil untiefe Riffe und Felsen sie säumten. Zwei Frauenzimmer standen in der Tür einer Hütte; sie waren, mit Ausnahme eines alten Fischers, die ersten Personen, die wir auf der Fahrt entlang dieser öden Küste sahen.

Gleich unsere erste Frage galt etwaigen Ruinen. Ein kurzer Pfad durch das Gehölz führte zu einer *Milpa,* auf der wir zahlreiche Überreste von alten, terrassierten Bauten sahen, alle indessen klein und verfallen. Diese Gebäude standen einst aufrecht und blickten dabei weit auf die See hinaus, jetzt aber segelt der Fremde längs der Küste, ohne zu wissen, daß zwischen den Bäumen die Trümmer einer Ureinwohnerstadt wie in ein Leichentuch gehüllt liegen.

Am Nachmittag brachen wir dann nach den Ruinen von Tulum auf. Sie liegen eine Stunde entfernt an der Küste, und das Castillo auf seiner hohen Felsenklippe beherrscht die Aussicht. Eine und eine halbe Meile führte unser Weg an der Küste entlang. Die Bucht war sandig, und der Sand gab an einigen Stellen so nach, daß wir bis über die Knöchel hineinsanken; so entledigten wir uns unserer Schuhe und Strümpfe und wateten mit bloßen Füßen weiter, was wir als eine wahre Wohltat empfanden. Am Ende der Bucht ragte ein hohes, felsiges Vorgebirge in die See hinaus, das jeden Weg der Küste entlang abschnitt. Wir erstiegen es und wanderten längs der Felsenklippe weiter, die sich zum Meer hin abschrägte und an einigen Stellen gar senkrecht abfiel; uns zur Rechten aber stiegen große Felsenmassen empor und entzogen uns die Ansicht des Castillo. Nach einer halben Stunde stießen wir unerwartet auf ein niedriges Gebäude, anscheinend ein *Adoratorio* oder Altar, von dessen Höhe, die wir erkletterten, auch das Castillo wieder sichtbar ward. Jenseits davon ward die Klippe zerklüftet und zunehmend öder; sie erinnerte uns an den Sammelplatz der Hexen im Harzgebirge, wie er in Goethes ›Faust‹ beschrieben ist. Bei aller Unfruchtbarkeit wucherte aus den Höhlen im Felsen indes das dichte Gewächs der *Tshike* genannten wilden Palme, die ganze Oberfläche des Felsens bedeckend. Nachdem wir uns hier hindurchgearbeitet hatten, erreichten wir abermals ein niedriges Gebäude, von dessen Dach aus wir das Castillo wieder sahen, es lag aber ein ungeheurer Abgrund dazwischen, der anscheinend alle Hoffnung auf einen Zugang zunichte machte. Es war schon spät geworden, und da wir fürchteten, von der Dunkelheit auf diesen Schroffen überrascht zu werden, gingen wir zurück. Die Nacht brach herein, als wir das Ufer wieder erreichten. Die sandige Bai war uns nun eine willkommene Erholung, und zu später Stunde trafen wir in unserer Hütte ein. Schnell einigten wir uns darüber, daß eine häufige Wiederholung dieses Weges weder angenehm noch vorteilhaft sein würde; um unsere Arbeit so schnell wie möglich abzuschließen, war es notwendig, in die Ruinen selbst zu übersiedeln.

Am nächsten Morgen erstiegen wir eine Felsenklippe und gelangten, jene zwei Gebäude hinter uns lassend, die wir schon am vorhergehenden Tage gesehen hatten, an den oberen Teil des Abgrundes. Nachdem er uns gestern noch unüberwindlich erschienen war, stiegen wir nun die andere Seite der Schlucht wieder empor und traten in einen dunklen Wald. Es ward noch ein Gebäude zur Linken nebst einigen durch die Bäume nur schemenhaft sichtbaren Gemäuern passiert, dann erreichten wir die großartige Treppe des Castillo. Die Stufen zur Plattform des Gebäudes und der ganze freie Platz vor ihm waren mit großen Bäumen, meist *Ramon*-Bäumen, überwachsen. In ihrem tiefen Grün boten sie mit den verstreut liegenden geheimnisvollen Trümmern das Bild eines heiligen Haines der Druiden.

Unsere Bootsleute hieben einen Pfad die Stufen hinauf, und nachdem sie ihre Lasten hinaufgetragen hatten, fanden wir das Castillo binnen einer Stunde häuslich eingerichtet. Wir hatten unsere weite Reise zu diesem Ort angetreten, ohne auch nur im geringsten zu wissen, was uns erwarten würde; die Hindernisse und Schwierigkeiten hatten sich unterwegs gehäuft, indes fühlten wir uns bereits jetzt für alle unsere Anstrengungen entschädigt. Wir befanden uns in der wildesten Landschaft, die wir in Yukatan jemals angetroffen hatten, und zu dem hohen Reiz der Ruinen selbst trat hier der einer prächtigen Natur hinzu. Nachdem die Plattform vorn von allem Bewuchse befreit war, überschauten wir einen ungeheuren Wald, und am Simswerk der Mauern entlangschreitend, blickten wir auf die unbegrenzte Weite des Ozeans hinaus, in dessen klarem Wasser tief unten am Fuße der Klippe ein großer, acht bis zehn Fuß langer Fisch ruhig dahinglitt.

Abbildung 145 gibt die Vorderseite des Castillo wieder. Einige der es umgebenden Bäume haben wir in unser Bild mit aufgenommen und wir haben auch jenen Baum wiedergegeben, dessen Wurzeln die Tür und Vorderfront des Gebäudes rechts der Freitreppe förmlich umschlingen, aber weder Worte noch Abbildung können eine wahre Vorstellung von der ernsten Größe dieses lebendigen Leichentuches oder von dem Eindrucke vermitteln, den das erste Klingen des Beils in der Jahrhunderte währenden Stille bei uns hinterließ. Das Gebäude ist einschließlich der Flügel an der Basis hundert Fuß lang. Die großartige Treppe ist dreißig Fuß breit und hat vierundzwanzig Stufen, und eine massive, noch gut erhaltene Balustrade zu beiden Seiten gibt ihr ein ungewöhnlich eindrucksvolles Aussehen. In der Tür sieht man zwei Säulen, die drei Eingänge voneinander scheiden, und über ihnen rechteckige Nischen,

145 *Vorderseite des Castillo von Tulum*

die einst sämtlich mit Ornamentik ausgeschmückt waren; in der mittleren Vertiefung sind noch Bruchstücke einer Statue zu erkennen. Das Innere des Baues gliedert sich in zwei Korridore, jeder sechsundzwanzig Fuß lang und der vordere, welcher an jedem Ende eine Steinbank besitzt, sechs Fuß sechs Zoll breit. An den Wänden fanden wir wieder die geheimnisvollen Abdrücke der roten Hand.

Eine einzelne Tür führte in den neun Fuß breiten Hinterkorridor, an dessen Mauerfuß eine Steinbank entlangläuft. Die Türe stützten einst auf jeder Seite Steinringe, und in der Hintermauer lassen längliche Öffnungen die Seeluft ein. Beide Gemächer besitzen eine Decke mit dreieckigem Kraggewölbe, und beide kamen uns als ihren Bewohnern in ihrer Annehmlichkeit und zweckmäßigen Anordnung sehr entgegen.

Die Flügel sind weit niedriger als das Hauptgebäude. Jeder besteht aus zwei Geschossen, das untere davon auf einer niedrigen Plattform, von der Stufen nach oben führen, während das obere Stockwerk aus zwei Gemächern besteht, das vordere vierundzwanzig Fuß breit und zwanzig Fuß tief, und zwei Säulen im Eingang sowie zwei entsprechende in der Mitte des anschließenden Gemaches besitzt. Jene Mittelsäulen zieren Stuckmuster, von denen eines uns an ein maskiertes Gesicht erinnerte, ein anderes an den Kopf eines Kaninchens. Die Wände sind unversehrt, das Dach indessen ist eingefallen, doch wirkte der Gesteinsschutt auf dem Boden weniger verkeilt als der, welcher sich an anderen Orten nach dem Zusammenbruch von Decken mit Dreieckgewölben ansammelt. Längs der Mauerkrone sahen wir Löcher, als ob Balken darin gelegen hätten, was uns vermuten ließ, daß diese Dächer flach gewesen und von hölzernen Balken getragen worden seien, welche auf den zwei Säulen in der Mitte auflagerten. Aus diesem Gemache führt eine drei Fuß breite Tür dicht an der Mauer des Hauptgebäudes zu einem vierundzwanzig Fuß breiten und neun Fuß tiefen Zimmer. Es besitzt ebenfalls kein Dach mehr, weist aber alle Anzeichen der im vorigen Zimmer vermuteten Dachkonstruktion auf.

Abbildung 146 stellt die zum Meer hin gelegene Rückmauer des Castillo dar. Sie erhebt sich am Rande einer hohen, zerklüften, steilen Felsenklippe und beherrscht eine herrliche Aussicht auf den Ozean und eine malerische Küstenlinie, während umgekehrt der Bau selbst schon auf hoher See sichtbar ist. Die massive Mauer weist keine Türen oder Eingänge irgendwelcher Art auf, und nicht einmal eine Plattform ist vorgelagert. Am Abend, wenn das Tagewerk getan war und unsere Leute sich zur Hütte zurückbegeben hatten, setzten wir uns auf den Sims der Mauer und bedauerten es, daß die Türen unserer hohen Wohnung nicht auf das Meer geöffnet waren. Die Nacht lehrte uns jedoch darüber anders denken. Ein Sturm kam aus dem Osten, und der Regen schlug heftig an die Seemauer. Wir mußten die länglichen Öffnungen zustopfen und wünschten uns ob der Weisheit der alten Baumeister Glück. Die Dunkelheit, das Heulen des Sturmes, das Krachen der Äste im Walde und das Anschlagen der zornigen Wogen an die Felsen verliehen unserer Beschäftigung mit diesem verlassenen Gebäude einen romantischen Zug, fast etwas Erhabenes; wir waren

146 Meerseite des Castillo

aber allzu abgeklärte Reisende, um noch besonderen Reiz dabei zu empfinden, auch fielen uns die Moskitos sehr zur Last.

Unser erster Tag reichte nicht zum Räumen des Platzes vor dem Castillo, auf dem sich einige kleine zerstörte Gebäude erhoben, welche einst wahrscheinlich als Altäre gedient hatten. Dem Treppenansatze gegenüber fand sich eine viereckige Terrasse mit Stufen auf allen vier Seiten; indes stand auf dieser Plattform kein Gebäude irgendwelcher Art, vielmehr war sie mit Bäumen überwachsen, unter denen Herr Catherwood seine Camera lucida aufstellte, um eine Zeichnung anzufertigen; und wenn man von der Tür des Castillo auf ihn hinabsah, so konnte es nichts Schöneres als die Haltung meines Gefährten geben, deren malerische Wirkung durch seine Art, die eine Hand zum Schutze vor Moskitos in die Tasche zu stecken, und durch die abgebundenen Hosenbeine zur Abwehr der Ameisen und anderer Insekten bedeutend erhöht ward.

Dem niedrigen Gemache des südlichen Flügels schloß sich eine ausgedehnte Trümmerstätte an, darunter auch die Ruine eines vierzig Fuß langen und neunzehn Fuß tiefen Gemaches mit vier Säulen, die wahrscheinlich einmal ein flaches Dach getragen hatten. An einer anderen Stelle waren Bruchstücke zweier Tafeln auf dem Boden verstreut.

An der Nordseite, etwa vierzig Fuß vom Castillo entfernt, erhebt sich ein kleines abgesondertes Gebäude, von dem in Abbildung 147 eine Seitenansicht wiedergege-

147 *Gebäude mit merkwürdiger Figur in Tulum*

ben ist. Es steht auf einer Terrasse und besitzt eine acht Fuß breite Treppe mit zehn bis zwölf zerbrochenen Stufen. Die Plattform mißt vierundzwanzig Fuß an der Front und achtzehn Fuß in der Tiefe. Das Gebäude enthält ein einzelnes Gemach, das wie das Castillo eine dreieckig gewölbte Decke besitzt. Über der Tür sieht man die gleiche merkwürdige Figur wie schon zu Sayil, den Kopf nach unten gekehrt, Beine und Arme ausgebreitet, und längs des Karnieses liefen eigentümliche Verzierungen hin. Die Tür selbst ist sehr niedrig. Überall im Lande hatten wir von Zeit zu Zeit die Erbauung dieser Städte den *Corcovados* oder Buckligen zuschreiben hören, und die ungewöhnlich geringe Höhe der Türen gab diesem wunderlichen Glauben besonders in dem hiesigen öden und fremden Landstriche einen Anschein von Wahrheit.

Das Zimmer im Inneren dieses Gebäudes war zwölf Fuß lang und sieben Fuß breit. Es hatte Decken von der bekannten Konstruktion und wies an jedem Ende eine erhabene Stufe oder Bank auf. Wände und Decken waren mit Stuck überzogen und mit Gemälden bedeckt, deren Motive sich allerdings als gänzlich verwischt erwiesen.

Der Tag verging, ohne daß wir über die nächste Umgebung hinausgekommen wären, am nächsten Tage aber machten wir eine unerwartete und denkwürdige Entdeckung. Diese im Walde begrabene Stadt war von einer Mauer umgeben, welche allen auf sie einwirkenden Elementen der Zerstörung getrotzt hatte und noch aufrecht und gut erhalten dastand. Seit dem Beginn unserer Nachforschungen hatten wir immer wieder von Stadtmauern gehört, alle etwaigen Indizien für ihre Existenz waren aber an anderen Orten unsicher gewesen, und unsere Versuche, einen solchen Wall nachzuweisen, blieben unbefriedigend. Auch die Nachricht von einer Mauer zu Tulum ließ uns, als wir sie zuerst vernahmen, kein bedeutendes Resultat erwarten, und doch fanden wir uns mit einem Male einem massiven Steinbau gegenüber, der in rechten Winkeln zum Meer hinlief, und seiner Richtung folgend, kamen wir bald zu einem Tore und zu einem Wachtturme. Wir gingen durch das Tor und folgten der Mauer an der Außenseite, so gut die Bäume und Gebüsche es erlauben wollten, bis zum Meer hinab. Der Charakter dieses Bauwerks konnte nicht mißverstanden werden. Es war im strengsten Sinne eine Stadtmauer, die erste, deren Nachweis über alle Zweifel erhaben war. Sie machte die vielen Geschichten über Stadtmauern wahrscheinlich und ließ uns nachträglich von vielen selbst wahrgenommenen Spuren glauben, daß sie Teile fortlaufender Einfriedungen gewesen seien. Sogleich machten wir uns daran, sie gründlich zu untersuchen und vermaßen sie, ohne auch nur einmal zu unterbrechen, von einem Ende bis zum anderen.

Abbildung 148 zeigt den Grundriß dieser Mauer, von der See aus aufgenommen. Sie bildet ein gegen das Meer offenes Rechteck, wobei die hohen, steilen Klippen eine fünfzehnhundert Fuß lange natürliche Seemauer bilden. Wir begannen unsere Messungen bei dem Felsen an der südöstlichen Ecke, wo der Wall sehr stark verfallen ist. Wir versuchten dabei zwar, uns längs der Basis der Mauer vorzuarbeiten, aber die

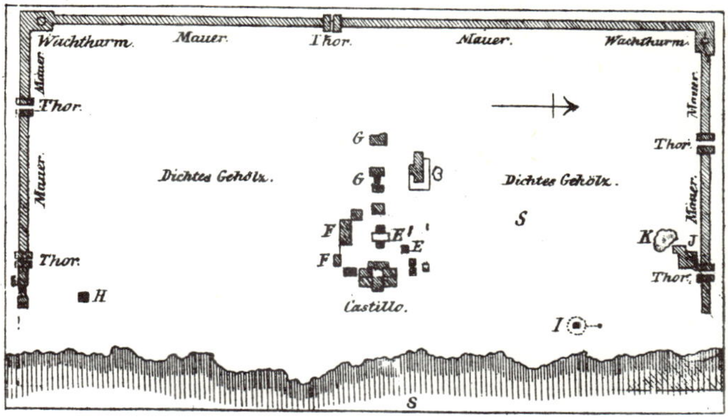

148 *Plan der Stadtmauer und der Bauten von Tulum*

sich dicht herandrängenden Bäume und das Unterholz erschwerten das Liniehalten, und wir stiegen deshalb auf die Mauerkrone selbst hinauf. Sogar hier war es noch keine leichte Sache. Bäume, die neben der Mauer wuchsen, trieben ihre Äste quer über den Wall hin, Dornen, Büsche und rankende Gewächse jeder Art wuchsen aus ihm hervor, und bei jedem Schritte waren wir genötigt, mit kräftigen Hieben die *Agave Americana* zu beseitigen, deren lange und scharfe Stacheln uns immer wieder ins Fleisch drangen. Die heiße Sonne versengte uns, Moskitos, Fliegen und andere Insekten quälten uns, bei allen Beschwerden aber war dieser Tag auf dem Gipfel der Mauer einer der interessantesten, die wir jemals in den amerikanischen Ruinen zugebracht hatten.

Die Mauer ist kunstlos aufgeführt, besteht aus unbehauenen, flachen Steinen, die ohne Mörtel oder sonstige Bindemittel aufeinandergeschichtet sind und schwankt in ihrer Stärke zwischen acht und dreizehn Fuß. Die Südseite weist zwei etwa fünf Fuß breite Tore auf. In einer Entfernung von sechshundertundfünfzig Fuß ändert die Mauer dann in einem rechten Winkel ihre Richtung und läuft parallel zur See nach Norden. Über die Mauer, so daß er eine umfassende Aussicht gewährt, und durch einige Stufen zu ersteigen, erhebt sich an der Ecke jener Wachtturm, den Abbildung 149 darstellt. Er mißt zwölf Fuß im Geviert und besitzt zwei Türen. Im Inneren sieht man glatte Mauern und an der hinteren Wand einen kleinen Altar, vor dem die Wache für die Erhaltung der Stadt beten konnte. Heute freilich sitzt keine Wache mehr in diesem Aussichtsturm, und Bäume erheben sich um ihn herum; innerhalb der Mauern liegt öde und überwachsen die Stadt, außerhalb wuchert ein undurchdringlicher Wald. Auf den Zinnen, wo der stolze Indianer mit seinem Bogen, seinen Pfeilen und seinem Federbusche einherschritt, wuchern nun giftige Gewächse. Nein, die Stadt braucht keine Wache mehr, das *Fiat* der Zerstörung ist gegen sie ausgesprochen, und sie ruht in Einsamkeit, eine Stätte des Schweigens und der Verwüstung.

149 Wachtturm der Stadtmauer

Der Westzug der Mauer, der parallel zur See hinläuft, besitzt nur ein Tor; an der nördlichen Ecke steht wieder ein Wachtturm gleich dem abgebildeten, und die Mauer wendet sich hier geradewegs zu See hin. Der ganze Umfang des Walls beträgt zweitausendundachthundert Fuß, und der Leser kann sich von dem Erhaltungszustande einen Begriff machen, wenn ich sage, daß wir außer dem Grenzstück an den Klippen die ganze Länge auf der Mauerkrone vermaßen. Der Plan ist symmetrisch und umschließt eine rechteckige Fläche, wobei das Castillo, wie aus dem Plane ersichtlich, die vorzüglichste und zentrale Stelle einnimmt. Bei der völligen Überwucherung der Fläche erkannten wir dies indes erst, als wir den Plan fertiggestellt hatten.

An der Nordseite der Mauer, in der Nähe des östlichen Tores, erhebt sich ein an der Front sechsunddreißig Fuß langes und vierunddreißig Fuß tiefes Gebäude. Seinen Raum teilen sich zwei Haupt- sowie zwei kleinere Gemächer, deren Decken sämtlich eingestürzt sind. An der einen Ecke des Baues fanden wir eine *Senote* mit Überresten von Stufen, die zu ihr hinabführten, und die brackiges Wasser enthielten. In ihrer Nähe gab es indessen einen hohlen Felsen, aus dem wir Trinkwasser schöpfen konnten.

Nahe der südöstlichen Ecke der Mauer steht am Rande des Felsabbruches ein Gebäude von fünfzehn Fuß Frontlänge und zehn Fuß Tiefe. Das Innere ist etwa sieben Fuß hoch, die Decke flach. In der Tat erschließt sie ein ganz neues architektonisches Prinzip. Vier hölzernen Hauptbalken von etwa sechs Zoll im Durchmesser, oben auf die Mauer von einem Ende des Gemaches zum anderen gelegt, ruhen kleinere Balken von etwa drei Zoll im Durchmesser querlaufend und die größeren berührend auf. Diese Querbalken deckt eine starke Masse aus Mörtel und großen Kieseln, die feucht angelegt ward, jetzt aber einen festen Überzug bildet. Dasselbe Material hatten wir in den Ruinen schon als Fußbodenauskleidung anderer Zimmer gesehen. Auf dem Altare, den wir an der Hintermauer der Kammer fanden, lag ein roher dreieckiger Stein, bei dem einige Anzeichen den Schluß erlaubten, daß von ihm noch vor nicht allzulanger Zeit Gebrauch gemacht worden war. An jeder Seite der Tür waren große Seemuscheln in die Wand eingelassen, welche den Türen wohl als Stütze gedient hatten.

Wir waren der Meinung, die Mauern umschlössen nur die wichtigsten, vielleicht die heiligen Gebäude, und auf eine große Entfernung darüber hinaus müßten noch weitere Ruinen existieren. Da zu ihrer Untersuchung aber nicht genug Arbeitskräfte verfügbar waren, hielten wir ein weiteres Verbleiben in den Ruinen für wenig sinnvoll. Zudem ward unsere Besitznahme dieser ummauerten Stadt auch allzusehr durch die Moskitos erschwert, als daß wir an einen längeren Aufenthalt hätten denken können. Eine Legion wütender Wächter war entschlossen, uns zu vertreiben, und nach einem harten Tagewerk ward uns des Nachts die verdiente Ruhe verwehrt.

»Noch gab es keinen Philosophen,
Der Zahnschmerz geduldig ertragen konnte.«

Und ich wage zu sagen, daß die Moskitos von Tulum einen Philosophen schlimmer als Zahnschmerz peinigen würden. Zwei Nächte hielten wir gegen sie stand, in der dritten indessen krochen wir einer nach dem anderen aus unserer Hängematte und setzten uns auf die Plattform vor der Tür. Der Mond schien prachtvoll, erleuchtete den dunklen Wald und zog eine lange Silberlinie über das Meer. Eine Zeitlang fühlten wir uns über die Notwendigkeit nächtlichen Schlafes erhaben; nach und nach aber nickten wir doch ein, und schließlich lagen wir hingestreckt auf dem Boden. Wieder war der Angriff fürchterlich; wir kehrten zu unseren Hängematten zurück, fanden aber keine Ruhe, und abermals vor die Tür tretend, zündeten wir ein großes Feuer an und setzten uns hin, um bis zum Anbruch des Tages Zigarren zu schmauchen. Es machte dabei noch ärgerlicher, dem Monde in das Gesicht zu sehen, denn es hatte so einen ruhigen und gesetzten Ausdruck. Beständig ward uns ein wütendes Abzugsverlangen ins Ohr gesummt, und wir interessierten uns für weiter nichts als für den Aufbruch.

Am nächsten Morgen vollendeten wir, was noch zu tun war, und nach einem frühen Mahle bereiteten wir uns auf die Abreise vor. Während die Männer ihre Lasten richteten, gab ich Dr. Cabot einen Punkt an der Mauer an, wo Herr C. und ich beim Vermessen zwei Truthühner aufgescheucht hatten. Er marschierte los, wobei er sich mit dem Jagdmesser einen Weg bahnte, und sehr bald hörten wir, während wir auf den Stufen des Castillo saßen, seinen Zuruf, er sei auf ein Gebäude gestoßen, welches wir nicht gesehen hätten. Da ich meine Schuhsohlen für den Rückweg schonen wollte, zögerte ich anfangs, seinem Rufe zu folgen, allein, er bestand darauf. Zudem war er so nahe, daß wir uns ohne große Stimmgewalt unterhalten konnten, von Dr. Cabot selbst freilich, wie auch von jenem Gebäude, war nichts zu sehen. Erst nachdem ich seinem Pfade folgte, fand ich ihn vor dem besagten Mauerwerk stehen, und als wir uns einen Weg rund um den Bau bahnten, entdeckten wir noch zwei weitere Gebäude dicht in der Nähe. Sie waren beinahe unsichtbar, so undurchdringlich war das Laub der Bäume, erwiesen sich aber als die mit Ausnahme des Castillo größten und wichtigsten, die wir in Tulum gesehen hatten. Dies warf nun freilich alle unsere Pläne um, denn ohne Zeichnungen von jenen Gebäuden konnten wir nicht abziehen. Wir kehrten also zum Castillo zurück und beratschlagten mit allen. Die Männer hatten ihre Traglasten zurechtgelegt, Bernaldo berichtete, zwei Tortillas seien unser ganzer Vorrat an Lebensmitteln, und der Gedanke, noch eine weitere Nacht im Castillo zuzubringen, machte uns ganz unglücklich. Wir hatten uns wieder so an Schlaf gewöhnt, daß er uns zur anderen Natur geworden war; eine Nacht Ruhe benötigten wir unbedingt, und so entschlossen wir uns, aufzubrechen und am nächsten Tage wiederzukommen.

150 Zweistöckiges Gebäude in Tulum

Am nächsten Morgen brachen Albino und die Matrosen noch vor Tagesanbruch auf, und als Herr Catherwood in den Ruinen eintraf, war das erste Gebäude bereits freigeräumt. Das Bild 150 stellt die Vorderseite dieses Bauwerks dar. Es liegt nach Westen hin, ist siebenundzwanzig Fuß lang und neunzehn Fuß tief und besteht aus zwei Stockwerken. Die Außenwände zeigten eine üppige Ornamentik, und über dem Karnies sahen wir Bruchstücke reicher Stuckverzierungen. Das untere Stockwerk charakterisieren fünf, durch vier Säulen abgetrennte Türen. Sie öffnen sich in einen schmalen Korridor, der rundum läuft und an drei Seiten ein Mittelzimmer umgibt. Die Mauern des Korridors waren an beiden Seiten mit Malereien bedeckt, aber infolge der erstickenden Üppigkeit des Pflanzenbewuchses mit einer grünen Schicht überkleidet und voll Mehltau. Eine kleine Tür öffnete sich vorn in ein elf Fuß langes und sieben Fuß breites Gemach; auch hier schmückten, verwittert und verblaßt, Malereien die Wände, und an der Hintermauer befindet sich zudem ein Altar zum Kopalbrennen.

Der Oberbau ruht unmittelbar auf dem unteren Gemache und entspricht ihm in den Größenverhältnissen – das einzige Mal, daß wir ein Zimmer gerade über einem anderen plaziert fanden. Eine Treppe oder sonst eine sichtbare Verbindung zwischen dem unteren und oberen Stockwerk war nicht vorhanden.

Hinter diesem Bauwerk stießen wir auf Anbauten oder wenigstens zugehörige Gebäude, nun aber von Bäumen mit ihren Wurzeln in die Höhe gehoben und umgestürzt, und in den Ruinen lagen zwei Steintafeln mit abgerundeten Oberflächen, sechs Fuß sechs Zoll hoch, zwei Fuß vier Zoll breit und acht Zoll stark, die verwitterte und undeutliche Spuren von Bildhauerarbeit aufwiesen.

Nur dreiundfünfzig Fuß weiter erhebt sich das in Abbildung 151 dargestellte Gebäude. Es steht auf einer sechs Fuß hohen Terrasse, besitzt eine Treppenflucht in der Mitte, ist fünfundvierzig Fuß lang und sechsundzwanzig Fuß breit. Dem Eingang dienen zwei Säulen als Stützen, und über der mittleren Türöffnung findet sich der Kopf einer ansonsten verstümmelten Figur. Das Innere ist in zwei parallel angeordnete Hauptgemächer und ein kleineres Gelaß am nördlichen Ende abgeteilt, welch letzteres wiederum einen fünf Fuß langen und drei Fuß sechs Zoll tiefen Altar zum Kopalbrennen besitzt. Das Dach ist eingefallen, und aus dem Fußboden wachsen Bäume.

In der Nähe steht, nach demselben Plane erbaut, noch ein weiteres Gebäude, größer als das letzte, aber stärker verfallen. Alle diese Bauten liegen nicht mehr als zweihundert Fuß von den Stufen des Castillo entfernt. Allein, wenn Dr. Cabot nicht zufällig versucht hätte, sich auf der Suche nach jenen Vögeln einen Weg zur Mauer zu bahnen oder wenn er sich auch nur einige Ellen weiter rechts oder links durchs Unterholz geschlagen hätte, so würden wir abgereist sein, ohne je etwas von ihnen zu erfahren.

Man muß sich daran erinnern, daß, als diese Stadt bewohnt und der tropischen Natur noch nicht überlassen war, alle ihre Gebäude von der See aus offen im Blick

151 Ein letztes Gebäude in Tulum

lagen. Bekanntlich segelten die Spanier längs dieser Küste hin, und der Leser wird fragen, ob sie uns denn keine Nachrichten davon hinterlassen haben. Die Erzählung von der Expedition des Grijalva fährt an dem Punkte, wo wir sie abbrachen (nach der Überfahrt von der Insel Cozumel), folgendermaßen fort: »Wir segelten Tag und Nacht an der Küste entlang, und am nächsten Tage gegen Sonnenuntergang sahen wir eine Siedlung oder Stadt, so groß, daß Sevilla nicht größer oder prächtiger hätte erscheinen können. Dort sahen wir einen sehr hohen Turm. Das Ufer säumte eine Menge Indianer mit zwei Fahnen, die sie hoben und senkten als Zeichen für uns, daß wir zu ihnen kommen sollten. An demselben Tage gelangten wir in eine Bai, in deren Nähe sich ein Turm erhob, der höchste, den wir je gesehen hatten. Es lag hier ein sehr großes Dorf, und das Land wurde von vielen Flüssen entwässert. Wir entdeckten noch eine weitere Bai, in die eine ganze Flotte hätte hineinsegeln können.«

Dieser Bericht ist sicher nicht so genau, wie es eine Untersuchung der Küste heutzutage sein würde, er ist indessen weit genauer als die meisten Schilderungen von den frühen Reisen der Spanier und reicht meiner Meinung nach hin, die dort bezeichnete Stadt mit den von uns aufgefundenen Ruinen gleichzusetzen. Nachdem die Eroberer von Cozumel herübergesegelt waren, würde eine zweistündige Fahrt sie an diesen Küstenstrich geführt haben; und der nächsterwähnte Umstand, nämlich die Entdeckung einer Bai, in die eine ganze Flotte hätte hineinsegeln können, spricht noch stärker für unsere Annahme, denn in einer Entfernung von etwa acht Stunden jenseits von Tulum liegt die Bai von Ascension, welche die spanischen Schriftsteller stets als einen Hafen, groß genug für die Aufnahme der ganzen spanischen Armada, ansprechen. Sie ist die einzige Bai längs der Küste südlich von Kap Catoche, in welche ein großes Schiff hineinsegeln kann, und dies bestärkt mich in dem Glauben, daß der jetzt unter dem Namen Tulum bekannte verlassene Ort als jene »Siedlung oder Stadt, so groß, daß Sevilla nicht größer oder prächtiger erscheinen würde« betrachtet werden darf und daß das Castillo, aus dem die Moskitos uns vertrieben, jener hohe Turm ist, welchen die Spanier einst sahen. Meiner ferneren Überzeugung nach blieb diese Stadt auch danach noch von den Ureinwohnern bevölkert, denn Grijalva kehrte bei der Bai von Ascension um und segelte abermals vorbei, ohne an Land zu gehen; auch unternahmen die Spanier nach der unglücklichen Expedition des Don Francisco Montejo keine weiteren Versuche, diesen Teil der Küste zu unterjochen, so daß die Eingeborenen an diesem Orte noch über lange Zeit unbelästigt geblieben sein müssen.

Der Eindruck, daß diese Gebäude vielleicht noch in jüngster Zeit bewohnt waren, leitet sich aus ihrem teilweise recht guten Erhaltungszustande ab. Wenngleich viele infolge des üppigen Wachstums der Bäume verfallen waren, so zeigten einige doch ein zur Verödung und Einsamkeit der Stätte merkwürdig widersprüchliches Aussehen. Außerhalb der Mauern etwa liegen einige kleine Gebäude, ohne Zweifel zu *Adoratorios* oder Altären bestimmt. Einer dieser rituellen Bauten erhebt sich auf einer Terrasse mit einer kreisrunden Plattform am Rande eines Felsens, der das Meer überschaut, und weist fünfzehn Fuß Frontlänge bei zwölf Fuß Tiefe auf. Die Tür geht nach Norden hin. Das Innere besteht aus einem einzigen Gemache, und an der Rückwand sieht man einen so gut erhaltenen Altar, daß er noch jetzt seinem ursprünglichen Zwecke dienen könnte. In der Nähe des Gebäudefußes fand sich unter einer strauchigen Wildpalme, wie sie in dieser Art die ganze Felsenklippe bedeckt, ein weiterer kleiner Altar mit Stuckornamenten, eines davon, wie es scheint, eine Ananas darstellend. Diesen Bauwerken fehlt völlig die architektonische Wucht der übrigen Gebäude, ja, sie sind so leicht gebaut, daß sie beinahe mit dem Fuße umgeworfen werden könnten. Ungeschützt stehen sie da, den starken Ostwinden und fast auch dem Flugwasser der See ausgesetzt, und man vermag nicht zu glauben, daß sie seit drei Jahrhunderten verlassen sein sollen. Jedenfalls muß innerhalb dieser Zeit ein schützendes Auge über den Bau gewacht, eine fromme Hand ihn ausgebessert haben, und lange noch nach der Ankunft der Spanier hat irgendwer hier seine abgöttischen Gebräuche vollzogen.

Unter allen Fingerzeigen, die unsere Reisen und Entdeckungen uns gaben, erschien dieser als einer der interessantesten, und ich will ihn nur mit einer Bemerkung ergänzen. Der Leser kennt die Schwierigkeiten, welche wir bei dem Versuche hatten, diesen Ort vom Landesinnern her zu erreichen. Durch das ganze Dreieck der Gegend von Valladolid bis zur Bai von Ascension auf der einen Seite und dem Hafen von

Yalahao auf der anderen führt kein einziger Weg. Es ist eine ganz unerforschte Gegend, und kein weißer Mann hat sie je betreten. Ich glaube, daß in diesem Gebiet Städte wie die von uns in ihren Überresten erkundeten noch lange Zeit erhalten und bewohnt gewesen sind, vielleicht noch hundert oder zweihundert Jahre nach der Eroberung, und daß in dieser ganzen Zeit Indianer gerade wie vor der Entdeckung Amerikas in ihnen lebten. Ja, ich halte es sogar für möglich, daß in dieser so abgeschiedenen Gegend, den Weißen unbekannt, eine lebende, von den Nachfahren des alten Stammes bewohnte Ureinwohnerstadt existiert, in der man in den Tempeln der Väter wie von jeher den Götzen dient. Allein, der Leser wird vielleicht denken, daß ich nun kräftig genug spekuliert habe.

Unsere Reise entlang der Küste hatten wir nun vollendet, und unser angestrebtes Ziel war erreicht worden. Wir hatten dieselben Gebäude verfallen und in Ruinen gesehen, welche die Spanier noch unversehrt und von Indianern bewohnt angetroffen hatten, und sie waren von uns unzweifelhaft als die Werke desselben Volkes erkannt worden, welches einst jene großen zerstörten Städte schuf, über denen zu Anfang unserer Reise ein Schleier anscheinend undurchdringlichen Geheimnisses gelegen hatte.

Abschied von den Ruinen

Die Reise geht zu Ende

Die Rückreise von Tulum entlang der Küste berührt Cancun sowie die Isla Mujeres und endet im Hafen Silán, Ausgangspunkt für einen Besuch der Ruinen von Izamal (vgl. die Abb. der Umschlagrückseite) und Ake. Nach siebenmonatigem Yucatán-Aufenthalt Rückkehr nach Mérida. Am 18. Mai Abreise mit dem Schiff nach Cuba und von Havanna weiter mit der ›Ann Louisia‹ nach New York, das Stephens, Catherwood und Cabot am 17. Juni 1842 erreichen.

So hatten wir denn unsere Reisen zu den versunkenen Städten Amerikas vollendet. Wohl weiß ich um die Unmöglichkeit, dem Leser eine rechte Vorstellung von dem gewaltigen und erregenden Reiz zu geben, den die Ruinenwanderungen dem Forscher bieten, und ich habe, wo eben möglich, alle zu sehr ins einzelne gehenden Beschreibungen vermieden, indessen vertraue ich darauf, daß diese Seiten wenigstens umrißhaft eine Idee vom einstigen Aussehen des Landes übermitteln können. Auf unserem langen, unregelmäßigen und oft unterbrochenen Streifzuge haben wir die bröckelnden Überreste von vierundvierzig alten Städten, meist nur in geringer Entfernung voneinander, entdeckt, die jedoch wegen der großen stattgehabten Veränderungen und wegen des Verfalls der alten Wege in keiner direkten Verbindung miteinander stehen; die alle, mit wenigen Ausnahmen, verschollen, begraben und unbekannt waren, niemals zuvor von einem Fremden besucht, einige vielleicht niemals vom Auge des weißen Mannes geschaut. Unwillkürlich denken wir einen Augenblick an die Szenen des Entsetzens, denen diese jetzt öde Gegend als Schauplatz gedient haben muß; an die blutigen Kämpfe und das Wehgeschrei, das der Verwüstung oder dem Verlassen dieser Städte vorausgegangen sein muß.

Den grenzenlosen Raum der Einbildung hinter mir lassend, will ich mich nun indessen auf die Tatsachen beschränken. Es gibt, wenn ich das sagen darf, in der ganzen Geschichte der Entdeckungen keine, die mit den hier geschilderten verglichen werden kann. Sie geben unserem großen Kontinente ein ganz neues Ansehen und werfen die bedeutsame Frage, der ich mich einst mit einigem Zögern näherte, nur noch dringender auf: Wer waren die Erbauer dieser amerikanischen Städte?

Meine Meinung über diese Frage habe ich bündig formuliert, daß diese Städte »nicht die Werke eines vor langer Zeit untergegangenen Volkes mit unbekannter Geschichte sind, sondern daß sie entgegen allen früheren Mutmaßungen von Volksstämmen oder deren nicht wesentlich älteren Vorfahren herstammen, die noch zur Zeit der spanischen Invasion das Land bewohnten«. Einige lagen wahrscheinlich schon in Trümmern, doch im allgemeinen hatten die Indianer sie, wie ich glaube, zur Zeit der spanischen Eroberung noch in Besitz. Die Gründe für diese meine Überzeugung habe ich auf den vorliegenden Seiten dargetan; sie sind mit zu vielen Tatsachen, Einzelheiten und Umständen verwebt, um sie hier zu wiederholen. Deshalb will ich mich abschließend nur kurz auf jene Beweise beziehen, die als die stärksten gegen meine Annahmen vorgebracht werden.

Der erste ist die Abwesenheit aller lebendigen Traditionen. Ich möchte aber fragen, ob solcher Mangel nicht durch die beispiellosen Umstände erklärt wird, unter denen die Eroberung und Unterwerfung des spanischen Amerika stattfand? Jeder Hauptmann oder Entdecker erließ, wenn er die königliche Fahne an den Küsten eines neuen Landes aufpflanzte, Proklamationen nach einer vorgeschriebenen Ordnung, die von den ausgezeichnetsten Gottesgelehrten und Gesetzeskundigen in Spanien aufgesetzt worden war und zweifellos das Außerordentlichste darstellt, was in der Geschichte der Menschheit je erschienen ist. In diesen drängte er und forderte er die Einwohner auf, die Kirche als die Oberherrin und Regentin des Weltalls, den Heiligen Vater, Papst genannt, und seine spanische Majestät als König und unumschränkten Herrn dieser Insel und des Festlandes anzuerkennen und ihnen zu gehorchen, und die Proklamation schloß: »Wenn ihr Euch nicht fügen wollt und boshaft zögert, meinen Befehlen zu gehorchen, dann werde ich unter Gottes Beistand in Euer Land eindringen; ich werde Euch auf das Heftigste bekriegen; ich werde Euch dem Joche des Gehorsams gegen die Kirche und den König unterwerfen; ich werde Euch Eure Weiber und Kinder nehmen und sie zu Sklaven machen, sie verkaufen oder darüber verfügen, wie es Seiner Majestät beliebt. Ich werde Euch Euer Gut nehmen, Euch allen in meiner Macht stehenden Schaden tun, wie rebellischen Untertanen, die ihren gesetzmäßigen Souverän nicht anerkennen oder sich ihm nicht unterwerfen wollen, und ich beteuere, daß alles Blutvergießen und Elend, welches daraus entsteht, Euch zu Schulden kommt und nicht Seiner Majestät oder mir noch den Herren, die unter mir dienen.«

In dem gewissenlosen Geiste dieser Proklamation ward die Eroberung und Unterwerfung des Landes durchgeführt. Die Blätter der Geschichte sind blutgefärbt, und das Segeln auf dem purpurroten Strome mit einem meisterhaften Steuermanne scheint die leitende, strenge und stete Politik der Spanier gewesen zu sein. Sie war unbarmherziger und unglückseliger als das Schwert, stieß alle Institutionen der Eingeborenen um, zerriß und zerstörte alle Sitten, Gebräuche und Zusammenschlüsse, die das Andenken an ihre Väter und ihre Lebensverhältnisse in alten Zeiten hätten lebendig erhalten können. Ein trauriges Beispiel mag die Wirkung dieser Politik zeigen. Vor der Zerstörung von Mayapan, der Hauptstadt des Königreiches Maya, besaßen alle Edelleute im Lande Häuser in jener Stadt und waren abgabenfrei. Der Nachricht eines Cogolludo-Gewährsmanns zufolge erhoben im Jahre 1582, vierzig Jahre nach der Eroberung, noch alle, die sich für Herren und Edle hielten, auf ihre *Solares* (Residenzsitze) als Zeichen ihres Ranges Anspruch. »Jetzt aber«, fährt Cogolludo fort, »scheint es infolge der Regierungsveränderung und der geringen Achtung, welche man ihnen entgegenbringt, nicht, als ob sie sich darum kümmerten, die Adelsprädikate für ihre Nachkommenschaft zu erhalten, denn heutigen Tages haben die Abkömmlinge des Tutul Xiu, welcher der König und von Rechts wegen der natürliche Herr des Landes Maya war, nichts zu essen, falls sie sich nicht mit ihrer Hände Arbeit darum bemühen.« Wenn sich aber schon in dieser frühen Zeit der Adel nicht mehr um seine Rechte kümmerte, wenn die Nachkommen des königlichen Hauses schon damals nichts außer dem selbst Erarbeiteten zu essen hatten, so ist nichts Seltsames daran, daß die jetzigen, neun Geschlechter jüngeren Bewohner, ohne Kenntnis einer Schriftsprache und durch dreihundertjährige Sklaverei niedergedrückt, sich täglich für einen kümmerlichen Lebensunterhalt abquälen, ebenso unwissend wie gleichgültig gegen die Geschichte ihrer Vorväter und gegen die vor ihren Augen zerfallenden Städte. Und ob verwunderlich oder nicht, es kann jedenfalls kein Beweis hiervon abgeleitet werden; denn diese Unwissenheit beschränkt sich nicht auf zerstörte Städte oder Ereignisse vor der Eroberung. Ich glaube, unter all den – wie die Sprachregelung sie nennt – zu Christen gemachten Indianern existiert nicht eine einzige Überlieferung, welche einen Lichtstrahl auf irgendein Ereignis ihrer Geschichte werfen könnte. In der Tat, ich glaube, es würde unmöglich sein, sich Aufschluß über irgend etwas zu verschaffen, was über die erinnerte Zeit des ältesten lebenden Indianers hinausgeht.

Das zweite gegen mich vorgebrachte Argument, das ich erwähnen will, bestreitet die Möglichkeit, daß ein Volk mit der Macht, Kunst und Geschicklichkeit, solche Städte zu bauen, jemals so tief fallen könne wie die elenden Indianer, welche jetzt rings um die Ruinen kümmerlich leben. Auch hierauf genügt die schon gegebene Antwort: Ihre gegenwärtige Lage ist eine natürliche und unvermeidliche Folge jener rücksichtslosen Politik, welche die Axt an die Wurzel aller alten Erinnerung legte und alle überlieferte Kenntnis auf ewig zerschlug. Doch auch wenn wir diese Begründung nicht heranziehen – die Seiten der geschriebenen Geschichte kennen viele Beispiele solcher völligen Veränderung des Nationalcharakters. Muß ich sie eigens hier erörtern? Überdies: Die hier lebenden Indianer haben sich nicht mehr verändert als ihre spanischen Herren. Mögen sie niedrig, ja wenig über dem Viehe stehen, wie sie darzustellen bei den Spaniern Politik war, oder auch nicht – wir wissen, daß sie wenigstens zur Zeit der Eroberung stolz, wild und kriegerisch waren und ihr Blut wie Wasser vergossen, um ihr Erbteil vor dem habgierigen Griffe der Ausländer zu retten. Niedergeschmettert, gedemütigt und unterdrückt, wie sie jetzt durch Generationen bitterer Sklaverei vor uns erscheinen, sind sie selbst doch nicht mehr verändert als die Nachkommen jener furchtbaren Spanier, welche in ihr Land einfielen und es eroberten. Bei beiden finden wir alle Spuren des kühnen und kriegerischen Charakters der Ahnen gänzlich getilgt. In Gefühl und Begehren, Angeborenem und Überliefertem, ging eine wesensmäßige Veränderung vor. Wenn wir diese Veränderung bei dem Indianer betrachten, so fällt der Verlust bloßer mechanischer Geschicklichkeit und Kunstfertigkeit nicht ins Gewicht, denn diese gehen in der Tat von selbst zugrunde, sobald, wie bei den Indianern, alle Schulung fortfällt. Die heutigen, so sehr gedemütigten Eingeborenen stehen auf keiner niedrigeren Stufe des Verstandes als die Leibeigenen in Rußland, während es doch wohlbekannt ist, daß der größte Baumeister jenes Landes, der Erbauer der Kazan-Kathedrale zu St. Petersburg, aus dieser unteren Klasse gekommen ist und durch Erziehung ward, was er ist. Meiner Meinung nach könnte Unterricht den Indianer wieder heben, könnte ihm die Geschicklichkeit, in Stein zu hauen und in Holz zu schneiden, wieder beibringen; und indem er der Freiheit und der ungefesselten Übung seiner Geisteskräfte wiedergegeben wäre, so könnte wohl eine Fähigkeit zum schöpferischen Bauen wieder hervortreten, welcher der in den zerstörten Monumenten seiner Ahnen erkennbaren gleichkäme.

Das letzte und am stärksten hervorgehobene Argument gegen die Hypothese, daß die Städte von den Vorvätern der jetzigen Indianer erbaut wurden, ist die behauptete Abwesenheit historischer Berichte über die Entdeckung oder über die Kenntnis solcher Städte seitens der Eroberer. Doch selbst wenn diese Behauptung wahr wäre, würde der Beweis unkräftig sein, denn er läuft darauf hinaus, die Existenz solcher Städte überhaupt zu leugnen, die indes doch nicht in Zweifel gezogen werden kann; und da niemals behauptet worden ist, sie seien erst *nach* der Eroberung erbaut worden, so muß man zugestehen, daß sie zu dieser Zeit schon gestanden haben. Mögen sie nun Indianer errichtet haben oder verschollene und unbekannte Stämme, mögen sie verlassen oder bewohnt gewesen sein – ohne allen Zweifel aber waren die großen Gebäude da; und wenn sie auch nicht vollständig erhalten waren, so müssen sie es damals doch weit eher gewesen sein als heute; wären sie schon verödet gewesen, hätten sie im übrigen vielleicht mehr Verwunderung als bewohnte Stätten erregt, jedenfalls würde in beiden Fällen das vorgebliche Stillschweigen der Geschichtsschreiber gleich unerklärlich sein.

Die Behauptung selbst aber ist unwahr. Die alten Geschichtsschreiber schweigen nicht. Im Gegenteile besitzen wir die leuchtendsten Schilderungen von Cortez und seinen Begleitern, von Kriegern, Priestern und Zivilisten, die alle in den Darstellungen vorhandener Städte übereinstimmen. Sie berichten auch, alle seien damals von den Indianern instandgehalten und benutzt worden. Auch entspricht der Charakter der Gebäude und Tempel, wie er von ihnen beschrieben wird, genau dem, was der Leser in unseren Schilderungen der mittelamerikanischen Reisen nachblättern kann. In der Tat sind diese Nachrichten sogar so eindringlich, daß neuere Geschichtsschreiber, an deren Spitze Robertson steht, sie deshalb der Unzuverlässigkeit geziehen und einer erhitzten Einbildungskraft zugeschrieben haben. Für mich indes tragen sie das Gepräge der Wahrheit, und das geringe Vertrauen, das man in sie setzt, scheint seltsam. Robertson verließ sich aber auf die Autorität neuspanischer Korrespondenten, deren einer, lange im Lande ansässig, vorgab, jeden Teil desselben besucht zu haben, und mitteilte, »daß heute in Mexiko und Neuspanien nicht die geringste Spur von einem indianischen öffentlichen oder Privatgebäude zu finden ist«. Robertsons Gewährsmänner waren wahrscheinlich ausländische Kaufleute, die in der Stadt Mexiko wohnten und deren Reisen nur über die bekannten Wege und zu den von den Spaniern in Besitz genommenen Plätzen geführt haben. Damals wußten die weißen Bewohner nichts von den großen, öden und verfallenen Städten, welche in den Wäldern begraben liegen. Heutzutage sind wir aber besser belehrt; ungeheure Überreste sind ans Tageslicht gelangt, und die Entdeckungen beweisen unwiderleglich, daß jene Berichte, welche dieser großen Gebäude keine Erwähnung tun, unvollkommen, und jene, welche ihr Vorhandensein leugnen, unwahr sind. Die Gräber zeugen laut für die alten Geschichtsschreiber, und die modernden Skelette von Städten bestätigen Herreras Nachricht von Yukatan: »Es gibt so viele und solch stattliche Steingebäude, daß es zum Erstaunen ist; das größte Wunder aber liegt in der Fähigkeit der Eingeborenen, solche Bauten – wahrscheinlich waren es einst Tempel, denn ihre Häuser sind stets von Holz und mit Stroh gedeckt – zu errichten, obgleich sie vordem kein Metall kannten.« Ferner sagt er: »Während eines Zeitraums von zwanzig Jahren ward das Land einst so über und über besiedelt und das Volk vermehrte sich in solchem Grade, daß alte Leute sagten, die ganze Provinz komme ihnen vor wie eine einzige Stadt.«

Alle erwähnten Beweisführungen also – der Mangel an Tradition, die Entartung des Volkes und die vorgebliche Abwesenheit geschichtlicher Nachrichten – sind nicht hinreichend, meine Annahme über jene großen, nun verfallenen Städte zu widerlegen: Sie waren das Werk derselben Stämme, welche das Land zur Zeit der Eroberung bewohnten.

Wer diese Stämme waren, von welchen Vorfahren sie sich herleiten und woher sie kamen, dies sind Fragen, die zu viele Gesichtspunkte haben, als daß ich am Schlusse dieses Werkes darauf eingehen könnte; alles Licht aber, welches die Geschichte auf sie wirft, ist trüb und schwach, und unser Wissen läßt sich in wenigen Worten zusammenfassen.

Die Überlieferungen und mexikanischen Handschriften nach der Eroberung nennen die Tolteken als die ersten Bewohner des Landes Anahuac, jetzt unter dem Namen Neuspanien oder Mexiko bekannt, und sie sind die älteste Nation auf dem amerikanischen Festlande, von der wir Kenntnis haben. Aus ihrer Heimat nordwestlich von Mexiko, wie sie selbst sagen, verbannt, brachen sie im Jahre fünfhundertundsechsundneunzig nach unserer Zeitrechnung unter der Leitung ihrer Häuptlinge gen Süden auf, und kamen, nachdem sie während eines Zeitraums von hundertvierundzwanzig Jahren an verschiedenen Orten entlang ihres Weges gewohnt hatten, an die Ufer eines Flusses im Tale von Mexiko. Dort gründeten sie die Stadt Tula, die Hauptstadt des toltekischen Königreiches, in der Nähe der heutigen Stadt Mexiko.

Ihre Monarchie währte über beinahe vier Jahrhunderte, in denen sich die Bevölkerung vermehrte und zahlreiche große Städte erbaute. Es kam aber gräßliches Unglück über sie. Mehrere Jahre lang verweigerte der Himmel den Regen, die Erde ihnen die Nahrung; die Luft war voll tödlicher Krankheitsstoffe und füllte die Gräber mit Leichen; ein großer Teil der Nation kam durch Hunger oder Krankheit um, darunter auch der letzte König, und im Jahre 1052 erlosch die Monarchie der Tolteken. Die elenden Überlebenden der Nation nahmen ihre Zuflucht teils nach Yukatan, teils nach Guatemala, während einige unschlüssig um die Gräber ihrer Verwandten in dem großen Tale, in welchem später Mexiko gegründet ward, dahinlebten. Ein Jahrhundert lang lag das Land Anahuac öde und entvölkert. Dann folgten die Chichimeken der Spur der verfallenen Städte und nahmen sie wieder in Besitz; und gleiches taten nach ihnen die Akolhuanen, die Tlaxkalanen und die Azteken; letztere waren die Untertanen des Montezuma zur Zeit des spanischen Einfalls.

Die Geschichte all dieser Stämme oder Nationen ist in Nebel gehüllt, verworren und undeutlich. Die Tolteken werden als das älteste und kultivierteste Volk dargestellt. Wahrscheinlich waren sie die Urheber jenes eigentümlichen Baustils, den man in Guatemala und Yukatan findet und den alle späteren Bewohner übernahmen; und da sie, nach ihren eigenen Jahrbüchern, aus dem Tale von Mexiko nicht eher als um das Jahr 1052 unserer Zeitrechnung in jene Länder auswanderten, so könnten die ältesten von ihnen dort erbauten Städte die vier- bis fünfhundert Jahre bis zur Zeit der spanischen Eroberung durchaus überdauert haben. Das weist ihnen im Vergleich zu den Pyramiden und Tempeln Ägyptens und den anderen zerstörten Monumenten der Alten Welt ein sehr spätes Datum zu und jedenfalls ein viel geringeres Alter als das, worauf die Maya-Handschrift Anspruch erhebt – und auch ein viel geringeres, als ich selbst ihnen geben würde. Allein, auch wenn man den Bau der Städte den Vorfahren der gegenwärtigen Indianer zuschreibt, hat sich die Wolke, welche über ihrem Ursprunge hängt, keineswegs gelichtet; die Zeit, zu der, und die Umstände, unter denen sie erbaut wurden, das Entstehen, Fortschreiten und die hohe Blüte der Macht, Kunst und Geschicklichkeit, die zu ihrer Errichtung erforderlich waren, das alles sind nicht leicht gelüftete Geheimnisse.

Jene Städte steigen wie in ihr Leichentuch gehüllte Gerippe aus dem Grabe empor; sie erheben keinen Anspruch auf Verwandtschaft mit den Werken irgendeines bekannten Volkes, sondern auf eine eigene, unabhängige und besondere Existenz. Sie stehen allein da, weichen ganz und gar von jeder bekannten Regel ab und sind deshalb vielleicht der interessanteste Gegenstand, der sich heutzutage dem forschenden Geiste bietet; und in der schwachen Hoffnung, daß diese unvollkommenen Seiten auf ein oder die andere Art einen Lichtschimmer auf die große und lange vergeblich gestellte Frage: ›Wer bevölkerte Amerika?‹ werfen mögen, will ich nun den Ruinen Lebewohl sagen.

ENDE

Wolfgang Neumann

Die Maya: Bemerkungen zu ihrer Kultur und Vorstellungswelt

Die alten Mayabauten in Zentralamerika waren schon den spanischen Eroberern aufgefallen, jedoch verschwanden die Berichte, die sie darüber verfaßten, alsbald in Archiven und Klöstern. Fast drei Jahrhunderte vergingen, bevor 1822 in London das erste Buch über die Maya veröffentlicht wurde. Es enthielt den Bericht des Antonio del Río über einen Besuch der Ruinen von Palenque, dem Illustrationen von Jean-Frédéric Maximilien Waldeck beigegeben waren. Dieser sonderbare Kauz, der sich selbst einen Grafen nannte, hatte zwei Jahre in Palenque gelebt und zahlreiche Zeichnungen angefertigt, die sich vor allem durch ihren Reichtum an Phantasie auszeichneten. Die Behandlung, die Río den Ruinen angedeihen ließ, war nicht gerade pfleglich gewesen, und er hatte mehr zerstört als rekonstruiert. Die Veröffentlichung seines Berichtes konnte deshalb kaum mehr als ein erster Hinweis auf ein noch brachliegendes Feld der archäologischen und kulturwissenschaftlichen Forschung sein.

Ab 1830 veröffentlichte Lord Kingsborough in neun Bänden seine ›Antiquities of Mexico‹. Die Reihe enthielt Material von hohem Wert, so z. B. Reproduktionen von Bildhandschriften und alte Berichte über die Lebensverhältnisse der Indianer. Das gewaltige Unternehmen, das Kingsborough finanziell ruinierte, sollte allerdings hauptsächlich beweisen, daß es sich bei den Ureinwohnern Amerikas um Nachkommen der verlorenen Stämme Israels handele. Mit dieser Überzeugung stand Kingsborough keineswegs allein, denn viele huldigten damals der intellektuellen Mode, jene verschollenen biblischen Stämme in den verschiedensten Gegenden der Welt aufzuspüren.

Es ist eines der Verdienste von John Lloyd Stephens, darauf hingewiesen zu haben, »daß wir nicht berechtigt sind, die Erbauer dieser Städte unter einer ehemaligen Nation der alten Welt zu suchen, daß die vorgefundenen Bauten nicht das Werk eines Volks sind, welches von der Erde verschwunden und mitsamt seiner Geschichte für uns verloren ist, daß vielmehr triftige Gründe vorliegen, sie für die Schöpfungen derselben Volksstämme zu halten, welche das Land zur Zeit der spanischen Eroberung oder nicht sehr lange davor bewohnten«. Unterstützt wurde diese These von der Eigenständigkeit der Mayakultur durch die Illustrationen des Stephens'schen Reisebegleiters, Frederick Catherwood, die an Genauigkeit alles bis dahin Veröffentlichte weit übertrafen und klar zeigten, daß sich die Architektur und die übrigen Künste der Maya keineswegs aus altweltlichen Vorbildern herleiteten. Beide Forscher entdeckten auf ihren Reisen im Mayagebiet in den Jahren 1839 bis 1842 zahlreiche Ruinenstätten. Die lebendige Schilderung des mittelamerikanischen Lebens und die genaue Beschreibung der Überreste einer alten Kultur verhalfen den beiden Büchern, die über diese Reise erschienen, zu einem spektakulären Erfolg und gaben der Mayaforschung neue Impulse. Stephens hatte selbst die Richtung, in die die zukünftigen Bemühungen gehen mußten, angedeutet, als er schrieb: »Im ganzen Lande sind die Klöster reich an Manuskripten und Dokumenten, von der Hand der frühesten Padres, Kaziken und Indianer geschrieben, welchletztere sich die Kenntnis des Spanischen und die Schreibkunst sehr bald aneigneten (...), und es modert sicherlich so manches kostbare Schriftdokument in der Bibliothek eines nahen Klosters, das die Geschichte der einen oder anderen dieser Trümmerstädte aufhellen, ja sogar klären könnte. Ebenso glaube ich zuversichtlich, daß man einst die hieroglyphischen Inschriften wird lesen lernen.«

Einen bedeutsamen Beitrag auf dem Weg zu diesem Ziel lieferte der Abbé Brasseur de Bourbourg, der mehrere alte schriftliche Quellen über die Maya entdeckte und vor der Zerstörung bewahrte. 1864 veröffentlichte er in Paris die ›Relación de las cosas de Yucatán‹ des Bischofs Diego de Landa aus dem Jahre 1566. Landa ist in die Geschichte der Mayaforschung wegen seines seltsam widersprüchlichen Verhaltens zu den Einheimischen eingegangen. Er war im 16. Jahrhundert als Geistlicher in Yucatán tätig und bekämpfte die ›heidnischen‹ Praktiken der Bevölkerung, indem er alle ›Idole‹, Wahrsagebücher und Chroniken, deren er habhaft werden konnte, zerstören ließ. Dabei ging er so gründlich vor, daß uns nur drei Bildhandschriften aus diesem Gebiet erhalten geblieben sind. Zugleich jedoch sammelte Landa zahlreiche wertvolle Informationen über die Geschichte, die Vorstellungen und Bräuche seiner Schutzbefohlenen und vereinigte sie später in seiner ›Relación‹, die ihm, angeklagt wegen seines harten Vorgehens gegen das ›Heidentum‹, als Verteidigungsschrift dienen sollte. Dieses Werk, das u. a. eine ausführliche Darstellung des Mayakalenders enthält, konnte nun als Ausgangspunkt der Forschung dienen, die sich die Entzifferung der Hieroglyphenschrift zum Ziel gesetzt hatte. Da es bei den Maya, besonders in der klassischen Periode, Brauch war, in den Zeremonialzentren Altäre, Stelen, Friese etc. mit Zeitangaben zu versehen, erleichterte das Verständnis des Kalendersystems und der damit verbundenen Schriftzeichen sehr die Rekonstruktion der geschichtlichen und kulturellen Entwicklung.

Diese Faktoren sowie die Herausbildung verfeinerter archäologischer Untersuchungsmethoden führten zu einem Aufschwung der Mayaforschung, in der nun mehr und mehr kollektive Bemühungen die herausragenden Einzelleistungen verdrängten. Es ist vor allem verschiedenen nordamerikanischen Universitäten zu verdanken, daß längerfristige Forschungsprogramme durchgeführt wurden, die der jungen Wissenschaft ein solides Fundament schufen. Natürlich gab und gibt es zahlreiche Gelehrte wie Eduard Seler, Alfred M. Tozzer, S. G. Morley, J. E. S. Thompson, Ralph Roys, Alberto Ruz Lhuillier und andere, die in den Augen der Öffentlichkeit besonders hervorragen, doch sind Leistungen wie die ihren nur auf der Grundlage gemeinsamer Anstrengungen möglich.

Die Archäologie, die Erforschung der literarischen Dokumente und die moderne ethnologische Forschung stehen in einem engen, sich gegenseitig befruchtenden Verhältnis. Jede Wissenschaft hat ihren besonderen Gegenstand, ihre besondere Methodik und dementsprechend auch ihre besonderen Grenzen, die sie nur überschreiten kann, wenn sie sich die Ergebnisse ihrer Nachbardisziplinen zunutze macht. So kann die Archäologie zwar viel zum Verständnis geschichtlicher Prozesse beitragen und uns ein gewisses Bild vom Leben eines Volkes in einer bestimmten Epoche vermitteln, die besondere geistige Perspektive einer Kultur bleibt ihr aber weitgehend verschlossen. Diese verkörpert sich zwar auch in der materiellen Hinterlassenschaft, doch ist ihr Verständnis, besonders in Hinblick auf ihren symbolischen Gehalt, ohne zusätzliche Anhaltspunkte kaum möglich. Hier können nur schriftliche Quellen weitere Aufschlüsse geben.

Bezüglich der Mayakultur stehen uns neben den bereits erwähnten steinernen Inschriften zunächst einmal die sogenannten ›Codices‹ zur Verfügung. Leider sind, wie schon erwähnt, nur drei erhalten geblieben; sie führen die Namen der Städte, in denen sie aufbewahrt werden: Dresden, Paris und Madrid. Die Codices sind in Hieroglyphenschrift abgefaßt und mit Bildern versehen. Da die Hieroglyphen bis heute nur teilweise entziffert sind, ist der Inhalt der Schriftstücke nicht bis ins letzte verständlich, doch hat man verschiedene Themenbereiche voneinander abgrenzen können, die Aspekte der Kosmologie, des Ritus und der Weissagung behandeln. Die religiösen Schriften waren keineswegs für den allgemeinen Gebrauch bestimmt, vielmehr blieb ihr Studium den Priestern vorbehalten. Dies schon deshalb, weil das in ihnen Niedergelegte sehr komplexer Natur ist und Nicht-Eingeweihten wahrscheinlich gar nicht verständlich war. Der äußeren Form nach besteht jeder Codex aus einem zwanzig Zentimeter hohen, aber mehrere Meter langen Papierstreifen, der auf ein handliches Maß zusammengefaltet und auf beiden Seiten beschriftet ist.

Eine andere Gruppe von Quellentexten bilden die Chilam-Balam-Bücher. Es handelt sich dabei um Textsammlungen, die in yucatekischer Sprache, aber lateinischer Schrift abgefaßt wurden und Chroniken, Prophezeiungen, medizinische und kosmologische Abhandlungen u. ä. enthalten. Man hat es hier wohl mit Abschriften vorkolonialer Codices oder Fixierungen mündlicher Überlieferungen zu tun. Die einzelnen Bücher werden nach ihrem ursprünglichen Aufbewahrungsort benannt, z. B. Chilam Balam von Chumayel oder Chilam Balam von Tizimin. Viele Dörfer besaßen solche Bücher, und sie waren lange Zeit, bis in unser Jahrhundert hinein, in Gebrauch. Bei wichtigen Anlässen und Festen las man aus ihnen vor. Da jedoch häufig Abschriften angefertigt wurden und der Sinn der Texte inzwischen größtenteils unverständlich geworden war, haben sich zahlreiche Fehler eingeschlichen, so daß die Bücher uns das Mayadenken nicht mehr in seiner ursprünglichen Gestalt mitteilen. (Das bekannte Popol Vuh der Quiché im Hochland von Guatemala stellt übrigens eine ähnliche Textsammlung dar.)

Auch die ethnologische Forschung, die sich mit den Lebensformen der heutigen Maya beschäftigt, kann zum Verständnis der alten Kultur beitragen, denn die Maya der Gegenwart haben einige Züge der Vorstellungen und Bräuche ihrer Ahnen bewahrt. Am deutlichsten konnten sich die früheren Lebensformen in der wirtschaftlichen und sozialen Organisation der verschiedenen lokalen Einheiten behaupten. Desgleichen läßt die Religion trotz starker Vermischungen mit dem Christentum noch gewisse ältere Elemente erkennen, wenn auch die religiösen Vorstellungen nicht mehr die geistige Tiefe der klassischen Zeit erreichen.

Jene klassische Periode, die ungefähr von 300 bis 900 n. Chr. dauerte, ist zugleich Mitte und Höhepunkt der Geschichte der alten Mayakultur, in materieller wie in geistiger Hinsicht. Man kann diese Kultur in ihrer Gesamtheit als eine spezifische Ausformung von Merkmalen begreifen, die den gesamten mesoamerikanischen Bereich prägten. Tatsächlich besaßen die anderen Kulturen dieses Raumes wie die von La Venta, Teotihuacán, Monte Albán und Tajín den gleichen Nährboden wie die der Maya, nur nutzte jede von ihnen dessen Möglichkeiten ihren spezifischen Bedingungen gemäß.

Diese Entwicklung vollzog sich bei den Maya in einem Gebiet, das drei recht unterschiedliche Regionen aufweist. Das Südgebiet umfaßt im wesentlichen das Hochland und die Küstenzonen des heutigen Guatemala und stellt den fruchtbarsten Teil des von den Maya bewohnten Raumes dar. Hier wurden Mais und Bohnen, Kürbis und der damals auch als Währung benutzte Kakao sowie Süßkartoffeln angepflanzt. Hier gab es zudem reiche Vorkommen an Obsidian und Jade, der wichtige religiöse Funktionen erfüllte. So wurde z. B. dem Leichnam einer hochgestellten Person ein Jadestück in den Mund gelegt – ein Brauch, der sich übrigens auch in China findet. Im Hochland brütet ferner der Quetzalvogel, dessen Schwanzfedern bei den Maya sehr begehrt waren.

Das Zentralgebiet besteht aus dem Petén (Guatemala) und den angrenzenden Regionen in México und Belize. Es handelt sich dabei um ein flaches Kalksteinland, von tropischem Urwald bedeckt und heute weitgehend unbewohnt. Gebirgig sind nur die Randgebiete von Chiapas und Belize und die Gegend bei Copán. Der Boden bringt hier weit geringere Erträge als in den übrigen Regionen, und der Anbau kostet sehr viel mehr Mühe. Die Maya praktizierten den sogenannten Brandrodungsbau: Sie rodeten ein Stück Wald, verbrannten das Holz und bepflanzten das frei gewordene Land. Der so gewonnene Boden war allerdings nach ein bis zwei Jahren völlig ausgelaugt, und ein neues Feld mußte angelegt werden. Dennoch haben die Maya hier, im kargen und armen Zentralgebiet, ihre bedeutendsten Leistungen vollbracht. Das hat immer wieder verwundert, stimmt doch diese Tatsache so gar nicht mit der einfachen These überein, daß wirtschaftliche Prosperität und kulturelle Blüte immer zusammenfallen.

Das Nordgebiet umfaßt Yucatán und die größten Teile von Quintana Roo und Campeche – ein Tiefland, das ebenso wie das Zentralgebiet Kalksteinboden aufweist. Da hier sehr wenig Niederschlag fällt, hat die Vegetation vor allem Gestrüppcharakter. Allerdings finden sich zahlreiche Wasserlöcher (Senoten oder Cenotes), die den Zugang zum Grundwasser gestatten.

Die Entwicklung der Mayakultur ist nun eng mit dieser geographischen Dreiteilung verknüpft. In der präklassischen Zeit bzw. der formativen Periode (1500 v. Chr. –300 n. Chr.) lag der Schwerpunkt der Entwicklung im Südgebiet, in der klassischen Zeit (300–900 n. Chr.) im Zentralgebiet und teilweise im Nordgebiet und in der nachklassischen Zeit (900–1527 n. Chr.) vor allem im Nordgebiet. Natürlich waren die verschiedenen Regionen zu allen Zeiten bewohnt; die Verlagerung von Süden nach Norden betrifft hauptsächlich die Herausbildung bestimmter kultureller Wesenszüge.

Bereits in der präklassischen Periode finden wir einige Merkmale vor, die später dann für die klassische Periode typisch sind. So wurden im Hochland von Guatemala bereits Pyramiden, wenngleich aus Erde, gebaut, unter denen Gräber angelegt waren. Die reichen Grabbeigaben, u. a. Keramiken und Steinskulpturen, deuten auf eine gewisse soziale Differenzierung hin. Das größte religiöse Zentrum war Kaminaljuyú an der Stelle des heutigen Guatemala City.

Der Übergang von der präklassischen zur klassischen Zeit ging allmählich vonstatten. Der Pyramidenbau, die Hieroglyphenschrift und die Verwendung des Vorkraggewölbes in der Baukunst entwickelten sich nur langsam, und ebenso langsam verlagerte sich der Schwerpunkt vom Hochland ins zentrale Tiefland. Dennoch kann man den Übergang von der einen Periode zur anderen etwa für das Jahr 300 n. Chr. annehmen, weil damals die ersten Inschriftendenkmäler in Tikal und Uaxactún errichtet wurden, die typisch für die klassische Zeit sind. Von diesen Orten breitete sich die Hieroglyphenschrift zuerst im Petén und am Usumacinta aus, dann auch in den Regionen um Städte wie Copán, Palenque, Piedras Negras, Yaxchilán und Uxmal.

Man weiß heute, daß entgegen früheren Annahmen der Kontakt zu anderen Kulturen während der klassischen Periode keineswegs aufhörte. So läßt sich um 500 n. Chr. im südlichen und zentralen Petén ein starker Einfluß der im Hochland von México herrschenden Kultur von Teotihuacán feststellen. Krieger und Kaufleute aus dieser Stadt hatten zuvor Kaminaljuyú im Hochland von Guatemala erobert. Um 600 trat dann im Petén eine kurze Periode des Stillstandes ein: Die Bautätigkeit ließ nach, und es wurden fast keine Stelen mehr errichtet. Dies mag mit dem gleichzeitigen Erlöschen der Teotihuacán-Kultur zusammenhängen. Nach dieser Unterbrechung lebte die allgemeine kulturelle Tätigkeit wieder auf, und die Blütezeit der Klassik brach an.

Die klassische Periode zeichnet sich vor allem durch eine reiche Bautätigkeit und großartige Leistungen in der Kunst und den heiligen Wissenschaften aus. Geistige Grundlage dieser Entwicklungen war die Religion; sie gab den verschiedensten Tätigkeiten, von den komplexesten mathematischen Berechnungen bis hin zum Bodenbau, das Maß und das Prinzip.

So darf man sich auch die Mayastädte keineswegs als Städte in unserem Sinne vorstellen; vielmehr waren sie Zeremonialzentren, in denen unter der Leitung der religiösen Oberhäupter zu bestimmten Zeiten die Riten vollzogen wurden, die das Leben größerer Bevölkerungseinheiten betrafen. Auch heute noch haben die Dörfer in Chiapas vor allem die Funktion eines Zentrums, in dem die geistlichen Würdenträger für einen gewissen Zeitraum wohnen, wo die Märkte abgehalten und alle wichtigen, die Gemeinschaft betreffenden Verwaltungsaufgaben wahrgenommen werden. Der Hauptteil der Bevölkerung wohnt in verstreut liegenden Gehöften in der Umgebung dieses Zentrums. Man kann die Entwicklung der Städte folgendermaßen kennzeichnen: Ursprünglich herrschten die rein religiösen Aufgaben vor, und demgemäß wurden die Städte nur von der religiösen Oberschicht ständig bewohnt. Mit der Zeit nahm deren Einfluß aber ab, und Militär und Händler begannen zu dominieren. So war Tenochtitlan, die Hauptstadt der Azteken, die an der Stelle des heutigen México City lag, zur Zeit der spanischen Eroberung zu einer riesigen Stadt angewachsen, deren wirtschaftlicher Mittelpunkt ein Markt bildete, auf dem täglich 60 000 Menschen zusammenkamen. Von hier aus liefen Handelsverbindungen in alle Teile des Landes, abgesichert durch die Herrschaft militärischer Orden. Die Mayastädte der klassischen Periode waren demgegenüber noch kaum bewohnt. Der größte Teil der Bevölkerung lebte in kleinen Siedlungen, deren Dichte mit wachsender Nähe zum Zeremonialzentrum zunahm. Tikal und sein Einzugsgebiet wiesen mit etwa 50 000 Menschen die größte Bevölkerungszahl auf.

Die größeren Tempelstädte zeigten meist folgende Anlage: Um einen großen zentralen Platz, der oft mit Stelen bestanden war, gruppierten sich Pyramiden mit kleinen Tempeln auf der Spitze, Paläste und Ballspielplätze. Übrigens nahm man lange Zeit an, die Pyramiden hätten nur rein zeremonialen Zwecken gedient. Diese Ansicht wurde erschüttert, als Alberto Ruz Lhuillier 1949 in Palenque im Innern der Pyramide, die den sogenannten ›Tempel der Inschriften‹ trägt, eine Gruft entdeckte, die einen monolithischen, zwanzig Tonnen schweren Steinsarg enthielt. Hier war offensichtlich ein Priester-Herrscher beigesetzt worden; die Anlage des Grabes bewies zudem, daß man es beim Bau der Pyramide von vornherein eingeplant hatte.

Charakteristisch für die Mayaarchitektur der klassischen Periode ist die Verwendung des Schein- bzw. Vorkraggewölbes. Im Gegensatz zum echten Gewölbe besteht es aus zwei unabhängigen Mauern, die nach oben hin durch das sukzessive Vorkragen der einzelnen Steinschichten zusammengeführt werden. Bei einem echten Gewölbe sind die Steine so angeordnet, daß sie alle voneinander abhängen und die auftretenden Kräfte in der Scheitelpartie horizontal und nicht vertikal wie beim Vorkraggewölbe wirken. Die Maya verwendeten das Vorkraggewölbe in allen Ausformungen und Variationen und brachten es in dieser Bauform zu einer wahren Meisterschaft. Die breitesten Gewölbe finden sich im sogenannten ›Nonnenkloster‹ von Uxmal. In einigen Städten Yucatáns wurden riesige Torbögen in dieser Technik gebaut – Stephens führt einige Beispiele dafür an. Diese Tore können nur rein religiös-rituellen Zwecken gedient haben, denn die Maya besaßen weder Lasttiere noch Fahrzeuge, die solch große Bauten aus verkehrstechnischen Gründen erforderlich gemacht hätten. Die Tore sollten vielmehr den Übergang von einem Seinsbereich in den anderen symbolisieren, ein Thema, das ja in den Riten vieler Völker zum Ausdruck kommt. Die Tür oder die Türschwelle ist der Ort, der zwei Räume voneinander trennt; sie zu überschreiten bedeutet, den einen Bereich zu verlassen und den anderen zu betreten. Wenn nun die beiden Bereiche das Diesseits und das Jenseits versinnbildlichen, würde der Durchgang durch den Torbogen den Augenblick des Todes im alten, irdischen Bereich und die gleichzeitige Geburt im neuen, überirdischen Bereich darstellen. Dieser Hinweis mag andeuten, wie sehr in einer religiös durchdrungenen Kultur alle Lebensbereiche symbolisch auf das Jenseits bezogen sind.

Die Maya brachten an ihren Gebäuden außerordentlich viele hieroglyphische Inschriften an oder stellten beschriftete Stelen auf. Dies kann in gewisser Weise für die Vernichtung der Bildhandschriften durch den unseligen Bischof Landa entschädigen. Stephens hatte den Hieroglyphen noch ratlos gegenübergestanden, und auch in der Folgezeit sollte sich das Dunkel um den Inhalt der Inschriften und Codices nur langsam lichten. Die Aufgabe der Entzifferung übte eine gewaltige Faszination aus, so daß bald eine Unmenge der phantastischsten Deutungen im Umlauf waren. Die Vielzahl der bloßen Mutmaßungen schadete allerdings mehr als sie nützte, und auch heute kann man längst noch nicht alle Schriftzeichen lesen, vielmehr harrt sogar der größte Teil noch seiner Deutung, und es ist keineswegs gewiß, ob er jemals enträtselt werden kann. Unter den seriösen Ansätzen zur Entzifferung der historischen Inschriften ist hier die Interpretation Tatiana Proskouriakoffs erwähnenswert, die auf den Stelen von Piedras Negras und Yaxchilán wichtige Stationen im Leben verschiedener Herrscher dargestellt sieht. Der größte Teil der Schriftzeichen, die man zur Zeit lesen kann, geben jedoch kalendarische und astronomische Berechnungen wieder; ihre Entschlüsselung ist vor allem den Aufzeichnungen Landas zu verdanken.

Bei den Maya existierten, und das hatten sie mit den anderen Völkern Mesoamerikas gemein, zwei verschiedene Kalender. Der eine zählte 365 Tage und entsprach so dem Sonnenjahr. Dieser Zeitraum war in achtzehn Monate zu je zwanzig Tagen und eine Schlußperiode von fünf Tagen unterteilt. Die letzten Tage bildeten den Übergang zu einem neuen Jahreszyklus und bedurften deshalb besonders der rituellen

Absicherung. Sie stellten gleichsam eine Rückkehr in das Chaos vor der Erschaffung der Welt dar, aus der die neue kosmische Ordnung neu entstehen mußte. Der zweite und sogenannte ›rituelle Kalender‹ umfaßte 260 Tage mit dreizehn Monaten zu je zwanzig Tagen. Aus der Kombination beider Kalender ergibt sich nun, daß der erste Tag des Sonnenjahres alle 52 Jahre mit dem ersten Tag des 260-jährigen Kalenders zusammenfällt. Innerhalb dieser Periode von 52 Jahren konnte also jeder Tag durch die Gegenüberstellung der den beiden Kalendern entsprechenden Tagesbezeichnungen genau festgelegt werden.

Neben diesen Zeitzyklen bezogen die Maya aber noch andere, weitaus größere Periodisierungen in ihre Berechnungen ein, so daß jeder Zyklus nur einen begrenzten Raum innerhalb eines umfassenderen Rahmens einnahm. So bildeten 360 Tage ein Tun, zwanzig Tun ein Katun, zwanzig Katun ein Bactun, zwanzig Bactun ein Pictun und zwanzig Pictun ein Calabtun.

Die Maya hatten einen sogenannten Nulltag festgelegt, einen Ausgangspunkt, den sie als Beginn ihrer Zeitrechnung annahmen und der auf etwa 3100 Jahre v. Chr. datiert wird. Das genaue Datum, d. h. die Korrelation der Mayazeitrechnung mit der unsrigen, ist aufgrund von Schwierigkeiten, die in der Mayazeitrechnung selbst liegen, noch ungewiß. Es haben sich zwei Korrelationen durchsetzen können: Zum einen die Goodman-Martinez-Thompson-Korrelation (GMT-Korrelation) und zum anderen die Spinden-Korrelation, die alle Daten um 260 Jahre früher ansetzt.

In enger Beziehung zu den Zeitberechnungen stand natürlich die Astronomie. Auf diesem Gebiet vollbrachten die Maya trotz fehlender Beobachtungsinstrumente auch im Sinne des heutigen Wissenschaftsverständnisses erstaunliche Leistungen. Besonders Copán nahm hier eine führende Stellung ein. So berechnete man den Umlauf der Venus und den Zeitpunkt von Sonnenfinsternissen mit großer Genauigkeit. Dies setzte eine entsprechende Entwicklung der Mathematik voraus. Gerechnet wurde mit dem Stellenwertsystem, also einem Verfahren, das wir auch heute benutzen und das im Gegensatz etwa zu dem Buchstabensystem der Römer den Begriff der Null impliziert. Grundlage war jedoch nicht das Dezimal-, sondern das Vigesimalsystem, in dem die Zahl Zwanzig die Grundzahl bildet. Auch wurden die Zahlen in einer vertikalen Reihe angeordnet und nicht in einer horizontalen. Das Zeichen, das unserer Null entspricht, bedeutete ›Vollendung‹ und wurde meist durch das Bild einer Muschel versinnbildlicht.

Es gilt nun zu bedenken, daß die wissenschaftlichen Leistungen, die wir bei den Maya bewundern, für die Maya selbst einen ganz anderen Wert hatten, als man ihnen allgemein zuzuschreiben geneigt ist. Zwar beschäftigte sich ihr Geist auf den ersten Blick mit denselben Gegenständen des Wissens, z. B. dem Lauf der Gestirne oder dem Phänomen der Zeit, wie auch die heutigen Wissenschaften. Daraus kann man aber nicht folgern, daß die Wissenschaften selbst miteinander verglichen werden können.

Das Wirklichkeitsverständnis der Maya war so grundlegend von dem heute vorherrschenden verschieden, daß es sich nicht leicht erschließt. Wenn man einfach die Genauigkeit einiger mathematischer Berechnungen rühmend hervorhebt und das Bezugssystem traditionellen Wissens, in dem sie ihren festen Platz fanden, als vorwissenschaftlich oder einfach kurios abtut, begibt man sich selbst der Möglichkeit zu verstehen, wie in einer traditionellen Gesellschaft alle Manifestationen des Lebens als von denselben Prinzipien sich herleitend begriffen werden.

Ergebnis einer solchen verfälschenden Betrachtungsweise ist z. B. der Evolutionismus, eine Theorie der gesellschaftlichen und auch wissenschaftlichen Entwicklung, die besonders im 19. Jahrhundert dominierend war. Man isoliert einfach aus der Gesamtheit der Informationen, die man über eine alte Kultur besitzt, jene, die dem eigenen, von der aufklärerischen Vernunft geprägten Kulturverständnis wahr und wichtig erscheinen, die aber etwa bei außereuropäischen Völkern vielleicht nur eine sekundäre Bedeutung besitzen, und erklärt sie für das erste Erwachen des Geistes, des wissenschaftlichen Bewußtseins. Die weitere Entwicklung der Geschichte läßt sich dann meist als Erstarken und Wachsen dieser positiven Kraft fingieren, die die Hüllen der ›vorwissenschaftlichen Denkweise‹ abwirft. Man hat auf diese Weise das Entstehen der Astronomie aus der Astrologie und der Chemie aus der Alchemie beschrieben und dabei verkannt, daß diese alten Wissenschaften ganz andere Ziele verfolgten als die modernen und dementsprechend andere Methoden anwandten, und daß sie sich vor allem in Kulturen entfalteten, die durch und durch religiös geprägt waren.

Die Maya stellten ihre astronomischen und zeitlichen Berechnungen an, weil sie herausfinden wollten, zu welchen Zeitpunkten innerhalb der kosmischen Zyklen bestimmte Rituale notwendig waren, um die Ordnung des Weltalls aufrechtzuerhalten. Diese sahen sie besonders bedroht während der Konjunktionen des Planeten Venus und bei Sonnenfinsternissen. Solche Vorstellungen und die Grundannahme, daß sich das göttliche Wirken in Zeit und Raum manifestiert, stimmen im wesentlichen mit den in ganz Mesoamerika verbreiteten überein. Ja man kann sogar noch weiter gehen und sagen, daß Konzepte dieser Art in den Grundzügen in fast allen traditionellen Gesellschaften zu finden sind. Wesentlich ist dabei die Unterscheidung in einen diesseitigen und einen jenseitigen, transzendentalen Seinsbereich. Das Jenseits wirkt in die Welt hinein und umschließt sie gleichsam, so daß alle irdischen Dinge und Geschehnisse letztendlich vom jenseitigen Seinsbereich bestimmt werden. Die Beziehung zwischen dem Irdischen und Überirdischen ist ›symbolisch‹, d. h. alle weltlichen Dinge entsprechen dem Muster der ›himmlischen‹. Dies erhellt auch das Wesen des Ritus, denn er ist im wesentlichen Nachvollzug einer Handlung, die ihr Vorbild im Himmel bzw. in der Götterwelt hat.

Wenn z. B. ein Bauer zu Beginn der jährlichen Aussaat in die Mitte seines Feldes geht und von da aus ein paar Handvoll Mais in die vier Himmelsrichtungen streut, folgt er damit dem kosmischen Modell der Schöpfung, die sich ausgehend von einem Zentrum in vier Richtungen ausdehnte. Nach der Vorstellung der Maya hatten diese vier Urkräfte verschiedene Aspekte, die durch entsprechende Symbole dargestellt wurden. Man assoziierte die vier Weltrichtungen mit den vier Bacab, jenen Göttern, die an den Enden der Erde stehen und den Himmel tragen. Jedem dieser Götter bzw. jeder der vier Richtungen war eine bestimmte Farbe zugeordnet: Rot dem Osten, Weiß dem Norden, Schwarz dem Westen und Gelb dem Süden. Außerdem standen in den vier Weltrichtungen vier heilige Ceibabäume, auf denen je ein Vogel saß. Den Schnittpunkt der vier Richtungen, also die Mitte der Erde, bezeichnete die Farbe Grün. Wahrscheinlich wurde dieser Mitte ebenfalls ein Baum zugeordnet. Jedenfalls können auch bei den heutigen Maya solche Vorstellungen noch angetroffen werden. Danach erhebt sich jener Baum der Mitte in den Himmel hinauf, bis zu dem Ort, wo die höchsten Götter wohnen.

Den Himmel selbst unterteilte man in dreizehn horizontale Schichten, auf denen jeweils bestimmte Götter wohnten. Obwohl wir keine direkten Informationen darüber besitzen, können wir mit ziemlicher Sicherheit annehmen, daß man auch die Unterwelt in solche Sphären gliederte, denn die Kosmologie der Maya ähnelt sehr den bei den anderen Völkern Mesoamerikas verbreiteten Auffassungen. Die Azteken, über deren religiöse Vorstellungen wir mehr wissen, kannten dreizehn Schichten im Himmel und neun in der Unterwelt. Sie siedelten ihre oberste Gottheit in der höchsten Himmelssphäre an und stellten sie entweder als einen zweigeschlechtlichen Gott oder aber als Götterpaar, Mann und Frau, dar.

Die höchsten Götter der Maya verkörperten sich in Sonne und Mond und bildeten ebenfalls ein Paar. Die Sonne galt als männlich, der Mond als weiblich. Der Mond, eng mit Sexualität und Fruchtbarkeit verbunden, wurde dabei mit der ebenfalls als weiblich angesehenen Erde identifiziert.

Es überrascht nicht, daß in einer traditionellen Kultur, die auf dem Ackerbau basiert, die Fruchtbarkeit und jene göttlichen Kräfte, die für das Gedeihen der Feldfrüchte verantwortlich gemacht werden, eine wichtige Stellung innerhalb der Religion einnehmen. Ein für das Wachstum der Pflanzen entscheidender Faktor ist der Regen. Folglich maß man den Regengöttern zentrale Bedeutung bei. Die Maya kannten zwei Arten solcher Gottheiten, die Itzamna und die Chac. Beide ähnelten sich sehr, die Chac waren allerdings weitaus populärer als die Itzamna. Möglicherweise waren die Itzamna vor allem Gegenstand der Verehrung der im Verhältnis zur Gesamtbevölkerung zahlenmäßig kleinen Priesterklasse. Es gab vier Itzamna und vier Chac, die den vier Weltrichtungen zugeordnet waren. Ihnen verlieh man – in Übereinstimmung mit der allgemeinen symbolischen Gleichsetzung von Wasser und Reptilien – Schlangen-, Eidechsen- oder Alligatorenattribute. So ist in Mesoamerika auch die Vorstellung verbreitet, die Erde ruhe auf dem Rücken eines im Urmeer schwimmenden Alligators, und der Regen wird als ein besonders ›reines Wasser‹ aufgefaßt, das unter der Obhut der Regengötter steht. Die vier Chac bewahren dieses himmlische Wasser in Kalebassen auf, die sie nach Bedarf ausschütten. Sie sind zugleich Götter des Blitzes, der ja ein eng mit dem Regen verbundenes Phänomen ist, wie dieser eine Verbindung zwischen Himmel und Erde herstellt und so leicht zum Gegenstand mystischer Spekulationen wird. Symbol des Blitzes war die Steinaxt, denn man stellte sich vor, die Götter schleuderten bei einem Gewitter Äxte auf die Erde.

Es sei angemerkt, daß die hier beschriebenen Vorstellungen – der Aufbau des Himmels in verschiedene Schichten, die Vierteilung gemäß den vier Weltrichtungen, der Baum der Mitte, die Verbindung von Fruchtbarkeit und Mond, der männliche Himmel und die weibliche Erde, die Verbindung von Regen, Blitz und Axt – zu den Grundbildern fast aller naturvolklichen und alten hochkulturellen Religionen gehören. Der Leser, der sich für diese Zusammenhänge interessiert, sei auf die zahlreichen Arbeiten Mircea Eliades verwiesen, in denen er meisterhafte Analysen dieser weltweit verbreiteten Grundvorstellungen finden wird.

Neben den Regengöttern besaßen die Götter des Bodens und der Vegetation besondere Bedeutung, am wichtigsten darunter der Gott, der den Mais, die Hauptnahrung der Maya, verkörperte. Da das Überleben der Gemeinschaft vor allem vom Gedeihen dieser Pflanze abhing, wurde der göttlichen Kraft, die in ihr wirkte, die größte Aufmerksamkeit zuteil.

Über den Ursprung des Maises wird folgendes erzählt: Einst war die Pflanze in einem großen Felsengebirge verborgen. Sie wurde von Ameisen entdeckt, die einen Tunnel unter dem Felsen hindurch bis zu ihrem Versteck gruben und dann die Körner davontrugen. Dies beobachtete der neugierige Fuchs, der auch schnell herausfand, daß jene Körner wohlschmeckend und nahrhaft waren. Bald wußten auch die anderen Tiere und die Menschen von der neuen Pflanze, doch war ihnen der Zugang zu ihrem Versteck verwehrt; nur die Ameisen konnten dorthin gelangen. Die Menschen baten deshalb die Regengötter um Hilfe. Diese versuchten lange vergeblich, den Fels mit Blitzen zu spalten, bis endlich dem ältesten Regengott die Tat gelang. So wurde den Menschen der Mais gegeben.

An dieser Geschichte fallen einige bemerkenswerte Züge auf, die ein Licht auf die religiösen Grundvorstellungen der Maya werfen. Der Mais gilt als Geschöpf der Erde, der Erdmutter also, doch ist er in ihr verborgen, d. h. er ist als Möglichkeit in einem samenhaften Zustand vorhanden, aber noch nicht existent, nicht nutzbar, weil er das Tageslicht noch nicht erblickt hat. Erst nach dem Eingreifen der Regengötter beginnt er zu wachsen, tritt er aus der Erde hervor. Im Buch des Chilam Balam von Chumayel heißt es, der Mais sei im Inneren des Steines, verborgen in der Nacht, geboren worden. Er habe sich in einem Zustand der Gnade befunden, seine Göttlichkeit jedoch erst erreicht, als er geboren wurde. Diese Geschichte bezieht sich natürlich zunächst einmal auf die einfache Erkenntnis, daß der Samen für sein Wachstum sowohl den Mutterboden als auch Wasser benötigt. In diesem Sinne war für die Maya jede Schöpfung nur durch das Zusammenwirken himmlischer und irdischer Mächte möglich.

Der Maisgott wurde als jugendliche Gestalt mit langem Haar dargestellt. In späteren Zeiten identifizierte man ihn unter dem Einfluß christlicher Ideen manchmal mit Jesus Christus. So merkwürdig diese Gleichsetzung vielleicht berühren mag, sie entbehrt nicht der Logik, denn vergleichende religionswissenschaftliche Untersuchungen legen den Schluß nahe, daß Jesus ebenfalls Züge eines Vegetationsgottes trägt. Die Maya, die Jesus mit ihrem Maisgott assoziierten, erahnten also etwas in der Gestalt Jesu, das den meisten Christen nicht bewußt ist.

In der Geschichte vom Ursprung des Maises wird dieser zuerst im Innern eines Felsgebirges gefunden. Eine parallele Vorstellung findet sich bei den Azteken, die glaubten, ihr Volk stamme aus sieben Berghöhlen. In beiden Fällen handelt es sich bei diesen Bergen um den sogenannten Weltberg, der sich in der Mitte der Erde erhebt und bis in den Himmel reicht. Wir haben bereits erwähnt, daß den vier Bäumen an den vier Seiten der Welt ein Baum in der Mitte entspricht. Oft wird im Mythos dieser Baum durch einen Berg ersetzt oder mit ihm kombiniert. Im Dorf Larraínzar in Chiapas kennt man heute noch die Vorstellung von einem Berg, der in der Mitte der Welt wächst und in dessen Innerem sich ein Baum bis zur Spitze hinauf erhebt. Die Pyramiden sind Abbilder eines solchen Weltberges; indem man auf ihrer Spitze opferte, gewährleistete man zugleich auf symbolische Weise, daß das Opfer den Himmel erreichte, ragt doch die Spitze des Weltberges bis in die oberste Himmelssphäre.

Das gesamte Denken der alten Völker und auch das der Maya wird von den Schlüsselbegriffen der Mitte und des Ursprungs beherrscht. Der räumlichen Mitte entspricht der zeitliche Ursprung; in beiden Punkten sieht man das göttliche Wirkvermögen besonders konzentriert. Deshalb finden im Mythos die ersten Schöpfungen im Zentrum der Welt statt.

In der Mitte herrscht Gleichgewicht und Harmonie, werden die vier gegensätzlichen Tendenzen, die sich in den vier Weltrichtungen ausdrücken, ausgeglichen. Besonders sinnfällig wird dieses Konzept, wenn wir die Vorstellungen von den verschiedenen Weltaltern betrachten. Wie die übrigen Völker Mesoamerikas glaubten die Maya nämlich, daß unserer Schöpfung schon verschiedene andere vorausgegangen wären, die aber, weil unvollkommen, wieder zerstört wurden. Wie sich die Maya die Abfolge der Weltalter vorstellten, wissen wir nicht genau, doch ist nicht anzunehmen, daß sich ihre Vorstellungen von denen der Azteken unterschieden, über die uns Genaueres bekannt ist.

Danach gab es bereits vier Weltalter, ›Sonnen‹ genannt. Zur Zeit herrscht die fünfte Sonne. Das Zeitalter der ersten Sonne wurde durch den Nacht- und Erdgott Tezcatlipoca vernichtet, die zweite Sonne durch den Wind, die dritte durch den Regen und die vierte durch das Feuer. Es ist bemerkenswert, daß sich auf diese Weise die vier Sonnen mit den vier Elementen Erde, Luft, Wasser und Feuer verbinden. Die zeitliche Abfolge wurde ins Räumliche übertragen, indem man die vier Zeitalter den vier Himmelsrichtungen zuordnete. Auf dem berühmten aztekischen Kalenderstein sind den vier Himmelsrichtungen die vier vorausgegangenen Sonnen zugeordnet.

Im gegenwärtigen Zeitalter der fünften Sonne ist nun ein gewisses Gleichgewicht erreicht. Dieses Gleichgewicht ist aber ständig gefährdet, und im Mythos heißt es, daß auch die fünfte Sonne eines Tages vernichtet werde. Man glaubte, die Zerstörung hinauszögern zu können, indem man der Sonne neue Kräfte zuführte, sie ›ernährte‹. Dies geschah durch die Menschenopfer, die sowohl bei den Maya als auch bei den Völkern des Hochlandes von México üblich waren. Allerdings wurden bei den Maya wohl nie so viele Menschen geopfert wie bei den Azteken, die eigens Kriege entfesselten, um sich neue Opfer zu sichern.

Während man der Sonne die Herzen von Kriegern darbrachte, weil vor allen Dingen die Sonne stark werden mußte, wurden den Regengöttern Kinder geopfert, denn hier kam es mehr auf die rituelle Reinheit der Opfer als auf ihre Stärke an. Das Regenwasser wurde nämlich als rein, jungfräulich und unbefleckt aufgefaßt, und dieselben Eigenschaften mußten auch die Opfer aufweisen. Man warf die Kinder in Wasserlöcher – eines der bekanntesten ist das von Stephens beschriebene in Chichén Itzá –, durch die eine enge Verbindung mit den Regengöttern möglich war, aber auch in Höhlen, die dann verschlossen wurden. Das von den Decken der Höhlen tropfende Wasser galt als besonders rein; überhaupt war die Höhle ebenfalls ein geeigneter Ort, um mit den Göttern in Kontakt zu treten. Außer Menschen opferte man auch Tiere und Früchte oder brachte den Göttern Rauchopfer und wertvolle Gegenstände dar. Der Sinn hinter all diesen Handlungen war immer der, die Gaben der Götter durch eine Gegengabe auszugleichen.

Die Grundzüge des religiösen Denkens der Maya blieben im Verlauf der geschichtlichen Entwicklung relativ konstant. Zwar nahmen in der nachklassischen Periode die Tolteken Einfluß auf ihre religiösen Vorstellungen, doch blieb die Wirkung gering. Die religiösen Formen selbst veränderten sich jedenfalls weniger als die Tiefe ihres Verständnisses. Die esoterische Seite der Religion war ja an die Existenz der Priesterkaste gebunden, die in den Zeremonialzentren herrschte. Jede Veränderung in der Funktion der Zeremonialzentren mußte deshalb auch auf die Religion zurückwirken. So ist der geschichtliche Werdegang der Zentren, dem wir uns damit wieder zuwenden wollen, von äußerstem Interesse.

Die Zeremonialzentren beherrschten jeweils ein bestimmtes Gebiet, das man ›Emblemprovinz‹ nennt, weil das hieroglyphische Emblem des dominierenden Zentrums in den ihm zugeordneten kleineren Städten immer wieder auftaucht. Die einzelnen Zentren standen zudem in Verbindung miteinander, und dies auch über die Grenzen der Provinzen hinaus. Im Nordgebiet baute man Straßen, die sogenannten ›Sacbeob‹, die teilweise sogar verschiedene Zentren miteinander verbanden. Es gab z. B. solche Straßen vom Uxmal nach Nohpat – Stephens erwähnt sie – und von Ake nach Izamal. Eine fast zehn Meter breite Straße führte von Cobá zu dem 100 Kilometer entfernten Yaxuna. Der Bau solch großer Anlagen erforderte nicht nur technisches Können, sondern auch eine Zusammenarbeit zwischen den verschiedenen Zentren. So wenig wie die Torbögen dienten die Straßen irgendwelchen verkehrstechnischen Notwendigkeiten, wie sich schon aus der für den Fußverkehr unnötigen Breite folgern läßt. Vielmehr handelte es sich um Prozessionsstraßen. Um diese Prozessionen durchführen zu können, war es wohl nötig, den Frieden zwischen den verschiedenen Zentren durch Absprachen zu sichern. Überhaupt scheint die klassische Periode, abgesehen von kriegerischen Auseinandersetzungen in der Spätphase, friedlich verlaufen zu sein. Dies zeigt sich auch an der offenen, ungeschützten Anlage der Zeremonialzentren.

Bevor die Kultur des Klassikums in kürzester Zeit erlosch, kam es gegen Ende des achten Jahrhunderts noch zu der Einwanderung einer mexikanisch beeinflußten Gruppe, wahrscheinlich der Chontal-Maya, die an der Meeresküste von Campeche bis zur Mündung des Rio Usumacinta beheimatet waren. Bald jedoch wurde ein Zeremonialzentrum nach dem anderen aufgegeben und verlassen, angefangene Arbeiten wurden nicht mehr vollendet, und der Urwald begann die Anlagen zu überwuchern. Aus den Daten der letzten Hieroglypheninschriften in den Zentren läßt sich ungefähr der Verlauf der Entwicklung ablesen. Nachdem zuerst die südlichen Zentren wie Copán, Palenque und Piedras Negras aufgegeben wurden, folgten Schritt für Schritt die anderen nach, bis gegen 900 n. Chr. alle Städte verlassen waren. Nur an den Seen von Tayasal und Yaxhá im Petén blieben intakte Städte noch etwas länger bestehen.

Wie kann dieser relativ schnelle Verfall nun erklärt werden? Lange Jahre glaubte man, die Bevölkerung sei – gezwungen durch klimatische Veränderungen oder wirtschaftliche Schwierigkeiten – nach dem Norden, und dort bevorzugt ins Puuc-Gebiet oder auch ins nördliche Guatemala gewandert, denn in diesen Regionen, vor allem im nördlichen Yucatán, dauerte die kulturelle Entwicklung noch eine gewisse Zeit an.

Nun haben aber archäologische Untersuchungen gezeigt, daß nur die Zeremonialzentren zerstört und verlassen wurden. Die kleineren Siedlungen in ihrem Umkreis, in denen der Hauptteil der Bevölkerung lebte, blieben bewohnt. Noch im sechzehnten Jahrhundert wies das Zentralgebiet eine relativ hohe Einwohnerzahl auf.

Was aber ereignete sich in den Zeremonialzentren? Zwei Haupthypothesen versuchen das Geschehen zu erklären. Nach der einen kam es zu einem Aufstand der einheimischen Bauernbevölkerung, der die priesterliche Oberschicht vertrieb oder vernichtete. Die andere These sieht die Ursache des Verfalls in einem Einfall fremder Gruppen, etwa der Chontal oder der Itzá aus Nord-Yucatán; die Invasoren hätten dann aus machtpolitischen Gründen einen Großteil der Bevölkerung ins nördliche Yucatán umgesiedelt.

Welches auch immer aber die Gründe gewesen sein mögen: Das Zentralgebiet spielte in der nachfolgenden Entwicklung der Mayakultur keine entscheidende Rolle mehr; die wichtigsten Geschehnisse fanden von nun ab im Nordgebiet statt.

In Yucatán waren die Zeremonialzentren kurz vor 1000 n. Chr. ebenfalls verlassen worden. Dies bedeutete hier jedoch keinen fortdauernden Stillstand, sondern vielmehr den Anfang einer neuen Entwicklung. Dieser Sachverhalt läßt sich gut in Chichén Itzá verfolgen, wo die Gebäude der klassischen Zeit getrennt neben den jüngeren Anlagen der nachklassischen Periode liegen. Wahrscheinlich verließ die Bevölkerung auch in anderen Gebieten ihre alten Städte und errichtete ganz in der Nähe neue Siedlungen.

Das neue Chichén Itzá wurde unter der Herrschaft der Itzá, einer Gruppe von mexikanischen Eindringlingen, erbaut. Sie gaben dem Ort auch seinen heutigen Namen, der übersetzt etwa ›Am Rande des Brunnens der Itzá‹ heißt. Die Itzá waren vermutlich Tolteken aus dem mexikanischen Hochland, die 977 n. Chr. vom Westen her nach Yucatán einfielen, sich in Chichén Itzá niederließen und von dort aus ihre Herrschaft ausübten. Bereits 918 waren Fremde, die ebenfalls Itzá genannt wurden, kurzfristig bis Chichén Itzá vorgedrungen, doch handelte es sich bei ihnen wohl eher um Chontal-Maya als um Tolteken. Wie groß das Machtgebiet der Itzá war, ist nicht genau bekannt, doch schloß es zumindest die Insel Cozumel und die Städte Motul, Izamal und Mayapán ein.

Der Führer der Itzá soll Quetzalcóatl, im Mayagebiet Kukulcán genannt, gewesen sein, der aus Tula, der Hauptstadt der Tolteken im zentralmexikanischen Hochland, vertrieben worden war. Das Wort Quetzalcóatl bedeutet ›gefiederte Schlange‹ bzw. ›Quetzalfederschlange‹. Mit diesem Namen wurden sowohl einer der wichtigsten Götter der Tolteken als auch Priester bezeichnet, die für eine bestimmte Zeit seine irdische Manifestation darstellten. Deshalb ist in der Erzählung vom Auszug Quetzalcóatls aus Tula schwer zwischen rein symbolischen Teilen und solchen, die man wörtlich nehmen kann, zu unterscheiden. In einer Version der Legende wird Quetzalcóatl z. B. von seinem Widersacher, dem Gott Tezcatlipoca, aus Tula vertrieben; nachdem er das Ostmeer erreicht hat, verbrennt er sich dort auf einem Scheiterhaufen und erscheint acht Tage später als Planet Venus am Himmel.

Wie dem auch sei, die Itzá brachten mit ihrer Herrschaft auch ihre religiösen Vorstellungen ins Land und setzten sie, zumindest offiziell, durch. So finden wir in Chichén Itzá zahlreiche Darstellungen des Quetzalcóatl, und die Errichtung einer Schädelstätte zeigt an, daß auch der Brauch des Menschenopfers an Bedeutung gewann. Der Aufstieg der militärischen Orden zur wichtigsten gesellschaftlichen Klasse spiegelt diese Tatsache wider. Die Gesellschaft wandelte sich immer mehr von der Theokratie der klassischen Periode mit ihrem relativ friedlichen Charakter zu einem von der Kriegerkaste beherrschten Staat.

Architektonisch drückt sich dies z. B. in der Errichtung großer Kolonnaden aus, die als Versammlungsorte der Kriegerorden dienten. Die Tolteken waren insgesamt bemüht, ihre Bauweise dem Vorbild ihrer Ursprungsstadt Tula anzugleichen. Auch die Kunst widmete sich immer mehr der Darstellung kriegerischer Aktionen. Mit der Entwicklung von der Priester- zur Kriegerherrschaft setzte ein allgemeiner Niedergang ein: Während sich die Gesellschaft zunehmend destabilisierte, litten die Künste unter einem fortschreitenden Qualitätsverlust.

Schon um 1200 ging die Herrschaft der Itzá zu Ende. Hunac Ceel, der Herrscher von Mayapán, säte Zwietracht zwischen Chichén Itzá und Izamal, nutzte die Spannungen im rechten Augenblick aus, besiegte beide und schwang sich zum Oberherren auf. Die Itzá wanderten daraufhin nach Süden aus. Auf ihre Nachkommen trafen die Spanier noch 500 Jahre später am See von Tayasal.

In Mayapán errichteten die Cocom – so hieß die Sippe des Hunac Ceel – einen zentralisierten Staat. Alle Fürsten der verschiedenen Provinzen mußten sich ständig am Hofe aufhalten, so daß man sie im Falle eines lokalen Aufstands als Geiseln benutzen konnte. Außerdem bedienten sich die Cocom mexikanischer Söldner, wodurch sie allerdings zugleich die Kluft zwischen sich und der alteingesessenen Mayabevölkerung vertieften.

In Mayapán verstärkte sich zugleich die Tendenz zur rein weltlich-militärischen Herrschaftsform. Die Bedeutung der großen öffentlichen religiösen Kulte ging zurück, wie sich aus der Größe der Tempel und deren Ausstattung schließen läßt. Die Bauweise war im Vergleich zu der von Chichén Itzá primitiver; statt kachelartiger Blendsteine wurden unbehauene Natursteinblöcke verwendet, die Kolonnaden hatten keine Vorkraggewölbe, und auch die Keramik und Skulptur degenerierte. Götterbilder wurden in einer Art Massenproduktion angefertigt, und nur die Wohnhäuser des Adels stattete man noch mit dem besten Mauerwerk aus. Sie enthielten meist Schreine, in denen Ahnen oder Gottheiten verehrt wurden, die der jeweiligen Familie besonders nahe standen. Dies schwächte natürlich den Einfluß des gemeinschaftlichen Kultes.

Um Mayapán zog sich eine Stadtmauer, die 12 000 Menschen einschloß. Wir haben es hier also mit einer richtigen Wohnstadt zu tun.

Mayapáns Vorherrschaft währte 250 Jahre bis etwa 1450; dann gelang es Ah Xupan Tutul Xiu aus dem Herrscherhaus von Maní, die verschiedenen oppositionellen Gruppen zu vereinen. In einem Überraschungsschlag ließ er alle Cocom-Fürsten gefangennehmen und umbringen. Mit dem Ende von Mayapán war allerdings auch das Ende jeder zentralistischen Herrschaft in Yucatán bis zur Ankunft der Spanier (1527) gekommen. Es bildeten sich sechzehn unabhängige Provinzen heraus, die immer wieder miteinander im Krieg lagen, teils aus Erbfeindschaft, wegen Grenzkonflikten oder um Sklaven, Kinder und Adlige für Menschenopfer in ihre Gewalt zu bringen.

Wie schon zu Zeiten der klassischen Periode vor der mexikanischen Eroberung war also eine dezentralisierte Gesellschaft entstanden. Doch welcher Unterschied besteht zwischen dem Höhepunkt der Mayakultur im Klassikum und ihrer Verfallsperiode in der nachklassischen Zeit! Nach dem Fall Mayapáns konnten sich nur noch wenige Kulturzentren mit überregionaler Bedeutung behaupten, wie sie in der klassischen Periode doch so typisch waren. Der Einfluß der Religion sank noch mehr, und damit verfielen auch die kulturellen Ausdrucksformen wie Architektur, Kunst und Wissenschaft, die unmittelbar von ihr abhängig waren. Als die Spanier das Land eroberten, konnte von einer Blüte der Mayakultur kaum mehr die Rede sein.

Quellen- und Abbildungsnachweis

Die Originalausgaben der beiden Stephens'schen Mittelamerika-Werke erschienen in jeweils zwei, insgesamt also vier Bänden unter dem Titel ›Incidents of Travel in Central America, Chiapas and Yucatan‹ (New York 1841) und ›Incidents of Travel in Yucatan‹ (New York 1843). Die ersten deutschen Übersetzungen wurden unter dem Titel ›Reiseerlebnisse in Centralamerika, Chiapas und Yucatan‹ (Leipzig 1854) und ›Begebenheiten auf einer Reise in Yucatan‹ (Leipzig 1853) veröffentlicht. Die vorliegende Übersetzung stützt sich auf diese beiden Leipziger Bände in den Übertragungen von Eduard Höpfner und N. N. W. Meissner, doch wurde der gesamte Text noch einmal mit dem amerikanischen Original verglichen, korrigiert und sprachlich neu gefaßt. Die ausgewählten Textabschnitte entsprechen folgenden Kapiteln der New Yorker Erstausgaben:

Copan – ›Centralamerica‹ Bd. 1, Kap. 5–7, S. 90–160;
Palenque – ›Centralamerica‹ Bd. 2, Kap. 16–20, S. 273–357;
Uxmal: Erster Besuch – ›Centralamerica‹ Bd. 2, Kap. 24–26, S. 410–457;
Uxmal: Zweiter Besuch – ›Yucatan‹ Bd. 1, Kap. 7–8 und Kap. 14, S. 89–108 und S. 175–196;
Ruinenstädte bei Uxmal – ›Yucatan‹ Bd. 1, Kap. 16–17, S. 220–265; Bd. 2, Kap. 1 und 3–4, S. 1–14 und 29–50;
Chichen Itza – ›Yucatan‹ Bd. 2, Kap. 16–18, S. 182–223;
Entlang der Küste – ›Yucatan‹ Bd. 2, Kap. 20–22, S. 249–281;
Abschied von den Ruinen – ›Yucatan‹ Bd. 2, Kap. 24, S. 306–313.

Kürzungen *innerhalb* der Textauswahl sind nicht durch Auslassungsvermerke bezeichnet, da keine textkritische Akribie angestrebt war. Die Schreibweise von Eigennamen innerhalb der Textabschnitte richtet sich in der Regel nach Stephens, ausgenommen dort, wo inzwischen eingeführte Ortsnamen (z. B. Sayil, bei Stephens: Zayi, oder Kiuik, bei Stephens: Kewick) nur noch schwer erkennbar wären. In Vorbemerkung und Nachwort sind Orts- und Eigennamen dagegen, vor allem auch in der Akzentsetzung, nach der heute üblichen Regelung geschrieben. Die von Stephens nicht immer korrekt wiedergegebenen spanischen Redewendungen und Begriffe wurden in ihrer Form belassen.

Die Textabbildungen im vorliegenden Band wurden nach den amerikanischen Originalausgaben, der gekürzten Londoner ›Centralamerica‹-Ausgabe von 1854, den beiden Leipziger Übersetzungen von 1853 und 1854, einer ›Yucatan‹-Ausgabe von 1962 der University of Oklahoma Press, Norman, und den beiden Dover-Reprints, New York 1963 und 1969, reproduziert. Maßgebend waren der Erhaltungszustand und die Qualität der jeweiligen Vorlage. Den Karten in der vorderen und hinteren Umschlagklappe liegen die alten Pläne der Leipziger Ausgabe von 1853/54 zugrunde. Das neu kolorierte Titelbild zeigt das Haus der Nonnen in Chichen (vgl. Abb. 127), die Umschlagrückseite den – inzwischen zerstörten – gigantischen Steinkopf von Izamal. Das Frontispiz zeigt Stephens im Jahre 1836.

DuMont Kunst-Reiseführer

Ägypten – Geschichte, Kunst und Kultur im Niltal
Vom Reich der Pharaonen bis zur Gegenwart. Von Hans Strelocke

Äthiopien – Kunst im Verborgenen
Ein Reisebegleiter ins älteste Kulturland Afrikas. Von Hans Helfritz

Algerien – Kunst, Kultur und Landschaft
Von den Stätten der Römer zu den Tuareg der zentralen Sahara. Von Hans Strelocke

Belgien – Spiegelbild Europas
Eine Einladung nach Brüssel, Gent, Brügge, Antwerpen, Lüttich und zu anderen Kunststätten. Von Ernst Günther Grimme

Dänemark
Land zwischen den Meeren. Kunst – Kultur – Geschichte. Von Reinhold Dey

Deutsche Demokratische Republik
Geschichte und Kunst von der Romanik bis zur Gegenwart. Brandenburg, Mecklenburg, Sachsen-Anhalt, Sachsen, Thüringen. Von Gerd Baier, Elmar Faber und Eckhard Hollmann

Bundesrepublik Deutschland

Das Bergische Land
Kultur, Geschichte, Landschaft zwischen Ruhr und Sieg. Von Bernd Fischer

Franken – Kunst, Geschichte und Landschaft
Entdeckungsfahrten in einem schönen Land – Würzburg, Rothenburg, Bamberg, Nürnberg und die Kunststätten der Umgebung. Von Werner Dettelbacher

Hessen
Vom Edersee zur Bergstraße. Die Vielfalt von Kunst und Landschaft zwischen Kassel und Darmstadt. Von Friedhelm Häring und Hans-Joachim Klein

Köln
Stadt am Rhein zwischen Tradition und Fortschritt. Von Willehad Paul Eckert

München
Von der welfischen Gründung Heinrichs des Löwen bis zur Gegenwart: Kunst, Kultur, Geschichte. Von Klaus Gallas

Der Niederrhein
Das Land und seine Städte, Burgen und Kirchen. Von Willehad Paul Eckert

Oberbayern
Kultur, Geschichte, Landschaft zwischen Donau und Alpen, Lech und Salzach. Von Gerhard Eckert

Oberpfalz, Bayerischer Wald, Niederbayern
Kunst, Kultur und Landschaft im Nordosten Bayerns. Von Werner Dettelbacher

Die Pfalz
Die Weinstraße – Der Pfälzer Wald – Wasgau und Westrich. Wanderungen im ›Garten Deutschlands‹. Von Peter Mayer

Zwischen Neckar und Donau
Kunst, Kultur und Landschaft von Heidelberg bis Heilbronn, im Hohenloher Land, Ries, Altmühltal und an der oberen Donau. Von Werner Dettelbacher

Schleswig-Holstein
Zwischen Nordsee und Ostsee: Kultur – Geschichte – Landschaft. Von Johannes Hugo Koch

Sylt, Amrum, Föhr, Helgoland, Pellworm, Nordstrand und Halligen
Natur und Kultur auf Helgoland und den Nordfriesischen Inseln. Entdeckungsreisen durch eine Landschaft zwischen Meer und Festlandküste. Von Albert am Zehnhoff (DuMont Landschaftsführer)

DuMont Kunst-Reiseführer

Frankreich

Die Bretagne
Im Land der Dolmen, Menhire und Calvaires. Von Frank und Almut Rother

Burgund
Kunst, Geschichte, Landschaft. Burgen, Klöster und Kathedralen im Herzen Frankreichs: Das Land um Dijon, Auxerre, Nevers, Autun und Tournus. Von Klaus Bußmann

Das Elsaß
Wegzeichen europäischer Kultur und Geschichte zwischen Oberrhein und Vogesen. Von Karlheinz Ebert

Frankreichs gotische Kathedralen
Eine Reise zu den Höhepunkten mittelalterlicher Architektur in Frankreich. Von Werner Schäfke

Das Tal der Loire
Schlösser, Kirchen und Städte im ›Garten Frankreichs‹. Von Wilfried Hansmann

Paris und die Ile de France
Von der antiken Lutetia bis zur Millionenstadt. Die Metropole und das Herzland Frankreichs. Von Klaus Bußmann

Die Provence
Ein Reisebegleiter durch eine der schönsten Kulturlandschaften Europas. Von Ingeborg Tetzlaff

Südwest-Frankreich
Vom Zentralmassiv zu den Pyrenäen – Kunst, Kultur und Geschichte. Von Rolf Legler

---

Griechenland

Athen
Geschichte, Kunst und Leben der ältesten europäischen Großstadt von der Antike bis zur Gegenwart. Von Evi Melas

Die griechischen Inseln
Ein Reisebegleiter zu den Inseln des Lichts. Kultur und Geschichte. Hrsg. von Evi Melas

Kreta – Kunst aus fünf Jahrtausenden
Minoische Paläste – Byzantinische Kirchen – Venezianische Kastelle. Von Klaus Gallas

Alte Kirchen und Klöster Griechenlands
Ein Begleiter zu den byzantinischen Stätten. Hrsg. von Evi Melas

Tempel und Stätten der Götter Griechenlands
Ein Reisebegleiter zu den antiken Kultzentren der Griechen. Hrsg. von Evi Melas

---

Großbritannien

Schottland
Geschichte und Literatur. Architektur und Landschaft. Von Peter Sager

Süd-England
Von Kent bis Cornwall. Architektur und Landschaft, Literatur und Geschichte. Von Peter Sager

---

Guatemala

Honduras – Belize. Die versunkene Welt der Maya. Von Hans Helfritz

---

Holland

Kunst, Kultur und Landschaft. Ein Reisebegleiter durch Städte und Provinzen der Niederlande. Von Jutka Rona

---

Indien

Indien
Von den Klöstern im Himalaya zu den Tempelstädten Südindiens. Von Niels Gutschow und Jan Pieper

Ladakh und Zanskar
Lamaistische Klosterkultur im Land zwischen Indien und Tibet. Von Anneliese und Peter Keilhauer

---

Indonesien

Ein Reisebegleiter nach Java, Sumatra, Bali und Sulawesi (Celebes). Von Hans Helfritz

DuMont Kunst-Reiseführer

Iran
Kulturstätten Persiens zwischen Wüsten, Steppen und Bergen. Von Klaus Gallas

---

Irland – Kunst, Kultur und Landschaft
Entdeckungsfahrten zu den Kunststätten der ›Grünen Insel‹. Von Wolfgang Ziegler

---

Italien

Apulien – Kathedralen und Kastelle
Ein Reisebegleiter durch das normannisch-staufische Apulien. Von Carl Arnold Willemsen

Elba
Ferieninsel im Tyrrhenischen Meer. Macchienwildnis, Kulturstätten, Dörfer, Mineralienfundorte. Von Almut und Frank Rother (DuMont Landschaftsführer)

Das etruskische Italien
Entdeckungsfahrten zu den Kunststätten und Nekropolen der Etrusker. Von Robert Hess und Elfriede Paschinger

Florenz und die Medici
Ein Begleiter durch das Florenz der Renaissance. Von My Heilmann

Ober-Italien
Kunst, Kultur und Landschaft zwischen den Oberitalienischen Seen und der Adria. Von Fritz Baumgart

Von Pavia nach Rom
Ein Reisebegleiter entlang der mittelalterlichen Kaiserstraße Italiens. Von Werner Goez

Rom
Kunst und Kultur der ›Ewigen Stadt‹ in mehr als 1000 Bildern. Von Leonard von Matt und Franco Barelli

Das antike Rom
Die Stadt der sieben Hügel: Plätze, Monumente und Kunstwerke. Geschichte und Leben im alten Rom. Von Herbert Alexander Stützer

Sardinien
Geschichte, Kultur und Landschaft – Entdeckungsreisen auf einer der schönsten Inseln im Mittelmeer. Von Rainer Pauli

Sizilien
Insel zwischen Morgenland und Abendland. Sikaner/Sikuler, Karthager/Phönizier, Griechen, Römer, Araber, Normannen und Staufer. Von Klaus Gallas

Toscana
Das Hügelland und die historischen Stadtzentren. Pisa · Lucca · Pistoia · Prato · Arezzo · Siena · San Gimignano · Volterra. Von Klaus Zimmermanns

Venedig – Geschichte und Kunst
Erlebnis einer einzigartigen Stadt. Von Marianne Langewiesche

---

Japan – Tempel, Gärten und Paläste
Einführung in Geschichte und Kultur und Begleiter zu den Kunststätten Japans. Von Thomas Immoos und Erwin Halpern

---

Der Jemen
Nord- und Südjemen. Antikes und islamisches Südarabien – Geschichte, Kultur und Kunst zwischen Rotem Meer und Arabischer Wüste. Von Peter Wald

---

Jugoslawien
Kunst, Geschichte und Landschaft zwischen Adria und Donau. Von Frank Rother

---

Malta und Gozo
Die goldenen Felseninseln – Urzeittempel und Malteserburgen. Von Ingeborg Tetzlaff

---

Marokko – Berberburgen und Königsstädte des Islam
Ein Reisebegleiter zur Kunst Marokkos. Von Hans Helfritz

DuMont Kunst-Reiseführer

Mexiko
Ein Reisebegleiter zu den Götterburgen und Kolonialbauten Mexikos. Von Hans Helfritz

Nepal – Königreich im Himalaya
Geschichte, Kunst und Kultur im Kathmandu-Tal. Von Ulrich Wiesner

Österreich

Kärnten und Steiermark
Vom Großglockner zum steirischen Weinland. Geschichte, Kultur und Landschaft in Innerösterreich. Von Heinz Held

Salzburg, Salzkammergut, Oberösterreich
Kunst und Kultur auf einer Alpenreise vom Dachstein bis zum Böhmerwald. Von Werner Dettelbacher

Wien und Umgebung
Kunst, Kultur und Geschichte der Donaumetropole. Von Felix Czeike und Walther Brauneis

Portugal
Ein Begleiter zu den Kunststätten von Porto bis zur Algarve-Küste. Von Albert am Zehnhoff

Rumänien
Schwarzmeerküste – Donaudelta – Moldau – Walachei – Siebenbürgen: Kultur und Geschichte. Von Evi Melas

Kunst in Rußland
Ein Reisebegleiter zu russischen Kunststätten. Von Ewald Behrens

Die Schweiz
Zwischen Basel und Bodensee · Französische Schweiz · Das Tessin · Graubünden · Vierwaldstätter See · Berner Land · Die großen Städte. Von Gerhard Eckert

Skandinavien – Dänemark, Norwegen, Schweden, Finnland
Kultur, Geschichte, Landschaft. Von Reinhold Dey

Spanien

Die Kanarischen Inseln
Inseln des ewigen Frühlings: Teneriffa, Gomera, Hierro, La Palma, Gran Canaria, Fuerteventura, Lanzarote. Von Almut und Frank Rother (DuMont Landschaftsführer)

Katalonien und Andorra
Von den Pyrenäen zum Ebro. Costa Brava – Barcelona – Tarragona – Die Königsklöster. Von F. R. Allemann und Xenia v. Bahder

Zentral-Spanien
Kunst und Kultur in Madrid, El Escorial, Toledo und Aranjuez, Avila, Segovia, Alcalá de Henares. Von Anton Dieterich

Südamerika: präkolumbische Hochkulturen
Ein Reisebegleiter zu den indianischen Kunststätten in Peru, Bolivien und Kolumbien. Von Hans Helfritz

Städte und Stätten der Türkei
Ein Begleiter zu den Kunstwerken Istanbuls und Kleinasiens. Von Kurt Wilhelm Blohm

Tunesien
Karthager, Römer, Araber – Kunst, Kultur und Geschichte am Rande der Wüste. Von Hans Strelocke

USA – Der Südwesten
Indianerkulturen und Naturwunder zwischen Colorado und Rio Grande. Von Werner Rockstroh